लेखक के बारे में

साइमन सिनेक लीडर्स और संगठनों को बताते हैं कि लोगों को प्रेरित कैसे किया जाए। उन्हें माइक्रोसॉफ़्ट, अमेरिकन एक्सप्रेस, संयुक्त राष्ट्र और पेंटागन की शीर्ष टीमों को संबोधित करने के लिए आमंत्रित किया जाता है। उनकी प्रसिद्ध टेड टॉक को 5,00,000 से अधिक बार देखा जा चुका है। वे न्यू यॉर्क में रहते हैं।

www.startwithwhy.com

'कई वर्षों में मेरे द्वारा पढ़ी गई सर्वाधिक उपयोगी और शक्तिशाली पुस्तकों में से एक। सहज और सुंदर। यह बताती है कि हमारे लीडर्स को नेतृत्व कैसे करना चाहिए।'
—**विलियम उरी,** *गेटिंग टु येस* के सह-लेखक

'अन्य लोगों से महान कंपनियों तथा महान लीडर्स को क्या अलग करता है, इसका शक्तिशाली तथा गहन विश्लेषण।'
—**पॉली लाबार,** *मैवरिक्स ऐट वर्क्स* की सह-लेखिका

'यह पुस्तक आपको उत्कृष्टता के उन स्तरों तक पहुँचाएगी जिन्हें आप कभी हासिल करने की सोचते भी नहीं थे।'
—**जनरल चक हॉर्नर,** एयर बॉस, ऑपरेशन डेज़र्ट स्टॉर्म

'क्यों' से करें शुरुआत

महान लीडर लोगों को आगे बढ़ने के लिए प्रेरित कैसे करते हैं

साइमन सिनेक

अनुवाद : भारती पंडित

MANJUL

मंजुल पब्लिशिंग हाउस

First published in India by

Manjul Publishing House
Corporate and Editorial Office
• 2 Floor, Usha Preet Complex, 42 Malviya Nagar, Bhopal 462 003 - India
Sales and Marketing Office
• C 16 Sector 3 Noida Uttar Pradesh 201301 India
Website: www.manjulindia.com
Distribution Centres
Ahmedabad, Bengaluru, Bhopal, Kolkata, Chennai,
Hyderabad, Mumbai, New Delhi, Pune

Hindi translation of *Start with Why* by *Simon Sinek*

This edition published by arrangement with Portfolio, an imprint of Penguin
Publishing Group, a division of Penguin Random House LLC.

Copyright © Simon Sinek, 2009

This Hindi edition first published in 2020

ISBN 978-93-89647-59-4

Translation by Bharti Pandit

विक्टोरिया के लिए,
जो अच्छे विचारों को
महान रूप में बदल देती है।

यहाँ कई लीडर्स हैं और वैसे लोग भी जो नेतृत्व करते हैं।
लीडर्स प्रभावशाली पद पर रहते हैं या प्रभावित करते हैं।
जो लोग नेतृत्व करते हैं, वे हमें प्रेरणा देते हैं।

चाहे व्यक्ति हों या संगठन, हम नेतृत्व करने वालों का अनुसरण करते हैं न केवल इसलिए क्योंकि हमें ऐसा करना है, बल्कि इसलिए कि हम ऐसा चाहते हैं। हम उनका अनुसरण करते हैं जो अपने लिए नहीं, बल्कि हमारे लिए नेतृत्व करते हैं।

यह पुस्तक उन लोगों के लिए है, जो कि दूसरों को प्रेरणा देना चाहते हैं और उनके लिए भी जो चाहते हैं कि कोई उन्हें प्रेरित कर सके।

अनुक्रम

परिचय

क्यों से शुरुआत क्यों की जाए?

यह पुस्तक कुछ ऐसे स्वाभाविक रूप से दिखाई देने वाले प्रारूपों, सोचने, काम करने और संवाद करने के तरीक़ों के बारे में है, जो कुछ लीडर्स को अपने आसपास के लोगों को प्रभावित करने की योग्यता प्रदान करते हैं। यह संभव है कि जन्मजात लीडर्स लोगों को प्रेरित करने की योग्यता के साथ ही इस संसार में जन्मते हों मगर यह क्षमता उन तक ही सीमित नहीं होती। हम सभी इस पैटर्न को सीख सकते हैं। कोई लीडर या संस्था थोड़े से अनुशासन के साथ, अपनी संस्था के अंदर या बाहर दोनों तरफ़, अन्य लोगों को प्रेरित कर सकते हैं। उन्हें उनके विचार और उनकी दृष्टि को उन्नत करने में मदद कर सकते हैं। हम सभी नेतृत्व करना सीख सकते हैं।

इस पुस्तक का लक्ष्य केवल उन चीज़ों को ठीक करना नहीं है, जो ठीक से काम नहीं कर रहीं वरन मैंने इस पुस्तक को उन चीज़ों की क्षमता और पहुँच बढ़ाने के लिए लिखा है, जो काम करती हैं। मैं दूसरों के द्वारा खोजे गए समाधानों को ग़लत ठहराने की बात नहीं कर रहा हूँ। हमें अपने प्रश्नों के जो भी उत्तर मिलते हैं, उनमें से जो ठोस प्रमाणों पर आधारित होते हैं, वे अक्सर सही हुआ करते हैं। फिर भी यदि हम कारण समझे बगैर, ग़लत सवाल से शुरू करते हैं, तो हमें सही उत्तर भी अंततः... ग़लत दिशा में ही ले जाएँगे। जो सच है, वह आख़िरकार... सामने आने लगता है।

अब तक हम जिन व्यक्तियों और संस्थाओं की कहानियों पर विश्वास करते आए हैं, वे स्वाभाविक तौर पर इस प्रारूप को अपनाती हैं। ये उनमें से हैं, जो अपनी शुरुआत ही क्यों से किया करते हैं।

1

लक्ष्य बहुत ही महत्त्वाकांक्षी था। लोग बेहद रुचि भी ले रहे थे। विशेषज्ञ योगदान करने के लिए उत्सुक थे। धन भी उपलब्ध था।

सफलता के लिए हर आवश्यक साधन से लैस सैमुअल पिएरपोंट लैंगली 19वीं शताब्दी में विमान उड़ाने वाले पहले व्यक्ति बनने की तैयारी में थे। वे स्मिथसोनियन संस्थान में अति प्रतिष्ठित अधिकारी थे, गणित के प्रोफ़ेसर थे, जिन्होंने हार्वर्ड में भी काम किया था। उनके मित्रों में से कुछ सरकारी सेवाओं और व्यापार में उच्च पदों पर थे, जिनमें एंड्रचू कार्नेगी और अलेक्ज़ेंडर ग्राहमबेल जैसे नाम शामिल थे। लैंगली को युद्ध विभाग से उनकी परियोजना के लिए 50,000 डॉलर का अनुदान मिला, जो उस समय के लिहाज से बहुत बड़ी रक़म थी। उन्होंने उस समय के सर्वश्रेष्ठ मेधावी लोगों को इकट्ठा किया, अपनी मनोवांछित विश्वसनीय और अनुभवी टीम बनाई। लैंगली और उनकी टीम ने सबसे बढ़िया सामग्री का इस्तेमाल किया और प्रेस हर जगह उनका पीछा करती। देश भर के लोग उनकी गतिविधियों में दिलचस्पी ले रहे थे, और सारे लोग इस ख़बर की प्रतीक्षा कर रहे थे कि उनकी टीम ने अपना लक्ष्य प्राप्त कर लिया है। ली ने जो टीम गठित की थी, और उनके पास उपलब्ध संसाधनों से उनकी सफलता तय थी।

क्या सचमुच ऐसा हुआ?

उनसे कुछ सौ मील की दूरी पर विलबर और ओरविल राइट बंधु अपनी उड़ने वाली मशीन पर काम कर रहे थे। उड़ने को लेकर उनका जुनून इतना अधिक था कि उससे ओहियो स्थित उनके शहर डेटन के एक उत्साही और प्रतिबद्ध समूह को प्रेरणा मिली। उनके इस प्रयास के लिए कोई फ़ंड नहीं था। न कोई सरकारी अनुदान था। न ही उच्च स्तरीय संबंध थे। न ही विलबर और ओरविल और न ही उनकी टीम के किसी व्यक्ति ने उच्च डिग्री या कॉलेज में शिक्षा पाई थी मगर यह टीम साधारण-सी साइकिल दुकान में मिली और अपना लक्ष्य साकार करने में जुट गई। 17 दिसंबर 1903 को

इतिहास में पहली बार कुछ लोगों के एक समूह ने एक व्यक्ति को हवा में उड़ते हुए देखा।

ऐसा क्या हुआ कि राइट बंधु सफल हो गए जबकि बेहतर संसाधनों, अच्छे-खासे फ़ंड और बढ़िया शिक्षित लोगों से लैस टीम अपने लक्ष्य को हासिल नहीं कर पाई?

यह क़िस्मत की बात नहीं थी। राइट बंधु और ली दोनों ही अत्यधिक समर्पित थे, दोनों के पास दृढ़ कार्यनीति थी। दोनों के पास वैज्ञानिक सोच वाला दिमाग़ था। वे एक ही लक्ष्य के लिए काम कर रहे थे मगर जहाँ राइट बंधु अपने आसपास के लोगों को अभिप्रेरित करने में समर्थ हुए और सही मायनों में अपनी टीम का नेतृत्व एक ऐसी तकनीक को ढूँढ़ने के लिए कर सके, जिससे पूरी दुनिया बदल सके। राइट बंधुओं ने अपने काम की शुरुआत क्यों से की।

2

1965 में कैलिफ़ोर्निया विश्वविद्यालय, बर्कले के विद्यार्थी अमेरिका के वियतनाम युद्ध में शामिल होने को लेकर अपने ड्राफ़्ट कार्ड फाड़कर सार्वजानिक रूप से विरोध वालों में सबसे आगे थे। उस समय उत्तरी कैलिफ़ोर्निया सरकार विरोधी और प्रतिष्ठान विरोधी भावनाओं का गढ़ बन गया था। बर्कले और ऑकलैंड में हुए दंगों और प्रदर्शन की तसवीरें दुनिया भर में फैल रही थीं। ये समूचे अमेरिका और यूरोप में ऐसे प्रदर्शनों के लिए ईंधन का काम कर रही थीं। मगर 1976 में, यानी अमेरिका की सेना के वियतनाम युद्ध से हटने के क़रीब तीन साल बाद, एक नई क्रांति की लौ जल गई।

इनका लक्ष्य था सारी दुनिया पर एक प्रभाव बनाना, बहुत बड़ा प्रभाव बनाना और दुनिया किस तरह से काम करे इस पूरी धारणा को चुनौती देना। मगर इन युवा क्रांतिकारियों ने सत्ताधारियों के ख़िलाफ़ न तो पत्थर फेंके, न ही हाथों में हथियार उठाए। इसके स्थान पर उन्होंने सत्ता को उसके ही खेल में पराजित करने का निश्चय किया। एपल कंप्यूटर के सह-संस्थापक स्टीव वोज़्निएक और स्टीव जॉब्स के लिए युद्ध भूमि थी व्यापार और पसंदीदा हथियार थे पर्सनल कंप्यूटर।

निजी कंप्यूटर की क्रांति की शुरुआत तब हुई जब वोज़्निएक ने एपल I बनाया। पहले तकनीक को लोगों के ध्यानाकर्षण का एक तरीक़ा मात्र मानते हुए, व्यापार का एक साधन मात्र माना जाता था। कंप्यूटर आम आदमी के लिए अत्यंत जटिल और महँगा उपकरण था मगर वोज़्निएक ने धन प्राप्ति को प्रमुखता नहीं देते हुए तकनीक का प्रयोग एक महान उद्देश्य के लिए करने का निश्चय किया। उन्होंने पर्सनल कंप्यूटर को सामान्य आदमी के लिए कॉर्पोरेशन से मुक़ाबला करने के एक साधन के रूप में देखा। उन्होंने सोचा कि यदि वे कोई ऐसा तरीक़ा निकाल लें जिससे कंप्यूटर आदमी के हाथों में आ सके, तो इससे कंप्यूटर हर व्यक्ति को वह योग्यता प्रदान करेगा जिसके द्वारा वह किसी बड़ी और संसाधन युक्त कंपनी के समान कई सारे काम कर पाएगा। पर्सनल कंप्यूटर प्रतिस्पर्धा में बराबरी पर ला सकते हैं और दुनिया के परिचालन को बदल सकते हैं। वोज़ ने एपल I बनाया और एपल II के साथ इसकी तकनीक को इतना उन्नत, किफ़ायती और सरल कर दिया कि उसका सहजता से उपयोग किया जा सके।

यह बात कोई मायने नहीं रखती कि कोई महान विचार या महान उत्पाद कितनी बढ़िया दृष्टि या सूझबूझ से निर्मित है, यदि इसे कोई ख़रीदने वाला नहीं हो। वोज़्निएक के बेहतरीन मित्र, इक्कीस वर्षीय स्टीव जॉब्स जानते थे कि इस स्थिति में क्या करना चाहिए। जॉब्स को इलेक्ट्रॉनिक उपकरण बेचने का अनुभव था मगर इस क्षेत्र में उन्होंने सेल्समैन से बहुत आगे बढ़कर काम किया। वे दुनिया में कुछ महत्त्वपूर्ण करना चाहते थे और इसके लिए वे एक कंपनी खड़ी करना चाहते थे। एपल वह साधन था जिसका इस्तेमाल उन्होंने अपनी क्रांति शुरू करने के लिए किया।

व्यापार के पहले साल में केवल एक उत्पाद के साथ काम करते हुए एपल ने एक मिलियन डॉलर का कारोबार किया। दूसरे साल में उनकी बिक्री का आंकड़ा 10 मिलियन डॉलर हुआ और चौथे साल में उन्होंने 100 मिलियन डॉलर के कंप्यूटर बेचे। केवल छह सालों में एपल कंप्यूटर 3,000 कर्मचारियों से भी अधिक संख्या के साथ दुनिया की अरबपति कंपनी बन गई।

जॉब्स और वोज़ पर्सनल कंप्यूटर क्रांति में हिस्सा लेने वाले अकेले व्यक्ति नहीं थे। इस व्यापार में वे अकेले ही होशियार नहीं थे बल्कि वे तो व्यापार के बारे में अधिक जानते तक नहीं थे। एपल को सबसे तेज़ी से बढ़ने वाली कंपनी बनाने में उनकी योग्यता का हाथ नहीं था। पर्सनल

कंप्यूटर के बारे में अलग तरीक़े से सोचने का भी इसमें हाथ नहीं था। एपल महान कंपनी इसलिए बनी क्योंकि वे इस प्रारूप को लगातार दोहराते रहने में सफल रहे। अपने बाक़ी प्रतिस्पर्धियों से हटकर एपल ने कंप्यूटर उद्योग, लघु इलेक्ट्रॉनिक उद्योग, संगीत उद्योग, मोबाइल फ़ोन उद्योग और विशाल मनोरंजन उद्योग में व्याप्त पारंपरिक सोच को चुनौती दी और इसका कारण सरल-सा था। एपल प्रेरणा देता है, एपल क्यों के साथ शुरुआत करता है।

3

वह सर्वकौशल संपन्न नहीं था। उसकी अपनी जटिलताएँ थीं। अमेरिका में नागरिक अधिकार रहित स्थिति को झेलने वाला वह अकेला व्यक्ति नहीं था, और भी कई प्रभावशील वक्ता थे मगर मार्टिन लूथर किंग जूनियर को एक वरदान प्राप्त था। वे जानते थे कि लोगों को किस तरह से प्रेरित किया जाए।

डॉ. किंग को मालूम था कि यदि नागरिक अधिकारों के संघर्ष को सफल बनाना है, यदि सचमुच ऐसे बदलाव लाने हैं जो स्थाई हों, वास्तविक हों तो इसके लिए केवल स्वयं और निकट सहयोगियों से बढ़कर कुछ और करना होगा। इसके लिए केवल बड़े-बड़े जुमले उछालना या प्रभावकारी भाषण देना पर्याप्त नहीं होगा वरन इसके लिए हज़ारों आम लोगों को, देश के हालात को बदल डालने के एक लक्ष्य के लिए, संगठित करना होगा। 28 अगस्त 1963 को सुबह 11 बजे उन्होंने वाशिंगटन को एक संदेश भेजने का निश्चय किया कि अब समय आ गया है कि अमेरिका नए बदलाव करे।

नागरिक अधिकार आंदोलन के आयोजनकर्ताओं ने न तो हज़ारों निमंत्रण भेजे, न इन तारीख़ों पर प्रदर्शन हेतु किसी वेबसाइट का सहारा लिया। मगर लोग आते गए, लगातार आते रहे। और सभी ने कहा, देश की राजधानी में आकर इकट्ठे होने वाले लाखों लोगों ने कहा कि वे इतिहास के इस क्षण की गवाही देने और उस व्यक्ति के मुँह की बात सुनने आए हैं, जो अमेरिका को पूरी तरह से बदल देने की क्षमता रखता है, जो कहता है – "मेरे पास एक स्वप्न है।"

देश भर से अलग रंग, जाति, नस्ल के लोगों के एक दिन एक स्थान पर लेकर आने की योग्यता के लिए कुछ तो ख़ास आवश्यक होता है। हालाँकि बाक़ी लोग भी जानते थे कि अमेरिका में क्या बदला जाना

चाहिए जिससे प्रत्येक नागरिक के हितों की रक्षा हो सके मगर केवल मार्टिन लूथर किंग ही देश को बदलाव की प्रेरणा दे सके और वह भी केवल कुछ अल्पसंख्यक लोगों का भला करने के लिए नहीं वरन हर नागरिक के हित के लिए। मार्टिन लूथर किंग ने अपनी शुरुआत क्यों से की।

* * *

हर स्थान पर कुछ लीडर्स होते हैं और कुछ ऐसे लोग जो नेतृत्व करते हैं। अमेरिका के कुल बाज़ार में केवल 6 प्रतिशत और दुनिया के बाज़ार में 3 प्रतिशत का हिस्सा रखने वाली कंपनी भले ही दुनिया की शीर्ष पर्सनल कंप्यूटर उत्पादक कंपनी नहीं हो मगर यह कंपनी कंप्यूटर उद्योग और अब अन्य उद्योगों का भी नेतृत्व करती है। मार्टिन लूथर किंग का अनुभव अनोखा नहीं था मगर उन्होंने एक देश को बदलाव लाने के लिए प्रेरित किया। राइट बंधु भी पहली मानव युक्त, शक्तिशाली उड़ान की होड़ के सबसे श्रेष्ठ प्रतिस्पर्धी नहीं थे मगर उन्होंने हमारे लिए हवाई यात्रा के एक नए युग की शुरुआत का नेतृत्व किया और ऐसा करने में, उस दुनिया को पूरी तरह बदल डाला जिसमें हम रहते हैं।

उनके लक्ष्य अन्य व्यक्तियों से भिन्न नहीं थे। कोई भी उनके तरीक़ों को आसानी से अमल में ला सकता था। फिर भी राइट बंधु, एपल और मार्टिन लूथर किंग अपने समकक्षों से अलग हटकर दिखते हैं। वे तय मानदंडों से अलग खड़े हुए और उनके प्रभाव को आसानी से दोहराया नहीं जा सकता। वे लीडर्स में एक चुने हुए समूह के सदस्य हैं जिनका हर काम बहुत ही ख़ास हुआ करता है। वे हमें प्रेरणा देते हैं।

हर व्यक्ति और हर संस्था को किसी न किसी कारण से लोगों को प्रेरित करने की आवश्यकता महसूस होती है। कुछ लोग ख़रीदारी के निर्णयों को प्रभावित करना चाहते हैं, कुछ अपने लिए समर्थन या वोट चाहते हैं, कुछ लोग अपने आसपास के लोगों को अधिक मेहनत करने या होशियारी से काम करने या महज नियमों का पालन करने के लिए प्रेरित करना चाहते हैं। लोगों को प्रभावित करने की योग्यता का होना कठिन बात नहीं है। सामान्यतः इसके साथ कुछ बाहरी कारक, जैसे आकर्षक लाभ या सज़ा का डर आदि भी जुड़े हुए होते हैं, जो अक्सर हमारे इच्छित व्यवहार को पाने में मदद करते हैं। उदाहरण के लिए जनरल मोटर्स ने अपने ग्राहकों को प्रेरित करके

अपनी कारों की बिक्री की वह संख्या दर्ज कराई, जो पिछले सतहत्तर सालों में और किसी कार निर्माता कंपनी ने नहीं कराई थी। भले ही वे अपने उद्योग में अग्रणी थे मगर वे वास्तव में नेतृत्व नहीं कर रहे थे।

इसके उलट महान लीडर्स लोगों को इच्छित काम करने के लिए प्रेरित करने में सफल रहते हैं। ये लोगों में ज़िम्मेदारी का, अधिकार का अहसास जगाते हैं जिसके कारण इनकी अभिप्रेरणा को किसी बाहरी लाभ या सज़ा के डर की आवश्यकता नहीं पड़ती। ऐसे लोग अपने पीछे अनुयायियों के रूप में लोगों की अच्छी ख़ासी संख्या को खड़ा कर लेते हैं, जो वास्तव में डर या लालच से इनके साथ नहीं आते वरन अपनी अभिप्रेरणा के कारण आते हैं। ये अभिप्रेरित लोग हर तरह की असुविधा को सहन करने या कोई भी क़ीमत अदा करने के लिए तैयार होते हैं। जो लोग अन्य व्यक्तियों को प्रभाव में लेने की योग्यता रखते हैं, वे अनुयायी, मतदाता, ग्राहक, कार्यकर्ता आदि के समूहों को तैयार करते हैं, जो कि लक्ष्य के लिए इसलिए काम नहीं करते कि वे इसके लिए बाध्य हैं वरन इसलिए करते हैं कि वे ऐसा करना चाहते हैं।

लोगों को प्रभावित करने की प्राकृतिक क्षमता रखने वाली संस्थाएँ और लीडर्स भले ही संख्या में कम हों मगर वे हमारे पास हर रूप और आकारों में सामने आते हैं। ये निजी और सरकारी दोनों क्षेत्रों में मिल सकते हैं। ये ग्राहकों को बिक्री करने या अन्य तरह के उद्योगों में हो सकते हैं। वे जहाँ भी हों, अपने क्षेत्र में प्रभाव रखते हैं। उनके पास सबसे विश्वासपात्र ग्राहक और कर्मचारी होते हैं। उन्हें अपने उद्योग में तुलनात्मक रूप से अधिक लाभदायक माना जाता है। ये अधिक नवाचारी होते हैं और सबसे महत्त्वपूर्ण यह है कि वे इन सब बातों को लंबे समय तक टिकाए रखने की योग्यता रखते हैं। कुछ लोग उद्योग की दुनिया में बदलाव लाते हैं, तो कुछ लोग पूरी दुनिया को ही बदल देते हैं।

राइट बंधु, एपल और डॉ. किंग इसके महज तीन उदाहरण हैं। हार्ले डेविडसन, डिज़्नी और साउथवेस्ट एयरलाइन्स तीन और उदाहरण हैं। जॉन एफ़. कैनेडी और रोनाल्ड रीगन भी लोगों को प्रभावित करने की क्षमता रखते थे। उनके लक्ष्य क्या थे, यह अलग बात हो सकती है मगर इन सभी में कुछ बातें समान थीं। प्रत्येक प्रेरणा देने वाला लीडर या कंपनी, आकार या उद्योग पर विचार किए बगैर, सोच, काम करने के तरीक़े और संवाद के लिहाज से बिलकुल समान थी।

और यह अन्य लोगों से बिलकुल अलग था।

क्या होगा यदि हम सभी इन प्रभावित करने वाले लोगों के समान सोचना, काम करना और संवाद करना सीख जाएँ? मैं एक ऐसी दुनिया की कल्पना करता हूँ जिसमें ऐसे लोगों की संख्या बहुतायत में होगी न कि अँगुलियों पर गिनी जाने लायक़। अध्ययन दिखाते हैं कि अमेरिका के 80 प्रतिशत लोगों की नौकरी उनके सपनों की नौकरी नहीं है। यदि ज़्यादा से ज़्यादा लोग यह जानेंगे कि ऐसी संस्थाएँ कैसे बनाई जाएँ जो अधिकाधिक लोगों प्रेरित कर सकें, तो हम ऐसी दुनिया में रह सकेंगे जहाँ 80 प्रतिशत लोग अपनी नौकरी को पसंद करते दिखेंगे। लोग जब काम करना पसंद करेंगे तो उनकी उत्पादकता और रचनात्मकता बढ़ेगी। वे ख़ुश होकर घर जाएँगे और उने परिवार भी ख़ुश रहेंगे। ऐसे लोग अपने सहकर्मियों और ग्राहकों से अच्छा व्यवहार करेंगे। प्रेरित कर्मचारी सशक्त कंपनियों और सशक्त अर्थव्यवस्था को जन्म देंगे। यही कारण है कि मैंने यह पुस्तक लिखी है। मैं उम्मीद करता हूँ कि अन्य लोग वह सब करने के लिए प्रेरित होंगे जिससे आगे जाकर वे साथ मिलकर एक कंपनी, अर्थव्यवस्था और इसके बाद ऐसी दुनिया का निर्माण करेंगे जिसकी बुनियाद विश्वास और ईमानदारी पर टिकी हुई हो, ये बातें अपवाद स्वरूप नहीं हों। यह पुस्तक आपको यह बताने के लिए नहीं लिखी गई है कि क्या करना है और कैसे करना है। इस पुस्तक का लक्ष्य आपको कार्ययोजना बताना नहीं है। इसका लक्ष्य आपको काम करने का कारण बताना है।

जो लोग नए विचारों के लिए दिलो-दिमाग़ को खुला रखते हैं, जो स्थाई सफलता पाना चाहते हैं और जो इस बात पर विश्वास रखते हैं कि आपकी सफलता में दूसरों का भी योगदान होता है, उन्हें मैं चुनौती देता हूँ। आज से आप क्यों से शुरुआत करें।

भाग I

ऐसी दुनिया जो क्यों से शुरू नहीं होती

1

मान लीजिए कि आप जानते हैं

जनवरी की एक ठंडी रात को तैंतालीस साल के एक व्यक्ति ने अपने देश के मुख्य कार्यकारी की शपथ ली। उनकी एक ओर खड़े थे उनके पूर्ववर्ती, जो एक प्रसिद्ध जनरल रहे थे और पन्द्रह साल पहले उन्होंने उस युद्ध में सेना का नेतृत्व किया था, जिसमें जर्मनी पराजित हुआ था। यह युवा लीडर रोमन कैथोलिक विचारों के माहौल में बड़ा हुआ था। उसने अगले पाँच घंटे अपने सम्मान में की जा रही परेडों के अवलोकन में बिताए और इस उत्सव में वह सुबह के तीन बजे तक लगा रहा।

आप जानते हैं न कि मैं किसके बारे में बात कर रहा हूँ?

हाँ, यह 30 जनवरी 1933 का दिन था और मैं एडोल्फ़ हिटलर के बारे में बात कर रहा हूँ न कि जॉन एफ़. कैनेडी के बारे में जैसा कि आपमें से अधिकाधिक लोग अनुमान लगा रहे होंगे।

यहाँ मुद्दा यह है कि हम सभी धारणाएँ बनाते हैं। हम अपने पास उपलब्ध अपूर्ण या कई बार ग़लत सूचनाओं के आधार पर अपने आसपास की दुनिया के बारे में धारणाएँ गढ़ते रहते हैं। इस मामले में मैंने आपको अपूर्ण सूचना उपलब्ध कराई थी। जब तक मैंने अपने विवरण में छोटी-सी तारीख़ नहीं जोड़ी थी, आपमें से बहुत से लोग यह तय कर चुके होंगे कि मैं कैनेडी के बारे में बात कर रहा हूँ।

यह जानना महत्त्वपूर्ण है क्योंकि हमारा व्यवहार हमारी धारणाओं से या हमारे द्वारा मान लिए गए सत्य से प्रभावित होता है। हमें यह मालूम है, ऐसा सोचकर हम अपने निर्णय इसी आधार पर लेते हैं। यह बहुत पुरानी बात नहीं है जब अधिकतर लोगों का विश्वास था कि धरती चपटी है। उनके द्वारा धारण किए गए इस सत्य ने उनके निर्णयों को प्रभावित किया। इस कालावधि में खोज की गुंजाइश बहुत कम थी। लोगों के मन में यह डर रहता था कि यदि वे यात्रा करते हुए बहुत दूर तक गए तो धरती के किनारे से नीचे गिर जाएँगे। अतः अधिकतर हिस्सों में वे जाते ही नहीं थे। यह तब तक बना रहा जब तक यह छोटी-सी खोज नहीं हुई कि धरती गोल है। इस बात का पता चलते ही, लोगों के व्यवहार में बड़े पैमाने पर बदलाव आया। इस खोज के बाद समुदाय ने पूरे ग्रह पर घूमना शुरू किया। व्यापार के मार्ग स्थापित किए गए, मसालों का आयात-निर्यात शुरू हुआ। गणितीय सिद्धांतों जैसे नए विचार समुदायों के बीच साझा किए जाने लगे जिसके चलते हर तरह के नवाचार और उन्नति के रास्ते खुले। एक छोटी-सी भ्रामक धारणा में सुधार ने मानव नस्ल को आगे बढ़ने का रास्ता दिया।

अब सोचें कि संस्थाएँ किस तरह से जन्म लेती हैं और उनमें निर्णय किस तरह लिए जाते हैं। क्या हम सचमुच यह जानते हैं कि क्यों कुछ संस्थाएँ सफल होती हैं और कुछ असफल? या हम इसके बारे में केवल अनुमान ही लगाते रहते हैं? स्टॉक की लक्षित क़ीमतों को हासिल करना, धन कमाना, लाभ अर्जित करना, बड़ी पदोन्नति हासिल करना, अपनी कंपनी की शुरुआत करना, किसी ग़रीब के लिए भोजन की व्यवस्था करना, सरकारी नौकरी पाना—इनमें से आपकी सफलता की परिभाषा जो भी हो, उससे खास फ़र्क़ नहीं पड़ता। आप अपने लक्ष्यों की ओर किस तरह से बढ़ेंगे, यह प्रक्रिया लगभग समान होगी। हममें से कुछ केवल उड़ान भरने लगते हैं, मगर अधिकांश लोग कुछ डेटा इकट्ठा करते हुए (जैसे जनमत जानना, बाज़ार का अध्ययन करना आदि के साथ) आगे बढ़ना पसंद करते हैं ताकि शैक्षिक तरीक़े से निर्णय लिए जाएँ। कई बार यह अनौपचारिक होता है, जैसे मित्रों से, सहकर्मियों से या अपने निजी अनुभवों को खँगालने से। लक्ष्य या प्रक्रिया कोई भी हो, हम सभी बुद्धिमान भरा और *सही* निर्णय लेना चाहते हैं।

हम यह भी जानते हैं कि हमारे द्वारा लिया गया हरेक निर्णय सही निर्णय नहीं हो सकता, भले ही उसके लिए हमने कितने ही आंकड़े इकट्ठे किए

हों। कभी-कभी उन ग़लत निर्णयों का प्रभाव हल्का होता है और कभी-कभी यह बहुत ही भयावह हो सकता है। परिणाम जो भी हो, हम दुनिया के बारे में अपने अनुभवों के आधार पर निर्णय लेते हैं, जो संभव है कि पूरी तरह से सही नहीं भी हों। ठीक उसी तरह जैसे आप में से कई लोग तय कर चुके थे कि मैं इस अध्याय के प्रारंभ में जॉन एफ़. कैनेडी के बारे में ही कह रहा हूँ। आप अपने निर्णय के बारे में आश्वस्त थे, आप शायद इस पर शर्त भी लगा सकते थे। यह ऐसे व्यवहार का उदाहरण है, जो किसी धारणा पर आधारित है। यह धारणा तब तक आपके मन में पुख़्ता थी जब तक कि मैंने तारीख़ की छोटी-सी जानकारी नहीं दी थी।

केवल ख़राब निर्णय ही ग़लत धारणाओं के आधार पर नहीं लिए जाते। कभी-कभी जब सब कुछ ठीक चल रहा होता है, तो हमें लगता है कि हमें इसके पीछे का क्यों पता है। पर क्या वास्तव में ऐसा होता है? जो परिणाम आपको एक बार मिलता है ज़रूरी नहीं कि उसे आप बार-बार दोहरा पाएँ। मेरा एक मित्र है, जो अपने धन का निवेश कुछ मदों में किया करता है। जब भी वह सफलता प्राप्त करता है, तो उसके मुताबिक़ इसके पीछे उसका दिमाग़ और सही स्टॉक पर धन लगाने का निर्णय काम करता है मगर जब इसी से उसे हानि होती है, तो वह इसके लिए हमेशा बाज़ार को दोषी ठहराता है। मुझे उसके किसी भी तर्क से दिक़्क़त नहीं है मगर उसकी सफलता और असफलता या तो उसकी समझदारी, विवेक और दृष्टिहीनता का नतीजा हो सकती है या फिर यह पूरी तरह से अच्छे या बुरे भाग्य पर आधारित हो सकती है मगर दोनों ही तर्क सही नहीं हो सकते।

तो फिर हम यह कैसे तय करेंगे कि हमारे सारे निर्णय इसलिए हमें बढ़िया परिणाम देंगे चूँकि वे पूरी तरह से हमारे नियंत्रण में हैं? तर्क बताते हैं कि अधिकाधिक डेटा और सूचनाएँ इसकी कुंजी हैं। और हम ऐसा ही करते हैं। हम पुस्तकें पढ़ते हैं, सभाओं में उपस्थिति दर्ज कराते हैं, पॉडकास्ट को सुनते हैं और अपने मित्रों-सहकर्मियों से बातचीत करते हैं और इन सबका उद्देश्य उस काम के बारे में अधिकाधिक जानकारी हासिल करना होता है जिससे हम यह पता कर सकें कि इसे कैसे आगे ले जाना है। यहाँ दिक़्क़त यह होती है कि हमारे पास सारा डेटा, सारी सूचनाएँ उपलब्ध होने के बाद भी सभी चीज़ें एकदम सही तरीक़े से आगे नहीं बढ़ती हैं या बढ़ती भी हैं तो उनका प्रभाव थोड़े समय के लिए ही रहता है। आपमें से जिन लोगों

ने शुरुआत में एडोल्फ़ हिटलर के नाम का अनुमान लगा लिया था, उनके लिए मेरे द्वारा दिया गया विवरण हिटलर और कैनेडी दोनों के ही लिए सही हो सकता था और दोनों में से कोई भी हो सकता था। अतः हमें अनुमान लगाते समय, धारणाएँ बनाते समय बहुत सावधान रहना चाहिए। कई बार सही सूचनाएँ भी हमें गुमराह कर सकती हैं।

अपने सहज ज्ञान के आधार पर हम इसे समझते हैं। यदि हर आंकड़े और सूचना के बावजूद लक्षित परिणाम नहीं मिलते, तो इसका अर्थ है हमने कोई न कोई सूक्ष्म मगर आवश्यक सूचना छोड़ दी है। ऐसे में हम अपने सभी स्रोतों को पुनः टटोलते हैं, कुछ नए स्रोत भी तलाश करते हैं और फिर आगे क्या करना है इसे तय करते हैं। पूरी प्रक्रिया फिर से दोहराई जाती है। केवल ढेर सारी सूचनाएँ होने से काम नहीं चलता, विशेषतः तब जब ग़लत धारणाएँ सम्पूर्ण काम को प्रभावित करती हों। इसके अलावा हमारे तार्किक, विश्लेषणात्मक और सूचनाओं के लिए व्याकुल दिमाग़ से परे कुछ और भी घटक होते हैं जिन पर ध्यान दिया जाना चाहिए।

ऐसा भी समय आता है जब हमारे पास कोई भी डेटा नहीं होता, कोई भी सूचना नहीं होती या हम सायास इन सूचनाओं को नज़रअंदाज़ करने का और अपने मन की आवाज़ पर भरोसा रखने का विकल्प चुनते हैं और इसके परिणाम कई बार हमारी अपेक्षाओं से भी बेहतर आते हैं। हमारे अंतर्मन की आवाज़ और तार्किक आधार पर किए जा रहे निर्णयों के बीच की आवाजाही यह बताती है कि हम अपनी व्यावसायिक ज़िंदगी और निजी ज़िंदगी किस तरह से जीते हैं। हम सामने आ रहे हरेक विकल्प को हर दिशा में काटने और खेलने का प्रयास करते हैं मगर अंत में हरेक सही सलाह और बाध्यकारी प्रमाणों के बाद हम वहीं आ जाते हैं जहाँ से हमने शुरुआत की होती है – ऐसी कौन सी प्रक्रिया को अपनाया जाए जिससे सतत दोहराया जा सकने वाला परिणाम प्राप्त किया जा सके। हम ऐसा क्या करें कि हमारे सारे अनुमान शत-प्रतिशत सही बैठें?

अमेरिका के एक कार कंपनी समूह निदेशक की अनोखी कहानी है जो जापान की कारों की प्रदर्शनी देखने गए। कारों की हरेक पंक्ति के दरवाज़े अमेरिका के समान ही कब्ज़ों से लगाए गए थे। मगर कुछ था, जो ग़ायब था। अमेरिका में एक छोटा कर्मचारी कब्जा ठीक तरह से बैठा है या नहीं, इसे जाँचने के लिए वह रबर के हथौड़े से उसे ठोककर देखता था मगर जापान में

इस तरह का कोई काम होता दिखाई नहीं दे रहा था। अमेरिका से गए व्यक्ति ने पूछा कि वे कब यह तय करते हैं कि दरवाज़ा ठीक तरह से फ़िट हुआ है या नहीं? उनके जापानी गाइड ने तिरछी मुस्कान के साथ कहा, "जब हम डिज़ाइन बनाते हैं, तो सुनिश्चित कर लेते हैं कि यह फ़िट बैठे।" जापान के ऑटो प्लांट्स में वे समस्या का निरीक्षण, और उसका सबसे अच्छा समाधान निकालने के लिए आंकड़े इकट्ठे नहीं करते हैं—वे अपने इच्छित प्रतिफल के लिए प्रारंभ से ही तैयारी कर लेते हैं। यदि उन्हें इच्छित प्रतिफल प्राप्त नहीं होते, तो वे समझ जाते हैं कि यह ग़लती, प्रक्रिया की शुरुआत में लिए गए ग़लत निर्णय के चलते हुई है।

दिन के अंत में, अमेरिका और जापान की कारों के दरवाज़े फ़िट हुए मगर जापानियों को किसी अन्य व्यक्ति को कार के दरवाज़े ठीक से लगे या नहीं इसकी जाँच करने के लिए एक और व्यक्ति को नियुक्त नहीं करना पड़ा, जो कि रबर के हथौड़े से दरवाज़ों को ठोके, और न ही उन्हें ऐसा हथौड़ा ख़रीदने की दरकार हुई। इससे बढ़कर यह कि जापान निर्मित दरवाज़े अधिक टिकाऊ और दुर्घटना के समय संरचनात्मक रूप से अधिक उपयोगी बनाए गए थे। और कोई वजह नहीं कि वे शुरुआत से ही सर्वश्रेष्ठ काम हो पाए, यह सुनिश्चित करते हैं।

अमेरिका के कार बनाने वाले रबर के हथौड़े के साथ जो भी करते हैं, उसे संस्थाओं और व्यक्तियों द्वारा नेतृत्व के किसी रूपक की तरह देखा जाए। जब वांछित परिणाम नहीं आता तब ये लोग लगातार लघु अवधि की रणनीतियाँ बनाते रहते हैं और इन्हें इच्छित परिणाम प्राप्त करने तक बार-बार लागू करके देखते रहते हैं मगर क्या ये समाधान वास्तव में संरचनात्मक रूप से सशक्त हैं? कई संस्थाएँ भौतिक लक्ष्यों और उन्हें हासिल करने के लिए बनाए गए रबर के हथौड़ों की दुनिया में काम कर रही हैं। इनमें से कुछ वे हैं जिन्हें बहुत कुछ मिल जाता है, कुछ वे हैं जिन्हें काम संसाधनों और कम लोगों में भी बहुत कुछ मिल जाता है। कुछ वे हैं जिनके पास कर्मचारी और साधन दोनों ही बहुलता में हैं और वे अपने वास्तविक उद्देश्य के अनुसार लोगों और संसाधनों का चयन करते हैं। परिणाम एक जैसे दिखाई भी देते हों तब भी महान लीडर्स उन सब बातों का महत्त्व समझते हैं जिन्हें हम देख नहीं सकते।

हरेक निर्देश जो हम देते हैं, हर काम जिसे करने का हम तय करते हैं, एक ही बात के साथ शुरू होता है - निर्णय के साथ। ऐसे लोग भी हैं, जो दरवाज़े को बाद में फ़िट करने की बात करते हैं और वे भी हैं जो इसे पहले से ही अपने निर्णय में शामिल करने की योजना बनाते हैं। भले ही दोनों ही काम लघुकालिक परिणाम दे सकते हैं मगर दीर्घकालिक परिणाम किसी एक के लिए ही संभव है। यह वही कर सकता है जिसने दरवाज़ों को डिजाइन के मार्फ़त फ़िट करने की ज़रूरत समझ ली है, न कि भूल-चूक से।

पुरस्कार और दंड

चालाकी बनाम प्रेरणा

आज बाज़ार में शायद ही कोई ऐसा उत्पाद होगा जिसे ग्राहक अलग-अलग स्थान से एक से दामों में, एक जैसी गुणवत्ता में, एक जैसी सेवाओं के साथ और एक जैसी विशेषताओं के साथ ख़रीद नहीं सके। यदि आप एक बार किसी उत्पाद को सबसे पहले बनाने वालों की श्रेणी में शामिल हो भी जाते हैं, तो कुछ ही महीनों में आप इसे खो भी देते हैं। यदि आपका उत्पाद बहुत ही नए तरीक़े का है फिर भी कोई और जल्दी ही आपके जैसे या कभी-कभी आपसे भी बेहतर उत्पाद लेकर बाज़ार में उतर आएगा।

पर यदि आप किसी उद्योगपति से पूछेंगे कि ऐसा क्या है, जो आपके ग्राहकों को आपसे जोड़े हुए रखता है, तो वे तुरंत कहेंगे कि हमारी श्रेष्ठ गुणवत्ता, उत्पाद की विशेषताएँ, क़ीमत या हमारी सेवाएँ। दूसरे शब्दों में अधिकतर कंपनियों को यह पता ही नहीं होता कि उनके ग्राहक उनके ग्राहक क्यों बने हुए हैं। यह चमत्कृत कर देने वाला अहसास है। यदि कंपनियाँ यह जानतीं ही नहीं हैं कि उनके ग्राहक उनसे क्यों जुड़े हुए हैं, तो कम से कम उनकी क़िस्मत अच्छी है कि वे यह भी नहीं जानतीं कि उनके कर्मचारी आख़िर उनके कर्मचारी क्यों हैं।

यदि बहुत-सी कंपनियाँ वास्तव में यह नहीं जानतीं कि उनके ग्राहक उनसे क्यों जुड़े हुए हैं या उनके कर्मचारी उनके कर्मचारी क्यों हैं, तो वे

यह कैसे जान पाएँगी कि अपने ग्राहकों या कर्मचारियों को लुभाने के लिए, आकर्षित करने के लिए उन्हें क्या करना चाहिए और विद्यमान ग्राहकों और कर्मचारियों को अपने से जोड़े रखने के लिए क्या करना चाहिए? वास्तविकता यह है कि अधिकांश कंपनियाँ वर्तमान में अपने निर्णय "उनके व्यापार को कौन से घटक आगे बढ़ा रहे हैं" के बारे में अधूरी, अपर्याप्त और ग़लत सूचनाओं या जानकारियों के आधार पर ले रही हैं।

मानव व्यवहार को प्रभावित करने के केवल दो तरीक़े होते हैं - आप या तो जोड़-तोड़ कर सकते हैं या आप अभिप्रेरित कर सकते हैं। यहाँ मैं जोड़-तोड़ शब्द का प्रयोग अपमानजनक या नकारात्मक भाव से नहीं कर रहा हूँ। यह बहुत ही प्रचलित और काफ़ी सौम्य रणनीति है जिसे हममें से कितने ही लोग अपनी युवावस्था से अपनाते आ रहे हैं। "मैं तुम्हारा सबसे अच्छा दोस्त हूँ न, या बन जाऊँगा" यह एक ऐसा असरकारी कथन है जिसे पीढ़ियों से बच्चे कुछ पाने के लिए कहते आए हैं और जिस किसी बच्चे को यह कहकर अपने नए दोस्त से टॉफ़ी मिली हो, वह आपको बता सकता है कि यह तकनीक काम करती है।

व्यापार से लेकर राजनीति तक जोड़-तोड़ के यथासंभव तरीक़े सेल्स और मार्केटिंग में अपनाए जाते हैं। प्रचलित जोड़-तोड़ के तरीक़ों में क़ीमतें कम करना, प्रचार-प्रसार करना, डर पैदा करना, हमउम्र लोगों का दबाव बनाना या उत्पाद के बारे में आकांक्षा जगाने वाले संदेश भेजना शामिल है। साथ ही ख़रीद, अभिमत या सहयोग के लिए लोगों के व्यवहार को प्रभावित करने के लिए प्रतिबद्धता पूर्ण नवाचार भी इसमें शमिल है। जब कंपनियों या संस्थाओं को यह स्पष्ट पता नहीं होता कि लोग उनसे क्यों जुड़े हुए हैं, तो अपने इच्छित प्रतिफल को पाने के लिए वे इस तरह के असंगत जोड़-तोड़ में लग जाती हैं, और अक्सर यह जोड़-तोड़ काम करता है।

क़ीमत

कई कंपनियाँ क़ीमत में हेर-फेर के खेल के प्रति अरुचि का प्रदर्शन करती हैं। फिर भी कभी-कभी वे ऐसा करती हैं और वे ऐसा इसलिए करती हैं क्योंकि वे जानती हैं कि यह प्रभावी होता है। इतना प्रभावी कि कम क़ीमतें पाने का यह लालच कई बार अतिरेक में बदल जाता है। ऐसी कई पेशेवर कंपनियाँ हैं जिन्हें जब बड़ी मात्रा में उत्पाद बाज़ार में लाने का मौक़ा मिला

तो उन्होंने इस सौदे को पूरा करने के लिए अपने उत्पाद की क़ीमत एकदम घटा दी। इससे फ़र्क़ नहीं पड़ा कि उन्होंने इसे अपने और अपने ग्राहकों के लिए युक्तिसंगत किस तरह बनाया, मगर घटी हुई क़ीमतें जोड़-तोड़ करने की बेहद प्रभावी रणनीति हैं। अपने उत्पाद की क़ीमतें घटा दी जाएँ, तो और लोग आपके उत्पादों के ग्राहक बन जाएँगे। इसे हम किसी भी मौसम के अंत में लगने वाली सेल में देखते हैं जब बचे हुए उत्पाद वापस भेजने की तैयारी में होते हैं और उनकी क़ीमतें "बेहद कम कर दी जाती हैं।" क़ीमतें बहुत कम कर दी जाएँ तो आपकी उत्पादों से भरी हुई अलमारियाँ ख़ाली होने में समय नहीं लगेगा और इससे अगले मौसम के लिए आने वाली वस्तुओं के लिए जगह भी ख़ाली हो जाएगी।

क़ीमतों के इस खेल की कई बार बड़ी क़ीमत चुकानी पड़ती है और कंपनी के लिए महत्त्वपूर्ण दुविधा सामने आ खड़ी हो जाती है। कभी-कभी ऐसा करना ठीक है मगर कम क़ीमत में ख़रीदारी की आदत हेरोइन के नशे जैसी है। अल्पकालिक लाभ के लिहाज से यह भले ही उचित हो, लेकिन यदि आप अक्सर ऐसा करते हैं, तो आदत छुड़ा पाना मुश्किल हो जाता है। एक बार ग्राहक औसत से कम क़ीमत देने के अभ्यस्त हो जाते हैं, तो उनसे उसी उत्पाद के लिए अधिक राशि निकलवाना मुश्किल हो जाता है। दूसरी ओर विक्रेता पर क़ीमतें कम रखने का दबाव बढ़ता जाता है जिसके चलते उनका मुनाफ़ा घटता जाता है। इसे संतुलित करने के लिए बिक्री को बढ़ाना अपरिहार्य हो जाता है। उसके लिए फिर क़ीमत घटाना और ऐसा करते-करते घटी क़ीमतों की आदत पड़ जाती है। नशे की दुनिया में इन नशेड़ियों को जंकी कहा जाता है। व्यापार की दुनिया में इन्हें माल या कमोडिटी नाम दिया जाता है जिसमें बीमा, निजी कंप्यूटर, मोबाइल फ़ोन सेवाएँ आदि सब कुछ शामिल होता है। तैयार माल की यह सूची क़ीमतों के खेल में बनाई जाती है और इनके भरोसे क़ीमतों का खेल खेला जाता रहता है। और हर स्थिति में कंपनियों को अपने उत्पाद को माल में बदलने के लिए दबाव बनाया जाता है और यह स्थिति कंपनियाँ ख़ुद निर्मित करती हैं। मैं इस बात पर बहस नहीं करना चाहता कि व्यापार को बढ़ाने के लिए क़ीमतों में हेर-फेर सही तरीक़ा है या नहीं, चुनौती यह है कि क्या ऐसा करके मुनाफ़ा बरक़रार रखा जा रहा है?

वॉल-मार्ट को इस नियम का अपवाद माना जा सकता है। उन्होंने क़ीमतों का खेल खेलते हुए अपने व्यवसाय में असाधारण रूप से सफलता हासिल की है मगर इस सफलता की उन्हें बड़ी क़ीमत चुकानी पड़ी है। साथ ही व्यापार के विस्तार ने क़ीमतों की रणनीति से होने वाली अंदरूनी आर्थिक कमज़ोरी से उबरने में उनकी मदद की। हालाँकि क़ीमतें कम रखने के कंपनी के जूनून के चलते कंपनी में कई घोटाले हुए जिनसे कंपनी की साख पर असर पड़ा। कंपनी का हर घोटाला उत्पादों की मूल क़ीमतें कम रखने की कोशिश के कारण ही जन्मा था ताकि क़ीमतें कम रखने का कुछ ख़ास नुक़सान नहीं हो।

क़ीमत हमेशा कुछ न कुछ लेकर जाती है। प्रश्न यही है कि धन कमाने के लिए आप क्या क़ीमत अदा करना चाहते हैं?

प्रचार-प्रसार

जनरल मोटर्स का एक बड़ा और व्यापक लक्ष्य है - बाज़ार में अमेरिका के ऑटोमोटिव उद्योग का सर्वेसर्वा बनना। 1950 में अमेरिका में कार बनाने वाली चार कंपनियाँ थीं - जीएम, फ़ोर्ड, क्रिसलर और एएमसी। विदेशी निर्माताओं के इस क्षेत्र में आने से पहले जीएम इनमें अग्रणी था। नए प्रतिस्पर्धियों ने अपने वर्चस्व को बनाए रखने के लक्ष्य को कठिन बना दिया। पिछले पचास सालों में कार निर्माण में कितना बदलाव आया है, इसे दिखाने के लिए मुझे किन्हीं शोध के आंकड़ों की आवश्यकता नहीं है। फिर भी जीएम मोटर्स ने पिछली शताब्दी में अपने वर्चस्व को क़ायम रखने में सफलता हासिल की थी।

हालाँकि 1990 के बाद से टोयोटा का बाज़ार में मुनाफ़ा दोगुने से अधिक हो गया है। 2007 तक आते-आते टोयोटा का अंश 7.8 प्रतिशत से बढ़कर 16.3 प्रतिशत हो गया। इसी दौरान 2007 में जीएम की बाज़ार में हिस्सेदारी 35 प्रतिशत से घटकर 23.8 प्रतिशत तक आ गई। और 2008 की शुरुआत में कुछ अकल्पनीय घटा। अमेरिका के लोगों ने अमेरिकी कंपनियों की बजाय बाहरी देशों में बने वाहनों को ख़रीदने में अधिक रुचि दिखाई।

1990 से जापान के इस क्षेत्र में प्रतिस्पर्धी के रूप में उतरने के परिणामों से दो-चार होते हुए जीएम और अन्य कंपनियों ने अपने ग्राहकों और गिरते हुए शेयरों की क़ीमत को थामे रखने के लिए कई प्रलोभन देने

की पेशकश की। इसी श्रेणी में जीएम मोटर्स ने अपने ग्राहकों को उनकी कंपनी की कार और ट्रक ख़रीदने पर 500 डॉलर से लेकर 7,000 डॉलर तक की धन वापसी (कैश बैक) की पेशकश की। इसके लिए लंबे समय तक प्रचार-प्रसार किया गया, जो बहुत ही प्रभावी रहा। जीएम की बिक्री फिर से शिखर पर पहुँचने लगी थी मगर लंबे समय में इस धन वापसी की योजना ने जीएम के लाभांश को बुरी तरह से प्रभावित करते हुए उन्हें हानि के गढ्ढे में धकेलना शुरू किया। 2007 में जीएम को प्रति वाहन 729 डॉलर का नुक़सान हुआ और इसका बड़ा कारण यह ऑफ़र था। जल्दी ही जीएम को यह समझ में आ गया कि प्रलोभन का यह तरीक़ा अधिक समय तक काम नहीं कर पाएगा और उन्होंने धन वापसी की इस पेशकश को धन कम करते हुए धीरे-धीरे ख़त्म करना शुरू किया। ऐसा करते ही बिक्री आश्चर्यजनक रूप से घट गई। धन वापसी नहीं, तो ग्राहक नहीं। अर्थात ऑटोमोबाइल उद्योग ने अपने ग्राहकों में से प्रभावी रूप से धन वापसी के जंकीज या व्यसनी तैयार कर दिए थे, जो यह विश्वास करते थे कि इस उद्योग में ख़रीदारी के लिए पूरी क़ीमत चुकाने जैसा कुछ होता ही नहीं है।

चाहे तो इसमें "एक के दाम में दो" मिलेंगे या वाहन के साथ "कोई क़ीमती खिलौना" मिलेगा। प्रचार-प्रसार ऐसा प्रचलित जोड़-तोड़ है, जिसे करते समय हम अक्सर यह भूल जाते हैं कि हम इसे जोड़-तोड़ के लिए कर रहे हैं और यह हमारी पहली प्राथमिकता है। उदाहरण के लिए अगली बार आप बाज़ार में डिजिटल कैमरा ख़रीदने जाएँ तो कैमरे को ख़रीदने के लिए किए जा रहे निर्णय की प्रक्रिया पर ध्यान दें। आपको अपनी इच्छित विशेषताओं, जैसे - आकार, मेगापिक्सल, प्रतिस्पर्धी क़ीमत वाला कैमरा दो या तीन कंपनियों का मिल जाएगा मगर शायद एक कंपनी ने इसका ख़ूब प्रचार-प्रसार किया हुआ हो, जिसमें वह कैमरे के साथ इसका कवर या मैमोरी कार्ड मुफ़्त दे रही हो। सभी विशेषताएँ एक-सी होने के बावजूद यह अतिरिक्त सामान अक्सर आपके निर्णय को प्रभावित करता है और इसी तरह कंपनी की बिक्री को आश्चर्यजनक रूप से बढ़ाया करता है। व्यापार की इस दुनिया में प्रचार-प्रसार को "वैल्यू एडेड" कहा जाता है मगर सिद्धांत एक सा ही रहता है, किसी उत्पाद के साथ कोई वस्तु मुफ़्त में दी जाए ताकि कम बिक्री का जोखिम ख़त्म हो जाए और लोग आपके साथ जुड़ जाएँ। और क़ीमतों की ही तरह प्रचार-प्रसार भी काम करता है।

प्रचार-प्रसार के जोड़-तोड़ की रणनीति इस क़दर स्थापित हो चुकी है कि इसे उद्योग ने एक सिद्धांत का नाम दे डाला है। वे इसे ब्रेकेज या टूट के नाम से बुलाते हैं। ब्रेकेज उन ग्राहकों की संख्या का मापन करता है, जो इस प्रचार-प्रसार का लाभ लेने से चूक गए हैं और जिन्हें उत्पाद की पूरी क़ीमत अदा करनी पड़ी है। ऐसा अक्सर तब होता है जब ग्राहक इस छूट को पाने के लिए आवश्यक प्रक्रिया को पूरा नहीं करते। गौरतलब यह है कि इस प्रक्रिया को जान-बूझकर जटिल या असुविधाजनक रखा जाता है जिससे ग़लतियों की संभावना बढ़ जाए और अधिकाधिक ग्राहक इस स्कीम का लाभ नहीं ले पाएँ यानी ब्रेकेज की संख्या बढ़ी हुई रहे।

किसी उत्पाद पर छूट को पाने के लिए ग्राहक को ख़रीदी की रसीद, पैकेजिंग में दिए गए बार कोड की कतरन और एक फ़ॉर्म (जिसमें उत्पाद और उसकी ख़रीदी की प्रक्रिया का विवरण दर्ज करना होता है) भरकर देना होता है। इस फ़ॉर्म को भरने में ग़लती होने से, इस फॉर्म को ग़लत ड्राप बॉक्स में डालने से यह छूट पाना हफ़्तों, महीनों तक लंबित हो सकता है या अंत में यह भी संभव है कि छूट नहीं मिले। इस उद्योग के पास उन ग्राहकों की संख्या का आंकड़ा भी होता है जिन्होंने इस छूट का लाभ उठाने का प्रयास किया ही नहीं या उन्होंने जाँचा ही नहीं कि उन्हें कितनी छूट मिल रही है। इसे स्लिपेज कहा जाता है।

व्यापार में इस तरह के अल्पकालिक लाभों और जोड़-तोड़ का उद्देश्य स्पष्ट होता है - छूट के द्वारा ग्राहकों को लुभाना ताकि वे आपके उत्पाद की पूरी क़ीमत अदा करें भले ही उसे वे आंशिक धन वापसी के प्रलोभन के चलते ही ख़रीदें। फिर भी सच्चाई यह है कि उनमें से 40 प्रतिशत ग्राहकों को कभी भी उस उत्पाद पर कम दाम मिल नहीं पाते जिसके लिए उन्होंने उत्पाद ख़रीदा होता है। इसे अव्यवस्थित होने का भुगतान कहा जा सकता है मगर खुदरा विक्रेता इसी पर भरोसा किया करते हैं।

नियामकों ने छूट उद्योग की अपनी जाँच को बढ़ा दिया है, लेकिन केवल सीमित सफलता के साथ। छूट की प्रक्रिया उतनी ही बोझिल है और इसका अर्थ है विक्रेता के लिए अतिरिक्त धन। जोड़-तोड़ बढ़िया है मगर किस क़ीमत पर?

डर

यदि कोई व्यक्ति जेब में केला रखकर किसी बैंक में लोगों को डराता हुआ पाया जाए, तो उस पर सशस्त्र डकैती का आरोप लगाया जाता है। यह स्पष्ट है कि उसके द्वारा न तो कोई जान-माल की हानि हुई, न किसी को नुक़सान पहुँचा मगर चूँकि यह धारणा है कि डकैतों के पास सच्ची पिस्तौल होती है अतः इसे इसी तरह से नियम के अनुसार लिया जाएगा। और यह जानने के बाद कि लोगों में बैठा डर उन्हें बताए गए किसी भी काम को करने के लिए, किसी भी माँग को स्वीकार करने के लिए विवश कर सकता है, डकैत उन्हें कुछ भी करने के लिए मजबूर कर सकता है। डर चाहे वास्तविक हो या ओढ़ा हुआ हो, किसी को प्रभाव में लेने का सबसे सशक्त घटक होता है।

एक पुरानी कहावत है, "किसी को भी आईबीएम को किराए पर लेने के लिए निकाला नहीं गया" जो डर से जन्मे व्यवहार की व्याख्या करती है। ख़रीद विभाग के एक कर्मचारी को किसी कंपनी के लिए सबसे अच्छे आपूर्तिकर्ताओं को तलाशने के लिए कहा गया, तो उसने सही क़ीमतों में मिलने वाला बेहतर उत्पाद इसलिए नहीं लिया क्योंकि वह किसी नामचीन कंपनी का उत्पाद नहीं था। यदि कुछ ग़लत हो गया तो उसकी नौकरी पर आँच आ जाएगी, इस डर के चलते उसने अपने काम का उद्देश्य यानी कंपनी का लाभ भुला दिया।

जब डर नियोजित होता है, तो तथ्य आकस्मिक हुआ करते हैं। हमारी शारीरिक संरचना में यह निहित है कि अपने अस्तित्व को क़ायम रखने के डर में हमारे ऊपर भावनाएँ इतनी हावी हो जाती हैं कि उसमें तथ्य और आंकड़े किसी काम नहीं आ पाते। आतंकवाद इसी तरह से काम करता है। सांख्यिकीय रूप से यह संभावना बहुत कम होती है कि कोई व्यक्ति आतंकवादियों के हमले का निशाना बनेगा या नहीं मगर ऐसा हो सकता है यह संभावना और यह डर ही लोगों को बेचैन कर देता है।

जोड़-तोड़ करने वाले एक शक्तिशाली घटक के रूप में डर का उपयोग ग़लत इरादों के लिए भी किया जाता है। हम अपने बच्चों को डर का इस्तेमाल करते हुए बड़ा करते हैं। हम लोगों को कुछ सिद्धांतों का पालन करने के लिए प्रेरित करने हेतु डर का उपयोग करते हैं - बालिका सुरक्षा,

एड्स के प्रति जागरूकता, सीट बेल्ट पहनने आदि के सरकारी विज्ञापनों में भी डर का सहारा लिया जाता है। 1980 के दौर में जिसने भी टीवी देखा होगा, उसने किशोरों में नशे के प्रति जागरूकता फैलाने के लिए बनाया गया सरकारी विज्ञापन ज़रूर देखा होगा और उससे डरे भी होंगे जिसमें एक आदमी पुराना सफेद अंडा हाथ में लिए कहता है, "यह आपका दिमाग़ है।" फिर वह उस अंडे को तोड़कर कड़ाही के गर्म होते तेल में डाल देता है और कहता है, "यह है आपका नशे का आदी हो चुका दिमाग़... कोई प्रश्न?"

एक और विज्ञापन, जो किसी भी किशोर को डराने के लिए काफ़ी था – "कोकीन आपको सैक्सी नहीं बनाती... यह आपको मुर्दा बना देती है।"

इसी तरह से जब लीडर्स कहते हैं कि विपक्ष की सरकार बनने पर वे कर बढ़ा देंगे या क़ानून-प्रवर्तन के ख़र्चे को कम कर देंगे या शाम के समाचार आपको आगाह करते हैं कि आपका स्वास्थ्य या सुरक्षा ख़तरे में हैं यदि आप चैनल 11 को ट्यून नहीं करते... ये दोनों ही दर्शकों और मतदाताओं के बीच भय का संचार करने के उद्देश्य से उपयोग में लाए जाते हैं। इसी तरह व्यापार की दुनिया भी अपने उत्पाद बेचने के लिए लोगों के बीच में असुरक्षा और भय का संचार करती है। ये कहते हैं कि यदि आपने फलां उत्पाद नहीं ख़रीदा तो आपके साथ कुछ तो बुरा हो सकता है।

"हर छत्तीस सेकेंड में कोई न कोई हृदयाघात से मरता है" एक स्थानीय हृदयरोग विशेषज्ञ का विज्ञापन यह कहता है। "क्या आपके पास रेडॉन है? आपके पड़ोसी के पास है!" ट्रक के पीछे लिखा यह विज्ञापन किसी कंपनी का है, जो घर के प्रदूषण को जाँच करने का काम करती है। और बीमा कंपनी यह कहते हुए आपको बीमा पॉलिसी बेचने की कोशिश करेगी, "इससे पहले कि बहुत देर हो जाए।"

यदि आप किसी वस्तु को ख़रीदने में आनाकानी कर रहे हों और किसी ने आपको परिणाम का भय दिखाते हुए कुछ बेचने की कोशिश की हो, तो वे वास्तव में आपके सिर पर बंदूक लगाकर आपको कुछ बेचना चाहते हैं और आपको उनके प्रतिद्वंद्वी के मुक़ाबले उनके उत्पाद को चुनने का "महत्त्व" दर्शाना चाहते हैं, फिर भले ही वह वास्तविक बंदूक नहीं होकर केला ही क्यों न हो। मगर यह तरीक़ा काम करता है।

आकांक्षाएँ

"धूम्रपान छोड़ना मेरे लिए सबसे आसान काम है क्योंकि मैं इसे सैकड़ों बार कर चुका हूँ।" मार्क ट्वेन कहते हैं।

यदि डर हमें किसी नुक़सानदायक काम से दूर रहने के लिए प्रेरित करते हैं, तो आकांक्षा भरे संदेश हमें कुछ इच्छित करने की ओर ले जाते हैं। बाज़ार हमेशा आकांक्षी बने रहने की बात किया करता है और इसके लिए कुछ ऐसे लक्ष्य की बात करता है जिसे पाने की इच्छा मन में हो और उसे किसी विशेष उत्पाद का उपयोग करके आसानी से पाया जा सकता है– "प्रसन्नता भरे जीवन के लिए छह क़दम।" "अपनी सपनों की पोशाक में फ़िट होने के लिए इसका साथ लें!" "छह सप्ताह के छोटे से समय में आप धनी बन सकते हैं।" ऐसे सारे संदेश आपको भ्रमित करते हैं और उन चीज़ों के प्रति जिन्हें हम पाना चाहते हैं या हम जैसे बनना चाहते हैं, उसके लिए हमें ललचाते हैं।

भले ही ये संदेश सकारात्मक प्रवृत्ति के होते हों मगर ये उन लोगों के लिए अधिक प्रभावी सिद्ध होते हैं जिनमें अनुशासन की कमी होती है या असुरक्षा का भय होता है जिसके चलते वे यह समझते हैं कि उनमें अपने सपनों को अपने दम पर पूरा करने की योग्यता नहीं है (यह डर अलग-अलग समय पर हर व्यक्ति में पाया जाता है)। मैं अक्सर उपहास करते हुए कहता हूँ कि आप एक जिम की सदस्यता लेकर कुछ इच्छित प्राप्त कर सकते हैं मगर उसके लिए आपको सप्ताह में तीन दिन जिम में जाने की अभिप्रेरणा अपने अंदर उत्पन्न करनी होगी। जो व्यक्ति स्वस्थ जीवन शैली का आदी है और नियमित व्यायाम आदि करता है वह वज़न कम करने के "छह आसान चरण" जैसे प्रलोभनों के झाँसे में हरगिज़ नहीं आएगा। इसके प्रभाव में वही लोग आएँगे जिनकी जीवन शैली स्वस्थ नहीं है और जिन्हें बीमारियों का ख़तरा ज़्यादा है। यह भी बहुत सामान्य-सी बात हो गई है कि बहुत से लोग अपने इच्छित आकार के शरीर को पाने के लिए एक के बाद दूसरा डाइट चार्ट अपनाते रहते हैं और निश्चित ही वे जो भी तरीक़ा अपनाएँ उसमें यह स्पष्ट किया हुआ होगा कि नियमित व्यायाम और संतुलित आहार ही आपको इच्छित परिणाम पाने में मदद करेगा। दूसरे शब्दों में अनुशासन ही मदद करेगा। हर जनवरी में जिम की सदस्यता क़रीब 20 प्रतिशत बढ़ती है चूँकि नए साल में लोग अपने लिए स्वस्थ शरीर का लक्ष्य निर्धारित करते

हैं और उनमें से कुछ ही प्रतिशत लोग साल के अंत तक जिम में बने रहते हैं। प्रेरक संदेश आपके व्यवहार में तात्कालिक परिवर्तन ला सकते हैं मगर अधिकतर लोगों के लिए यह परिवर्तन स्थाई नहीं बन पाता।

प्रेरक संदेश केवल उपभोक्ता बाज़ार में ही प्रभाव नहीं रखते, वे एक व्यापार से दूसरे में संक्रमण करने में भी प्रभावी होते हैं। बड़ी या छोटी हरेक कंपनी के प्रबंधक अच्छा काम करना चाहते हैं और इसके लिए वे निर्णय लेते हैं, सलाहकार नियुक्त करते हैं और वह हर प्रबंध करते हैं जिससे उन्हें इच्छित लक्ष्य हासिल करने में मदद मिल सके। मगर अक्सर ऐसा हो नहीं पाता और इसके पीछे योग्यता न होना कारण नहीं होता वरन इस सारे तंत्र का ठीक से संचालन कर पाने की योग्यता नहीं होना इसका मुख्य कारण होता है। मैं अपने निजी अनुभव से बता सकता हूँ कि मैंने गुज़रे सालों में ढेरों ऐसे तरीक़े अपनाए, "जो मुझे मेरी लक्षित सफलता तक पहुँचा सकें" मगर सिर्फ़ दो सप्ताह के बाद ही मैं अपने आपको वापस उसी स्थिति में पाता था। मैंने अपने आपको एक तंत्र में तो ढाला मगर मैं स्वयं ही उसे लंबे समय तक क़ायम नहीं रख सका।

लंबे समय की अपेक्षाओं के लिए छोटे समय की प्रतिक्रियाएँ कॉर्पोरेट जगत में भी प्रचलित हैं। मेरे एक प्रबंधन सलाहकार मित्र को एक बिलियन डॉलर कंपनी ने सलाह के लिए नियुक्त किया ताकि वह कंपनी अपने लक्ष्य तक पहुँच पाए। जैसा कि मेरी मित्र ने बताया वहाँ बड़ी समस्या यह थी कि कंपनी के प्रबंधक हमेशा लंबे समय तक चलने वाले समाधान के साथ जाने की बजाय अल्पकालिक और सस्ते समाधान को चुना करते थे। जैसे कि अलग-अलग डाइट चार्ट अपनाने वाले लोग किया करते हैं। मेरी मित्र अपने ग्राहकों को कहा करती थी, "उनके पास पहली बार में ही इसे सही करने के लिए समय और धन नहीं होता मगर एक ही बात को बार-बार करने के लिए समय और धन होता है।"

हमउम्र लोगों का दबाव

"चार में से पाँच दंत चिकित्सक ट्राइडेंट को अपनाने की सलाह देते हैं।" एक च्युइंगम का विज्ञापन आपको अपने उत्पाद को एक और उपयोग में लाने के लिए लुभाता है। देर रात आने वाले एक टीवी विज्ञापन में कहा जा रहा है, "एक सर्वश्रेष्ठ विश्वविद्यालय में हुए सघन अध्ययन से यह पता चला

है कि... यह उत्पाद पेशेवरों के लिए और विशेषतः आपके लिए बहुत ही बढ़िया है।” विज्ञापन की बौछार अभी भी जारी है, “लाखों संतुष्ट उपभोक्ता कहते हैं कि...” ये सभी हमउम्र लोगों के दबाव का बेहतर उदाहरण हैं, जब किसी कंपनी के बाज़ार में किए गए सर्वेक्षण से उन्हें यह पता चल जाता है कि अधिकांश लोग या किसी ख़ास समूह के या विशेषज्ञता वाले लोग उनके उत्पाद को पसंद करते हैं, तो उनका पूरा प्रयास इस बात पर केंद्रित हो जाता है कि वे अपने ग्राहकों को इस बात का विश्वास दिला दें कि वे जो भी बेच रहे हैं वह एकदम बेहतर है। यह दबाव काम करता है चूँकि हम यह विश्वास करते हैं कि जो लोग या विशेषज्ञ इन उत्पादों का प्रयोग कर रहे हैं, वे हमसे ज़्यादा जानते हैं। यह दबाव इसलिए काम नहीं करता कि विशेषज्ञ हमेशा सही होते हैं वरन इसलिए काम करता है कि लोग यह सोचते हैं कि शायद वे ग़लत हैं।

बिक्री को बढ़ाने और लोगों पर दवाब बनाने के लिए बड़े अभिनेताओं-मॉडल्स का भी प्रयोग किया जाता है ताकि यह सोच बने कि “यदि वे इसका इस्तेमाल करते हैं तो यह अच्छा ही होगा।” यह तब अधिक अर्थपूर्ण हो जाता है जब टाइगर वुड्स नाइकी के गोल्फ़ उत्पादों का या टिटलीएस्ट की गोल्फ़ बॉल का विज्ञापन करते है। (वुड्स का नाइकी के साथ अनुबंध नाइकी को गोल्फ़ उत्पादों की अग्रणी कंपनी बनाने की शर्त पर ही हुआ है)। मगर टाइगर ने जनरल मोटर्स की कार, मैनेजमेंट कंसलटेंट सर्विस, क्रेडिट कार्ड, खाद्य पदार्थों और “गोल्फ़र के लिए विशेष रूप से बनाई गई घड़ी” टैग हूएर आदि के विज्ञापन भी किए हैं। इस घड़ी को हाथ में पहनने से 5000-g का झटका लगता है जो कि गोल्फ़र की बजाय गोल्फ़ बॉल द्वारा झेला जाता है मगर चूँकि इसका विज्ञापन टाइगर ने किया है अतः इसे तो अच्छा होना ही चाहिए। बड़े अभिनेताओं-मॉडल्स के विज्ञापन हमारी आकांक्षाओं को और हमारी इच्छाओं को उनके समान ही दिखाने के लिए भी उपयोग में लाए जाते है। इसके लिए सबसे उपयुक्त विज्ञापन गैटोरेड के “मैं माइक की तरह बनना चाहता हूँ” अभियान का है जिसने युवाओं को इस बात के लिए ललचाया कि यदि वे गैटोरेड पीते हैं तो बड़े होकर माइक जैसे बनेंगे। ऐसे ही कई उदाहरण हैं जिनमें हस्तियाँ किसी चीज़ का अनुमोदन करती दिखती हैं, लेकिन उनका वास्तविकता से नाता देख पाना असंभव है। *लॉ ऐंड ऑर्डर* से प्रसिद्ध हुए सैम वाटरस्टन का उदाहरण लें। वे टीडी

अमेरिट्रेड से ऑनलाइन ट्रेडिंग फ़ॉर्म बेचते हैं। लेकिन उनकी ख्याति को देखते हुए यह अनिश्चित है कि उससे लोगों का रुझान ब्रांड के प्रति हुआ है। मैं अनुमान करता हूँ कि "विश्वसनीय" होंगे।

युवाओं पर प्रभाव बनाना पीयर प्रेशर का एकमात्र विषय नहीं है। हममें से कई लोगों ने अपने आपको एक सेल्समैन के भी प्रभाव में आते हुए देखा होगा। क्या आप किसी ऐसे सेल्समैन से टकराए हैं, जो आपको यह कहते हुए "ऑफ़िस सॉल्यूशन" बेचने का प्रयास कर रहा हो कि आपके प्रतिस्पर्धियों में से 70 प्रतिशत लोग इसी का उपयोग किया करते हैं, तो आप क्यों नहीं? मगर यदि वे 70 प्रतिशत लोग मूर्खता कर रहे हों तो? या उन लोगों को यह उत्पाद अन्य कोई वस्तु के साथ या कम क़ीमत के झाँसे में लाकर बेचा गया हो जिससे वे अपने आपको इसे ख़रीदने से रोक नहीं पाएँ हों तो? यह सारी कवायद केवल आपको दबाव में लाकर उस उत्पाद को ख़रीदने के लिए विवश करने के लिए की जाती है। आपको यह महसूस कराने के लिए की जाती है कि कुछ ऐसा है जिसे आपके सिवाय सभी जानते हैं और अपना भी रहे हैं। अतः आपको भी बहुसंख्य लोगों के साथ जाना चाहिए? सही है न?

मेरी माँ के शब्दों में, "यदि तुम्हारे दोस्त अपना सिर ओखली में डाल देंगे तो क्या तुम भी वैसा ही करोगे?" खेद है, यदि माइकल जॉर्डन या टाइगर वुड्स को ऐसा करने के लिए रुपये मिलते हैं, तो ऐसा एक रुझान शुरू हो सकता है।

अनोखापन या नवाचार

"एक नवीन तकनीक का फ़ोन बनाकर डिज़ाइन और इंजीनियरिंग के क्षेत्र में (मोटोरोला ने) एक बड़ा नवाचार किया है।" 2004 में अख़बार में छपी एक प्रेस विज्ञप्ति मोबाइल के अत्यंत स्पर्धात्मक बाज़ार में एक नए फ़ोन के आने की बात कह रही है। "यह एयरक्राफ़्ट ग्रेड जैसी धातु से बना, नई और विशिष्ट तकनीक जैसे इंटरनल एंटीना और रासायनिक रूप से नक़्क़ाशीदार कीपैड से लैस और केवल 13.9 मिमी. पतला उपकरण है।"

और इसने काम किया। लाखों लोग इसका एक सेट ख़रीदने के लिए दौड़ पड़े। जानी-मानी हस्तियाँ रेड कॉर्पेट पर अपना-अपना आरएज़ेडआर मॉडल चमकाती दिखीं। यहाँ तक कि एक या दो प्रधानमंत्रियों को भी इस

फ़ोन पर बतियाते हुए देखा गया। 50 मिलियन सेट बिकने के बाद कुछ लोगों ने कहा कि आरएज़ेडआर की सफलता को बहुत बड़ी सफलता नहीं कहा जा सकता। "वर्तमान में मोबाइल से जो भी अपेक्षाएँ हैं उन्हें हटाकर आरएज़ेडआर ने मोटोरोला के क्रांतिकारी नवाचारों के इतिहास को दोहराया है और इस उत्पाद ने वायरलेस उद्योग में नए मापदंड तय कर दिए हैं।" मोटोरोला के पूर्व कार्यकारी निदेशक एड जांडर ने अपने इस नए उत्पाद के बारे में कहा।

इस एक उत्पाद ने मोटोरोला को बड़ी आर्थिक सफलता दिलाई। यह सही मायनों में नवाचार के लिहाज से बड़ी सफलता थी।

क्या सही में?

इसके बाद चार साल से भी कम समय बाद जांडर को बाहर निकाल दिया गया। आरएज़ेडआर के बाज़ार में उतरने के बाद से स्टॉक अपनी 50 प्रतिशत की औसत क़ीमत पर आ गया था और मोटोरोला के प्रतिस्पर्धियों ने आसानी से इसकी विशेषताओं को समाहित करते हुए उसी की तरह के नए फ़ोन बाज़ार में उतार दिए थे। मोटोरोला फिर से उन फ़ोन विक्रेताओं की श्रेणी में आ खड़ा हुआ था, जो बाज़ार में अपना हिस्सा पाने की तलाश में थे। जैसा कि लोग पहले भी करते आए थे, इस कंपनी ने भी अनोखेपन को नवाचार समझने की भूल को दोहराया।

वास्तविक नवाचार उद्योगों में और यहाँ तक कि सारे समाज में बदलाव को प्रेरित करता है। बिजली का बल्ब, माइक्रोवेव, फ़ैक्स मशीन, आई ट्यून्स ने बाज़ार को अपने प्रारूप को पूरी तरह से बदलने और उसका फिर से आकलन करने की चुनौती दी। उदाहरण के लिए किसी मोबाइल फ़ोन में कैमरा लगाना नवाचार नहीं है, भले ही यह बड़ी सुविधा या विशेषता है मगर उद्योग को बदलने जैसा इसमें कुछ नहीं है। यदि इस परिभाषा को दिमाग़ में रखा जाए तो मोटोरोला के अपने उत्पादों के लिए दिए गए विवरण जैसे धातु का आवरण, छिपा हुआ एंटीना, चपटा की पैड, पतला फ़ोन आदि भी केवल सुविधाओं या विशेषताओं की एक सूची मात्र बनकर रह जाते हैं। इनमें से शायद ही कोई "क्रांतिकारी नवाचार" हो। मोटोरोला एक नया उत्पाद बाज़ार में लाया और उसके द्वारा तब तक लोगों को आकर्षित करने में सफलता पाई... जब तक कि दूसरा वैसा ही उत्पाद किसी और के द्वारा बाज़ार में नहीं लाया गया। और इसी के चलते ये सारी विशेषताएँ नवाचार नहीं कही

जा सकतीं। इन्हें अलग दिखने की कोशिश में उत्पाद में जोड़ा गया है, न कि नया बनाया गया है। यह ग़लत नहीं है मगर इसे लंबे समय तक लाभ दिलाने वाले तरीक़े के रूप में भी देखा नहीं जा सकता। नई विशेषताएँ आपकी बिक्री को एकदम बढ़ा सकती हैं और जिसे आरएज़ेडआर ने सिद्ध किया मगर यह प्रभाव दीर्घकालिक नहीं होता। जब कंपनी एक ही उत्पाद में नई-नई विशेषताएँ जोड़ने लगती है तो इससे अधिक लाभ नहीं होता, हाँ वह उत्पाद क़ीमतों के खेल में उलझकर कमोडिटी या माल भर बनकर रह जाता है। और क़ीमतों के खेल की ही तरह इस माल की स्पर्धा में एक और उत्पाद बाज़ार में उतार देना पतन की राह प्रशस्त करता है।

1970 में कोलगेट टूथपेस्ट के केवल दो प्रकार थे मगर जैसे-जैसे प्रतिस्पर्धा बढ़ती गई कोलगेट की बिक्री का आंकड़ा नीचे गिरता गया। अतः कंपनी ने नई विशेषताओं को समाहित किए हुआ नया उत्पाद बाज़ार में उतारा जिसमें फ़्लोराइड को शामिल किया गया था। उसके बाद एक और। फिर एक और। टार्टर कंट्रोल। स्पार्कल्स। स्ट्रिप्स। हर नए उत्पाद ने बिक्री को थोड़े समय के लिए तो निश्चित रूप से बढ़ाया और इस तरह से यह चक्र चलता गया। अब अंदाज़ लगाएँ कि आज बाज़ार में आपके सामने चुनाव के लिए कोलगेट के कितने सारे टूथपेस्ट हैं? बत्तीस... आज कोलगेट के बत्तीस तरह के टूथपेस्ट बाज़ार में हैं (इनमें बच्चों के लिए बनाए गए चार टूथपेस्ट शामिल नहीं है)। और जैसा कि हर कंपनी प्रतिस्पर्धा में ठहरने के लिए किया करती है, कोलगेट की प्रतिस्पर्धी कंपनियों ने भी उतनी ही विशेषताओं और उतनी ही क़ीमत के साथ अपने उत्पाद बाज़ार में उतार दिए। आज बाज़ार में टूथपेस्ट के नाम पर सैकड़ों उत्पाद मौजूद हैं। फिर भी किसी कंपनी के पास ऐसा कोई डेटा मौजूद नहीं है जो यह बताता हो कि 1970 की तुलना में आज अमेरिका के लोग अपने दाँतों को ज़्यादा साफ़ करने लगे हैं। इन "नवाचारों" का धन्यवाद जिनके चलते आज यह पता लगाना बिलकुल असंभव हो गया है कि आपके लिए कौन-सा टूथपेस्ट सही है। यहाँ तक कि कोलगेट ने भी अपनी वेबसाइट पर यह लिखते हुए एक लिंक दिया है कि – "आपको तय करने में मदद चाहिए?" यदि कोलगेट को भी अपने ग्राहकों को मदद करने की ज़रूरत महसूस हो रही है क्योंकि बाज़ार में उसकी कंपनी के ढेरों उत्पाद हैं, तो जब हम सुपर मार्केट में जाएँगे तो वहाँ हमारी मदद कौन करेगा?

एक बार फिर यह किसी कंपनी द्वारा अपनी बिक्री को बढ़ाने के लिए ग्राहकों के सामने कई चमकदार विकल्प रखने का एक बढ़िया उदाहरण है। कंपनियाँ चतुराई यह करती हैं कि नई विशेषता को "नवाचार" के रूप में प्रस्तुत करती हैं और अपने ग्राहकों को आकर्षित करने का ऐसा काम केवल डिब्बाबंद वस्तुओं के उद्योग के क्षेत्र में ही नहीं होता वरन यह अन्य उद्योगों में भी बहुत प्रचलित है। यह तरीक़ा काम करता है मगर तभी जब इस रणनीति का आधार वफ़ादार रिश्तों की बुनियाद पर टिका हुआ हो।

एपल के आईफ़ोन ने नया और ज़रूर ख़रीदा जाने वाला उत्पाद बनकर मोटोरोला आरएज़ेडआर को विस्थापित कर दिया है। सारे बटन हटाकर टच स्क्रीन लगा देना ही आईफ़ोन को नवाचार की श्रेणी में नहीं लाता। ये सभी उत्कृष्ट सुविधाएँ हैं मगर दूसरे भी आसानी से इनकी नक़ल कर सकते हैं और इनसे मोबाइल की परिभाषा पुनर्सृजित नहीं होती। एपल ने इस क्षेत्र में कुछ और भी महत्त्वपूर्ण काम किया।

मोबाइल फ़ोन एपल के तरीक़े से कैसे बनाए जाएँ, एपल न केवल इस क्षेत्र में सर्वेसर्वा है वरन वह इसमें भी अग्रणी है कि मोबाइल उद्योग काम करता कैसे है। मोबाइल फ़ोन उद्योग में मोबाइल उत्पादक नहीं वरन सेवा प्रदाता या सर्विस प्रोवाइडर यह तय करता है कि फ़ोन द्वारा किन-किन विशेषताओं और लाभों को बाज़ार में विज्ञापित किया जाएगा। टी मोबाइल, वेरिज़ोन वायरलैस, स्प्रिंट, एटीऐंडटी, मोटोरोला, नोकिया, एरिक्सन, एल. जी. और अन्य सभी मोबाइल ऐसा ही किया करते थे। उसके बाद एपल आया। उन्होंने घोषित किया कि उनके फ़ोन के बारे में सर्विस प्रोवाइडर तय नहीं करेगा वरन वे उसे बताएँगे कि उनके फ़ोन में क्या-क्या होगा। एटीऐंडटी अकेली ऐसी कंपनी थी, जो इसके लिए और ग्राहकों को नई तकनीक से रूबरू करवाने के लिए राज़ी हुई। यह ऐसा परिवर्तन है, जो मोबाइल उद्योग को अगले कई वर्षों तक प्रभावित करेगा और नए उत्पादों के द्वारा कुछ ही समय के लिए होने वाली बिक्री को स्थाई ग्राहकों में बदल देगा।

अनोखा है न?

आप अपने कमाए गए धन की
क़ीमत अदा करते हैं

मैं इस बात में कोई शंका ज़ाहिर कर ही नहीं सकता कि जोड़-तोड़ काम नहीं करता। इनमें से हरेक उपाय लोगों के व्यवहार में बदलाव लाने और किसी कंपनी को सफलता के शिखर पर ले जाने में मददगार हो सकता है मगर ये सब व्यापार के हथकंडे हैं। इनमें से कोई एक भी वफ़ादारी की गारंटी नहीं देता। समय के साथ उत्पादों की क़ीमत बढ़ती जाती है मगर इनके लाभ अल्पकालिक ही होते हैं, जो ख़रीदार और विक्रेता दोनों के ही लिए तनाव बढ़ाने वाले साबित होते हैं। यदि आपकी जेब में ढेर सारा धन है या आपको अल्पकालिक लाभों से ही सरोकार है तो आपके लिए ये रणनीतियाँ सही हैं।

व्यापार उद्योग के अलावा राजनीति में भी जोड़-तोड़ एक बड़ा मानदंड बन गया है। जैसे व्यापार में जोड़-तोड़ केवल बिक्री को बढ़ा सकता है और अल्पकालिक लाभ दे सकता है, उसी तरह राजनीति में भी जोड़-तोड़ किसी प्रत्याशी को जिता तो सकता है मगर वह नेतृत्व के लिए आधार तैयार नहीं कर सकता। नेतृत्व का अर्थ ऐसे लोगों का आपके साथ होना है, जो आपके भले-बुरे समय में आपका साथ दे सकें। नेतृत्व का अर्थ लोगों को केवल एक कार्यक्रम के लिए इकट्ठा करना मात्र नहीं होकर उन्हें सालों अपने से जोड़े रखना होता है। व्यापार में नेतृत्व का अर्थ है कि वे ग्राहक आपकी कंपनी को किसी भी स्थिति में लगातार सहयोग और समर्थन देते रहेंगे। यदि इसके लिए जोड़-तोड़ ही एकमात्र रणनीति रखी जाएगी तो अगली बार ख़रीदी का निर्णय ग्राहक किस आधार पर लेंगे? एक बार चुनाव जीत जाने के बाद आगे क्या होगा?

बार-बार व्यापार करने और वफ़ादार रहने में फ़र्क़ होता है। बार-बार संबंध बनाने के लिए लोग आपके साथ लगातार व्यापार करते हैं मगर वफ़ादारी का अर्थ है लोग आपके साथ संबंध बनाए रखने के लिए आपको बेहतर उत्पाद देने की कोशिश करते हैं। इसी तरह वफ़ादार ग्राहक बाज़ार की प्रतिस्पर्धा की तरफ़ ध्यान दिए बिना आपके उत्पाद ख़रीदना जारी रखते हैं और यह वफ़ादारी अर्जित करना आसान नहीं है। बार-बार व्यापार करना इसकी तुलना में आसान होता है। बस, इसमें लगातार जोड़-तोड़ की आवश्यकता पड़ती है।

अमेरिका के व्यापार उद्योग में जोड़-तोड़ के तरीक़े इस क़दर व्यवहार का हिस्सा बन चुके हैं कि इन्हें चाहकर भी बाहर नहीं किया जा सकता। किसी नशे की लत की तरह ही यह जोड़-तोड़ भी आदत बन गई है जिसमें चाह अच्छा या बेहतर बनने की नहीं है वरन जल्दी से जल्दी बिक्री बढ़ाने की, अगला लक्ष्य हासिल करने की है। और छोटी अवधि के लिए मिली हुई सफलता चाहे कितनी ही अच्छी क्यों न लगे, उनका लंबे समय की सफलताओं पर और संस्थान पर ख़राब परिणाम पड़ता है। आज छोटी अवधि की सफलताओं का नशा एक के बाद दूसरी सफलता हासिल करने के रूप में देखा जा रहा है और ये रणनीतियाँ इतनी प्रचलित और सम्माननीय बन गई हैं कि इन जोड़-तोड़ के लिए मार्गदर्शन देने के लिए सांख्यिकी और विज्ञान से लैस एक पूरी अर्थव्यवस्था जन्म ले चुकी है। उदाहरण के लिए डायरेक्ट मार्केटिंग कंपनियाँ उनके द्वारा भेजे गए मेल के कौन से शब्द का या किस मेल का सर्वाधिक असर होगा, इस बारे में भी गुणा-भाग लगाती हैं।

मेल में छूट के प्रस्ताव दिए जाते हैं और छूट जितनी अधिक होगी, प्रस्ताव उतना ही प्रभावी होगा। इस छूट के साथ उत्पाद की क़ीमत भी बढ़ती है, यह वे जानते हैं। इसे लाभकारी सौदा बनाने के लिए वे ब्रेकेज और स्लिपेज के आंकड़ों पर निर्भर रहते हैं। यह व्यवहार वास्तव में नशे के आदी किसी व्यक्ति की तरह होता है, जो नशे के लघुकालिक परिणामों को लेकर ही ख़ुश रहते हैं। छूट लेने की प्रक्रियाओं को अस्पष्ट या जटिल बना देना जिससे अधिक लोग उसका लाभ नहीं ले पाएँ यह विचार ही कुछ लोगों के लिए अतिरेकी सिद्ध होता है।

इलेक्ट्रॉनिक सामान के क्षेत्र के सर्वेसर्वा सैमसंग ने फ़ाइन प्रिंट में कंपनियों के लिए छूट को भी लाभ में बदलने की कला में पारंगतता हासिल कर ली थी। साल 2000 की शुरुआत में कंपनी एक ख़ास तरह की इलेक्ट्रॉनिक वस्तुओं पर 150 डॉलर की छूट घोषित की और यह तय किया कि एक पते पर छूट का एक ही उत्पाद भेजा जाएगा और यह बात उस समय एकदम सही प्रतीत हो रही थी। मगर इससे एक बिल्डिंग या अपार्टमेंट में रहने वाले एक से अधिक लोग एक जैसा पता होने के कारण इस दौड़ से बाहर हो गए। इस आधार पर सैमसंग के 4,000 ग्राहकों को इस छूट की शर्तों से बाहर कर देने की सूचना दी गई। इस घटना को न्यू यॉर्क के अटॉर्नी जनरल के संज्ञान में लाया गया और 2004 में सैमसंग को ऐसे अपार्टमेंट

में रहने वाले लोगों को छूट के 2 लाख डॉलर अदा करने का आदेश दिया गया। यह किसी कंपनी के इस तरह शिकंजे में आने का बड़ा मामला है मगर छूट के खेल के नाम पर यूपीसी चिह्नों को हटा देना, फ़ॉर्म भरना और उसे अंतिम तिथि से पहले जमा करना आदि नियम अब भी लागू हैं, जो कंपनी अपनी छूट का लाभ नहीं उठा पाने वाले ग्राहकों की गिनती करने में इतनी सहज है उसे ग्राहकों का हित सोचने वाली कंपनी कैसे माना जा सकता है?

जोड़-तोड़ धन के लेन-देन तक ले जा सकती है मगर वफ़ादारी तक नहीं

"यह आसान है।" टीवी विज्ञापन में व्यक्ति कहता है, "आप अपने पुराने गहने एक प्रीपेड, बीमाकृत लिफ़ाफ़े में हमें दे जाइए और हम आपको आपके सोने के मूल्य का चेक बस दो दिन के भीतर भेज देंगे।" मायगोल्डनएनवलप.कॉम सोने पर ऋण देने के उद्योग का सर्वेसर्वा है और यह सोने को रिफ़ाइनरी में भेजने, पिघलाने और कमोडिटी बाज़ार में लाने के लिए एक ब्रोकर का काम करता है।

जब डगलस फ़ेयरस्टीन और माइकल मोरान ने एक कंपनी शुरू की जिसके बल पर वे व्यापार की दुनिया में अग्रणी होना चाहते थे। वे एक ऐसा उद्योग खड़ा करना चाहते थे, जो उन्हें प्रतिष्ठा और प्रसिद्धि दोनों दे। इसके लिए अपने अनुभव को वास्तविकता में बदलने के लिए उन्होंने ख़ूब धन ख़र्च किया। उन्होंने ग्राहक सेवाओं को बेहतर बनाने के लिए काम किया। वे दोनों सफल उद्यमी थे और ब्रांड स्थापित करने तथा ग्राहकों को अच्छा अनुभव कराने की कला जानते थे। इस संतुलन को सही करने के लिए उन्होंने ढेर सारा धन ख़र्च किया और यह सुनिश्चित किया कि उनके काम के बारे में सभी स्थानीय और राष्ट्रीय केबल चैनल पर विज्ञापन दिए जाएँ। उनका कहना था, "विद्यमान प्रस्तावों में हमारा प्रस्ताव बेहतर है।" और वे सही थे मगर इस निवेश ने जितनी आशा थी उतना लाभ दिया नहीं।

कुछ महीनों बाद दोनों ने एक महत्त्वपूर्ण बात खोज निकाली। उनके अधिकांश ग्राहकों ने उनके साथ एक ही बार व्यापार किया था। वे अपने व्यापार को अलग तरीक़े से आगे ले जाना चाहते थे। अतः उन्होंने "विद्यमान प्रस्तावों में हमारा प्रस्ताव बेहतर है" का आग्रह छोड़ते हुए सबसे अच्छे

प्रस्ताव की तरफ़ क़दम बढ़ाया। चूँकि अधिकतर लोग सतत आने वाले ग्राहक नहीं थे अतः वे अन्य किसी से उनकी सीधे तुलना करने वाले नहीं थे या तुलना करने में सक्षम नहीं थे। उनके लिए केवल उनकी कंपनी तक की प्रेरणा और उस ख़रीदी का बेहतर अनुभव आवश्यक था ताकि लोग अपने मित्रों-परिचितों को उस अनुभव से गुज़रने को कह सकें। इससे ज़्यादा कुछ भी अनावश्यक था। एक बार मायगोल्डनएनवलप.कॉम के मालिकों को जल्दी ही यह अहसास हो गया कि यदि उनका उद्देश्य वफ़ादारी का भाव निर्मित करना नहीं है वरन केवल ग्राहक संख्या बढ़ाने और अंतरण बढ़ाने से उनका व्यापार प्रगति कर सकता है तो उन्हें इसमें इतना धन ख़र्च करने की आवश्यकता है ही नहीं।

ऐसा अंतरण जो एकाध बार ही होता है, उसके लिए छोटे-छोटे प्रलोभनों या दंड का तरीक़ा काम करता है। जब पुलिस किसी सूचना देने वाले को या अपराधी को पकड़वाने वाले के लिए इनाम घोषित करती है, तो वह उस व्यक्ति से एक ही बार संबंध बनाने की बात कर रही होती है। यदि आपका पालतू खो जाए और उसे खोजकर लाने वाले के लिए आप इनाम की घोषणा करो, तो आप नहीं चाहते हैं कि इनाम पाने वाले व्यक्ति के साथ आप लंबे समय तक संबंध बनाए रखें। आपको केवल अपना पालतू वापस चाहिए होता है।

इस तरह के अंतरण या एक बार के संबंध जोड़ने के लिए जोड़-तोड़ एक सही रणनीति है। पुलिस द्वारा अपराधी के विरुद्ध गवाही देने या उसकी सूचना देने के लिए इनाम इसलिए रखे जाते हैं ताकि लोग उससे आकर्षित होकर उनकी सहायता करें। लोग ऐसा करें इसके लिए ज़रूरी है कि इनाम की राशि उस काम को करने के बाद उनके लिए पैदा होने वाले जोखिम की तुलना में अधिक हो। जोड़-तोड़ भी इसी तरह से काम करता है। हाँ, यदि कंपनी या संस्था इस संबंध को आगे तक ले जाना चाहती है, तो फिर वफ़ादारी का रास्ता अपनाना पड़ता है, फिर जोड़-तोड़ काम नहीं आता। कोई लीडर केवल एक बार आपका वोट चाहता है या वह चाहता है कि आप लगातार उसके पक्ष में बने रहें? (आजकल जिस तरह से चुनाव लड़े जा रहे हैं उसे देखकर हालाँकि ऐसा ही लगता है कि वे केवल एक बार जीत हासिल करना चाहते हैं। विपक्षी को ख़ारिज करने वाले विज्ञापन, किसी एक मुद्दे को उछालना, असंभव-सी अपेक्षाएँ, भय का संचार आदि इसके प्रमाण

हैं? इन तरीक़ों से एक चुनाव जीता जा सकता है मगर इनसे मतदाताओं में वफ़ादारी का अहसास नहीं जगाया जा सकता)।

जहाँ वफ़ादारी की अवश्यकता होती है, ग्राहकों में विश्वास का संचार करना आवश्यक होता है। वहाँ केवल जोड़-तोड़ करके काम करने के गंभीर परिणाम अमेरिका के कार उद्योग ने झेले हैं। जब समय पक्ष का था, बाज़ार की स्थिति ठीक थी तो जोड़-तोड़ के जरिए उन्हें सफलता ज़रूर मिली मगर बाज़ार की स्थिति के कारण यह काम बहुत महँगा पड़ गया। जब 2008 में तेल का संकट उपजा तो सारे ऑटोमोबाइल उद्योग के विज्ञापन और प्रोत्साहन अस्थिर, असमर्थनीय हो गए। (यही स्थिति 1970 में भी आई थी)। इस मामले में यह साफ़ पता चलता है कि जोड़-तोड़ की रणनीति केवल अल्पकालिक लाभ दे सकती है और वह भी तब जब अर्थव्यवस्था स्थिर हो, पक्ष में हो। यदि इसे इस भरोसे पर अपनाया जाता है कि इसके द्वारा बिक्री में आने वाला उछाल स्थायी होगा, तो उसके लिए यह बहुत ही कमज़ोर पटल है। भले ही वफ़ादार ग्राहक दूसरी कंपनियों के प्रस्तावों और प्रोत्साहनों के प्रभाव में कम आते हैं, व्यापार के अच्छे समय में इनकी क़ीमत जानना कठिन होता है मगर व्यापार जब मंदी में, कठिन दौर में चल रहा हो उसी समय इनका महत्त्व समझ में आता है।

जोड़-तोड़ काम तो करता है पर तभी जब धन की बहुलता हो। जब इन सारी रणनीतियों के लिए धन की कमी हो, तो ऐसे में वफ़ादार ग्राहकों का नहीं होना नुक़सान दे सकता है। 11 सितंबर के बाद कई ग्राहकों ने साउथवेस्ट एशिया एयरलाइन्स को सहयोग करने के लिए उसके नाम से चेक भेजे। ऐसा ही एक चेक 1,000 डॉलर का था जिसके साथ यह पत्र आया था, "इतने सालों में आपने मुझे बेहतर सेवाएँ दी हैं, अब आपके कठिन समय में मैं आपकी मदद करके आपकी सेवाओं के लिए धन्यवाद कहना चाहता हूँ।" इस धनराशि का चेक निश्चित ही साउथवेस्ट एशिया एयरलाइन्स को इस संकट से उबरने में ख़ास मदद नहीं कर सकता था मगर इससे सीधा संकेत मिलता था कि उनके ग्राहक उनसे किस तरह से भावनात्मक रूप से जुड़े हुए थे। जिन लोगों ने धन नहीं भेजा, उनकी वफ़ादारी कितनी थी इसका अनुमान लगाना कठिन था मगर उसका प्रभाव लंबे समयांतर में मापने योग्य था जिसके चलते साउथवेस्ट एशिया एयरलाइन्स ने लंबे समय तक सर्वश्रेष्ठ एयरलाइन्स बने रहने का इतिहास बनाया।

यह जानना कि आपके पास वफ़ादार ग्राहक और कर्मचारी हैं, आपकी लागत को कम करने के साथ-साथ दिमाग़ को शांति भी देता है। वफ़ादार दोस्तों की ही तरह आपको यह पता होता है कि आपकी ज़रूरत के समय आपके कर्मचारी और आपके ग्राहक आपके साथ आ खड़े होंगे। "हम सब साथ हैं" यह भाव होता है जो कंपनी और ग्राहक, मतदाता और प्रत्याशी, बॉस और कर्मचारी के बीच साझा होता है। यही महान नेतृत्व को परिभाषित करते हैं।

इसके विपरीत जोड़-तोड़ के भरोसे रहना विक्रेता और ख़रीदार दोनों के लिए तनाव पैदा करता है। ग्राहक के लिए यह तय करना बहुत ही कठिन हो जाता है कि उस कौन-सा उत्पाद लेना चाहिए, किसकी सेवाएँ लेनी चाहिए और किस कंपनी के साथ जाना चाहिए जिससे उसके लिए ख़रीदारी का अनुभव श्रेष्ठ बन सके। मैं एक ही ब्रांड के टूथपेस्ट के ढेरों प्रकारों के चलते ग्राहकों को उनमें से किसी एक के चयन में आने वाली दिक्कत के बारे में मज़ाक़ करता रहता हूँ मगर टूथपेस्ट केवल एक रूपक है। हर दिन हमें जो भी निर्णय लेने के लिए कहा जाता है वह किसी टूथपेस्ट को चुनने जैसा ही होता है। कौन से कॉलेज में जाना है, कौन सी कार ख़रीदनी है, कौन से क़ानूनी सलाहकार के पास जाना है, किस कंपनी में काम करना है, किस प्रत्याशी को चुनना है - हरेक के लिए ढेरों विकल्प हैं। सभी विज्ञापन, प्रस्ताव और दबाव हमें किसी एक या दूसरे के पक्ष में जाने के लिए निर्मित होते हैं और हरेक हमें हमारे धन को उसके पक्ष में ख़र्च करने के लिए विवश करना चाहता है, जो तनाव रूपी एक स्थाई परिणाम में बदल जाता है।

इसी तरह कंपनियाँ के लिए भी, जिनका प्रयास हमारी मदद करने का ही होता है, यह दिन-प्रतिदिन कठिन होता जा रहा है। हर दिन स्पर्धा में कुछ नया, कुछ बेहतर आ जाता है। इस स्पर्धा में बने रहने के लिए और लगातार नए विज्ञापन, नई मार्केटिंग की तकनीकें, नई विशेषताओं के बारे में सोचना भी जटिल काम है। लंबी अवधि के लक्ष्यों का लघु अवधि के निर्णयों के साथ मिल जाना कंपनियों के लाभांश को ख़त्म करता चलता है, जो कंपनियों के लिए आंतरिक रूप से तनाव बढ़ाने वाला हो जाता है। जब जोड़-तोड़ ही मापदंड हो, तो जीत किसी की भी नहीं होती।

आज व्यापार करना और इस स्पर्धा में जमे रहना पहले की तुलना में अधिक तनावदायक हो गया है और यह अचानक नहीं हुआ है। पीटर वायब्रो

अपनी पुस्तक *अमेरिकन मीनिया-वेन मोर इस नॉट इनफ़* में लिखते हैं कि आज हमारे ख़राब स्वास्थ्य के पीछे का प्रमुख कारण हमारा ख़राब खान-पान नहीं या ख़राब तेल, खाद्य सामग्री नहीं है वरन यह तो लगातार बढ़ता हुआ वह तनाव है जिसे कॉर्पोरेट अमेरिका ने हमारी जीवन शैली में प्रवेश करा दिया है जिसके चलते हम बीमार होते जा रहे हैं। अमेरिका के लोगों में अल्सर, अवसाद, उच्च रक्तचाप, चिंता और कैन्सर अत्यधिक तेज़ी से बढ़ता जा रहा है। पीटर वायब्रो के मुताबिक़ और, और, और की यह दौड़, ये वादे हमारे दिमाग़ के रिवॉर्ड सर्किट्स को बुरी तरह प्रभावित करते जा रहे हैं। लघु अवधि के या तात्कालिक लाभ जिनके आधार पर ही अमेरिका का पूरा व्यापार चल रहा है, वास्तव में हमारे स्वास्थ्य को नष्ट करते जा रहे हैं।

चूँकि यह काम करता है इसका अर्थ यह नहीं कि यह सही है

जोड़-तोड़ का बड़ा ख़तरा यही है कि यह काम करता है और चूँकि यह काम करता है इसलिए यह अत्यधिक प्रचलित हो चला है। यह मापदंड बनता जा रहा है और अधिकाधिक कंपनियों और संस्थाओं के द्वारा इसका उपयोग किया जा रहा है भले ही वे छोटी हों या बड़ी। यह तथ्य भी सुसंगत दबाव बनाता है। विडंबना यह है कि हम जोड़-तोड़ करने वाले भी अपने ही तंत्र के जोड़-तोड़ का शिकार बन रहे हैं। अपने लघुकालिक लक्ष्यों की प्राप्ति के लिए हम क़ीमतें कम करने, विज्ञापन करने, डर दिखाने या प्रोत्साहित करने वाले संदेश भेजने आदि जैसे जो भी जोड़-तोड़ करते हैं, उसके बाद हमारी कंपनी और तंत्र अधिकाधिक कमज़ोर होता जाता है।

आर्थिक मंदी जो 2008 में आई, यह मंदी ग़लत धारणाओं को लगातार लंबे समय तक प्रचारित करते रहने का बेहतरीन उदाहरण है। बैंक में लगातार जोड़-तोड़ के परिणामस्वरूप जो भी निर्णय लिए गए, उन्हीं के चलते बैंकिंग और हाउसिंग मार्केट धराशायी हुए, जो मंदी का कारण बने। कर्मचारियों को जोड़-तोड़ के लिए बोनस दिया जा रहा था, जिसने त्वरित और अदूरदर्शी निर्णय को बढ़ावा दिया। किसी व्यक्ति के व्यवस्था में खामी निकालने पर उसे खुलेआम अपमानित किया जाने लगा जिससे लोगों में ज़िम्मेदारी की भावना घटी। गृह ऋण के आसानी से उपलब्ध होने से लोगों ने अपनी क्षमता से बढ़कर ऋण ले लिए। पूरे बाज़ार में वफ़ादारी

और जवाबदेही का भाव बहुत ही कम था। ये सभी लेन-देन के निर्णयों के परिणाम थे मगर इसकी भारी क़ीमत चुकानी पड़ी। कुछ लोग सभी के अच्छे के लिए काम कर रहे थे। वे ऐसा क्यों कर रहे थे? इसका कोई कारण नहीं दिया गया है। तात्कालिक महानता दर्शाने से आगे जाकर कोई धारणा विद्यमान नहीं थी। अपनी सफलता की राह पर फिसलने वालों में से बैंकर अकेले नहीं थे। अमेरिका के कार निर्माताओं ने भी सालों यही किया था – एक के बाद दूसरा जोड़-तोड़, एक के बाद एक अल्पकालिक निर्णय। जब जोड़-तोड़ ही आधार बन जाए तो किसी संस्था का धराशायी होना ही एकमात्र तार्किक परिणाम होता है।

वास्तविकता यह है कि आज की दुनिया में जोड़-तोड़ ही संपूर्ण मापदंड बन चुका है मगर इसका भी विकल्प है।

भाग II

वैकल्पिक दृष्टिकोण

3

सुनहरा वृत्त

कुछ लोग ऐसे होते हैं जो जोड़-तोड़ करने के बजाय लोगों को प्रेरित करने का विकल्प चुनते हैं। भले ही ये संस्थान हों या एकल व्यक्ति, इनमें से हरेक बिलकुल समान तरीक़े से सोचता, काम करता और संवाद करता है और यह बाक़ी हम सब लोगों से बिलकुल अलग होता है। और ये लोग इस काम को जिस तरीक़े से एक ख़ास प्राकृतिक प्रारूप में किया करते हैं भले ही ऐसा. वे जान-बूझकर या अनजाने में ही किया करते हों, इसे मैं गोल्डन सर्कल या सुनहरा वृत्त कहता हूँ।

सुनहरे वृत्त की अवधारणा एक गणितीय समीकरण सुनहरे अनुपात की देन है जिसने गणितज्ञों, जीव विज्ञानियों, वास्तुशास्त्रियों, कलाकारों, संगीतज्ञों और प्रकृति विज्ञानियों को शुरुआत से ही आकर्षित किया है। मिस्र से लेकर

पायथागोरस और लियोनार्डो द विंची तक कई लोगों ने अपने काम को सही अनुपात और सौंदर्य देने के लिए इस अनुपात का सहारा लिया है। यह इस धारणा की भी पुष्टि करता है कि प्रकृति में हमारी सोच से कहीं बढ़कर नियमबद्धता है, जैसे - पत्तियों की समरूपता, बर्फ़ के टुकड़ों के ख़ास आकार आदि।

भले ही सुनहरे अनुपात के कई क्षेत्रों में कई महत्त्वपूर्ण उपयोग हैं मगर मुझे यह अत्यधिक महत्त्वपूर्ण इसलिए लगा कि यह एक ऐसा सूत्र प्रस्तावित करता है, जो किसी क्षेत्र में सतत और अनुमानित परिणाम उत्पन्न कर सकता है, वह भी तब जब ऐसे परिणामों को केवल अच्छे भाग्य का फल समझा जाता रहे। यहाँ तक कि प्रकृति, जिसे अत्यधिक अप्रत्याशित स्वभाव का समझा जाता रहा है, उसमें भी अधिकाधिक नियमबद्धता पाई जाती है। सुनहरे वृत्त से मानव व्यवहार में व्यवस्था लाई जा सकती है और उसका पूर्वानुमान लगाया जा सकता है। साधारण तौर पर यह हमें यह समझने में मदद करता है कि हम क्यों करते हैं और क्या करते हैं। सुनहरा वृत्त हमें इस बात का पुख़्ता प्रमाण देता है कि यदि हम किसी भी काम की शुरुआत पहले क्यों पूछते हुए करें तो हम कितना और अधिक हासिल कर सकते हैं।

कुछ संस्थान और व्यक्ति किसी को प्रभावित करने की इतनी क्षमता क्यों रखते हैं इसके लिए सुनहरा वृत्त विद्यमान दृष्टिकोण से अलग एक और दृष्टिकोण देता है। यह इस बारे में स्पष्ट सूचना देता है कि एपल ने किस तरह से कैसे विविध उद्योगों को खड़ा करने में सफलता हासिल की है और किस तरह से इस योग्यता को क़ायम रखा है। इससे पता चलता है कि लोग अपने हाथ पर हार्ले डेविडसन के लोगो का टेटू क्यों गुदवाते हैं। इससे स्पष्ट समझ बनती है कि कैसे साउथवेस्ट एयरलाइन्स न केवल उस समय की सर्वाधिक मुनाफ़ा कमाने वाली कंपनी थी, वरन उसने लोगों के दिल में जगह भी बनाई थी, लोगों को प्रेरित किया था और ऐसा वह क्यों कर पाई थी। इससे यह भी स्पष्टता बनती है कि लोग मार्टिन लूथर किंग जूनियर के देश को बदलने के आंदोलन से क्यों प्रेरित हुए और यह भी कि हम जॉन एफ़ कैनेडी के चाँद पर आदमी के क़दम रखने की चुनौती को उनकी मृत्यु के बाद भी क्यों पूरा करने में लगे रहे। सुनहरा वृत्त यह भी बताता है कि इन लीडर्स ने लोगों को जोड़-तोड़ से रिझाने के बजाय किस तरह से इच्छित काम करवाने के लिए अभिप्रेरित करके अपने पक्ष में किया।

वैकल्पिक दृष्टिकोण केवल दुनिया को बदलने के लिए ही ज़रूरी नहीं होता, लोगों को प्रेरित करने की योग्यता के व्यावहारिक उपयोग भी है। इसे नेतृत्व क्षमता को विकसित करने के लिए, कॉर्पोरेट संस्कृति को विकसित करने के लिए, नियुक्ति के लिए, उत्पादों के विकास के लिए, बिक्री और विज्ञापन के लिए उपयोग में लाया जा सकता है। यह वफ़ादारी और किसी विचार को किस तरह से सामाजिक आंदोलन में बदला जा सकता है इसको परिभाषित करता है।

और यह सारी यात्रा अंदर से बाहर की ओर शुरू होती है। यह यात्रा क्यों से शुरू होती है।

इससे पहले कि हम इसके उपयोगों को देखें, मैं आपको इसके नियम बता देता हूँ – इसमें हम बाहरी वृत्त से शुरू करते हुए भीतर की तरफ़ जाते हैं।

क्या – हरेक व्यक्ति और संस्था यह जानती है कि वे कर क्या रहे हैं। भले ही वह छोटा या बड़ा हो, भले ही वह किसी भी उद्योग का हो, हरेक व्यक्ति अपने काम या सेवाओं, उत्पाद और काम के तरीक़े की बारे में अच्छी तरह से जानता है। क्या की पहचान करना आसान होता है।

कैसे – कुछ कंपनियाँ और व्यक्ति यह जानते हैं कि वे क्या करते हैं, वे कैसे करते हैं। आप भले ही इसे अलग-अलग मूल्य प्रस्ताव, "मालिकाना प्रक्रिया" या "अद्वितीय बिक्री प्रस्ताव" के नाम से जानें, कैसे का प्रयोग यह बताने के लिए किया जाता है कि कोई काम अलग या बेहतर किस तरह से है। इसकी पहचान क्यों की तरह उतनी अवश्यंभावी नहीं होती, कई लोग सोचते हैं कि यह निर्णय लेने या अभिप्रेरणा का महत्त्वपूर्ण घटक होता है। मगर यह सोचना ग़लत होगा कि कैसे मालूम होने भर से सब कुछ सहज हो जाएगा। इस श्रेणी में एक और महत्त्वपूर्ण घटक बाक़ी है –

क्यों – बहुत कम कंपनियाँ और लोग इस बात का उत्तर दे पाते हैं कि वे जो कर रहे हैं उसे क्यों कर रहे हैं। यहाँ जब मैं क्यों का उल्लेख कर रहा हूँ तो गेरा अर्थ धन से नहीं है। धन तो किसी काम का अंतिम उत्पाद या परिणाम है। क्यों से मेरा आशय आपके उद्देश्य, कारण या धारणा से है। आपकी कंपनी क्यों काम कर रही है? आप हर दिन सुबह बिस्तर से बाहर क्यों आते हैं? और हरेक व्यक्ति को दूसरे की चिंता क्यों करनी चाहिए? जब अधिकतर संस्थान या लोग सोचते हैं, तो वे क्या से क्यों

के वृत्त तक जाते हैं और ऐसा करते हुए वे स्पष्टता से धुंधलके की ओर जा रहे होते हैं। चूँकि हमें क्या और कैसे तो मालूम होता है मगर क्यों के बारे में स्पष्टता नहीं होती।

मगर ऐसा अभिप्रेरित कंपनियों और अभिप्रेरित लीडर्स के साथ नहीं होता। उनमें से हरेक कोई, भले ही उनके उद्योग का आकार कितना ही बड़ा या छोटा क्यों न हो, अंदर से बाहर की तरफ़ सोचता है।

मैं एपल इन्कॉ. का उदाहरण बार-बार लूँगा। चूँकि बाज़ार में उनकी अपनी खासी पहचान है और उनके उत्पाद समझने में और दूसरे उत्पादों से तुलना करने में आसान हैं। एपल को सफलता अचानक नहीं मिली है। इसके पीछे साल दर साल उसका सर्वश्रेष्ठ कंपनी बने रहना और एक वर्ग विशेष को अपनी ओर आकर्षित किए रहना, उसे सुनहरे वृत्त के कई सिद्धांतों का महान उदाहरण बना देता है।

मैं एक सरल से मार्केटिंग के उदाहरण से शुरू करूँगा।

यदि एपल अन्य कंपनियों की तरह होती, तो एक संदेश सुनहरे वृत्त के बाहरी हिस्से से शुरू होता कि कंपनी क्या-क्या करती है और फिर बताया जाता है कि इसे कैसे किया जाता है। उसके बाद यह कि वे अपने प्रतिस्पर्धियों से कैसे अलग या बेहतर हैं और उसके बाद क्या किया जाए का विवरण होता है। इसके एवज में कंपनी लोगों से उनके उत्पाद को ख़रीदने की अपेक्षा रखेगी। यदि एपल भी अन्य कंपनियों जैसी कंपनी होती तो उसका मार्केटिंग संदेश कुछ ऐसा होता :

हम उत्कृष्ट कंप्यूटर बनाते हैं।
जिन्हें सुंदरता से डिज़ाइन किया गया है, जो उपयोग में आसान हैं और यूजर-फ्रैंडली हैं।
क्या आप ख़रीदना चाहेंगे?

यह संदेश बहुत आकर्षक और ख़रीद के लिए बाध्य करने वाला संदेश नहीं है मगर अधिकांश कंपनियाँ इसी तरह से अपने उत्पाद हमें बेचती हैं। यही सामान्य नियम है। पहले वे क्या से शुरू करते हैं – "यह है हमारी नई कार," फिर कैसे पर आते हैं कि "यह कैसे काम करती है" और कैसे बेहतर है – "इसमें चमड़े की सीट है, गैस का बढ़िया माइलेज है, फ़ाइनेंस की

सुविधा है" और इसके बाद वे क्या करना है की बात करते हैं और ग्राहकों से उम्मीद करते हैं कि वे उनकी कार ख़रीदेंगे।

आप विज्ञापन के इस प्रारूप को उद्योग से उपभोक्ता बाज़ार तक और उद्योग से उद्योग तक देख सकते हैं। "यह हमारी क़ानून की विशेषज्ञ फ़र्म है। हमारे वकील श्रेष्ठ क़ानूनी स्कूल में पढ़े हुए हैं और हमारे पास ग्राहकों की सबसे बड़ी संख्या है। अतः हमें सेवा का मौक़ा दीजिए।" यही प्रारूप आपको राजनीति में देखने को मिलेगा – यह हमारा प्रत्याशी है, कर पद्धति और अप्रवासन पर इनके विचार ये हैं। देखिए ये बाक़ी लोगों से किस तरह से बेहतर हैं, इसे अपना मत देकर विजयी बनाइए। ऐसे हरेक मामले में संवाद सिर्फ़ इसी उद्देश्य से रचा जाता है कि उससे सामने वाले को कुछ अलग या श्रेष्ठ सेवा का झाँसा देकर अपने पक्ष में लाया जा सके।

मगर प्रेरित और दूसरों को प्रेरणा देने वाले लीडर्स ऐसा नहीं करते। उनमें से हरेक व्यक्ति भले ही उनके उद्योग का आकार कितना ही बड़ा या छोटा क्यों न हो, अंदर से बाहर की तरफ़ सोचता है।

एपल के उदाहरण पर पुनः ध्यान देते हैं और इसे एपल वास्तव में किस तरह ग्राहकों तक पहुँचाता है, इस पर ध्यान देते हैं। इस बार यह उदाहरण क्यों से शुरू होता है।

हम जो भी करते हैं, हर उस काम के पीछे हमारा विश्वास यथास्थिति को चुनौती देने का होता है।

हम अलग से सोचने में विश्वास करते हैं। यथास्थिति को चुनौती देने के लिए हम अपने उत्पादों को और सुंदर, उपभोक्ता के उपयोग के लिए सहज और सरल बनाते हैं और इसी श्रेणी में हमने उत्कृष्ट कंप्यूटर बनाए हैं।

क्या आप एक ख़रीदना चाहेंगे?

यह एकदम भिन्न संदेश है। यह पहले वाले संस्करण से एकदम अलग महसूस होता है। इसे पढ़कर हमें एपल का कंप्यूटर ख़रीदने की उत्कंठा होती है और यह केवल सूचना देने के तरीक़े को बदलने मात्र से घटता है। इसमें कोई छलावा नहीं है, कोई जोड़-तोड़ नहीं है, कोई चीज़ मुफ़्त नहीं दी जा रही है, कोई आकांक्षापूर्ण संदेश नहीं है, कोई बड़ी हस्ती विज्ञापन के लिए मौजूद नहीं है।

महत्त्वपूर्ण बात यह है कि एपल का संदेश क्यों से शुरू होता है, अपने उद्देश्य, लक्ष्य या विश्वास के साथ जिसमें क्या के विवरण का कोई स्थान नहीं है। वे क्या करते हैं – कंप्यूटर से लेकर अन्य इलेक्ट्रॉनिक उत्पाद बनाते हैं जिनके नामों के उल्लेख का उन्हें ख़रीदने से सीधा कोई संबंध नहीं होता। एपल की बिक्री उनके लक्ष्य के कारण होती है। एपल के डिज़ाइन और अन्य इंटरफ़ेस भले ही उत्कृष्ट हों मगर वे अकेले ग्राहकों में इस तरह की अनोखी वफ़ादारी जगाने में समर्थ नहीं हैं। ये घटक ख़रीदी के कारणों को तर्कसंगत और मूर्त बनाते हैं। बाक़ी कंपनियाँ भी अच्छे डिज़ाइनर को अनुबंधित करके इनकी विशेषताओं की नक़्ल कर सकती हैं और यहाँ तक कि ऐसा करने के लिए एपल के कर्मचारियों को भी तोड़कर अपने साथ मिला सकती हैं मगर इसके परिणाम फिर भी एक से नहीं होंगे। एपल क्या करता है और कैसे करता है केवल इससे काम नहीं चलेगा। इससे बढ़कर भी कुछ है जिसके चलते एपल की प्रसिद्धि है, जिसके चलते एपल का बाज़ार पर वर्चस्व क़ायम है और जिसकी नक़्ल कर पाना नामुमकिन है। यह उदाहरण इस बात को स्पष्ट करता है कि लोग आप क्या बनाते हैं उसे नहीं ख़रीदते वरन इसे क्यों बनाते हैं, इस कारण से उत्पाद ख़रीदा जाता है।

इसे दोहराना अच्छा होगा कि लोग आप क्या बनाते हैं के कारण नहीं ख़रीदते वरन इसे क्यों बनाते हैं, इस कारण से कोई उत्पाद ख़रीदते हैं।

एपल द्वारा सतत नए उत्पाद बनाने की योग्यता और बाज़ार में अपने प्रति अद्भुत वफ़ादारी का भाव निर्मित करना केवल क्या के प्रश्न से पूरा नहीं किया सकता। समस्या यह होती है कि संस्थाएँ अपने उत्पाद को अन्य उत्पादों से श्रेष्ठ दर्शाने के लिए सुविधाओं और लाभ की बात करती रहती हैं। कभी-कभी यह तुलना सीधे ही की जाती है, तो कभी-कभी कुछ छिपे संकेतों, रूपकों आदि के माध्यम से मगर दोनों का प्रभाव एक सा ही होता है। कंपनियाँ हमें वह बेचने का प्रयास करती हैं जो वे बनाती हैं मगर हम उन्होंने इसे क्यों बनाया है इस वजह से उस उत्पाद को ख़रीदते हैं। इसी को मैं कह रहा हूँ कि जब वे बाहर से अंदर की ओर जाते हैं, तो वे क्या और कैसे के साथ जा रहे होते हैं।

जब वे अंदर से बाहर की ओर संवाद करते हैं, तो वे क्यों से शुरुआत करते हुए क्या और कैसे तक जाते हैं जिसमें क्यों उस उत्पाद को ख़रीदने का कारण बताता है और क्या और कैसे उस धारणा को पुष्ट करते हैं।

कंपनियाँ क्या करती हैं यह बाहरी घटक होता है मगर वे ऐसा क्यों करती हैं, इसका गहरा अर्थ होता है। व्यावहारिक रूप से एपल के बारे में ऐसा कुछ विशेष नहीं है। यह भी दूसरी कंपनियों की ही तरह एक कंपनी है। वास्तव में एपल और उसकी अन्य प्रतिस्पर्धी कंपनियों, जैसे - डेल, एचपी, गेटवे, तोशिबा, पिक वन में कोई वास्तविक अंतर नहीं है। ये सभी कॉर्पोरेट संरचना की कंपनियाँ हैं, ठीक वैसी ही जैसी कंपनियाँ हुआ करती हैं। सभी कंप्यूटर बनाती हैं। इन सभी में कुछ तंत्र ऐसे होते हैं जो काम करते हैं और कुछ ऐसे होते हैं जो काम नहीं करते। इन सभी के पास कुछ समान प्रतिभाएँ उपलब्ध हैं, समान संसाधन और एजेंसियाँ भी हैं, समान सलाहकार हैं और एक सा मीडिया है। सभी के पास अच्छे प्रबंधक हैं, अच्छे डिज़ाइनर हैं और होशियार अभियंता हैं। ये सभी कुछ ऐसे उत्पाद बनाती हैं जो अच्छे से काम करते हैं और कुछ ऐसे जो ठीक से काम नहीं करते... यहाँ तक कि एपल के साथ भी ऐसा ही है। क्यों? फिर ऐसा क्या है जो एपल को इस तरह की अद्भुत प्रसिद्धि प्रदान करता है? वे क्यों अधिक नवाचारी हैं? वे लगातार लाभ क्यों अर्जित कर रहे हैं? और उन्होंने बाज़ार को इस तरह अपने पक्ष में बनाए रखने के लिए क्या किया है? ऐसा क्या है जिससे हर कंपनी को ऐसी सफलता नहीं मिलती?

लोग आप क्या बनाते हैं इस कारण किसी उत्पाद को नहीं ख़रीदते वरन आप उसे क्यों बनाते हैं इस कारण से उस उत्पाद को ख़रीदते हैं। यही कारण है कि एपल ने उल्लेखनीय स्तर का लचीलापन अर्जित किया है। लोग एपल से कंप्यूटर ख़रीदने में जितने सहज हैं, उतनी ही सहजता से वे उससे एमपी थ्री प्लेयर, फ़ोन और वीसीआर भी ख़रीदते हैं। एपल जिस भी श्रेणी का जो भी उत्पाद बाज़ार में लेकर आता है, निवेशक और ग्राहक उसके प्रति पूरी तरह से आश्वस्त होते हैं और इसके पीछे एपल क्या-क्या बनाता है यह कारण नहीं है वरन वह यह सब क्यों बनाता है, यह कारण छिपा है। उसके उत्पाद उसके लक्ष्य को जीवन देते हैं।

मैं इतना भी नासमझ नहीं हूँ कि यह कहूँ कि इन कंपनियों के उत्पाद महत्त्वपूर्ण नहीं हैं। वे निश्चित ही महत्त्वपूर्ण हैं मगर उनके उत्पादों का महत्त्व पारंपरिक बुद्धिमत्ता से हटकर है। उनके उत्पाद एपल की तरह उनके प्रसिद्ध और श्रेष्ठ होने का कारण नहीं हैं। एपल के उत्पाद उसकी धारणा का मूर्त प्रमाण देते हैं जो बताते हैं कि इस क्या के पीछे का क्यों आख़िर है क्या। वे

क्या करते हैं और क्यों करते हैं इसमें सीधा रिश्ता दिखाई देता है। इसीलिए लोग एपल को वैध और विश्वसनीय मानते हैं। यथास्थिति में बने रहने के लिए वे जो भी करते हैं उसमें उनका लक्ष्य यानी क्यों प्रदर्शित होता है। एपल जिस उद्योग में है उसमें बने रहने की जद्दोज़हद के बावजूद एपल के सामने "अलग से सोचना" हमेशा प्राथमिकता पर रहा।

जब एपल अपने पहले कंप्यूटर मैकिंतोश के साथ आया जिसमें कंप्यूटर की जटिल भाषा के स्थान पर ग्राफ़िकल इंटरफ़ेस था तब इस उत्पाद के साथ उसने सारे उद्योग को चुनौती दी कि कंप्यूटर काम कैसे करते हैं, देखें। इससे बढ़कर क्या उदहारण चाहिए, जब अधिकतर सॉफ़्टवेयर कंपनियाँ इस व्यापार में अपने लिए नए अवसर तलाश कर रही थीं, उस समय एपल व्यक्ति को घर बैठकर कंपनी में काम करते हुए व्यक्ति की ही तरह से काम करने के अवसर देने का तरीक़ा खोज रहा था। यथास्थिति को चुनौती देने के लिए व्यक्ति का सशक्तिकरण करना एपल के क्यों को इंगित करता है और इससे यह पता चलता है कि एपल जो कहता है, उसे करता है। और यह उनके आईपॉड और यहाँ तक कि आईट्यून में भी है, जिसने संगीत उद्योग के विद्यमान वितरण प्रारूप को चुनौती दी और ये एक व्यक्ति की संगीत की आवश्यकताओं के अनुरूप एकदम सटीक थे।

संगीत उद्योग का निर्माण संगीत के एलबम बेचने के लिए किया गया था। यह वह समय था जब संगीत सुनना घर पर ख़ाली समय में की जाने वाली गतिविधि हुआ करती थी। सोनी ने 1979 में वॉकमेन को बाज़ार में लाकर इस धारणा को बदल दिया। मगर वॉकमेन और बाद में डिस्कमेन भी उतना ही सीमित था, जितनी भी संख्या में कोई व्यक्ति कैसेट टेप या सीडी रख सके। उन्हें अतिरिक्त डिवाइस लेकर चलना होता था। एमपी 3 के विकास ने इसे बदल डाला। डिजिटल कम्प्रेशन ने अत्यधिक गुणवत्ता के साथ रिकॉर्ड किए गए गीतों को एक कम क़ीमत वाली और छोटी-सी डिस्क में इकट्ठा करने की सहूलियत दी। इसने हमें घर से दूर रहने पर भी संगीत सुन पाने की सुविधा दी और ऐसा करने के लिए हमें केवल एक छोटा-सा उपकरण यानी एमपी 3 को अपने पास रखना था। और एमपी 3 ने हमारे द्वारा सुने जा रहे संगीत के प्रकार को तो बदला ही, साथ ही हमें एलबम इकट्ठा करने वाली जनता से आगे ले जाकर मनपसंद गीत इकट्ठा करने वाली जनता में बदल दिया। उस समय भी जब बाज़ार का प्रारूप ग्राहकों

के व्यवहार के अनुरूप नहीं रह गया था, संगीत उद्योग एलबम की ख़रीद-फ़रोख़्त में लगा हुआ था मगर एपल ने "1000 गीत आपकी जेब में" कहते हुए आईपॉड को बाज़ार में उतार दिया था। एपल ने हम किस तरह का जीवन जीना पसंद करते हैं, यह समझते हुए आईपॉड और आईट्यून्स के द्वारा एमपी 3 और एमपी 3 प्लेयर दोनों की ही विशेषताओं को ग्राहकों तक पहुँचा दिया था। उनके विज्ञापन में उत्पाद का विवरण नहीं होता, यह विज्ञापन उनके बारे में नहीं होता, वरन हमारे बारे में होता था। और हम जानते थे कि हम इस उत्पाद को क्यों लेना चाहते थे।

एपल ने न तो एमपी 3 का अविष्कार किया, न ही आईपॉड और आईट्यून्स की तकनीक की खोज की। फिर भी संगीत उद्योग में आमूलचूल बदलाव का सेहरा उसके सिर पर ही बँधता है। एमपी 3 का आविष्कार वास्तव में सिंगापुर की एक कंपनी क्रिएटिव टेक्नोलॉजी लिमिटेड ने किया था, जिसका उद्देश्य घर के कंप्यूटर को ध्वनि यंत्र से युक्त बनाना था। एपल ने क्रिएटिव के उत्पाद के बाज़ार में आने के बीस-बाईस महीने तक आईपॉड को बाज़ार में नहीं उतारा था। यह विवरण अकेले ही पहले प्रणेता की धारणा पर प्रश्न खड़ा करता है। डिजिटल साउंड के इतिहास के मुताबिक़ डिजिटल संगीत के क्षेत्र में क्रिएटिव, एपल की तुलना में अधिक सक्षम और गुणवान थी मगर समस्या यह थी कि उन्होंने अपने उत्पाद का प्रचार "5 जीबी एमपी 3 प्लेयर" कहकर किया। यह ठीक वैसा ही संदेश था जैसा कि एपल का "1000 गीत आपकी जेब में" था। मुख्य अंतर यह था कि क्रिएटिव ने अपना उत्पाद क्या है यह बताया था और एपल ने ग्राहक को उसकी आवश्यकता क्यों है, यह बताया था।

बाद में जब हमने यह तय किया कि हमें आईपॉड ख़रीदना है, उसके बाद आईपॉड क्या है यह हमारे लिए महत्त्व का हो जाता है और फिर हमारे पास उपलब्ध सूचना कि हम इसमें 1000 गीत इकट्ठे कर सकते हैं, के आधार पर उसमें से हम अपने लिए 5 जीबी, 10 जीबी या कोई अन्य प्रकार चुनते हैं। हमारा निर्णय क्यों से शुरू होकर क्या पर आता है और एपल भी यही विज्ञापित करता है।

हममें से कितने लोग यह बात विश्वास के साथ कह सकते हैं कि आईपॉड वास्तव में क्रिएटिव के ज़ेन से बेहतर है? असलियत में आईपॉड अभी भी बैटरी पर निर्भर हैं। अतः चार्जिंग की सुविधा नहीं होने पर वे

उपयोग में नहीं लाए जा सकते। साथ ही इसकी बैटरी बदलने की भी समस्या मौजूद है। इस दृष्टि से ज़ेन कहीं बेहतर है मगर वास्तविकता यह है कि हमें इस सबकी परवाह होती ही नहीं है। लोग आप क्या बनाते हैं इसके लिए आपका उत्पाद नहीं ख़रीदते वरन आप क्यों बनाते हैं, इसके लिए उत्पाद ख़रीदते हैं और अपने उत्पाद के बारे में क्यों को लेकर एपल की यह स्पष्टता ही उसे नवाचार करने की और अपने से अधिक सक्षम तथा गुणवत्तापूर्ण कंपनियों से स्पर्धा करने की और अपने मुख्य बिज़नेस के बाहर भी सफल होने की योग्यता देती है।

यह बात उन कंपनियों के लिए नहीं कही जा सकती जिनके मन में अपने क्यों को लेकर धुंधलका है, अस्पष्टता है। जब कोई संस्था अपने आप को क्या के साथ ही वर्णित करती है, तो वह उतने तक ही सीमित रह जाती है। एपल के प्रतिस्पर्धियों ने भी अपने आपको "अलग समाधान पेश करने वाले" के बजाय अपने उत्पादों या सेवाओं के आधार पर ही वर्णित किया जिसके चलते उन्हें एपल जैसी स्वतंत्रता नहीं मिल पाई। उदाहरण के लिए गेटवे ने 2003 में फ़्लैट स्क्रीन वाले टीवी बेचना शुरू कर दिया था। चूँकि वह सालों से फ़्लैट स्क्रीन वाले मॉनिटर बना रही थी अतः वह आसानी से ये टीवी भी बना और बेच सकती थी। मगर वह कंपनी इलेक्ट्रॉनिक बाज़ार में अपना स्थान नहीं बना पाई और दो साल बाद पुनः अपने "मूल कारोबार" पर ध्यान देने लगी।

इसी तरह डेल बाज़ार में 2002 में पीडीए और 2003 में एमपी 3 लेकर आई मगर दोनों ही बाज़ारों में वह कुछ साल से अधिक टिक नहीं सकी। डेल गुणवत्तापूर्ण उत्पाद बनाती है और इस तरह की दूसरी तकनीकों को बनाने के लिए सक्षम है मगर दिक्कत यह है कि उसने अपने आपको क्या के सहारे वर्णित किया, जो कि सही नहीं था। चूँकि वे कंप्यूटर बनाते हैं इसलिए उनकी कंपनी के पीडीए और एमपी 3 को ख़रीदा ही जाए, ग्राहक के लिए इसका कोई औचित्य नहीं था। आपको क्या लगता है, यदि डेल कोई फ़ोन बाज़ार में लेकर आए तो कितने लोग एपल के फ़ोन की तरह ही उसे ख़रीदने के लिए छह घंटे पंक्ति में खड़ा रहना पसंद करेंगे? लोग डेल को एक कंप्यूटर बनाने वाली कंपनी से अधिक कुछ भी नहीं समझते। उनके लिए डेल के फ़ोन को ख़रीदने का कोई अर्थ ही नहीं बनता। बिक्री योजनाओं की ख़राब गुणवत्ता के कारण डेल की अपने मूल उद्योग की ओर

ध्यान लगाने के बजाय लघु इलेक्ट्रॉनिक बाज़ार में आने की चाह तुरंत ही ख़त्म हो गई। जब तक डेल अन्य की तरह अपने उत्पादों के पीछे के क्यों की तलाश नहीं करती, तब तक वह अपने "मूल कारोबार" यानी कंप्यूटर बेचने में ही संलग्न रहेगी।

एपल ने अपने प्रतिस्पर्धियों से हटकर सोचते हुए अपने आपको वह क्या करती है के बजाय वह क्यों करती है, इस पर ध्यान दिया। यह केवल कंप्यूटर की एक कंपनी नहीं है वरन यह एक ऐसी कंपनी है, जो बाज़ार की वस्तुस्थिति को चुनौती देती है और उसके सरलतम विकल्प प्रस्तावित करती है। एपल ने 2007 में अपना वैधानिक नाम एपल कंप्यूटर इन्कॉ. से बदलकर एपल इन्कॉ. कर लिया और इसके द्वारा यह बताया कि वह केवल एक कंप्यूटर की कंपनी नहीं है वरन उससे बढ़कर कुछ और है। व्यावहारिक रूप से देखा जाए तो किसी कंपनी के वैधानिक नाम से उसके काम पर कुछ अंतर नहीं पड़ता है। एपल के लिए भी उनके नाम में "कंप्यूटर" होना, उसे किसी उत्पाद विशेष तक सीमित बिलकुल नहीं करता था। हाँ, वह अपने बारे में क्या सोचती है, इसके लिए यह नाम उसे सीमित करता था। अतः नाम में बदलाव व्यावहारिक सोच के साथ नहीं वरन दार्शनिक सोच के चलते किया गया था।

एपल का क्यों 1970 में जन्मा था और तबसे अब तक इस अवधारणा में कोई परिवर्तन नहीं हुआ है। वे क्या उत्पाद बनाते हैं या किस उद्योग के क्षेत्र में कार्यरत हैं, इन सबसे हटकर उनका क्यों अब तक वैसा ही बना हुआ है और प्रचलित धारणा को चुनौती देने का एपल का उद्देश्य भी सही और सफल सिद्ध हुआ है। इलेक्ट्रॉनिक के क्षेत्र की छोटी कंपनी होने के बावजूद उसने इस क्षेत्र की परंपरागत रूप से दिग्गज कंपनियों जैसे सोनी और फ़िलिप्स को चुनौती दी। मोबाइल फ़ोन के क्षेत्र की अग्रणी कंपनी बनते हुए उसने पहले से विद्यमान कंपनियों मोटोरोला, इरिक्सन और नोकिया को पीछे धकेलते हुए अपने व्यापार का पुनः आकलन करने के लिए मजबूर किया। नए उद्योग में प्रवेश करना और उसमें वर्चस्व क़ायम करने की एपल की योग्यता ने पहले तो इस अवधारणा को चुनौती दी है कि कंप्यूटर कंपनी होने के मायने क्या होते हैं। एपल क्या बनाती है यह भले ही नहीं पता हो, एपल क्यों अग्रणी है, हम यह जानते हैं।

यही बात एपल के प्रतिस्पर्धियों के लिए नहीं कही जा सकती भले ही उन सभी को एक हद तक उसके क्यों की स्पष्टता थी और यही कारण था कि वे सभी अरबपति कंपनियाँ बनीं मगर समय के साथ एपल के प्रतिस्पर्धियों के दिमाग़ से क्यों उतरता गया। अब वे अपने आपको वे क्या करते हैं से वर्णित करने लगे हैं – हम कंप्यूटर बनाते हैं। वे लोग ऐसी कंपनियों में बदल चुके हैं जो कुछ उत्पाद बनाती हैं और जब ऐसा होता है तो ख़रीदी के निर्णय को प्रेरित और प्रभावित करने के लिए क़ीमत, गुणवत्ता, सेवा और विशेषताएँ प्रमुख बिंदु बन जाते हैं। जब कोई कंपनी इन बिंदुओं पर विश्वास करने लगती है, तो एक समय बाद केवल इन घटकों के आधार पर बाज़ार पर पकड़ बनाना और ख़रीदारों की वफ़ादारी हासिल करना कठिन हो जाता है। हर दिन उठकर अपने आप को रोज़ एक स्पर्धा के लिए तैयार करना न केवल ख़र्चीला है वरन बेहद तनावपूर्ण भी है। स्थाई सफलता के लिए और बाक़ी लोगों की भीड़ से अलग हटकर अपनी पहचान बनाने के लिए क्यों का मालूम होना बहुत ज़रूरी होता है।

कोई भी कंपनी अपने आपको बाज़ार की अन्य कंपनियों से अलग करने की चुनौती को उत्पादों की श्रृंखला यानी जिंस बनाने के द्वारा हल करती है, कंपनी क्या करती है और कैसे करती है इससे कोई फ़र्क़ नहीं पड़ता। उदाहरण के लिए किसी दुग्ध निर्माता से पूछने पर वह आपको बताएगा कि वास्तव में दूध के ब्रांड्स के बीच में भी विविधता होती है। आपको इस अंतर की समझ बनाने के लिए विशेषज्ञता हासिल करनी होगी। बाहरी दुनिया के लिए हरेक कंपनी का दूध एक जैसा होता है। अतः हम सब ब्रांड्स को एक साथ देखते हैं और इसे जिंस या माल की संज्ञा देते हैं। उद्योग इसी तरह से काम करते हैं। व्यापार से उपभोक्ता और व्यापार से व्यापार तक बाज़ार में आज हर उत्पाद या सेवा का यही प्रारूप है। उनका ध्यान वे क्या करते हैं और कैसे करते हैं इसी पर केंद्रित रहता है, क्यों करते हैं इस बारे में सोचा नहीं जाता। और वे जितना ज़्यादा इस पर ध्यान देते हैं, हम उन्हें उतना ही अधिक एक समूह के रूप में ही देखते हैं और उनके उत्पाद जिंस या माल बनते जाते हैं। यह एक दुष्चक्र है जिसमें कंपनियाँ फँसती जाती हैं। जो कंपनियाँ जिंस या माल की तरह काम करने लगती हैं, उनके सामने हर सुबह उठकर अपने आपको अलग साबित करने की चुनौती होती है। जिन कंपनियों के सामने क्यों स्पष्ट होता है, उनके लिए इस तरह की चिंता की

बात नहीं होती। उन्हें अपने बारे में इस तरह से हर दिन सोचना भी नहीं पड़ता, न ही अपनी क़ीमत किसी के सामने "सिद्ध" करने का प्रयास करना होता है। उन्हें जोड़-तोड़ के जटिल तंत्र को अपनाने की आवश्यकता नहीं होती। वे अलग होती हैं और यह बात हर कोई जानता है। वे जो भी करती और कहती हैं उसे क्यों से शुरू करती हैं।

ऐसे भी लोग हैं जिनका विश्वास है कि एपल का अनोखापन उसकी मार्केटिंग की योग्यता से आता है। एपल जीवन शैली को बेचती है, मार्केटिंग प्रोफ़ेशनल आपको बताएँगे। तो फिर इन मार्केटिंग प्रोफ़ेशनल ने एपल के प्रचार के तरीक़े को अन्य कंपनियों का प्रचार के लिए इस्तेमाल क्यों नहीं किया? एपल को जीवन शैली के रूप में पहचान देने का अर्थ है कि कुछ लोग जो एक ख़ास तरीक़े से जीते हैं, वे एपल को अपने जीवन में शामिल करते हैं। एपल ने किसी जीवन शैली का आविष्कार नहीं किया था, न ही यह जीवन शैली बेचती है। एपल केवल एक ब्रांड है, जो ख़ास तरह के लोगों की पहचान बन गया है। उनकी जीवन शैली को हम इसी तरह से पहचानते हैं और उनके द्वारा उपयोग में लाए गए उत्पाद इस बात की पहचान बन जाते हैं कि वे जो करते हैं उसे क्यों करते हैं। ऐसा इसलिए है कि एपल का क्यों इतना स्पष्ट है कि जो इस पर विश्वास रखते हैं, वे स्वयं भी ऐसा ही व्यवहार करने लगते हैं। ठीक उसी तरह जैसे हार्ले डेविडसन एक ख़ास समूह की जीवन शैली का हिस्सा है और प्राडा के जूते एक अन्य समूह की जीवन शैली का हिस्सा हैं। जो कंपनी क्यों की स्पष्टता रखती है, उसके उत्पाद किसी व्यक्ति या समूह के क्यों का भी प्रमाण बन जाते हैं।

एपल का उपयोग करने वाले कुछ लोग यह भी कह सकते हैं कि वे तो एपल की गुणवत्ता के भरोसे के कारण उसके उत्पादों का इस्तेमाल करते हैं। उत्पादों की गुणवत्ता श्रेष्ठ होना निस्संदेह आवश्यक है। भले ही एक कंपनी के रूप में आपके मन में क्यों की कितनी ही स्पष्टता क्यों नहीं हो, यदि आप जो बेच रहे हैं वह स्तरीय नहीं है, काम का नहीं है तो बाक़ी सब बेकार हो जाता है। मगर हरेक कंपनी के उत्पादों का सर्वश्रेष्ठ होना आवश्यक नहीं है, हाँ उनका अच्छा होना ज़रूरी है। बेहतर और श्रेष्ठता की बात तो किसी अन्य कंपनी से स्पर्धा के बाद आएगी। जब तक क्यों की स्पष्टता नहीं होगी, उत्पाद की ख़रीद का निर्णय लेने वाले के लिए किसी अन्य से तुलना करने के भी ख़ास मायने नहीं रहते।

"बेहतर" की अवधारणा अपने साथ एक प्रश्न लेकर आती है - इस बेहतर का मानक क्या होगा? क्या फ़रारी एफ़ 430 कार होंडा ओडिसी मिनीवैन से बेहतर है? यह इस बात पर निर्भर करता है कि आपको कार क्यों चाहिए। यदि आपका परिवार छह सदस्यों का है, तो आपके लिए दो सीट वाली फ़रारी सही नहीं हो सकती। और यदि आप किसी महिला से मिलने और उस पर प्रभाव डालने जा रहे हैं तो होंडा मिनीवैन शायद सही विकल्प नहीं है (संभवतः यह इस बात पर भी निर्भर करेगा कि आप किस तरह की महिला से मिलने जा रहे हैं। अतः मुझे पहले से ही धारणा नहीं बनानी चाहिए)। उत्पाद क्यों बनाया गया है और ख़रीदार इसे क्यों ख़रीदना चाहता है पहले इसकी स्पष्टता होनी चाहिए। मैं आपको होंडा मिनीवैन की तकनीकी ख़ासियतों के बारे में बता सकता हूँ, जो संभव है कि फ़रारी से बेहतर हो। यह निश्चित रूप से गैस माइलेज के क्षेत्र में बेहतर है मगर यदि कोई व्यक्ति स्पोट्र्स कार लेना चाहता है, तो मैं उसे होंडा ओडिसी मिनीवैन लेने के लिए हरगिज़ प्रोत्साहित नहीं करूँगा। कुछ लोग उत्पाद की खूबियों को जाने-समझे बिना केवल किसी ब्रांड की ही जैसे फ़रारी की कार लेना चाहते हैं, उनके लिए तकनीकी ख़ूबी या खामी केवल एक मूर्त बिंदु हो सकता है जिसके आधार पर वह कार के बारे में अपने अनुभव बताना चाहे। फ़रारी की श्रेष्ठता को ऐसे व्यक्ति के सामने हठपूर्वक सिद्ध करना जो पहले ही से फ़रारी का दीवाना हो और उसकी विशेषताओं का प्रशंसक हो, इस वार्तालाप का उद्देश्य नहीं हो सकता। क्या आपने सोचा कि जो लोग फ़रारी ख़रीदते हैं, वे इसका लाल रंग लेना ही क्यों पसंद करते हैं और क्यों इसके लिए अतिरिक्त राशि अदा करना भी पसंद करते हैं जबकि होंडा ओडिसी वैन के ख़रीदारों का रंग को लेकर ऐसा कोई आग्रह नहीं होता?

जो आपको इस बात के समर्थन में लाना चाहेंगे कि एपल के कंप्यूटर बेहतर हैं, मैं उनकी इस बात से ज़रा भी असहमति प्रदर्शित नहीं करूँगा। मैं बस इतना ही जोड़ूँगा कि एपल इस बात में विश्वास करता है कि उनका उत्पाद कंप्यूटर कैसा होना चाहिए के मानकों के स्तर पर खरा उतरे। इसे दिमाग़ में रखा जाए तो जो लोग एपल जैसी धारणा रखते हैं, उनके लिए मैकिंतोश ही सही उत्पाद है। जो लोग एपल के क्यों की अवधारणा से इत्तेफ़ाक रखते हैं उन्हें लगता है कि एपल के उत्पाद स्पष्टतः बेहतर हैं और

उनसे इस बारे में बहस करना या उन्हें किसी अन्य उत्पाद को लेने के लिए मनाना निरर्थक है। भले ही मानक हाथ में हो मगर जब तक समान स्तर का निर्धारण नहीं हो, कौन अच्छा है, कौन बेहतर या कौन ख़राब है इस पर बहस बेकार का विवाद ही उत्पन्न करेगी। किसी भी ब्रांड के लिए वफ़ादारी के चलते लोग हर उस विशेषता या ख़ूबी की तरफ़ इशारा करेंगे जिसने उन्हें प्रभावित किया है और इसके बल पर वे दूसरे व्यक्ति के सामने यह सिद्ध करते हैं कि वे सही हैं। यही कारण है कि कई कंपनियों को अपने आप को अलग दिखाना पहली प्राथमिकता बन जाता है। चूँकि इस क्षेत्र में यह ग़लत धारणा व्याप्त है कि इस क्षेत्र में कोई एक ही समूह सही हो सकता है। क्या होगा यदि दोनों ही सही हों तो? यानी कुछ लोगों के लिए एपल ठीक हो और अन्य लोगों के लिए पीसी ठीक हो तो? अब यह बहस बेहतर या ख़राब के लिए नहीं रह गई है, यह चर्चा अलग-अलग लोगों की अलग-अलग आवश्यकताओं को लेकर है और इससे पहले कि चर्चा शुरू हो, हरेक का क्यों पहले स्थापित किया जाना चाहिए।

गुणवत्ता को लेकर किया गया एक सरल-सा दावा, और इसे सिद्ध करने के लिए थोड़े तार्किक प्रमाण ग्राहक के मन में उत्पाद को ख़रीदने की चाहत पैदा कर सकते हैं मगर इससे वफ़ादारी पैदा नहीं की जा सकती। यदि कोई ग्राहक किसी उत्पाद को ख़रीदने के लिए स्वयं प्रेरित होता है, तो वह इस बात को भी बता पाने में समर्थ होता है कि उसने वह उत्पाद क्यों ख़रीदा है और उसका उत्पाद क्यों बेहतर है। गुणवत्ता और विशेषताएँ महत्त्वपूर्ण हैं मगर केवल इन्हीं के आधार पर उस तरह की दृढ़ वफ़ादारी को सुनिश्चित नहीं किया जा सकता, जो कि प्रेरक लीडर और प्रेरक कंपनियाँ बनाती हैं। कंपनी, ब्रांड, उत्पाद या व्यक्ति एक उद्देश्य का निर्माण करते हैं जो वफ़ादारी को प्रेरित करता है।

केवल एकमात्र रास्ता नहीं, बल्कि एक ही रास्ता

अपने क्यों को जान लेना सफल होने का एकमात्र रास्ता नहीं है मगर सफलता को बड़ा और स्थाई बनाने का तथा नवाचार और लचीलेपन को एकरूप करने का यह एकमात्र रास्ता है। जब क्यों की समझ में अस्पष्टता आती है, तो वास्तविक सफलता को मार्गदर्शित करने में मदद करने वाले कारक उन्नति, वफ़ादारी और अभिप्रेरणा को बनाए रखना मुश्किल हो जाता

है। मुश्किल से मेरा तात्पर्य यह है कि ऐसी स्थिति में जोड़-तोड़ की रणनीति लोगों के व्यवहार को प्रभावित करने का साधन बन जाती है। ऐसा करना थोड़े समय के लिए तो अच्छे परिणाम सामने ला सकता है मगर लंबे समय के लिए यह नीति काम नहीं करती।

रेलरोड्स के उत्कृष्ट बिज़नेस स्कूल का उदाहरण लेते हैं। सन् 1800 के आख़िरी हिस्से में रेलरोड्स देश की सबसे बड़ी कंपनी थी। सबसे बड़ी कंपनी बनने के बाद अमेरिका के भू-भाग में बदलाव लाने और ऐसी यादगार सफलता प्राप्त करने के बाद उसके लिए क्यों महत्त्वहीन होता गया और इसकी बजाय उनका ध्यान क्या पर केंद्रित हो गया कि वे रेलरोड के व्यापार में थे। दृष्टिकोण का संकरा होते जाना उनकी निर्णय क्षमता को प्रभावित करता गया – उन्होंने अपना सारा धन पटरियों, शहतीरों और इंजिन में निवेशित कर दिया मगर बीसवीं सदी की शुरुआत में एक नई तकनीक दुनिया के सामने लाई गई और वह था हवाई जहाज़... और इसके आते ही रेलरोड की सारी बड़ी कंपनियाँ उद्योग की इस दौड़ से बाहर हो गईं।

क्या होता यदि उन्होंने अपने आपको लोक परिवहन उद्योग की तरह से विज्ञापित किया होता? तो शायद उनका व्यवहार भिन्न होता। शायद आज उनके पास सारी विमान परिवहन कंपनियाँ होंगी। यह तुलना पुनः उन सभी कंपनियों, जिन्होंने अपने आपको वे क्या करती हैं इसके आधार पर वर्णित किया है, के लंबे समय तक के स्थायित्व की योग्यता पर प्रश्न उठाती है। जिस काम को ये कंपनियाँ लंबे समय से करती आ रही हैं उनके लिए एक नई तकनीक के सामने डटकर खड़े रहना भी भारी चुनौतीपूर्ण काम था। रेलरोड की कहानी पहले सुनाई हुई संगीत उद्योग की कहानी के समान ही है। यह ऐसा दूसरा उद्योग है जिसने नई तकनीक के उदय के साथ उद्योग की दुनिया में आए परिवर्तन के साथ अपने आप को समायोजित नहीं किया मगर बाक़ी उद्योग जैसे समाचार पत्र, प्रकाशन तकनीक और दूरदर्शन उद्योग जिनके व्यापार के प्रारूप 'अलग-अलग' समय काल में विकसित हुए और ये भी वर्तमान में रेलरोड्स कंपनियों की ही तरह अपने ग्राहकों को अपनी आवश्यकताओं को पूरा करने के लिए दूसरी कंपनियों की ओर जाते देखकर उनके समक्ष अपना महत्त्व दर्ज करने के संघर्ष में लगे हुए हैं। यदि संगीत कंपनियों के पास क्यों की स्पष्टता होती तो उन्होंने आईट्यून के आने के बाद संगीत के क्षेत्र को एक अव्यवस्थित कंप्यूटर कंपनी के भरोसे छोड़कर

खुद मैदान छोड़कर जाने की बजाय उसमें भी अपने लिए कोई अवसर तलाश लिया होता।

इन सभी मामलों में अपने मूल उद्देश्य, लक्ष्य या धारणा की तरफ़ लौटना इन उद्योगों को नवीन परिवेश में अनुकूलित होने में मदद करेगा। प्रतिस्पर्धा में टिके रहने के लिए हमें क्या करना चाहिए? यह सवाल पूछने की बजाय "हम जो कर रहे हैं हमने उसे करना क्यों और किस उद्देश्य से शुरू किया था" इस सवाल से शुरुआत करनी चाहिए और फिर सोचना चाहिए कि हम अपने उद्देश्य को आज की तकनीक और बाज़ार के अवसरों की कसौटी पर खरा उतारने के लिए क्या कर सकते हैं। हाँ मगर मेरे शब्दों को जस का तस नहीं अपनाएँ। यह मेरा मत नहीं है। यह वास्तव में जीवविज्ञान के सिद्धांत पर आधारित है।

4

यह किसी का विचार नहीं है,
यह जीवविज्ञान है

अब, स्टार-बैली स्नीचेस के पेट पर सितारे बने हुए थे। प्लेन-बैली स्नीचेस के पास थार का कुछ नहीं था। वे सितारे बहुत बड़े नहीं थे। वे बहुत ही छोटे थे। आपको लग सकता है कि ऐसा तो होता ही नहीं है।

उसके बाद तुरंत सिल्वेस्टर मैकमंकी मैक बीन एक असाधारण मशीन को सामने रखते हैं और कहते हैं, "आपको स्टार-बैली

60

स्नीच के जैसे सितारे चाहिए? दोस्तों, आप एक सितारे को तीन डॉलर देकर ख़रीद सकते हैं!"

1961 में स्नीचेस के बारे में लिखी अपनी कहानी में डॉ. सिअस स्नीचेस के दो समूहों का परिचय हमसे कराते हैं। एक वे जिनके पेट पर सितारे बने हैं और दूसरे जिसके पेट पर सितारे नहीं हैं। जिनके पास सितारे नहीं थे, वे इसके लिए व्याकुल थे और उन सितारों को पाने के लिए किसी भी हद तक जाने और बड़ी से बड़ी क़ीमत देने के लिए तैयार थे ताकि वे अपने आपको उस समूह का हिस्सा महसूस कर सकें। मगर केवल सिल्वेस्टर मैकमंकी मैक बीन जिसके पास सितारे जड़ने वाली मशीन है, वही स्नीचेस की सितारे लगवाने की आकांक्षा के द्वारा लाभ प्राप्त करता है।

कई बातों के उदाहरण के द्वारा डॉ. सिअस इसे बेहतर तरीक़े से वर्णित करते हैं। स्नीचेस के माध्यम से मनुष्य की एक आधारभूत आवश्यकता की ओर ध्यान दिलाने की कोशिश की गई है और वह है किसी समूह में शामिल रहना, समूह के अनुरूप बने रहना। यह आवश्यकता भले ही तार्किक नहीं हो मगर यह हर संस्कृति में, हरेक व्यक्ति में पाई जाती है। जब हमारे आसपास के लोग हमारी मान्यताओं और हमारे मूल्यों के अनुरूप होते हैं, तो हम अपने आपको उनमें से ही के समझकर उनसे जुड़ाव महसूस करते हैं, सुरक्षित महसूस करते हैं। मनुष्य होने के नाते हम इस लालसा से युक्त होते हैं और इसकी तलाश करते रहते हैं।

कभी-कभी हमारी यह भावना आकस्मिक होती है। हम अपने शहर के हर व्यक्ति के मित्र नहीं होते मगर दूसरे देश की यात्रा करते समय आपको अपने शहर का कोई व्यक्ति मिल जाए तो उसके साथ विशेष जुड़ाव-सा महसूस होता है। देश से बाहर जाइए और आपको अपने देशवासियों से अधिक जुड़ाव महसूस होने लगेगा। एक बार मैं एक बस में था और मैंने अमेरिकी लहजे में किसी को बोलते हुए सुना। मैं पलटा और उनसे बातचीत शुरू हो गई। मुझे एकदम उनसे जुड़ाव महसूस हुआ, हम एक ही भाषा बोलते थे, एक भाषा को समझते थे। एक अजनबी शहर में अनजबी व्यक्ति होने के बाद उस क्षण मुझे किसी से जुड़ाव का अहसास हुआ और मैंने बस में बैठे अन्य यात्रियों की बजाय अपने देश के व्यक्ति पर विश्वास जताया। यही नहीं, हमने बाद में भी एक साथ समय बिताया। जाना चाहे कहीं भी

हो, हम उन व्यक्तियों पर विश्वास करते हैं जिनकी धारणाएँ और मूल्य हमारे ही समान होते हैं।

जुड़ाव की यह आकांक्षा इतनी सशक्त होती है कि हम किसी भी सीमा तक जा सकते हैं, अतार्किक काम भी कर सकते हैं और उस भावना को पाने के लिए धन ख़र्च भी कर सकते हैं। स्नीचेस की ही तरह हम भी अपनी ही तरह के लोगों और संस्थाओं जिनकी धारणाएँ और मूल्य हमारे जैसे हों, से जुड़े रहना चाहते हैं। जब कंपनियाँ यह बताती हैं कि वे क्या करती हैं और उनके उत्पाद किस तरह से बेहतर हैं, तो संभव है उनमें प्रभाव पैदा करने की योग्यता हो मगर ज़रूरी नहीं कि वे वह सब बताएँ जिनसे हमें जुड़ाव महसूस हो। इसके स्थान पर जब कोई कंपनी अपने क्यों को, अपनी धारणाओं को स्पष्टता से रखती है और हम उनकी धारणाओं से जुड़ाव महसूस करते हैं, तो हम उनके साथ जुड़े रहने के लिए यानी उनके उत्पादों को अपने जीवन का हिस्सा बनाने के लिए किसी भी सीमा तक जा सकते हैं। ऐसा इसलिए नहीं कि वे अन्य उत्पादों से बेहतर हैं वरन इसलिए कि वे उस कंपनी से संबंध रखते हैं जिनकी धारणाएँ और मूल्य हमसे मिलते-जुलते हैं, वे ब्रांड और उनके उत्पाद हमें जुड़ाव-सा महसूस कराते हैं। साथ ही हम उन सभी लोगों से भी रिश्ता-सा महसूस करने लगते हैं, जो इन उत्पादों को ख़रीदते हैं। ग्राहकों द्वारा शुरू किए गए फ़ैन क्लब सामान्यतः कंपनी की मदद के बिना ही शुरू किए जाते हैं। ये लोग निजी तौर पर या ऑनलाइन समूह बना लेते हैं जिसका उद्देश्य इन उत्पादों के बारे में बताना भर नहीं होता वरन वे अपने जैसे लोगों के संपर्क में रहना चाहते हैं। उनके निर्णयों का कंपनी या उसके उत्पादों से कोई संबंध नहीं होता, यह केवल व्यक्ति से ही संबंधित होता है।

जुड़ाव की हमारी प्राकृतिक आकांक्षा हमें अपने से जुड़ाव नहीं रखने वाली चीज़ों को चिह्नित करने में भी मदद करती है। यह एक भावना है जिसे हम महसूस करते हैं। कोई चीज़ हमसे जुड़ाव रखती है और कोई चीज़ हमसे अलग है इसे कैसे समझा जाता है, इसे शायद शब्दों में बयां कर पाना हमेशा मुमकिन नहीं होता हो, यह एक भावना होती है जिसे हम गहराई में महसूस किया करते हैं। डेल का एमपी 3 बेचना हमें ठीक नहीं लगता क्योंकि डेल ने घोषित कर रखा है कि वह कंप्यूटर बनाने वाली कंपनी है। एपल अपने आपको एक विशिष्ट अभियान के लिए काम कर रही कंपनी

के रूप में दर्शाती है। अतः इस परिभाषा में फ़िट बैठने वाला हर उत्पाद वे बना और बेच पाते हैं। 2004 में उन्होंने प्रसिद्ध आयरिश रॉक बैंड यू 2 के साथ सहभागिता में प्रचार के लिए आईपॉड बनाया। यह सही था क्योंकि यू 2 और एपल की धारणाएँ और मूल्य एक से थे और दोनों ही सीमाओं से पार जाने में विश्वास रखते हैं, जबकि यदि एपल यही आईपॉड सेलिना डियोन के साथ बनाता, यह सोचकर कि उसके गीतों के रिकॉर्ड्स अत्यधिक बिक्री की सूची में शामिल हैं और उसके श्रोताओं की संख्या अधिक है, तो यह ग़लत होता क्योंकि दोनों आपस में जुड़ाव नहीं रखते। यदि एपल यही आईपॉड सेलिना डियोन के साथ बाज़ार में उतारता तो उसका कोई अर्थ नहीं रह जाता। उसके श्रोताओं की संख्या जितनी भी बड़ी क्यों न हो, सहभागिता में एकरूपता नहीं होती।

एपल के टीवी विज्ञापन "मैं मैक हूँ और मैं एक कंप्यूटर हूँ" ही इस बात के वर्णन हेतु पर्याप्त हैं कि मैक के ग्राहकों को किससे जुड़ाव महसूस होगा। विज्ञापन में मैक को इस्तेमाल करने वाला एक युवा है, जो हमेशा जीन्स और टी शर्ट में रहता है, शांत और आरामदायक मुद्रा में दिखाई देता है और "व्यवस्था" पर हमेशा व्यंग्य करने के हास्य भाव से युक्त नज़र आता है। इसी विज्ञापन में पीसी यानी कंप्यूटर सूट पहने हुए है, बड़ी आयु का, मोटापा धारण किए हुए है। मैक के साथ जुड़ने के लिए आपको मैक जैसा होना पड़ेगा। माइक्रोसॉफ्ट ने एपल के इस अभियान का जवाब "मैं पीसी हूँ" अभियान से दिया जिसमें जीवन के हर क्षेत्र, हर आयु वर्ग के लोग अपने आप को पीसी से जुड़ा हुआ बता रहे थे। माइक्रोसॉफ्ट ने अपने विज्ञापन में शिक्षक, वैज्ञानिक, संगीतकार और बच्चों को भी शामिल किया। चूँकि वह 95 प्रतिशत कंप्यूटर ऑपरेटिंग सिस्टम उपलब्ध कराने वाली सबसे बड़ी कंपनी थी जिससे हरेक का जुड़ाव रहना ज़रूरी है। कोई एक उत्पाद अच्छा या ख़राब नहीं होता। आप किससे जुड़ाव रखते हैं, सब कुछ इस पर निर्भर करता है। तो आप बहुमत के साथ जाना चाहेंगे कि अकेले खड़े होकर हंगामा करना चाहेंगे?

हम लोग उन्हीं व्यक्तियों और संस्थाओं की तरफ़ आकर्षित होते हैं, जो अपने उद्देश्य को सही तरह से संप्रेषित कर पाते हैं। हमें ख़ास महसूस करवाने, हमें उनसे जुड़ाव महसूस करवाने, हमें सुरक्षित महसूस करवाने की उनकी योग्यता ही हमें उनसे जुड़े रहने के लिए प्रेरित करती है। जिन्हें हम

महान लीडर समझते हैं उनमें हमें अपने पास लाने और हमारी वफ़ादारी को जगाने की क़ाबिलियत होती है। हम उन सब लोगों के प्रति भी जुड़ाव सा महसूस करने लगते हैं, जो इन संस्थानों या लीडर्स से जुड़े हुए होते हैं। एपल के ग्राहक भी एक-दूसरे के प्रति इसी तरह से जुड़ाव महसूस करते हैं। हार्ले राइडर्स के ग्राहक भी एक-दूसरे से जुड़े हुए महसूस करते हैं। जिन लोगों ने मार्टिन लूथर किंग के "मेरे पास एक स्वप्न है" को सुना था वे चाहे किसी भी लिंग, नस्ल, धर्म, जाति, देश के हों, एक-दूसरे के साथ भाई-बहन की तरह आ खड़े हुए। चूँकि उनकी धारणा और मूल्य एक समान थे। वे जानते थे कि वे सब एक-दूसरे से जुड़े हुए हैं और इस जुड़ाव को वे अंतर्मन से महसूस कर सकते थे।

मन की आवाज़ वाले निर्णय
कहाँ से होते हैं?

सुनहरे वृत्त का सिद्धांत केवल सम्प्रेषण का अनुक्रम नहीं है वरन उससे कहीं ज़्यादा है। इसका सिद्धांत मानव विकास में गहराई से बसा हुआ है। क्योंकि शक्ति एक विचार मात्र ही नहीं है वरन यह जीव विज्ञान है। यदि आप मानव मस्तिष्क की अनुप्रस्थ काट को ऊपर से लेकर नीचे तक देखें, तो आपको दिखाई देगा कि सुनहरे वृत्त के सारे स्तर मस्तिष्क के तीनों स्तरों के साथ समायोजित होते दिखाई देते हैं।

हम होमो सेपियन के मस्तिष्क का नया विकसित हुआ हिस्सा, नियो कॉर्टेक्स क्या के साथ संवाद करता है। यह हिस्सा तार्किक और

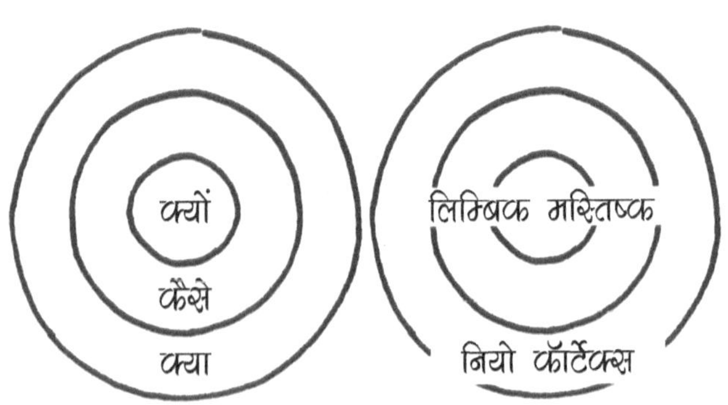

विश्लेषणात्मक विचारों और भाषा के लिए उत्तरदायी होता है। बीच के दो हिस्से हमारी भावनाओं जैसे विश्वास और वफ़ादारी और मानव के हर व्यवहार और निर्णय क्षमता के लिए के लिए जवाबदेह होते हैं मगर इनमें भाषा की क्षमता नहीं होती।

जब हम बाहर से अंदर की ओर संवाद करते हैं, तो हम क्या करते हैं यह पहले बताते हैं। हाँ, लोग कई तरह की जटिल से जटिल सूचनाओं जैसे तथ्य और विशेषताओं को समझ सकते हैं मगर इससे उनके व्यवहार में परिवर्तन नहीं होता। मगर जब हम अंदर से बाहर की ओर संवाद करते हैं, तो उस समय हम सीधे दिमाग़ के उस हिस्से से संवाद कर रहे होते हैं, जो निर्णय लेने के लिए और भाषा के लिए उत्तरदायी होता है और दिमाग़ का यह हिस्सा हमें अपने निर्णयों को तर्क की कसौटी पर कसने में मदद करता है।

दिमाग़ का जो हिस्सा हमारी भावनाओं को नियंत्रित करता है, उसमें भाषा की क्षमता नहीं होती। यह अलगाव हमें अपनी भावनाओं को शब्दों में ढालने में कठिनाई उत्पन्न करवाता है। उदाहरण के लिए हमने किसी व्यक्ति से शादी की तो आख़िर क्यों की। हम उस व्यक्ति से क्यों प्रेम करते हैं इसे बताने में हमें दिक़त होती है और इसलिए हम इसे तर्क में ढालने की कोशिश में लग जाते हैं जैसे "वह मज़ाक़िया स्वभाव की है," "वह होशियार है।" मगर दुनिया में बहुत से लोग होशियार और मज़ाक़िया होते हैं फिर हमने उन सबसे शादी क्यों नहीं की? प्रेम में पड़ने के लिए व्यक्तित्व और क़ाबिलियत से बढ़कर निश्चित ही कुछ और भी कारण होता है और तार्किक रूप से हम जानते हैं कि हम जो कारण बता रहे हैं, वे निराधार हैं। हमारे प्रिय व्यक्ति हमें ऐसा अनुभव कराते तो हैं मगर उन भावनाओं को शब्दों में व्यक्त करना सचमुच कठिन होता है। अतः जब जबरन ऐसा करना होता है, तो हम व्यक्तित्व और क़ाबिलियत के आधार पर ही इसका वर्णन करने की कोशिश किया करते हैं। हम वह सब भी कहते हैं जिसमें वास्तव में अर्थ नहीं होता जैसे वह मुझे पूरा करती है। इसका क्या मतलब है और आप किसी व्यक्ति में ऐसा क्या देखते हैं कि आप उससे शादी कर लें? प्रेम के साथ यही दिक़त है। हम सिर्फ़ यह जानते हैं कि हमने उसे इसलिए पसंद किया कि "हमें ठीक लगा।"

यही बात बाक़ी निर्णयों के मामले में भी सही बैठती है। जब कोई निर्णय सही प्रतीत होता है, तो हमें उसका शब्दों में वर्णन करने में तकलीफ़

होती है कि हमने जो किया वह क्यों किया। इसका कारण यही है कि दिमाग़ का जो हिस्सा निर्णयों को नियंत्रित करता है, उसका भाषा से संबंध नहीं होता। अतः हम इसे तर्क के आधार पर सही ठहराने की कोशिश करते है। इससे मार्केट के सर्वे और मतानुमान जटिल होते जाते हैं। लोगों से यह पूछना कि वे आपको औरों के मुक़ाबले तरजीह क्यों दे रहे हैं, आपको इस बात के पुख़्ता सबूत दे सकता है कि वे अपने निर्णयों को किस तरह तर्क के आधार पर सही ठहराने की कोशिश करते हैं। फिर भी उससे निर्णय के प्रति उनके प्रेरित होने के कारण पर विशेष प्रकाश नहीं पड़ता। ऐसा नहीं है कि लोग जानते नहीं हैं मगर वे जो जानते हैं, उसे शब्दों में व्यक्त करने में उन्हें दिक़त होती है और इसलिए होता है कि निर्णय लेने की क्षमता और भाषा दोनों दिमाग़ के अलग-अलग हिस्सों द्वारा किए जाने वाले काम है।

यही वह बिंदु है जहाँ "मन की आवाज़" के आधार पर लिए गए निर्णय आते हैं। वे बस हमें सही महसूस होते हैं। हमारे पेट का कोई हिस्सा ऐसा नहीं है जो हमारे निर्णय को नियंत्रित करता है, यह सब लिम्बिक मस्तिष्क में ही घटता है। इस निर्णय को वर्णित करने के लिए हमें ऐसा "महसूस" हुआ इन शब्दों का प्रयोग करना भी किसी दुर्घटनावश नहीं होता। ये निर्णय सही इसलिए महसूस होते हैं क्योंकि दिमाग़ का जो हिस्सा इन्हें नियंत्रित करता है, वही हमारी भावनाओं को नियंत्रित करता है। यानी वास्तव में यह सब हमारे मस्तिष्क के लिम्बिक हिस्से में घटित होता है।

हमारा लिम्बिक मस्तिष्क शक्तिशाली होता है, इतना शक्तिशाली कि वह हमारे व्यवहार को कभी-कभी इस तरह से प्रभावित कर सकता है, जो किसी परिस्थिति के बारे में हमारी तार्किक और विश्लेषणात्मक समझ से विपरीत हो सकता है। हम अक्सर अपने मन की आवाज़ के आधार पर लिए गए निर्णयों पर विश्वास करते हैं भले ही वे निर्णय तथ्य और आंकड़ों के सामने धूमिल होते प्रतीत हो रहे हों। जाने-माने मनोवैज्ञानिक रिचर्ड रेस्टाक अपनी पुस्तक *द नेकेड ब्रेन* में कहते हैं कि जब आप लोगों पर केवल अपने मस्तिष्क के तार्किक हिस्से का उपयोग करके निर्णय लेने के लिए दबाव बनाते हैं, तो इसका परिणाम केवल उनका "अत्यधिक सोच" में पड़ने के रूप में सामने आता है। रेस्टाक कहते हैं, तर्क के आधार पर निर्णय लेने में मस्तिष्क को बहुत समय लगता है और वह भी अक्सर कम गुणवत्ता का हो सकता है। इसके विपरीत लिम्बिक ब्रेन के द्वारा लिए गए निर्णय जल्दी और गुणवत्तापूर्ण

हुआ करते हैं। यही कारण है कि शिक्षक बहुविकल्पीय प्रश्नों को हल करने के लिए विद्यार्थियों को यह सलाह देते हैं कि प्रश्न देखकर पहला जो उत्तर मन में आता हो, उसे लिखें। बहुत संभव है कि वे जितना समय उसके लिए ख़र्च करेंगे, उसके ग़लत होने की संभावना उतनी ही बढ़ जाएगी। हमारा लिम्बिक मस्तिष्क बहुत होशियार है और अक्सर सही समय पर सही काम करना जानता है। जब हमारा लिम्बिक मस्तिष्क किसी निर्णय से सहमत नहीं होता है, तो उस समय हम उस निर्णय को शब्दों में ढालने उसके लिए कारण देने में दिक़्क़त महसूस करते हैं। इसके परिणामस्वरूप या तो हम अपने ऊपर संदेह करने लगते हैं या फिर मौजूदा तथ्यों पर भरोसा करने लगते हैं।

स्थानीय इलेक्ट्रॉनिक की दुकान से फ़्लैट स्क्रीन टीवी देखने के अनुभव के बारे में सोचें। आप शोरूम के गलियारे में खड़े होते हैं और एक विशेषज्ञ से एलसीडी और प्लाज़्मा के बीच के अंतर के बारे में समझ रहे होते हैं। सेल्स प्रतिनिधि आपको दोनों के अंतर और लाभ तर्क सहित बता रहा होता है। फिर भी आप तय नहीं कर पा रहे होते हैं कि आपके लिए कौन-सा टीवी ठीक है। एक घंटे के बाद भी आप किसी भी निर्णय पर नहीं पहुँच पाते हैं। आपके दिमाग़ पर अतिरिक्त दबाव मौजूद है। चूँकि आप अपने निर्णय के बारे में बहुत अधिक सोच रहे हैं अंततः आप कुछ निर्णय लेते हैं और टीवी ख़रीदकर स्टोर से बाहर आ जाते हैं। फिर भी आप इस बात से शत-प्रतिशत सहमत नहीं हैं कि आपका निर्णय सही है। इसके बाद आप अपने दोस्त के घर जाते हैं और देखते हैं कि उसने "कोई और टीवी" ख़रीदा है। वह अपने टीवी की ख़ूबियों के बारे में बताता चलता है। अचानक आप अपने दोस्त से ईर्ष्या महसूस करने लगते हैं। भले ही आप अब तक यह नहीं जानते कि उसका टीवी आपके टीवी से बेहतर है या नहीं। फिर भी आप मन ही मन सोचते हैं कि कहीं "मैंने ग़लत टीवी तो नहीं ख़रीद लिया?"

जो कंपनियाँ अपने क्यों को ग्राहकों तक स्पष्टता से नहीं पहुँचाती, वे हमें केवल मूर्त साक्ष्यों के आधार पर ही निर्णय लेने के लिए बाध्य करती हैं। यही कारण है कि ये निर्णय अधिक समय लेते हैं, कठिनाई महसूस कराते हैं या हमें अनिश्चय की स्थिति में ला खड़ा करते हैं। इन स्थितियों में जोड़-तोड़ की रणनीतियाँ हमारी आकांक्षाओं, डर और कल्पनाओं का लाभ उठाने के लिए बेहतर तरीक़े से काम करती हैं, हमारे ऊपर इन निर्णयों को लेने का दबाव बनाया जाता है और इसका सीधा-सा कारण है कंपनियाँ हमें

तथ्य और आंकड़ों की विशेषताओं और लाभों के परे और कोई विवरण उपलब्ध नहीं कराती।

लोग आप क्या बेचते हैं उसे नहीं ख़रीदते, वे आप क्यों बेचते हैं उसे ख़रीदते हैं। कंपनियों का अपने क्यों को ग्राहकों तक नहीं पहुँचा पाना केवल तनाव और आशंका ही उपजाता है। इसके विपरीत कई लोग जो कुछ ख़ास ब्रांड्स जैसे हार्ले-डेविडसन मोटरसाइकिल या मैकिंतोश कंप्यूटर ख़रीदते हैं, उन्हें इस ब्रांड के चयन के बारे में किसी से कुछ पूछने की आवश्यकता नहीं होती। उन्हें अपने निर्णय पर पूरा विश्वास होता है और वे केवल एक प्रश्न पूछते हैं कि कौन-सा हार्ले या कौन-सा मैकिंतोश। इस स्तर पर तथ्य और आंकड़ों, विशेषताओं और लाभों का महत्त्व होता है मगर इसका असर उस उत्पाद के लिए धन ख़र्च करने और कंपनी के प्रति वफ़ादारी प्रदर्शित करने पर नहीं पड़ता। यह निर्णय पहले ही किया जा चुका होता है। बाक़ी सारी बातें तो हमारी आवश्यकताओं पर खरे उतरने वाले उत्पाद के चयन में मदद करने के लिए काम में आती हैं। इन मामलों में निर्णय पूरी तरह से अंदर से बाहर की तरफ़ घटित होता है। जो निर्णय क्यों से शुरू होते हैं उनमें निर्णय का भावनात्मक पक्ष और फिर तार्किक घटक ख़रीदार को अपने निर्णय को शब्दों में व्यक्त करने और उसे तर्क का आधार देने में मदद करते हैं।

जब हम दिल और दिमाग़ जीतने की बात करते हैं, तो उसका भी अर्थ यही होता है। हमारा दिल दिमाग़ के भावनाओं वाले हिस्से लिम्बिक को दर्शाता है और दिमाग़ इसके तर्क और भाषा वाले हिस्से को दिखाता है। अधिकांश कंपनियाँ लोगों के दिमाग़ जीतने के लिए अनुकूलित हैं, इसके लिए केवल अपनी विशेषताओं और लाभों की तुलना ही करनी होती है। दिल जीतने के लिए और अधिक काम करना होता है। प्राकृतिक तरीक़े से निर्णय लेने के तरीक़े को देखा जाए, तो मुझे आश्चर्य होता है कि "दिल और दिमाग़" की अभिव्यक्ति का यह क्रम क्या महज संयोग है? तो फिर लोग "दिल और दिमाग़" को जीतने के लिए काम क्यों नहीं करते?

दिमाग़ की तुलना में दिल जीतना इतना सरल काम नहीं है। यह कला और विज्ञान का नाजुक-सा संतुलन यानी एक और व्याकरणिक निर्माण का संयोग है। ऐसा क्या है कि चीज़ें हमेशा विज्ञान और कला का संतुलन नहीं होतीं मगर कला हमेशा विज्ञान से पहले ही आती है। शायद यह वह सूक्ष्म संकेत होता है, जो हमारा लिम्बिक दिमाग़ हमें भेज रहा होता है। इसके

मुताबिक़, नेतृत्व करने की कला वास्तव में अपने दिल की बात सुनना है। शायद हमारा दिमाग़ हमें यह बताने की कोशिश कर रहा है कि क्यों को सबसे पहले आना चाहिए।

जब क्यों की स्पष्टता न हो तब निर्णय लेना कठिन होता है। और आशंका से ग्रस्त होकर हम अपने निर्णय की स्पष्टता के लिए विज्ञान और आंकड़ों की शरण लेते हैं। कंपनियाँ आपको बताएँगी कि वे क्या करती हैं और कैसे करती हैं। चूँकि उनके ग्राहक गुणवत्ता, सेवा, क़ीमत, विशेषता इन्हीं की माँग करते हैं और आंकड़े इसी की बात करते हैं मगर इस वास्तविकता के चलते कि दिमाग़ का जो हिस्सा निर्णय क्षमता को प्रभावित करता है वह उस निर्णय को लेने के कारण बताने वाले हिस्से से अलग होता है। लोगों को वे जो चाहते हैं, उसे दिया जाना ही सही प्रतीत होता है।

दुर्भाग्य से इस बात के कई प्रमाण हैं कि जब कंपनियाँ वह सब बताती हैं या करती हैं जो ग्राहक चाहते हैं तो न तो बिक्री में विशेष बढ़त होती है, न ही ग्राहकों का जुड़ाव कंपनी से होता है। हैनरी फ़ोर्ड इसे अच्छी तरह से व्यक्त करते हैं, "यदि मैंने लोगों से यह पूछा होता कि वे क्या चाहते हैं तो उन्होंने कहा होता कि उन्हें तो तेज़ दौड़ने वाला घोड़ा चाहिए।"

ये महान नेतृत्व के महान व्यक्तित्व हैं। महान लीडर और महान संस्थाएँ वे देख पाते हैं, जो हममें से अधिकतर लोग नहीं देख पाते। वे उन सारी बातों को भी बेहतरी से हमें दे सकते हैं जिनके बारे में हमने उनसे कहा ही नहीं हो। जब कंप्यूटर क्रांति अपने चरम पर थी, उस समय उसके उपभोक्ता ग्राफ़िकल इंटरफ़ेस की बात सोच भी नहीं सकते थे मगर एपल ने ग्राफ़िकल इंटरफ़ेस हमें दे दिया। एयरलाइन्स उद्योग में बढ़ती स्पर्धा के दौर में प्रवासी हवाई यात्रा की क़ीमतें कम करने की बात कहना तो दूर, सोच भी नहीं सकते थे मगर साउथवेस्ट एयरलाइन्स ने ऐसा कर दिखाया। और उनके अत्यधिक कठिन समय में उनके देश के कुछ लोगों ने उनसे पूछा आपने अपने अच्छे समय में हमारे लिए जो कुछ किया, उसके एवज में हम आपके लिए क्या कर सकते हैं? वही उद्देश्य जिस पर जॉन एफ़ कैनेडी ने अपनी प्रेसिडेंसी का परिचय कराया था। महान लीडर्स वे होते हैं, जो अपने दिल की आवाज़ पर यक़ीन करते हैं। वे लोग जो विज्ञान के आगे कला को तरजीह देते हैं। वे दिमाग़ से पहले दिल को जीतते हैं। ये वे लोग होते हैं, जो क्यों से शुरू करते हैं।

हम हर दिन और दिन भर निर्णय लेते रहते हैं और उनमें से कितने ही भावनाओं के आधार पर लिए जाते हैं। इन निर्णयों के लिए हमें ढेर सारी सूचनाओं के साथ जूझना नहीं पड़ता, न ही इसकी आवश्यकता महसूस होती है। यह सब निश्चितता के मापांक पर निर्भर होता है। "मैं 30 प्रतिशत जानकारी के आधार पर भी निर्णय ले सकता हूँ।" पूर्व विदेश मंत्री कोलिन पॉवेल कहते हैं, "80 प्रतिशत से अधिक जानकारी तो बहुत अधिक है।" हम निर्णय लेते समय हमेशा एक स्तर पर विश्वास रखते हैं जिसके आधार पर हम अपने या अपने आसपास के लोगों पर विश्वास करते हैं। ऐसे में हमें हमेशा तथ्यों और आंकड़ों की आवश्यकता *महसूस* नहीं होती। और कभी–कभी हम इसके बाद भी अपने निर्णय पर भरोसा नहीं करते। इससे यह स्पष्ट हो सकता है कि जब दूसरे लोग हमारी बाँह मरोड़कर हमें किसी निर्णय को लेने के लिए उकसा रहे होते हैं, तब हम उसके बारे में इतना असहज क्यों *महसूस* करते हैं। तब हम अपने दिल की आवाज़ पर भरोसा करते हैं कि वह हमें बताएगी कि किसे वोट देना है या कौन-सा शैम्पू ख़रीदना है। चूँकि हमारा जीवविज्ञान हमें इस निर्णय के वास्तविक कारण को बताने में तकलीफ़ देता है। अतः हम इसे मूर्त तथ्य, प्रमाणों और आंकड़ों जैसे सेवा, ब्रांड, डिज़ाइन आदि के आधार पर सही सिद्ध करने का प्रयास करते हैं। यहीं से इस ग़लत धारणा को बल मिलता है कि क़ीमत और विशेषताएँ महत्त्व रखते हैं जबकि वास्तव में ऐसा नहीं होता है। ये बातें महत्त्व रखती हैं, वे हमें अपने निर्णय को आधार देने के लिए तर्क प्रदान करती हैं मगर वे वास्तव में हमारे निर्णय को प्रभावित या प्रेरित नहीं करतीं।

जो आप नहीं देख पाते वही महत्त्व रखता है

"अपने सफ़ेद कपड़ों को और सफ़ेद बनाएँ और चमक को अधिक चमकीला बनाएँ" – एक डिटर्जेंट के विज्ञापन में यही बताया जाता है। कपड़े धोने वाले डिटर्जेंट के उद्योग में इसी को महत्त्वपूर्ण माना जाता था। एक वैध दावा सफ़ेद, अधिक सफ़ेदी देने का। उपभोक्ता क्या चाहते हैं, इस पर हुए मार्केट के सर्वे में यही बात निकलकर सामने आई। ये आंकड़े सही थे मगर लोग क्या चाहते हैं, इसके पीछे की सच्चाई भिन्न थी।

डिटर्जेंट बनाने वालों ने उपभोक्ताओं से पूछा कि वे डिटर्जेंट से क्या चाहते हैं और उन्होंने कहा कि वे अधिक सफ़ेदी चाहते हैं, चमक को और

चमकीला बनाना चाहते हैं। यदि आप इसके बारे में सोचते हैं कि अपने कपड़े धोने वाले लोग कपड़ों को साफ़ नहीं, बहुत साफ़ रखना चाहते हैं तो बता दें कि यह कोई उल्लेखनीय शोध नहीं था। अतः ब्रांड्स ने कैसे पर ध्यान देते हुए उपभोक्ताओं को यह बताने की कोशिश की कि किस तरह से उनका उत्पाद कपड़ों को बहुत साफ़ रखने के लिए किस तरह से अन्य कंपनियों के उत्पादों से बेहतर है। एक ब्रांड प्रोटीन का दावा करता है, दूसरा कहता है कपड़ों का रंग वैसा ही बना रहेगा। किसी ने भी उपभोक्ताओं से यह नहीं पूछा कि वे अपने कपड़ों को साफ़ क्यों रखना चाहते हैं। यह छोटा-सा रहस्य तब तक रहस्य बना रहा जब तक कि कई साल बाद एक कंपनी द्वारा अनुबंधित किए गए मानवविज्ञानियों के एक समूह ने यह पता लगाया कि कंपनी द्वारा दिए गए किसी भी प्रलोभन के द्वारा ग्राहकों के व्यवहार को प्रभावित नहीं किया जा सकता। उन्होंने देखा कि जब लोग अपने कपड़ों को ड्रायर से बाहर निकालते हैं, तो कोई भी अपने कपड़ों को रोशनी में टाँगकर यह नहीं देखता कि वे पहले से चमकीले हुए हैं या नहीं। कपड़ों को ड्रायर से बाहर निकालने के बाद लोग पहला काम कपड़ों को सूँघने का करते हैं। यह एक कमाल की खोज थी। साफ़ महसूस होना साफ़ दिखाई देने की तुलना में लोगों के लिए अधिक महत्त्वपूर्ण था। एक धारणा पहले से ही विद्यमान थी कि सभी डिटर्जेंट आपके कपड़ों को साफ़ करते ही हैं। डिटर्जेंट का काम ही है ऐसा करना मगर विविध डिटर्जेंट के कपड़े साफ़ करने में बारीक अंतर की बजाय उपभोक्ताओं के लिए ज़्यादा महत्त्व कपड़ों में से साफ़ होने की ख़ुशबू आने का था।

एक ग़लत धारणा ने सारे उद्योग को कई वर्षों तक ग़लत दिशा में दौड़ाए रखा और ऐसा केवल डिटर्जेंट के उद्योग में नहीं हुआ। एपल के द्वारा आईफ़ोन में बहुत कम विकल्प और एक बटन लेकर आने से पहले सेलफ़ोन कंपनियों की भी यह धारणा थी कि लोग मोबाइल में अधिक बटन और अधिक विकल्प चाहते हैं। जर्मनी के ऑटोमेकर्स का यह मानना था कि अमेरिका के कार क्रेताओं को केवल कार की इंजीनियरिंग से मतलब होता है। जब उन्हें पता चला कि ऐसा नहीं है, तो वे भौचक रह गए। जर्मनी की कारों में धीरे-धीरे कप होल्डर लगाए जाने लगे। यह विशेषता घूमने-फिरने के शौकीन अमेरिका के लोगों के लिए बहुत महत्त्व रखती थी मगर इसे ख़रीदी के निर्णय को प्रभावित करने के घटक के रूप में शायद ही किसी शोध में

स्थान मिला था। मैं यह नहीं कह रहा हूँ कि कार में कप होल्डर लगाने के कारण लोग बीएमडब्लू को ख़रीदते हैं। मैं यह कह रहा हूँ कि तार्किक रूप से निर्णय लेने वाले लोगों के लिए भी आँखें जो कुछ देखती हैं, उससे भी परे कुछ बातों का निर्णयों पर असर होता है।

लिम्बिक मस्तिष्क की शक्ति अद्भुत है। यह न केवल हमारे मन की आवाज़ के आधार पर लिए जा रहे निर्णयों को नियंत्रित करता है वरन यह हमें असंगत और अतार्किक बातों को करने के लिए भी उकसा सकता है। दूर के स्थानों पर घूमने के लिए घर की सुरक्षा को अलग रखने को कह सकता है। समुद्र के उस पार क्या है, इसे देखने के लिए समुद्र में कूदकर उसे पार करने को भी कह सकता है। एक स्थाई नौकरी को छोड़कर बैंक में बिना किसी बड़ी धनराशि के बावजूद कोई व्यापार शुरू करने को कह सकता है। हममें से कितने ही लोग इन निर्णयों पर कह सकते हैं कि यह मूर्खता है, तुम पागल हो। तुम्हारा सब कुछ खो सकता है। तुम अपनी जान ले लोगे। तुम सोच क्या रहे हो? इन निर्णयों में तर्क और तथ्यों से परे हमारी आशाएँ, सपने, हमारा दिल और हमारा मन होता है, जो हमें नई चीज़ों ओर ले जाता है।

यदि हम सब तर्क के आधार पर निर्णय लेते तो छोटे उद्योग शुरू ही नहीं होते, कोई आजमाइश नहीं होती, नवाचार बहुत ही कम रह जाता और इन सब बातों को प्रेरित करने वाले लीडर भी नहीं होते। बड़े और बेहतर तक पहुँचने का एक अमर विश्वास ही इस तरह का व्यवहार कराता है, यहाँ तक पहुँचाता है। मगर यह अन्य भावनाओं जैसे डर, नफ़रत आदि से पैदा हुए व्यवहार को भी प्रेरित कर सकता है। नहीं तो ऐसा क्यों होता है कि एक व्यक्ति किसी ऐसे व्यक्ति को नुक़सान पहुँचाने की सामग्री बनाता है जिससे वह कभी मिला तक नहीं?

बाज़ार में हुए ऐसे सर्वेक्षण संख्या में बहुत अधिक हैं, जो यह बताते हैं कि लोग उन कंपनियों के साथ जुड़ना या व्यापार करना चाहते हैं, जो उन्हें अधिक विशेषताओं, बेहतर सेवाओं और बेहतर क़ीमतों से साथ गुणवत्तापूर्ण उत्पाद प्रदान करती हैं मगर उन कंपनियों को देखा जाए जिनके ग्राहक उनके प्रति वफ़ादार हैं, तो पता चलता है कि उनमें ऐसी कोई ख़ासियत नहीं है। यदि आपको हार्ले डेविडसन का उत्पाद ख़रीदना है, तो आपको उसे पाने के लिए छह महीने इंतज़ार करना होगा (उन्होंने यह समय एक साल से

घटाकर छह माह किया है)। यह ख़राब सेवा का नमूना है! एपल के कंप्यूटर अन्य कंपनियों की अपेक्षा 25 प्रतिशत महँगे हैं। उनके ऑपरेटिंग सिस्टम के लिए कम सॉफ़्टवेयर उपलब्ध हैं। इसकी मशीन भी कभी-कभी पीसी की तुलना में धीमी चलती है। यदि लोगों ने तर्क के आधार पर निर्णय लिए होते और किसी ख़रीद से पहले पूरा शोध किया होता, तो किसी ने भी मैक नहीं ख़रीदा होता। मगर वास्तविकता यह है कि लोग मैक ख़रीदते हैं और कुछ केवल इसे ख़रीदते नहीं हैं, इससे प्यार करते हैं। यह भावना सीधे दिल से या लिम्बिक ब्रेन से आती है। हम सभी ऐसे किसी न किसी व्यक्ति को जानते हैं जो मैक पर जान छिड़कता है। उनसे पूछिए कि वे मैक से इतना प्यार क्यों करते हैं? वे ऐसा नहीं कहेंगे कि मैं अपने आपको ऐसे व्यक्ति के रूप में देखता हूँ, जो यथास्थिति को चुनौती देने में विश्वास रखता है और इसलिए मेरे लिए ज़रूरी है कि मैं अपने आपको ऐसे लोगों, उत्पादों और ब्रांड्स से व्याप्त रखूँ, जो मेरे व्यक्तित्व को दर्शाते हों। जैविक रूप से ऐसा ही घटित हुआ है मगर यह निर्णय दिमाग़ के उस हिस्से में लिया गया होता है, जो हमारे व्यवहार को नियंत्रित करता है, भाषा को नहीं। अतः वे इसके लिए कई तर्क देंगे – इसमें यूज़र इंटरफ़ेस है, इसकी डिज़ाइन बढ़िया है, सादगी है, गुणवत्ता उच्च स्तर की है, ये सबसे बढ़िया कंप्यूटर हैं, मैं एक रचनात्मक सोच वाला व्यक्ति हूँ आदि। वास्तविकता में मैक को ख़रीदने का उनका निर्णय और उनकी इस ब्रांड के प्रति वफ़ादारी दोनों ही बहुत निजी बातें हैं। वे एपल के बारे में वास्तव में चिंता नहीं करते। यह सब उनकी भावनाओं के बारे में है।

ऐसा ही उन लोगों के बारे में कहा जा सकता है, जो एपल के लिए काम करना पसंद करते हैं। वे भी अपनी भावनाओं को शब्दों में नहीं ढाल पाते। उनके मामले में उनकी नौकरी उनके क्यों के लिए क्या के समान है। वे भी इस बात से सहमत हैं कि एपल की सफलता के पीछे उसके उत्पादों की गुणवत्ता का हाथ है मगर अंदर गहराई में वे सभी अपने आप से बड़े किसी काम का हिस्सा बनने में आनंद महसूस करते हैं। एपल के वफ़ादार ग्राहकों की ही तरह, एपल के वफ़ादार कर्मचारी भी अच्छी क्रांति को पसंद करते हैं। वेतन में ख़ासी बढ़ोतरी और अन्य लाभ भी एपल के कर्मचारी को डेल में काम करने के लिए राजी नहीं कर सकते। इसी तरह से एपल के मैक इस्तेमाल करने वाले ग्राहक को पीसी ख़रीदने के लिए बड़ी छूट या

क़ीमत की कमी भी लुभा नहीं सकती (उनमें से कुछ तो पहले से ही दोगुनी क़ीमत अदा कर रहे हैं)। यह व्यवहार तर्क से परे है। यह एक धारणा है, एक विश्वास है। एपल की कार्य संस्कृति एक पद्धति, एक पंथ बन गई है और यह महज दुर्घटना नहीं है। यह उत्पादों से बढ़कर कुछ और भी है। यह सहयोग का आधार है, यह विश्वास का मामला है।

होंडा और फ़रारी को याद करें। उत्पाद केवल कंपनी क्या सोचती है, इसको प्रदर्शित नहीं करते वरन कंपनी के वफ़ादार ग्राहक क्या विश्वास करते हैं, वे इसके भी प्रतीक होते हैं। उदाहरण के लिए एपल के लैपटॉप इस्तेमाल करने वाले लोग हवाई अड्डे पर बैठकर लैपटॉप खोलना पसंद करते हैं। वे चाहते हैं कि हरेक व्यक्ति यह जान ले कि उनके पास मैक है। यह वास्तव में उनके व्यक्तित्व को दर्शाने वाला प्रतीक है। वे क्या हैं, यह दिखाने वाला चिह्न। एपल का चमकीला लोगो उस व्यक्ति के बारे में बताता है कि वह कौन है और दुनिया को किस तरह से देखता है। लोग जितना ध्यान मैक के लोगो पर देते हैं, क्या किसी ने लोगों को उतना ही ध्यान एचपी या डेल के कंप्यूटर की ओर देते देखा है? एचपी और डेल के पास क्यों का धुंधला-सा संज्ञान है। अतः उनके उत्पाद और लोगो उपयोगकर्ताओं के बारे में कुछ भी संकेत नहीं देते। एचपी या डेल के उत्पाद चाहे वे पतले, हलके हों या कितने ही तेज़ चलने वाले हों, वे किसी भी उच्च लक्ष्य, कारण या धारणा को नहीं दर्शाते। बल्कि लंबे समय तक डेल के कंप्यूटर का लोगो इस तरह से लगा हुआ था कि जब व्यक्ति इसे खोलता था तो यह लोगो सिर्फ़ उसे ही सीधा दिखाई देता था, बाक़ी लोगों के लिए यह उल्टा हुआ करता था।

जिन उत्पादों के पीछे की क्यों की धारणा स्पष्ट होती है, वे बाहरी दुनिया को स्पष्ट रूप से बताते हैं कि वे कौन हैं और किस बात में विश्वास रखते हैं। याद रहे, लोग आप क्या बनाते हैं यह सोचकर किसी उत्पाद को नहीं ख़रीदते वरन वे इसलिए इसे ख़रीदते हैं कि आप इसे क्यों बनाते हैं। यदि किसी कंपनी के पास 'क्यों' की स्पष्टता नहीं है, तो उसके लिए बाहरी दुनिया को वे क्या बनाते हैं, इससे ज़्यादा कुछ बता पाना कठिन होता है। और जब ऐसा होता तो फिर जोड़-तोड़ की नीति अपनाई जाने लगती है, जो कि क़ीमतों में घटाव, विशेषताएँ, सेवाएँ या गुणवत्ता दूसरों की तुलना में अपने आपको बेहतर साबित करने के लिए प्राथमिक उपाय बन जाते हैं।

5

स्पष्टता, अनुशासन
और अनुरूपता

प्रकृति ख़ालीपन से घृणा करती है। जीवन को आगे बढ़ाने के लिए जहाँ भी संभव हो, प्रकृति संतुलन बनाने का प्रयास करती रहती है। जब जंगल की आग के कारण जीवन नष्ट हो जाता है, तो इसे प्रतिस्थापित करने के लिए प्रकृति नई जीवन श्रृंखला उत्पन्न कर देती है। किसी भी पारिस्थितिकी तंत्र में किसी भोजन श्रृंखला का होना, जिसमें हर एक प्राणी दूसरे प्राणी पर भोजन के लिए आश्रित रहता है, वह भी संतुलन बनाए रखने का प्रकृति का तरीक़ा है। सुनहरा वृत्त भी जीवविज्ञान के प्राकृतिक सिद्धांतों में ही अवस्थित होता है और यह भी इस संतुलन का पालन करता है। जैसा कि मैंने पहले भी कहा है जब क्यों अनुपस्थित होता है, तो असंतुलन पैदा होता है और जोड़-तोड़ पनपता है। और जब जोड़-तोड़ पनपता है तो ग्राहकों के लिए अनिश्चितता बढ़ जाती है, विक्रेताओं के लिए स्थिरता बढ़ जाती है और सभी के लिए तनाव बढ़ता जाता है।

क्यों से शुरुआत करना वास्तव में शुरुआत ही होती है। किसी को प्रेरित करने की योग्यता हासिल करने से पहले किसी संस्था और व्यक्ति को बहुत कुछ करना पड़ता है। सुनहरा वृत्त ठीक से काम करे, इसके लिए हर हिस्से का सही क्रम में और संतुलित होना ज़रूरी होता है।

क्यों की स्पष्टता

इसकी शुरुआत स्पष्टता से होती है। आपको यह जानना ज़रूरी है कि आप जो करते हैं वह क्यों करते हैं। यदि लोग आप क्या करते हैं, उसे नहीं ख़रीदते, वे आप क्यों करते हैं इस कारण इसे ख़रीदते हैं। यदि आप जो बेचते हैं उसे क्यों बेचते हैं, यह आपको पता नहीं हो तो और कोई इसे कैसे जान सकेगा? यदि किसी संस्था के लीडर्स अपने काम के क्यों को ठीक से स्पष्ट नहीं कर पाएँ, तो वे अपने कर्मचारियों से यह अपेक्षा कैसे कर सकते हैं कि वे कंपनी के क्यों को कैसे जानेंगे? यदि एक राजनेता अपने राजनेता बनने की चाह के पीछे का क्यों नहीं जानते हैं, तो उसके मतदाता इसे कैसे जान सकते हैं? जोड़-तोड़ किसी चुनाव के परिणामों को तो प्रभावित कर सकता है मगर उससे इस बात के निर्धारण में मदद नहीं मिल सकती कि शासन किसे करना चाहिए। सत्तासीन होने वाले को ऐसे लोगों की आवश्यकता होती है, जो अपनी इच्छा से उनका अनुकरण करें। इसके लिए ऐसे व्यक्तियों की ज़रूरत होती है, जो सामान्य से कुछ अधिक महत्त्वपूर्ण में विश्वास रखते हैं ऐसे लोगों को प्रेरित करना हो, तो क्यों की स्पष्टता होनी चाहिए।

'कैसे' का अनुशासन

एक बार आपको यह पता लग जाता है कि आप क्या कर रहे हैं और क्यों कर रहे हैं तब यह सवाल उठता है कि आप इसे कैसे करते हैं? ये कैसे वास्तव में आपके मूल्य या सिद्धांत होते हैं, जो आपको अपने लक्ष्य को जीवन में लाने के लिए मदद करते हैं। हम चीज़ों को किस तरह से करते हैं यह किसी संस्था के तंत्र और प्रक्रियाओं तथा कार्य संस्कृति को दर्शाता है। आप किस तरह से काम करते हैं और उससे भी महत्त्वपूर्ण यह कि संस्था को और उसके कर्मचारियों को उन दिशा निर्देशात्मक तत्वों के प्रति उत्तरदायी बनाए रखना किसी संस्था की अपनी प्राकृतिक ताक़तों के साथ काम करने की क्षमता को बढ़ाता है। कैसे की समझ अपने साथ काम करने योग्य लोगों को नियुक्त करने या अपने लिए भागीदार खोजने की बड़ी योग्यता का विकास करती है।

विडंबना यह है कि सबसे महत्त्वपूर्ण प्रश्न "आप जो करते हैं उसे क्यों करते हैं" और उसका अति महत्त्वपूर्ण उत्तर वास्तव में बहुत ही सरल है

और खोजने के लिए आसान है (इसे मैं अगले अध्याय में साझा करूँगा)। यह वह अनुशासन है जो आपको अपने लक्ष्य से, उद्देश्य से कभी भी भटकने नहीं देता और आपको अपना काम करने के तरीक़े के प्रति ज़िम्मेदार बनाए रखता है, जो कि सबसे कठिन हिस्सा होता है। हमारे लिए इसे और भी जटिल बनाने के लिए हम अपने मूल्यों को कुछ संज्ञाओं के रूप में दीवार पर लिखकर अपने आप को उनका स्मरण कराते रहते हैं जैसे – ईमानदारी, प्रतिबद्धता, नवाचार, संवाद आदि। मगर ये संज्ञाएँ अक्रिय होती हैं। ये केवल वस्तुएँ हैं, इनके लिए लोगों को ज़िम्मेदार ठहराना लगभग असंभव है।

"बॉब, आज थोड़ा और नए तरीक़े से सोचो, नवाचार करो" और यदि आपने अपनी दीवार पर "ईमानदारी" लिखकर रखा है, तो फिर आपको और भी ज़्यादा दिक़त होने वाली है।

यदि मूल्यों और दिशा निर्देशक सिद्धांतों को प्रभावी बनाना है, तो उन्हें क्रियाओं के रूप में देखना होगा। जैसे "ईमानदारी" केवल "ईमानदारी" नहीं है, इसका अर्थ है "हमेशा सही चीज़ें करना।" "नवाचार" का अर्थ है, "समस्या को अलग नज़रिए से देखना।"

हमारे मूल्यों को क्रियाओं के रूप में परिभाषित करना हमें स्पष्ट नज़रिया देता है कि किसी परिस्थिति में कैसे काम करना है। ऐसा करने से हम एक-दूसरे को उसके प्रति उत्तरदायी ठहरा सकते हैं और उनके अनुसार काम करने के लिए कह सकते हैं। लोगों को प्रतिबद्धता के साथ काम करने के लिए कहने से यह सुनिश्चित नहीं हो जाता कि उनके निर्णय हमेशा उपभोक्ता या ग्राहक के लाभों को ध्यान में रखते हुए ही लिए जाएँगे मगर उन्हें हमेशा सही बात के साथ जाने और सही काम करने के लिए कहकर इसे सुनिश्चित किया जा सकता है। मुझे हैरानी है कि जब सैमसंग ने यह प्रचारित किया कि अपार्टमेंट में रहने वाले लोगों के लिए सैमसंग की ख़रीदी में छूट का लाभ नहीं है, तो ऐसा करते समय उसने दीवार पर कौन से मूल्य लिखकर रखे होंगे?

सुनहरा वृत्त दीर्घावधि की सफलता के बारे में स्पष्टीकरण प्रदान करता है मगर लंबे समय तक की जाने वाली बातों की आंतरिक प्रवृत्ति में अक्सर निवेश या अल्पकालिक क़ीमतें शामिल होती हैं। यही कारण है कि क्यों पर बने रहने का अनुशासन विकसित करना और अपने मूल्यों के प्रति खरे बने रहना बहुत महत्त्वपूर्ण होता है।

क्या की निरंतरता

हर वह बात जिसे आप कहते हैं और आप करते हैं वह आपकी धारणाओं की पुष्टि करती है। क्यों भी एक धारणा है, एक विश्वास है। यह यही सब है। कैसे यह इस धारणा की कार्य में परिणति है और क्या इन कार्यों के परिणाम हैं, उन कार्यों के जो आप अपने उत्पादों, सेवाओं, विज्ञापन, लोगों से सम्पर्क, संस्कृति और कर्मचारियों को नियुक्त करने के रूप में जो भी कहते हैं और करते हैं, यदि लोग आपके उत्पाद आपके क्या के लिए नहीं वरन क्यों के लिए ख़रीदते हैं, तो ये तीनों बातें स्थाई बनी रहनी चाहिए। इस स्थायित्व के जरिए लोग बिना किसी शंका-कुशंका के आपकी धारणाओं को स्पष्ट रूप से समझ पाएँगे। आख़िरकार हम एक स्थाई दुनिया में रहते हैं। लोग आपके बारे में आपके द्वारा कही गई और की गई बातों के द्वारा ही जान पाएँगे और यदि आपकी बातों और काम में सततता, स्थायित्व नहीं है तो आपकी धारणाओं के बारे में कोई नहीं जान पाएगा।

यह वैधता या प्रामाणिकता क्या के स्तर पर प्राप्त होती है। "वैधता" शब्द अक्सर कॉर्पोरेट और राजनीतिक क्षेत्रों में उछाला जाता है। हरेक व्यक्ति वैधता के महत्त्व के बारे में बात करता है। "तुम्हें *वैध होना चाहिए*" विशेषज्ञ कहते हैं। "सभी आंकड़े और उनके रुझान भी यही सुझाते हैं कि लोग उन्हीं ब्रांड के साथ संबंध जोड़ना चाहते हैं जिन्हें वैधता प्राप्त हो।" "लोग ऐसे ही लीडर को मत देते हैं जो उनकी नज़रों में वैध हो।" दिक्कत बस इतनी सी है कि विशषज्ञों द्वारा दिया गया निर्देश केवल वाक्य मात्र है, उसमें क्रिया का भाव ग़ायब है।

आप किसी के दफ़्तर में जाकर उससे ऐसा कैसे कह सकते हैं कि "देखो, अब से थोड़ा और प्रामाणिक बनो।" एक कार्यकारी निदेशक अपने कर्मचारी को कह सकता है कि "जिस उत्पाद पर आप काम कर रहे हो, उसे थोड़ा और वैध या प्रामाणिक बनाओ।" कंपनियाँ जो कुछ भी विज्ञापित करती हैं उसे और अधिक सत्य, प्रामाणिक और वैध बनाने के लिए क्या करती हैं?

इसका समाधान हास्यास्पद है। वे बाज़ार में जाकर उपभोक्ताओं पर शोध करते हैं और उनसे पूछते हैं, हम आपसे ऐसा क्या कहें, जो आपको वैध या सत्य प्रतीत हो? यह पूरी तरह से मूल मुद्दे से भटकने वाली स्थिति है। आप दूसरों से यह नहीं पूछ सकते कि आपको वैध प्रतीत होने के लिए

क्या करना चाहिए। वैध या प्रामाणिक होने का अर्थ ही यह है कि आप वास्तव में *भरोसा* करते हैं। अधिक "वैध" होने के लिए कहने पर राजनेता का उत्तर क्या होगा? कोई लीडर और प्रामाणिक तरीक़े से अपने आपको कैसे प्रस्तुत कर सकता है? क्यों की स्पष्टता के अभाव में इस तरह के सारे निर्देश बेकार हो जाते हैं, अनुपयोगी सिद्ध होते हैं।

प्रामाणिकता का अर्थ है आपका सुनहरा वृत्त संतुलन में है। इसका अर्थ है आप जो भी कहते हैं और कहते हैं, उसमें आप वास्तव में *भरोसा* करते हैं। यह प्रबंधन से कर्मचारियों तक के लिए लागू होता है। जब ऐसा होता है तभी आप अपने आपको प्रामाणिक या वैध मान सकते हैं। एपल का विश्वास है कि इसके मौलिक एपल कंप्यूटर और मैकिंतोश ने बाज़ार में प्रभाव बनाए हुए आईबीएम डॉस प्लेटफ़ॉर्म्स को चुनौती दी। एपल का विश्वास है कि उसके आईट्यून और आईपॉड ने संगीत के क्षेत्र की यथास्थिति को चुनौती दी है और यह हम सब जानते हैं कि एपल ने जो कुछ किया उसे वह क्यों कर पाया। इसका कारण यही है कि हम एपल के उत्पादों की वैधता को, प्रामाणिकता को स्वीकार करते हैं। डेल ने भी छोटे इलेक्ट्रॉनिक के बाज़ार में प्रवेश के लिए एमपी 3 और पीडीए बनाए मगर हमें डेल का 'क्यों' मालूम नहीं था, वह इन उत्पादों को क्यों बना रहा है यह पता नहीं था। अतः उसके उत्पादों के प्रति भी निश्चिंतता नहीं थी। ऐसा नहीं है कि डेल अन्य क्षेत्रों में प्रवेश नहीं कर सकता – इसके पास निश्चित तौर पर वह ज्ञान और योग्यता है जिसके बल पर वह अच्छे उत्पाद बना सकता है। मगर क्यों की स्पष्टता नहीं होने के कारण इसके लिए यह काम अधिक कठिन, अधिक ख़र्चीला हो जाता है। केवल अच्छी गुणवत्ता के उत्पाद बनाना और उनका विज्ञापन करना सफलता नहीं दिलाता। इसके लिए बाज़ार में वैधता, स्वीकार्यता होना ज़रूरी है और यह वैधता क्यों की स्पष्टता के बिना नहीं आ सकती और वैधता महत्त्वपूर्ण है।

किसी श्रेष्ठ सेल्समैन से पूछिए कि एक अच्छा सेल्समैन होने के मायने क्या हैं। वह आपको बताएगा कि जब आप अपने द्वारा बेचे जा रहे उत्पादों में विश्वास दिखाएँगे, तो उससे ही ऐसा हो सकेगा। अब सेल्स की नौकरी में *विश्वास* का क्या काम? सीधी बात है। जब सेल्समैन स्वयं अपने द्वारा बेचे जा रहे उत्पाद को अच्छ मानेंगे तो उनके मुँह से निकलने वाले शब्दों में स्वतः ही सत्यता झलकने लगेगी। जब विक्रय के इस समीकरण में

विश्वास का प्रवेश होता है तो सेल्समैन का जूनून बढ़ जाता है। इसी वैधता, सत्यता द्वारा बनाए गए रिश्तों पर विक्रय का सारा उद्योग टिका हुआ होता है। रिश्ते विश्वास निर्मित करते हैं। संतुलित सुनहरे वृत्त की अनुपस्थिति का अर्थ है मजबूत रिश्तों का नहीं होना, वैधता का नहीं होना, विश्वास का नहीं होना। और ऐसा होने पर आप वापस क़ीमत, सेवाएँ, विशेषताएँ और गुणवत्ता के चौराहे पर वापस चले जाते हैं। आप बाक़ी लोगों के ही समान हो जाते हैं। इससे ख़राब यह होता है कि वैधता या पहचान के अभाव में कंपनियाँ जोड़-तोड़ में लग जाती हैं, क़ीमतें घटाना-बढ़ाना, प्रचार-प्रसार, दबाव बनाना, डर दिखाना आदि की शरण में जाती हैं। इससे प्रभाव पड़ता है, बिलकुल पड़ता है मगर थोड़े समय के लिए।

वैधता, सत्यता और प्रामाणिकता का होना सफलता की आवश्यक शर्त नहीं है मगर यदि आप अपनी सफलता को लंबे समय तक बनाए रखना चाहते हैं, तो ये आवश्यक है और बात फिर क्यों तक जाती है। प्रामाणिकता तब आती है जब आप जो कुछ भी कहते या करते हैं उसमें विश्वास करते हैं। फिर भी जब आपको क्या के स्तर पर रहते हुए यह पता नहीं होता कि संस्थाएँ या उत्पाद क्यों अस्तित्व में हैं, तो आपके द्वारा कही या की जा रही बातें आपके क्यों से मिलती-जुलती हैं या नहीं, इसे जानना असंभव है। क्यों के अभाव में वैधता या प्रामाणिकता का कोई भी प्रयास अवैध और अप्रामाणिक ही होगा।

सही क्रम

एक बार क्यों की स्पष्टता हो जाने के बाद आप जब अपने मूल्यों, मार्ग निर्देशक सिद्धांतों के प्रति ज़िम्मेदार और अनुशासित हो जाते हैं और आप जो कहते हैं वही करते हैं, तो इसके बाद का अंतिम चरण इन सबको सही क्रम में निबद्ध करना होता है। मैंने पूर्व में एपल की मार्केटिंग का जो उदाहरण इस्तेमाल किया था, उसी की तरह केवल सूचनाओं को विज्ञापित करने का क्रम बदलना होता है। यानी क्यों से शुरू करते हुए सारे संदेश का प्रभाव बढ़ाना होता है। हम क्या करते हैं यह महत्त्वपूर्ण है, चूँकि यह हमारे काम यानी क्या का मूर्त प्रमाण होता है मगर क्यों को सबसे पहले आना चाहिए। क्यों बाक़ी सारे कामों का संदर्भ स्पष्ट करता है। जैसा कि आप इस पुस्तक में दिए गए उदाहरणों में और बाक़ी कई मामलों में भी देखेंगे जब

भी कोई नेतृत्व, संवाद और निर्णय लेने का काम क्यों की स्पष्टता से शुरू होता है उसका परिमाण दीर्घावधि तक क़ायम रहने वाला हुआ करता है। क्यों से शुरू करना, लोगों को आपकी तरफ़ आने के लिए प्रेरित करता है।

यदि आप क्यों के बारे में नहीं जानते तो आपका कैसे के बारे में जानना नामुमकिन है

सैन एंटोनियो के व्यापारी रोलिन किंग ने एक छोटी दूरी की विमान सेवा चलाने का काम, यानी जो कैलिफ़ोर्निया में पैसिफ़िक साउथवेस्ट एयरलाइन्स कर रही थी, उसे टेक्सास में करने का विचार किया। इसमें वे डलास, ह्यूस्टन और सैन एंटोनियो के बीच हवाई सेवा प्रदान करना चाहते थे। वे हाल ही में तलाक़ की लंबी और कष्टदायक प्रक्रिया से गुज़रे थे और उन्होंने अपने वकील हर्ब केलेहर, जो शराब और धुँआधार सिगरेट पीने के आदी थे, को इस काम को करने के लिए नियुक्त किया।

लगभग हर क्षेत्र में किंग और केलेहर एक दूसरे से बिलकुल विपरीत स्वभाव के थे। किंग जहाँ कर्कश और अजीब-सी मनोवृत्ति का थे, केलेहर समाज में लोकप्रिय और सामाजिक प्राणी थे। पहले-पहल तो केलेहर ने किंग के इस विचार को निरी बकवास करार दिया मगर उस शाम तक किंग ने उसे सफलता से अपने विचार से सहमत करा दिया और केलेहर इस काम को करने के लिए नियुक्त की जा रही समिति में आने के लिए तैयार हो गए। साउथवेस्ट को डलास से ह्यूस्टन के बीच पहली उड़ान शुरू करने के लिए चार साल लगे।

साउथवेस्ट ने कम क़ीमत की उड़ानों का विकल्प शुरू नहीं किया। पैसिफ़िक साउथवेस्ट एयरलाइन्स जो इस क्षेत्र की अगुआ रही, साउथवेस्ट ने उनके नाम की भी नक़ल कर ली। मगर उसे पहली एयरलाइन होने का लाभ नहीं मिला। चूँकि टेक्सस में पहले ही से एयरवेज, टेक्सस इंटरनेशनल एयरलाइंस और कॉन्टिनेन्टल एयरलाइंस काम कर रही थीं और उनमें से कोई भी साउथवेस्ट को स्थान देने की इच्छुक नहीं थी। मगर वास्तविकता यह थी कि साउथवेस्ट को एक एयरलाइन के रूप में दबदबा बनाना ही नहीं था। वह तो किसी लक्ष्य को एयरलाइन के माध्यम से पूरा करने में लगा था।

1970 के प्रथम हिस्से में यात्रा करने वाले लोगों का केवल 15 प्रतिशत हवाई यात्रा किया करता था। बाज़ार का क्षेत्र सीमित था। अतः इस स्थिति में बड़ी एयरलाइन के रूप में किसी भी नए प्रतिस्पर्धी को लेकर बाज़ार में भय का संचार होना स्वाभाविक था। मगर साउथवेस्ट को इस 15 प्रतिशत में कोई रुचि नहीं थी। उनका लक्ष्य तो वे 85 प्रतिशत यात्री थे, जो हवाई यात्रा नहीं करते थे। यदि उस समय आपने साउथवेस्ट से पूछा होता कि इस क्षेत्र में आपके प्रतिस्पर्धी कौन हैं तो उनका उत्तर होता, हमारी स्पर्धा कार, रेल, बस से है। उनका तात्पर्य यह होता कि हम सामान्य वर्ग के लीडर बनना चाहते हैं। उनके एयरलाइन्स शुरू करने के पीछे का क्यों यह था। यह उनका लक्ष्य था, उनका उद्देश्य था। उन्होंने किसी तरह से अपनी कंपनी को विकसित किया, उसके पीछे भी किसी उच्च स्तरीय प्रबंधन समिति द्वारा विकसित की गई रणनीति का हाथ नहीं था। इसे दूसरी कंपनियों की अच्छी प्रक्रियाओं का अनुसरण करके भी नहीं बनाया गया था। उनके मूल्य और निर्देशक सिद्धांत सीधे ही उनके क्यों से आ रहे थे और वे अधिक सटीक थे।

1970 के दशक में हवाई यात्रा महँगी थी और यदि साउथवेस्ट को सामान्य आदमी का प्रणेता बनाना हो, तो उसके लिए अपनी उड़ानें सस्ती रखना ज़रूरी था। उन दिनों जब हवाई यात्रा को उच्च वर्ग के प्रमाण के रूप में देखा जाता था और लोगों को टाई बाँधकर यात्रा करनी पड़ती थी, साउथवेस्ट को सामान्य आदमी के लिए सरल सहज होना था। यह अत्यंत आवश्यक था। उस समय में जब हवाई यात्रा जटिल थी, क़ीमतें आपकी फ़्लाइट के मुताबिक़ कम-ज़्यादा होती थीं उस समय में साउथवेस्ट को सरलता बनाए रखनी थी। यदि उन्हें 85 प्रतिशत को अपने साथ लाना था तो उनके लिए प्रक्रियाओं का सरल-सामान्य रहना आवश्यक था। उस समय साउथवेस्ट के किराए के केवल दो स्तर थे – रात/सप्ताहांत और दिन के समय। बस, इतना ही।

सस्ता, मज़ेदार और 'सरल'। इस तरह से उन्होंने अपने सामान्य आदमी के प्रणेता बनने के लक्ष्य के लिए काम किया। उनके कामों के परिणाम उनके द्वारा किए गए कामों जैसे उनके उत्पाद, उनके द्वारा नियुक्त किए गए कर्मचारी, उनकी कार्य संस्कृति और उनके विज्ञापन सभी में मूर्त रूप लेते दिखाई दिए। "अब आप देश भर में कहीं भी घूमने के लिए स्वतंत्र हैं।" वे अपने विज्ञापन में कहते नज़र आए। यह केवल विज्ञापन की एक टैगलाइन

से बढ़कर था। इसके पीछे एक लक्ष्य, एक कारण ध्वनित होता था। एक ऐसा कारण, जो अपने अनुयाइयों को खोज रहा हो। ऐसे लोगों को जो साउथवेस्ट से जुड़ सकें, जो इसे बड़ी एयरलाइन्स के विकल्प के रूप में स्वीकार कर सकें। वे जो कंपनी के लक्ष्य से जुड़ाव बनाते हुए इसके प्रति वफ़ादारी महसूस कर सकें। और जिन लोगों ने साउथवेस्ट के लक्ष्य से जुड़ाव महसूस किया, वे कंपनी के ही हो गए। उन्हें महसूस हुआ कि साउथवेस्ट ऐसी कंपनी है, जो उनसे और उनके लिए सीधे संवाद कर रही है। इससे भी महत्त्वपूर्ण यह कि उन्हें लगा कि साउथवेस्ट की उड़ानें व्यक्ति के रूप में वे कौन हैं, इसे भी बताती हैं। अपने उपभोक्ताओं के साथ वफ़ादारी का रिश्ता बनाने का क़ीमतों से संबंध नहीं होता। क़ीमतें तो किसी एयरलाइन्स के लिए अपने लक्ष्य या कारण को ज़मीन पर लेकर आने का एक माध्यम मात्र होती हैं।

साउथवेस्ट के पूर्व अध्यक्ष हॉवर्ड पुतनम अक्सर एक बड़ी कंपनी में वरिष्ठ कर्मचारी रहे एक व्यक्ति की कहानी सुनाते हैं जिसने उन्हें एक कार्यक्रम के बाद संपर्क किया। उसने कहा, वह जब भी व्यापार के सिलसिले में यात्रा करता है तो बड़ी एयरलाइन्स से जाता है और उसे ऐसा करना पड़ता है। चूँकि यह उनकी कंपनी का नियम है। उसने उस कंपनी के साथ कई उड़ानें की है और उसका नाम लगातार यात्रा करने वाले यात्रियों की श्रेणी में आ गया है। पैसों की बात नहीं है मगर जब भी वह परिवार को लेकर यात्रा करता है तो वह साउथवेस्ट से आता-जाता है। कहानी सुनाते समय पुतनम गर्व से कहते हैं, "उसे साउथवेस्ट से प्रेम है।" साउथवेस्ट का किराया कम है, इसका अर्थ यह नहीं है कि यह उन्हीं लोगों को भाएगी जिनके पास ख़र्च को धन की कमी है। कम किराया साउथवेस्ट की ढेरों विशेषताओं में से एक विशेषता है, जो यह समझने में मदद करती है कि साउथवेस्ट को सर्वसामान्य लोगों का अनुमोदन क्यों मिला है।

साउथवेस्ट ने जो हासिल किया, वह व्यवसायिक किंवदंती बन चुकी है। चूँकि कैसे करना है, इसे लेकर वे बहुत ही अनुशासित हैं अतः वे इतिहास की सबसे अधिक लाभ कमाने वाली एयरलाइन्स में शामिल रहे हैं। सिवाय सितंबर 2011 के बाद और 1970 और 2000 में तेल की कमी के बावजूद ऐसा कोई भी साल नहीं रहा जिसमें उन्होंने लाभ नहीं कमाया हो। साउथवेस्ट जो भी कहती या करती है वह प्रामाणिक है, सत्य है। उनके बारे में हर बात उस वास्तविक कारण, लक्ष्य को दर्शाती है जिसे किंग और केलेहर ने दशकों

पहले सोचा था। इसमें आज तक ज़रा भी फ़र्क़ नहीं आया है।

पिछले तीस सालों पर तेज़ी से नज़र डालें, तो यूनाइटेड एयरलाइन्स और डेल्टा एयरलाइन्स ने साउथवेस्ट की सफलता को देखते हुए उसके साथ स्पर्धा में बने रहने के लिए यह तय किया कि उन्हें भी कम क़ीमत वाली उड़ानें शुरू करनी चाहिए। "हमें भी इस बारे में सोचना चाहिए," यह सोचते हुए उन्होंने अप्रैल 2003 में डेल्टा ने अपनी कम किराए वाली उड़ान सोंग शुरू की और उसके एक साल के भीतर यूनाइटेड ने ऐसी ही उड़ान टेड शुरू की। दोनों ने ही इस बात की नक़ल करने की कोशिश की कि साउथवेस्ट कैसे इसे कर रहा है। उन्होंने हरेक के लिए टेड और सोंग को सरल, सहज और सस्ता बनाया, मज़ेदार बनाया। जिसने भी इनमें सफ़र किया उन्हें ये सरल, सहज और मज़ेदार लगे मगर फिर भी दोनों के प्रयास असफल रहे।

यूनाइटेड और डेल्टा दोनों ही इस क्षेत्र के पुराने खिलाड़ी थे, दिग्गज थे और बाज़ार की माँग और अवसर के अनुरूप अपने उत्पादों को विकसित करने की योग्यता रखते थे। दिक्कत वे क्या कर रहे हैं इसमें नहीं थी बल्कि इसमें थी कि लोग नहीं जानते थे कि सोंग और टेड क्यों शुरू किए गए हैं। वे भले ही साउथवेस्ट से अच्छे हों, इससे फ़र्क़ नहीं पड़ता था। यह सही है कि लोगों ने उनमें सफ़र किया मगर क्या वे उनके प्रति वफ़ादार रह पाए? नहीं। क्योंकि लोग आपके उत्पादों से, आपके ब्रांड से किसी न किसी कारण से जुड़ते हैं और उसका आपसे कोई लेना-देना नहीं होता। एक बार आपके उत्पाद को ख़रीदने के लिए प्रेरित होना मुद्दा नहीं होता। समस्या यह थी कि बहुत कम लोग ब्रांड के साथ जुड़ पाए थे, वफ़ादार हो पाए थे। 'क्यों' की स्पष्टता नहीं होने से सोंग और टेड भी बाक़ी एयरलाइन्स की तरह सामान्य उत्पाद बनकर रह गए। क्यों की अस्पष्टता के चलते लोगों ने इन्हें केवल क़ीमत और सुविधा के पैमानों पर ही जाँचा। ये वास्तव में कमोडिटी बन गए जिन्हें अपने प्रचार-प्रसार के लिए जोड़-तोड़ का सहारा लेना पड़ा और यह प्रस्ताव बहुत ही महँगा था। यूनाइटेड ने चार साल के बाद सस्ती उड़ानें बंद कर दीं और डेल्टा के सोंग ने भी अपनी शुरुआत के ठीक चार साल बाद अपनी अंतिम उड़ान भरी।

यह धारणा ग़लत है कि अंतर क्या और कैसे के स्तर पर आता है। अधिक विशेषताओं, कम क़ीमतों या अच्छी सेवाओं को आधार बनाते हुए किसी उच्च गुणवत्ता के उत्पाद को बाज़ार में लाना सफलता को सुनिश्चित

नहीं करता। अंतर तो वास्तव में क्यों और क्या के स्तर पर आता है। साउथवेस्ट दुनिया की सबसे अच्छी एयरलाइन्स नहीं थी, न ही उनका किराया हमेशा सबसे कम रहा। अपने प्रतिस्पर्धियों की तुलना में उनकी उड़ानें भी कम शहरों के लिए थीं और वे अमेरिका महाद्वीप से बाहर नहीं जाती थीं। वे जो भी करते थे, वह हमेशा बेहतर नहीं होता था। मगर वे ऐसा क्यों कर रहे हैं, इसके पीछे का कारण एकदम स्पष्ट होता था और उनकी की गई हर बात इसे सिद्ध किया करती थी। लोगों को अपने उत्पाद की ओर लाने के कई तरीक़े होते हैं मगर वफ़ादारी और जुड़ाव तभी आता है जब लोगों को प्रेरित करने की योग्यता हो। जब आपका क्यों एकदम स्पष्ट हो और लोग आपके विश्वास पर भरोसा करने लगें तभी सच्चा रिश्ता बनता है।

जोड़-तोड़ और प्रेरणा एक जैसे हैं
मगर एक नहीं हैं

जोड़-तोड़ और प्रेरणा दोनों ही लिम्बिक ब्रेन के काम हैं। प्रेरक संदेश, डर, साथ के लोगों का दबाव ये सभी घटक हमारी अतार्किक इच्छाओं को एक या उसकी विपरीत दिशा में धकेलने और हमारे डर के आधार पर बाज़ी खेलने का काम करते हैं मगर ऐसा उस स्थिति में होता है जब भावनात्मक जुड़ाव असुरक्षा या अनिश्चितता या स्वप्नों के भाव से ज़्यादा गहरा होता है और इसकी भावनात्मक प्रतिक्रिया इस बात पर निर्भर करती है कि हम अपने आपको किस तरह से देखते हैं। इस समय हमारा व्यवहार प्रेरित होने से आगे बढ़कर जुड़ाव तक आ जाता है। जब हम किसी से जुड़ते हैं तो उस स्थिति में लिए गए निर्णय कंपनी कौन सी है या उत्पाद क्या है से आगे बढ़कर हम कौन हैं इस पर अधिक निर्भर किया करते हैं।

जब हमारे निर्णय सही *प्रतीत* होते हैं, हम उस उत्पाद के लिए थोड़ी असुविधा, थोड़ी अधिक राशि भी अदा करने के लिए तैयार होते हैं। इसका क़ीमत या गुणवत्ता से कोई संबंध नहीं होता। क़ीमत, गुणवत्ता, विशेषताएँ और सेवाएँ ये सब महत्त्वपूर्ण हैं मगर ये आज के समय में व्यापार में प्रवेश करने की क़ीमत होते हैं। वफ़ादारी और जुड़ाव तो लिम्बिक ब्रेन में हो रही क्रियाएँ उत्पन्न करती हैं और यही वह जुड़ाव, वह वफ़ादारी है जो एपल, हार्ले डेविडसन, साउथवेस्ट एयरलाइन्स या मार्टिन लूथर किंग या किसी भी अन्य लीडर को इतना भारी लाभ देती है। वफ़ादार अनुयायियों के अभाव

में दूसरे ब्रांड्स के साथ स्पर्धा और अंतर प्रदर्शन केवल जोड़-तोड़ यानी क़ीमत, विशेषताएँ, सेवाएँ, गुणवत्ता के प्रदर्शन पर आ जाता है। जुड़ाव और वास्तविक भावनाएँ ख़रीदने वाले के दिमाग़ में होती हैं, बेचने वाले के दिमाग़ में नहीं।

बाहरी विशेषताओं जिन्हें आप क़ीमती मानते हैं, के बल पर यह किसी को सुझाना कठिन होता है कि *आपकी* सेवाएँ या उत्पाद उनके जीवन के लिए बहुत आवश्यक हैं(फ़रारी और होंडा की तुलना को याद करें)। हाँ, यदि आपका क्यों और उनका क्यों एक दूसरे से मेल खा जाते हैं तो *वे* आपकी सेवाओं और आपके उत्पादों को अपनी धारणाओं को दर्शाने के मूर्त प्रतीक के रूप में अपना लेंगे। जब क्यों, कैसे, क्या संतुलन में होते हैं तो वैधता मिलती है और ख़रीदार संतुष्ट महसूस करता है। जब वे असंतुलित होते हैं तो हमारे निर्णय भी असंतुलित हो जाते हैं और तनाव और अस्थिरता आती है। जब भी ऐसा होता है तो हमारे निर्णय भी असंतुलित हो जाते है क्यों के बिना ख़रीदार आकांक्षा या डर से आपकी तरफ़ आसानी से आ सकते हैं। इस बिंदु पर ख़रीदार अवैध या अप्रामाणिक होने के सर्वाधिक जोखिम पर होता है। यदि वे ऐसा उत्पाद ख़रीदते हैं जिसका स्वयं का क्यों स्पष्ट नहीं है तो उस ख़रीदार के पास अपने आसपास के लोगों को वे कौन हैं, का स्पष्ट चित्र खींचने के लिए बहुत कम प्रमाण उपलब्ध होंगे।

मानव नामक प्राणी एक सामाजिक प्राणी है। हम लोग व्यवहार की छिपी हुई सूक्ष्म बातों को भी आसानी से जान लेते हैं और लोगों के बारे में उसी के अनुसार राय बनाते हैं। हम कंपनियों के बारे में, लोगों के बारे में अच्छी-बुरी भावनाएँ महसूस करते हैं। कुछ लोग ऐसे होते हैं जिन पर हम विश्वास कर सकते हैं और कुछ ऐसे होते हैं जिन पर हम विश्वास नहीं कर सकते। यही भावनाएँ कुछ संस्थाओं के साथ भी प्रकट होती हैं। संस्था या व्यक्ति की भावनाओं को जान लेने की हमारी यह योग्यता दोनों के ही मामले में एक सी रहती है। हमसे कौन बात कर रहा है इस पर बदलाव निर्भर करता है मगर सुनने वाला हमेशा एक अकेला व्यक्ति रहता है। उदाहरण के लिए जब कोई कंपनी अपने उत्पाद का संदेश टीवी पर प्रसारित करती है तो इसे कितने ही लोग देखते हैं मगर एक ही व्यक्ति उस संदेश को समझता है, ग्रहण करता है। सुनहरे वृत्त की यही ख़ूबी है। व्यक्ति किस तरह से संदेशों को ग्रहण करते हैं, उसे समझकर यह उस संदेश को भेजने का तरीक़ा सुझाता

है। अतः हरेक संस्था को अपने उद्देश्य, लक्ष्य और धारणा को लेकर बहुत स्पष्टता होनी चाहिए और यह सुनिश्चित करना चाहिए कि वे जो भी कहते या करते हैं उसका उनके लक्ष्य, उनकी धारणा से एकरूप होना चाहिए, तभी उन्हें वैधता प्राप्त होगी। यदि सुनहरे वृत्त के सभी स्तर संतुलन में हैं तो वे सभी जो इन लक्ष्यों से इत्तेफ़ाक रखते हैं वे इसकी ओर तथा इसके उत्पादों की ओर ठीक उसी तरह से खिंचे चले आएँगे जैसे कोई पतंगा बिजली के बल्ब की ओर खिंचा चला आता है।

व्यापार करना डेटिंग के समान है

मैं आपको अपने काल्पनिक दोस्त ब्राड से मिलवाना चाहूँगा। ब्राड आज रात को अपनी प्रेमिका के साथ डेट पर यानी समय बिताने जा रहा है। यह उसकी पहली डेट है और इसके लिए वह बड़ा ही उत्साहित है। उसे लगता है कि जिस महिला से वह मिलने जा रहा है वह सचमुच बहुत सुंदर है और वह धनी भी है। ब्राड भोजन के लिए बैठता है और बात करना शुरू करता है।

> "मैं बेहद समृद्ध हूँ।"
>
> "मेरे पास एक बड़ा घर है और मैं एक सुंदर कार चलाता हूँ।"
>
> "मैं बहुत सारे प्रसिद्ध लोगों को जानता हूँ।"
>
> "मैं हर समय टीवी पर आता हूँ, जो अच्छा है क्योंकि मैं अच्छा दिखता हूँ।"
>
> "मैंने वास्तव में अपने लिए बहुत अच्छा किया है।"

सवाल यह है कि क्या ब्रैड को दूसरी बार डेट पर जाने का मौक़ा मिलता है?

हम जिस तरह से अपनी बात रखते हैं और जिस तरह से व्यवहार करते हैं, यह हमारे जीव विज्ञान पर निर्भर करता है। इसका अर्थ है हम अपने सामाजिक जीवन में जो करते हैं और अपने व्यवसायिक जीवन में जो करते हैं उसके बीच तुलना किया करते हैं लोग आख़िर लोग ही होते हैं किसी व्यापारिक स्थिति में क्यों को व्यवहार में लाना सीखना किसी डेट पर जाते समय हमारे व्यवहार से ज़्यादा भिन्न नहीं होता। क्योंकि वास्तविकता में बिक्री और डेट में कोई फ़र्क़ नहीं होता। दोनों ही स्थितियों में आप किसी

के साथ टेबल के आर-पार बैठते हैं और सौदा सही हो जाए इसके लिए सभी सही और अच्छी बातें बोलते हैं। यह संभव है कि आप एक या दो जोड़-तोड़ कर लें जैसे बढ़िया डिनर, किसी प्रसिद्ध कार्यक्रम के टिकट होने की बात कहना आदि। आप इस सौदे को कितनी अच्छी या बुरी तरह से ख़त्म करना चाहते हैं, सब कुछ इस पर निर्भर करता है। आप उन्हें वह सब कह सकते हैं जो वे सुनना चाहते हैं। आप इस सौदे को तय करने के लिए उनसे दुनिया भर की अजीब और असंभव बातों को पूरा करने का वादा भी कर सकते हैं। ऐसा एक बार होगा, शायद दो बार चल जाएगा। समय के साथ इस रिश्ते को आगे बढ़ाना बहुत ख़र्चीला होता जाएगा। आप जोड़-तोड़ की किसी भी रणनीति का चयन करें, विश्वास का रिश्ता बनाने का कोई तरीक़ा हाथ नहीं आएगा।

ब्राड के मामले में यह तय है कि बातचीत ठीक से नहीं हुई थी। उसे दूसरा मौक़ा मिलेगा इसकी संभावना कम है और उसने रिश्ते का आधार बनाने का काम ठीक से नहीं किया। उस महिला की ब्राड में रुचि केवल उन्हीं बातों को लेकर पैदा हुई थी और वह डेट पर जाने के लिए राजी हुई थी चूँकि उसकी दोस्तों ने बताया था कि ब्राड अच्छा दिखता है, अच्छी नौकरी वाला है और उसकी जान-पहचान बड़े-बड़े लोगों से है। भले ही ये सारी बातें सही हों, क्या है इससे निर्णय प्रभावित नहीं होता। क्या के पीछे क्यों का प्रमाण होना ही चाहिए। और इसके अभाव में डेट एकदम प्रभावहीन रही।

ब्राड को एक बार फिर से भेजते हैं मगर इस बार वह क्यों से शुरुआत करेगा।

"तुम्हें पता है मुझे अपनी ज़िंदगी के बारे में क्या सबसे अधिक पसंद है?" वह ऐसे शुरुआत करता है। मैं हर दिन उस बात के लिए जागता हूँ जिसे करना मुझे बहुत प्रिय है। मैं उन लोगों से मिलता हूँ जो अपने काम से प्रभावित हैं और उसे लगन से करते हैं और उन्हें देखकर मैंने प्रभावित होता हूँ। यह दुनिया की सबसे बढ़िया चीज़ है। बल्कि सबसे बढ़िया बात यह है कि मैं इसके लिए हर विविध तरीक़ा खोज पाता हूँ। यह सचमुच अप्रतिम है। और विश्वास करो या नहीं करो, मैं इससे बहुत सा धन कमा लेता हूँ। मैंने इससे एक बड़ा घर और सुंदर कार ख़रीदी है। मुझे बहुत से प्रसिद्ध लोगों से मिलने का मौक़ा मिलता है और चूँकि मैं दिखने में अच्छा हूँ अतः मुझे हमेशा टीवी पर आने का मौक़ा मिलता है जो कि मज़ेदार है। मैं अपने

आप को भाग्यशाली समझता हूँ कि मैं कुछ ऐसा कर रहा हूँ जो मुझे पसंद है। और इसी के कारण मैं आज काफ़ी कुछ अच्छा करने योग्य बना हूँ।"

इस बार ब्राड को दूसरा मौक़ा मिल जाएगा चूँकि उसके सामने जो भी बैठा होगा वह उसकी बात पर विश्वास करेगा और उसके कथन और विश्वास में समानता महसूस करेगा। इससे महत्त्वपूर्ण यह है कि वह रिश्ते की नींव को बेहतर बनाने की कोशिश कर रहा है जो कि मूल्यों और धारणाओं पर आधारित है। यही बातें उसने पहली बार की डेट पर भी कही थीं मगर अंतर यह था कि इस समय उसने अपनी बात क्यों से शुरू की और उसके सहयोग और प्रमाण के लिए सारे क्या, सभी लाभ, सभी विशेषताओं को प्रस्तुत किया।

अब ज़रा सोचिए कि अधिकांश कंपनियाँ व्यापार किस तरह से करती हैं। कोई व्यक्ति आपके सामने की टेबल पर बैठा होता है और उसने सुना है कि आपके पास काफ़ी संपत्ति है। वह आपसे बातचीत शुरू करता है।

"हमारी कंपनी अत्यधिक सफल कंपनी है।"

"हमारा दफ़्तर बहुत सुंदर है। आपको एक बार वहाँ ज़रूर आना चाहिए।"

"हम सभी बड़ी कंपनियों और ब्रांड्स के साथ व्यापार करते हैं। मुझे विश्वास है, आपने हमारा विज्ञापन ज़रूर देखा होगा।"

"हम लोग बहुत बढ़िया काम कर रहे हैं।"

एक बुरी डेट की ही तरह व्यापार में भी कई कंपनियाँ अपने क्यों को स्पष्ट किए बिना ही बाज़ार में अपनी क़ीमत को पुष्ट करने के लिए अत्यंत मेहनत करने में लगी रहती हैं, जबकि क्यों को सबसे पहले स्थान मिलना चाहिए। जो भी हो, किसी व्यक्ति की नज़रों में ख़ास बनने के लिए आपको केवल अपना जीवन वृत्त बताने के साथ-साथ और भी बहुत कुछ करना होता है। मगर कंपनियाँ यही सब करती हैं, वे आपके सामने अपने अनुभवों की एक लंबी सूची प्रस्तुत करती हैं - उन्होंने क्या-क्या किया है, वे किसे जानते हैं, किनके साथ व्यापार करते हैं आदि - इसके पीछे विचार यही होता है कि आप यह सब सुनकर उन्हें इतना महत्त्वपूर्ण पाएँगे कि आप सब कुछ छोड़कर उनके साथ जुड़ने के लिए लालायित हो जाएँगे।

सभी लोग एक समान ही होते हैं और चाहे निजी निर्णय लिया जाना हो या व्यापारिक, निर्णय लेने का जीव विज्ञान भी एक से ही तरीक़े से काम करता है। जब डेटिंग के दृश्य में यह एक ख़राब प्रदर्शन था तो हम व्यापार के दृश्य में इसे सही कैसे मान सकते हैं?

किसी रिश्ते की नींव रखने के लिए अपने ग्राहक को केवल विशेषताओं और लाभों के आधार पर प्रभावित करके सफलता प्राप्त करना निहायत ही मुश्किल काम है। ये बातें महत्त्वपूर्ण हैं मगर ये बिक्री की गति को बढ़ाने और ख़रीदारों को अपने निर्णय को तर्क पर जाँचने में मदद करती हैं जैसा कि सभी निर्णयों के साथ होता है। लोग आप क्या बेचते हैं इस आधार पर ख़रीदी का निर्णय नहीं लेते वरन आप ऐसा क्यों करते हैं इस आधार पर निर्णय लेते हैं। जब तक आप क्यों से शुरू नहीं करते तब तक लोग केवल लाभों और विशेषताओं को तर्क का आधार बनाए रखेंगे और संभावना यही है कि आपको दूसरी डेट का अवसर नहीं मिले।

यहाँ इसका एक विकल्प प्रस्तुत है :

"आपको पता है, मुझे अपनी कंपनी के बारे में सबसे अच्छा क्या लगता है? हममें से हरेक व्यक्ति अपना दिन उस काम को करने में ख़र्च करता है जिसे हम पसंद करते हैं। हम लोगों को उन बातों को करने के लिए प्रेरित करते हैं जिनसे उन्हें प्रेरणा मिलती है। यह दुनिया की सबसे आश्चर्यजनक बात है। बल्कि हम इसे करने के लिए हर मज़ेदार तरीक़े को अपनाते हैं। यह बहुत ही अद्भुत है। और हाँ, यह व्यापार के लिए भी अच्छा है। हम लोग सचमुच अच्छा प्रदर्शन कर रहे हैं। हमारा दफ़्तर सुंदर है, जिसे आपको एक बार अवश्य देखना चाहिए। हम कुछ बहुत बड़ी कंपनियों के साथ भी काम करते हैं। मुझे विश्वास है आपने हमारे विज्ञापन देखे हैं, हम लोग बहुत अच्छा काम कर रहे हैं।"

अब, पहले संवाद की अपेक्षा इस दूसरे संवाद में आपको कितनी संभावना नज़र आती है?

निश्चितता के तीन स्तर

जब हम किसी निर्णय को केवल तार्किक आधार प्रदान कर पाते हैं, जब हम केवल मूर्त तथ्य या तार्किक मापक प्रस्तुत कर पाते हैं तो आत्मविश्वास के उच्चतम स्तर पर भी हम यही कह पाते हैं, "मुझे *लगता* है कि यह

सही निर्णय है।" यह जैविक रूप से सही होगा चूँकि हम अपने दिमाग़ के "सोचने वाले हिस्से" नियो कॉर्टेक्स को सक्रिय बना रहे हैं। इस स्तर पर हम अपने विचारों को शब्द दे सकते हैं। जब हम पूरे समय किसी निर्णय के लाभ और हानियों के विचार में झूलते रहते हैं, प्लाज़्मा और एलसीडी टीवी की समानताओं-असमानताओं की सूची बनाते रहते हैं, डेल और एचपी की तुलना करते रहते हैं तो ऐसा ही होता है।

मगर जब हम अपने मन की आवाज़ के आधार पर निर्णय लेते हैं तो हमारे आत्मविश्वास का उच्चतम स्तर यहाँ तक जा सकता है कि हम कह सकें, यह निर्णय मुझे सही ही महसूस हो रहा है। भले ही इसे हरेक तथ्य और आंकड़े का साथ मिल रहा हो। यह जैविक रूप से सही होता है चूँकि निर्णय लेने का काम दिमाग़ के उस हिस्से में घटता है जो हमारी भावनाओं को नियंत्रित करता है, भाषा को नहीं। किसी सफल उद्यमी या लीडर से उनकी सफलता का राज़ पूछिए और वे निश्चित रूप से यही कहेंगे, "मैंने अपने दिल की आवाज़ पर भरोसा किया।" जब किसी सफल उद्यमी का कोई निर्णय ग़लत हो जाता है तो उनसे पूछने पर वे आपसे कहेंगे, "मेरा मन कह रहा था कि यह ग़लत है मगर मैंने लोगों की बात सुनी, अपने दिल की आवाज़ नहीं सुनकर ग़लती की।" मुझे अपने मन की आवाज़ पर विश्वास करना चाहिए था। यह बढ़िया रणनीति है, हालाँकि इसे बड़े पैमाने पर फैलाया नहीं जा सकता। ऐसे निर्णय केवल एक ही व्यक्ति के द्वारा लिए जाते हैं। यह किसी व्यक्ति या छोटी संस्था के लिए अच्छी रणनीति हो सकती है मगर तब क्या होगा जब सफलता की चाह में लगे अधिकाधिक लोग ऐसे निर्णय लेने में सक्षम हो जाएँ जो सही *महसूस* होते हों?

तब क्यों की ताक़त का पूरी तरह से अहसास होगा। क्यों को शब्दों में प्रकट करने की योग्यता निर्णय के लिए भावनात्मक आधार प्रदान करती है। इससे आत्मविश्वास आता है और व्यक्ति "मैं सोचता हूँ कि यह सही है" से आगे बढ़ता है। जब आपको अपने क्यों का पता होता है तो आप कहेंगे, "मुझे *पता* है, यह सही है" और इसी कथन में आपका आत्मविश्वास झलकेगा। जब आपको पता होता है कि आपका निर्णय सही है तो यह आपको केवल सही प्रतीत ही नहीं होगा, वरन आप इसे तार्किक आधार देकर व्यवस्थित शब्दों में पिरो सकते हैं। यह निर्णय पूरी तरह से संतुलित होगा। आपकी क्यों की इस भावना को तर्क का क्या आधार देगा। यदि आप मन

की आवाज़ के आधार पर लिए गए अपने इस निर्णय को शब्द दे सकते हैं, यदि आप अपने क्यों को स्पष्ट रूप से बता सकते हैं तो आप अपने आसपास के लोगों को इस बात का स्पष्ट संदर्भ दे पाएँगे कि यह निर्णय क्यों लिया गया। यदि यह निर्णय आंकड़ों और तथ्यों की कसौटी पर भी खरा उतरता है तो ये आंकड़े और तथ्य निर्णय को पुष्ट करने में मदद करेंगे – इसी का नाम संतुलन है। और यदि निर्णय आंकड़ों और तथ्यों के आधार पर आगे बढ़ता है तो यह उन अन्य घटकों को भी रेखांकित करेगा जिनके बारे में विचार किया जाना आवश्यक है। इससे कोई भी विवादस्पद निर्णय बहस से विमर्श में बदल सकता है।

उदाहरण के लिए यदि मैं अचानक व्यापार बंद करने लगूँ मेरे भूतपूर्व व्यापार के साझेदार दुखी और क्रोधित हो सकते हैं। मैं उन्हें बताता कि किसी प्रभावी ग्राहक को यह सही "प्रतीत" नहीं होता। इससे उन्हें और निराशा होती और वे मुझसे कहते, "किसी अन्य व्यक्ति की ही तरह ग्राहक का धन भी अच्छा ही होता है।" वह मेरे निर्णय के पीछे के कारण को नहीं समझ पाते और इससे भी बुरा यह होता कि मैं उन्हें समझा नहीं पाता। क्योंकि यह केवल एक भावना है जिसे मैं महसूस कर पा रहा था। इसके विपरीत इन दिनों मैं बड़ी आसानी से यह बता सकता हूँ कि मैं इस व्यापार को क्यों कर रहा हूँ, लोगों को उन चीज़ों को करने के लिए प्रेरित करने हेतु जो उन्हें प्रेरित करती है। यदि अब मुझे किसी कारण से अपने मन की आवाज़ के आधार पर पहले जैसा ही एक और निर्णय लेना पड़े तो अब कोई बहस नहीं होगी चूँकि हरेक के मन में इस बात की स्पष्टता है कि यह निर्णय क्यों लिया जा रहा है। हम व्यापार बंद इसलिए कर रहे हैं कि हमारे लिए महत्त्वपूर्ण ग्राहक हमारी धारणा, हमारे लक्ष्य पर विश्वास नहीं करते और वे लोगों को प्रेरित की जाने वाली किसी बात में रुचि नहीं रखते। क्यों के स्पष्ट अहसास के चलते ख़राब ग्राहकों पर होने वाला विवाद इस विमर्श में बदल जाएगा कि क्या यह असंतुलन उनके द्वारा मिलने वाले लघुकालिक लाभ की तुलना में महत्त्वपूर्ण है या नहीं।

किसी भी व्यापार का उद्देश्य किसी भी ऐसे व्यक्ति के साथ व्यापार करना जो आपके पास जो है, उसे ख़रीदना चाहें यह नहीं होना चाहिए बल्कि हमारा ध्यान उन व्यक्तियों की ओर होना चाहिए जो आपके विश्वास पर विश्वास करते हो। जब हम ऐसे लोगों के साथ ही सम्बद्ध होते हैं, व्यापार करते हैं तो विश्वास निर्मित होता है।

भाग III

लीडर्स को अनुयायियों की आवश्यकता होती है

6

विश्वास का उदय

यदि यह कहा जाए कि अधिकांश कंपनियों के कर्मचारी काम को लेकर बहुत शर्मिंदगी महसूस करते हैं तो ऐसा कहना मूल तथ्य पर पर्दा डालने जैसा होगा। यह बात छिपी हुई नहीं है कि कर्मचारी यह मानते हैं कि उनके साथ दुर्व्यवहार होता है। अब देखें कि कर्मचारी अपने ग्राहकों से कैसा व्यवहार करते हैं। पहाड़ी से मिट्टी गिरती है और यदि आप नीचे खड़े हुए हैं तो आपके आहत होने की पूरी संभावना है। किसी कंपनी में आहत होने वाला व्यक्ति ग्राहक होता है। 1980 के दशक में कॉन्टिनेन्टल एयरलाइन्स जो दुनिया की सबसे ख़राब एयरलाइन थी, का यही हाल था।

"फ़रवरी 1994 में जैसे ही मैं कॉन्टिनेन्टल एयरलाइन्स के दरवाज़े से अंदर गया, मैं एक सेकेंड में उसकी समस्या की जड़ को समझ गया था।" अपनी पुस्तक *'फ़्रॉम वर्स्ट टु फ़र्स्ट'* में गार्डन बेथून ने लिखा। "यह काम करने की बहुत ही फ़ालतू जगह थी।" कर्मचारियों का "ग्राहकों के साथ और एक-दूसरे के साथ व्यवहार बड़ा असभ्य था और वे अपनी कंपनी को लेकर शर्मिंदा महसूस करते थे। और यदि आपके कर्मचारी काम को और संस्था को पसंद नहीं करते तो आप अच्छे उत्पाद, अच्छे परिणाम प्राप्त कर ही नहीं सकते। यह संभव है ही नहीं।" वे कहते हैं।

हर्ब केलेहर जो बीस सालों से साउथवेस्ट के प्रमुख थे, ने इस विचार को जन्म दिया और आगे बढ़ाया कि कर्मचारियों की परवाह करना कंपनी का काम है और इसके लिए उनकी कड़ी आलोचना हुई, उन्हें विधर्मी करार

दिया गया। उनका मानना था कि प्रसन्न कर्मचारी ग्राहकों के प्रसन्नता को सुनिश्चित करते हैं और प्रसन्न ग्राहक कंपनी से अधिकाधिक लोगों को जोड़ते हैं। सौभाग्य से बेथून ने भी इस विचार से सहमति दर्शाई।

कुछ लोग यह तर्क दे सकते हैं कि चूँकि कॉन्टिनेन्टल उस समय बहुत संघर्ष कर रही थी अतः उसका वातावरण इतना ख़राब हो गया था। वे यह भी कहेंगे कि उनके कार्यकारियों के लिए ऐसी डूबती हुई कंपनी में रहकर संयत व्यवहार कर पाना मुश्किल था। "जब हम लाभ की अवस्था में होंगे, तो हम हर बात को ठीक से देख पाएँगे, सँभाल पाएँगे।" और बिना किसी शक-शुबहा के 1980 से 1990 तक कॉन्टिनेन्टल संघर्ष करती रही। आठ साल में कंपनी ने दो बार यानी 1983 और 1991 में क़ानून के अध्याय 11 के अंतर्गत दिवालिया होने का दावा दाखिल किया और दस सालों में दस सीईओ बदले। 1994 में बेथून ने नए सीईओ के रूप में प्रवेश लिया, कंपनी 600 मिलियन डॉलर के नुक़सान में थी और ख़राब प्रदर्शन वाली कंपनियों की श्रेणी में थी।

मगर बेथून के आने के बाद यह स्थिति बिलकुल बदल गई। अगले ही साल कॉन्टिनेन्टल ने 250 मिलियन डॉलर का मुनाफ़ा कमाया और जल्दी ही अमेरिका की काम करने के लिहाज से सर्वश्रेष्ठ कंपनियों में शामिल हो गई। और जब बेथून ने काम की स्थिति में महत्त्वपूर्ण बदलाव किए तो सबसे अधिक लाभ उस श्रेणी में दिखाई दिया जिसे असंभव माना जाने लगा था और वह थी विश्वास।

विश्वास केवल इस आधार पर नहीं उपजता कि विक्रेता के कोई तार्किक निर्णय लेने के कारण कोई ग्राहक किसी उत्पाद या सेवा को ख़रीदे अथवा किसी एक कार्यकारी ने बदलाव का वादा किया है। विश्वास किसी चेकलिस्ट जैसा नहीं होता, अपनी सभी ज़िम्मेदारियों के वहन मात्र से विश्वास पैदा नहीं होता। विश्वास कोई तार्किक अनुभव नहीं वरन एक भावना है। हम कुछ लोगों पर, कुछ कंपनियों पर तब भी विश्वास रखते हैं जब वे कुछ ग़लत क़दम उठा रहे हों। इसके विपरीत हम कुछ लोगों के सही रास्ते पर होने के बाद भी उन पर विश्वास नहीं करते। किसी सूची के सारे काम पूरे कर लेने भर से विश्वास जन्म नहीं लेता। विश्वास तब जन्मता है जब हमें यह लगने लगता है कि सामने वाला व्यक्ति या संगठन केवल अपने फ़ायदे के लिए कोई काम नहीं कर रहा है।

विश्वास के साथ-साथ मूल्यों का अहसास भी जन्म लेता है- रुपयों के साथ तुलना करके बराबर साबित किए हुए मूल्य नहीं वरन वास्तविक मूल्य। मूल्य की परिभाषा ही यह है कि ये विश्वास का स्थानांतरण होते हैं आप न तो किसी को अपने पर विश्वास करने के लिए मना सकते हैं, न ही किसी को यह समझा सकते हैं कि आप मूल्यों को धारण करते हैं। इस विश्वास को आप अपने मूल्यों और धारणाओं को अपने व्यवहार में लाने और उसे प्रदर्शित करते हुए अर्जित कर सकते हैं। आपको अपने क्यों के बारे में बात करनी होगी और इसे आप क्या करते हैं और कैसे करते हैं, इसके आधार पर सिद्ध करना होगा। फिर से ध्यान रहे, क्यों एक धारणा है, इसे आप कैसे से पुष्ट करते हैं जिसके परिणाम क्या के रूप में सामने आते हैं। जब ये तीनों संतुलन में होते हैं तो विश्वास जन्मता है और मूल्य धारण किए जाते हैं। बेथून यही कर पाने में सफल रहे।

ऐसे कई प्रतिभाशाली कार्यकारी अधिकारी होते हैं जिनमें बड़ी योजनाओं के प्रबंधन की योग्यता होती है मगर महान नेतृत्व केवल योजनाओं के सही क्रियान्वयन पर निर्भर नहीं करते। नेतृत्व करना अधिकारी या लीडर बनने जैसा नहीं होता। अधिकारी या लीडर बनने का अर्थ है आप ऊँचे पद पर रहते हैं, संभव है यह पद आपको अपनी योग्यता के बल पर मिला हो, संस्था की आंतरिक राजनीति के चलते या आपकी क़िस्मत से। नेतृत्व करने का अर्थ होता है बाक़ी लोग अपनी इच्छा से आपका अनुसरण करते हैं – इसलिए नहीं कि उन्हें ऐसा करने की बाध्यता होती है या उन्हें इसी का वेतन मिलता है वरन इसलिए कि वे ऐसा करना चाहते हैं। बेथून से पहले कॉन्टिनेन्टल के सीईओ फ्रैंक लोरेंजो भले ही इस संस्था के अधिकारी थे मगर बेथून जानते थे कि नेतृत्व कैसे किया जाता है। जो नेतृत्व करते हैं वे ऐसा करने में इसलिए कामयाब हो पाते हैं चूँकि वे अपने कर्मचारियों में यह विश्वास जगा पाते हैं कि ऊपर के स्तर पर जो भी निर्णय लिए जाते हैं, वे सभी के हित को ध्यान में रखते हुए लिए जाते हैं। इसके चलते जो लोग इस पर विश्वास करते हैं वे कठिन श्रम करते हैं क्योंकि उनका विश्वास होता है कि वे किसी महान उद्देश्य के लिए काम कर रहे हैं।

बेथून के आने से पहले कंपनी का प्रमुख दफ़्तर बीसवें माले पर था और वह अधिकांश लोगों की पहुँच से बाहर था। अधिकारियों के कक्ष अधिकतर तालाबंद रहते थे, केवल बड़ी रैंक वाले लोगों को ही वहाँ जाने

की अनुमति थी। इस माले पर जाने के लिए भी कार्ड की अनिवार्यता थी, सुरक्षा के लिए कैमरे लगे हुए थे और हथियारबंद सुरक्षाकर्मी यहाँ-वहाँ तैनात रहते थे जिनसे बच पाना मज़ाक़ नहीं था। स्पष्ट था कि कंपनी अविश्वास की दिक़्क़तों से गुज़र रही थी। एक कहानी सुनाई जाती थी कि फ्रैंक लोरेंजो कॉन्टिनेन्टल के किसी समारोह में सोडा तब तक नहीं पीते थे जब तक कि बोतल उन्होंने अपने हाथ से नहीं खोली हो। वे किसी पर भी विश्वास नहीं करते थे अतः यह स्पष्ट था कि उन पर भी कोई विश्वास नहीं करता था। यह बहुत कठिन अवस्था होती है कि आपको जिन लोगों का नेतृत्व करना होता है वे आपका अनुसरण नहीं करते।

बेथून इससे एकदम अलग थे। उन्होंने समझ लिया था कि किसी कंपनी की संरचना कुछ लोगों के जमावड़े से बढ़कर कुछ नहीं होती। वे कहते थे, "आप अपने डॉक्टर के सामने झूठ नहीं बोल सकते, इसी तरह आप अपने कर्मचारियों से झूठ नहीं बोल सकते।" बेथून ने सभी को ऐसी संस्कृति में ढालने की कोशिश की जिस पर सब विश्वास कर सकें और सबसे बड़ा विश्वास यह दिया कि वे चाहें तो इसी संरचना और इन्हीं लोगों के साथ काम करते हुए कंपनी को इस बुरी अवस्था से बाहर निकालकर दुनिया की सबसे अच्छी एयरलाइन बना सकते हैं।

कॉलेज के समय में मेरे कमरे में एक साथी रहता था जिसका नाम हॉवर्ड जेरुचिमोवित्ज़ था जो अब शिकागो में अटॉर्नी जनरल है। उसने छोटी-सी उम्र में सरल-सी मानवीय आकांक्षा के बारे में जान लिया था। न्यू यॉर्क शहर के उपनगर में बड़े होने के दौरान वह लिटिल लीग में सबसे ख़राब टीम की तरफ़ से खेला था। वे जो भी खेल खेले थे, हर खेल हारे थे और वह भी थोड़े अंतर से नहीं। वे लगभग विनाश की कगार पर थे। उनका प्रशिक्षक अच्छा आदमी था और युवा खिलाड़ियों में सकारात्मक नज़रिया उत्पन्न करने की भरसक कोशिश की। उनकी एक सबसे बड़ी पराजय के बाद उसने सभी खिलाड़ियों को एक साथ बुलाकर समझाते हुए कहा, "कौन जीता, कौन हारा इससे फ़र्क़ नहीं पड़ता है, आप खेल को किस तरह से खेले हो, इससे फ़र्क़ पड़ता है।" यही वह समय था जब युवा हॉवर्ड ने हाथ उठाते हुए पूछा था, "तो फिर हम खेल में स्कोर क्यों रखते हैं?"

हॉवर्ड ने छोटी उम्र में ही यह जान लिया था कि हर व्यक्ति में जीतने की प्रबल चाह हुआ करती है। कोई भी हारना नहीं चाहता और स्वस्थ लोग

अपना जीवन जीतने के लिए जीते हैं। अंतर बस हमारे स्कोर से पड़ता है। कुछ के लिए यह स्कोर रुपया होता है, कुछ के लिए प्रसिद्धि और कुछ के लिए आध्यात्मिक शांति। किसी के लिए यह सत्ता, ताक़त है तो किसी के लिए परिवार, प्रेम आदि है। यह मेट्रिक सापेक्ष है मगर इच्छाएँ एक जैसी होती हैं। एक अरबपति को काम करने की ज़रूरत नहीं होती। धन यहाँ इस स्कोर को बनाए रखने का माध्यम बन जाता है। यहाँ तक कि यदि कोई अरबपति जो किसी ग़लत निर्णय के चलते लाखों रुपये खो दें, वह भी निराश हो सकता है। भले ही उस धन से उसकी जीवन शैली पर कोई फ़र्क़ नहीं पड़ता हो, किसी को भी नुक़सान पसंद नहीं होता।

जीतने की प्रेरणा होना, इच्छा होना कोई ग़लत बात नहीं है। समस्या तब उठती है जब ये मेट्रिक्स ही सफलता की कसौटी बन जाते हैं, जब आपने जो कुछ भी पाया हो वह क्यों से जुड़ा हुआ नहीं हो।

बेथून ने कॉन्टिनेन्टल में हरेक के सामने यह सिद्ध करने की कोशिश की कि यदि वे चाहेंगे तो ज़रूर जीतेंगे। और अधिकांश कर्मचारी यह देखने के लिए इस कंपनी में बने रहे कि जो बेथून कह रहे हैं वैसा होगा या नहीं। इसके कुछ अपवाद भी थे। एक कर्मचारी, जिसने एक उड़ान को केवल इसलिए रोक कर रखा था कि उसे आने में देर हो गई थी, उसे कंपनी छोड़ने के लिए कहा गया। ऐसे ही उनतालीस अधिकारी ऐसे थे जिन्हें कंपनी की जीत पर भरोसा नहीं था। उन्हें भी कंपनी से निकाला गया। कर्मचारी कितने ही अनुभवी क्यों नहीं हो, कंपनी को चाहे जितना लाभ पहुँचा रहे हों मगर यदि उन्हें टीम में काम करना नहीं आता और वे नई कार्य संस्कृति को अपनाने के इच्छुक नहीं हों तो उन्हें बाहर का रास्ता दिखा दिया जाता था। जिनके मन में नए कॉन्टिनेन्टल के लिए विश्वास नहीं था, उनके लिए उसमें कोई जगह नहीं थी।

बेथून जानते थे कि किसी टीम का गठन करने के लिए, जो कि बाहर जाकर विजयी बाज़ी खेलें, केवल बड़े-बड़े जुमलों से भरा भाषण देना और कुछ टारगेट्स को पा लेने के बदले में इनाम दे देना पर्याप्त नहीं है। वे जानते थे कि यदि उन्हें वास्तविक और दीर्घकालिक सफलता प्राप्त करनी है तो लोगों को यह खेल कंपनी के लिए, कंपनी के सीईओ के लिए, साझेदारों के लिए और ग्राहकों के लिए नहीं जीतना है बल्कि इस सफलता को दीर्घकालिक बनाने के लिए कॉन्टिनेन्टल के हर कर्मचारी को अपने लिए जीतना होगा।

वह कर्मचारियों से जो भी बात करते थे उसका सार यही होता था कि उससे कर्मचारियों का क्या लाभ होगा। हवाई जहाजों को ग्राहकों की संतुष्टि के लिए साफ़ रखने का कारण देने की बजाय उन्होंने कुछ और सोचा। उन्होंने देखा कि यात्रियों के उतर जाने के बाद भी विमान सहायकों को कम से कम एक और फेरी के लिए विमान में रुकना होता था और जब आसपास का वातावरण साफ़-सुथरा हो तो काम करना अच्छा लगता है। उन्होंने यही कारण देकर कर्मचारियों को प्रेरित किया।

बेथून ने बीसवें माले की समस्त सुरक्षा व्यवस्था को भी हटा दिया। उसने एक ओपन डोर नीति बनाकर अपने आप को सभी की पहुँच में रखा। कई बार उन्हें भी एअरपोर्ट पर सहायकों के साथ स्लिंग बैग उठाते देखा जा सकता था। बेथून के आने के बाद से यह कंपनी एक परिवार की ही तरह थी जिसमें हर व्यक्ति मिलकर काम किया करता था।

बेथून ने उन बातों पर ध्यान केंद्रित रखा जो किसी एयरलाइन के लिए सबसे ज़रूरी हो और किसी एयरलाइन के लिए सबसे महत्त्वपूर्ण यह है कि उसकी उड़ानें सही समय पर चलें। बेथून के आने से पहले 1990 की शुरुआत में उड़ानों के समय को लेकर कॉन्टिनेन्टल की रैंकिंग देश की दस प्रमुख एयरलाइन्स में से सबसे नीचे थी। अतः बेथून ने सभी कर्मचारियों से कहा कि हर महीने यदि कॉन्टिनेन्टल को समय पर उड़ानें संचालित करने के लिए श्रेष्ठ पाँच में स्थान मिलेगा तो हर कर्मचारी को 65 डॉलर मिलेंगे। आप कल्पना कर सकते हैं कि 1995 में कॉन्टिनेन्टल में 40,000 कर्मचारी थे, उस समय हर माह इस भत्ते की क़ीमत करीब 2.5 मिलियन डॉलर थी मगर बेथून को पता था कि वह ऐसा करके एक बड़ा लाभ का सौदा कर रहे हैं। हर महीने उड़ानों का देरी से चलना यानी एयरलाइन्स को यात्रियों की अगली उड़ानें छूट जाने का और यात्रियों को रात भर होटल में रुकवाने का ख़र्च 5 मिलियन डॉलर का होता था मगर ऐसा करके बेथून ने कंपनी की कार्य संस्कृति को बदलने में पूरी तरह से सफलता पाई और न केवल हज़ारों कर्मचारी वरन प्रबंधक और अधिकारी भी समय का पालन करने लगे। पहली बार सभी एक ही दिशा में गतिमान होने लगे।

वो दिन और थे जब सफलता का लाभ केवल कंपनी के सर्वोच्च अधिकारी को ही मिलता था। अब एयरलाइन्स की सफलता पर हर कर्मचारी को 65 डॉलर का लाभ मिलता था और यदि उड़ानें समय पर नहीं होती थीं

तो किसी को कुछ भी नहीं मिलता था। बेथून ने इस राशि को कर्मचारियों के वेतन में जोड़ने की बजाय उन्हें इसे अलग चेक से भुगतान किए जाने पर बल दिया। अलग से चेक वास्तव में जीत का प्रतीक था। हर चेक के साथ लिखा संदेश "कॉन्टिनेन्टल को सर्वश्रेष्ठ एयरलाइन्स में से एक बनाने के लिए शुक्रिया" उन्हें यह याद दिलाता था कि वे काम पर क्यों आए हैं।

"हमने उन बातों पर ध्यान दिया जिन्हें कर्मचारी स्वयं ठीक कर सकते थे।" बेथून ने कहा। "हमने ऐसा लक्ष्य रखा जिसे सभी कर्मचारी एक साथ टीम के रूप में काम करते हुए ही हासिल कर सकते हैं, एकल रूप से नहीं।"

उन्होंने जो कुछ भी किया उस हरेक बात ने लोगों को यह अहसास दिलाया कि वे सब साथ-साथ हैं और वे साथ आए।

आपमें और गुफा में रहने वाले आदि मानव में सिर्फ़ इतना ही अंतर है कि आप कार चलाते हैं और वह नहीं चलाता था

मानव प्रजाति के इतने लंबे समय तक धरती पर टिके रहने का कारण यह नहीं है कि हम सबसे ताक़तवर प्राणी थे बल्कि कारण इससे कहीं दूर का है। ताक़त और बुद्धि शायद सफलता की गारंटी नहीं दे सकते। हमने एक प्रजाति के रूप में सफलता हासिल की है क्योंकि हममें एक संस्कृति के रूप में विकसित होने की क्षमता है। संस्कृति का तात्पर्य लोगों के ऐसे समूह से है, जो समान मूल्यों और समान धारणाओं के चलते एक साथ आते हैं। जब हम एक-दूसरे के साथ समान मूल्यों और समान धारणाओं को साझा करते हैं तो आपस में विश्वास निर्मित होता है। दूसरों पर विश्वास हमें दूसरों को अपने बच्चों और परिजनों की सुरक्षा के लिए भरोसा करने में और हमारी निजी उत्तरजीविता को सुनिश्चित करते हैं। अपने बच्चों को अपनी गुफाओं में छोड़कर शिकार के लिए या अन्य किसी काम के लिए जाने और उनकी सुरक्षा के प्रति समुदाय पर निर्भर रहने की योग्यता ही किसी प्रजाति के स्थायित्व और उत्तरोत्तर विकास के लिए अत्यंत आवश्यक होती है।

समुदाय के जिन लोगों के साथ हम मूल्य और धारणाओं का साम्य रखते हैं, उन पर हम विश्वास रखते हैं यह केवल गहन तार्किक दावा ही नहीं है वरन सत्य है। हम जितने व्यक्तियों से मिलते हैं, उनमें से हरेक व्यक्ति पर

विश्वास नहीं करते, हरेक से दोस्ती नहीं करते। हम उन्हीं लोगों को दोस्त बनाते हैं जो दुनिया को उसी तरह से देखते हैं जैसे हम देखते हैं, जिनके मूल्य और धारणाएँ हमसे मेल खाती हैं। काग़ज़ों पर कोई कितनी ही जोड़ियाँ बना लें, ज़रूरी नहीं कि वास्तविकता में वे अच्छे दोस्त बनें। आप इसके बारे में एक बड़े पैमाने पर भी सोच सकते हैं। सारी दुनिया अलग-अलग संस्कृतियों से भरी हुई है। अमेरिकी होने का अर्थ फ्रेंच होने से बेहतर होना कतई नहीं है। ये सभी विविध संस्कृतियाँ हैं, इनमें छोटे-बड़े, अच्छे-बुरे जैसा कुछ नहीं है, ये बस एक-दूसरे से अलग हैं, विविध हैं। अमेरिका की संस्कृति में स्व-उद्यम, स्वतंत्रता और स्व-निर्भरता पर विश्वास किया जाता है। इसे हम अमेरिका का क्यों या अमेरिका का सपना कहते हैं। फ्रेंच संस्कृति एकीकृत पहचान, समूह निर्भरता और जीवन के आनंद पर विश्वास रखती है। कुछ लोग फ्रेंच संस्कृति में सही बैठते हैं और कुछ अमेरिकी संस्कृति में। यह अच्छे और बुरे का मामला नहीं है, वे बस एक दूसरे से भिन्न हैं, अलग हैं।

जो लोग किसी एक संस्कृति में पले-बढ़े होते हैं वे निश्चित ही उस संस्कृति में अच्छी तरह से घुल-मिल जाते हैं और उसके लिए सामान्यतः एकदम सही प्रतीत होते हैं। हालाँकि ऐसा हमेशा नहीं होता, कुछ ऐसे भी लोग हैं जो फ्रांस में पले-बढ़े मगर उन्हें कभी लगा ही नहीं कि वे उस संस्कृति का हिस्सा हैं। वे अपने देश, अपनी ही संस्कृति में अपने आपको अलग-थलग और विलग हुआ पाते थे और शायद इसलिए वे अमेरिका चले गए। अमेरिका के क्यों के लिए अपने मन की भावना के बहाव के चलते वे अमेरिका जाने के सपने का अनुसरण करते हुए देश से बाहर निकल गए, अप्रवासी बन गए।

यह अक्सर कहा जाता है कि अमेरिका की ऊर्जा के पीछे वहाँ बड़ी संख्या में आए अप्रवासियों का हाथ है मगर ऐसा कहना भी पूरी तरह से झूठ होगा कि अमेरिका में आए सभी अप्रवासी इस समाज के उत्पादक सदस्य बन गए हैं। यह सत्य नहीं है कि हर अप्रवासी में उद्यमी बनने की योग्यता और प्रेरणा है। ऐसा केवल उनके साथ है जो अमेरिका के क्यों को समझकर उसे अपने साथ जोड़ते हुए यहाँ आए हैं। क्यों की स्पष्टता इसी तरह से काम करती है। जब इसे पूरी तरह से समझा जाता है तो यह एक जैसी सोच वाले लोगों को अपनी ओर आकर्षित करती है और यदि वे अप्रवासी अमेरिका के विश्वास और धारणाओं से तथा इसके काम करने के तरीक़े

से साम्य रखते हैं तो वे अमेरिका में आकर यह कहेंगे, "मुझे यहाँ रहना अच्छा लगता है" या "मुझे इस देश से प्रेम है।" यह आंतरिक प्रतिक्रिया का अमेरिका से ज़्यादा लेना-देना नहीं होता वरन वे अपने आपके लिए यह कह रहे होते हैं। अप्रवासी के रूप में किसी नए देश, नई संस्कृति में अपने लिए अवसर खोजते हुए और उसमें एकसार होने की अपनी क्षमता को मूर्त रूप में अनुभव करते हुए वे ऐसा ही महसूस करते हैं, इसके विपरीत वे मूलतः जिस देश से आए हैं, उसके लिए उनके मन में ऐसी अनुभूति नहीं होती।

और इसके बाद अमेरिका का बड़ा क्यों और भी सूक्ष्म होता जाता है। कुछ लोग न्यू यॉर्क में अपने आपको अधिक सहज पाते हैं तो कुछ स्वयं को मिनीपोलिस में। एक संस्कृति दूसरे से अच्छी या बेहतर नहीं है, उनमें विभिन्नता होती है। कई लोगों का सपना होता है कि वे न्यू यॉर्क में जाकर निवास करें, वे वास्तव में वहाँ की चकाचौंध और अवसरों से आकर्षित हुआ करते हैं मगर वहाँ जाने का निर्णय लेते समय वे यह सोचने में असफल रहते हैं कि वे वहाँ की संस्कृति में अपने आपको ढाल पाएँगे या नहीं। कुछ लोग ऐसा कर लेते हैं और बहुत से लोग इसमें असफल रहते हैं। मैंने सालों साल लोगों को बड़ी-बड़ी उम्मीदें और सपने लेकर न्यू यॉर्क आते देखा है मगर या तो उन्हें अपने सपने जैसा काम नहीं मिलता या फिर वे उसके दबाव को सहन नहीं कर पाते। ऐसे लोग मूर्ख, बुरे या ख़राब कर्मचारी नहीं होते। वे बस उस स्थिति, उस काम, उस कार्य संस्कृति के लिए सही नहीं होते। वे या तो अपनी नौकरी से घृणा करते हुए, उसमें ढलने का असफल प्रयास करते हुए न्यू यॉर्क में जमे रहते हैं या फिर कहीं बाहर चले जाते हैं। यदि वे ऐसे किसी शहर में जैसे शिकागो, सैनफ्रांसिस्को या किसी ऐसे ही स्थान पर चले जाते हैं जहाँ की संस्कृति उनके अनुकूल होती है तो वे प्रसन्नता भरा जीवन बिताते हैं और सफलता के शिखर को छूते हैं। न्यू यॉर्क किसी भी तरह से अन्य शहरों से बेहतर नहीं है और यह हरेक के लिए सही शहर हो ऐसा भी नहीं है। बाक़ी शहरों की तरह यह शहर भी उन्हीं लोगों के लिए सही है जो इसकी संस्कृति से इत्तेफ़ाक रखते हों, उसमें ढल जाने की क्षमता रखते हों।

यही बात हर उस स्थान के लिए कही जा सकती है जिसकी संस्कृति सशक्त और अपनी पहचान क़ायम रखने वाली हो। जिस संस्कृति में हम अपने आपको सहज महसूस करते हैं, हम उसमें अच्छी तरह से काम कर

सकते हैं। हम ऐसे स्थानों पर अच्छी तरह से काम कर सकते हैं जो हमारे मूल्यों और धारणाओं से समानता रखते हैं। जैसा हमने पहले कहा था कि किसी भी उद्यम को किसी के साथ केवल इसलिए नहीं करना है कि आपका उत्पाद बिक जाए बल्कि उन लोगों के साथ व्यापार करना है जिनकी धारणाएँ और विश्वास आपसे मेल खाते हैं, उसी तरह से रहने और काम करने के लिए भी ऐसी ही जगह का चुनाव करना चाहिए जहाँ की संस्कृति में आप अपने आप को उपयुक्त पाएँ, सहज महसूस करें और जहाँ के विश्वास और धारणाएँ आपसे मेल खाती हों।

अब देखते हैं कि कंपनी के मायने क्या हैं। एक कंपनी स्वयं एक संस्कृति होती है जिसमें समान मूल्यों, धारणाओं और विश्वास वाले लोगों के एक समूह को एक साथ लाया जाता है। किसी कंपनी के उत्पाद या सेवाएँ उस कंपनी को आकार नहीं देते। कंपनी का आकार, धन आदि भी उसे सशक्त नहीं बनाते। उस कंपनी की कार्य संस्कृति अर्थात मूल्यों, विश्वासों और धारणाओं का समेकित अहसास जिसे उस कंपनी का हरेक व्यक्ति यानी सीईओ से लेकर रिसेप्शनिस्ट तक हर व्यक्ति साझा करता है, उसे सशक्त बनाते हैं। यानी किसी कंपनी में लोगों को लेने का तर्क यही होता है कि केवल ऐसे लोगों को नियुक्त नहीं करना है जिनमें एक ख़ास तरह का कौशल हो, वरन लक्ष्य ऐसे लोगों की नियुक्ति का होता है जो आपके विश्वास में विश्वास रखते हों।

ऐसे लोगों को खोजना जो आपके विश्वास में विश्वास रखते हों

बीसवीं सदी के प्रारंभ में एक अंग्रेज़ खोजी अर्नेस्ट शेकल्टन अंटाकर्टिका की खोज में निकला। इसके कुछ ही पहले नॉर्वे के निवासी रोआल्ड अमुंडसेन दक्षिणी ध्रुव पर जाने वाले पहले मनुष्य घोषित हुए थे और अब केवल स्थल मार्ग से ध्रुव तक जाने की चुनौती सामने थी जिसे जीतना था।

स्थल मार्ग के अभियान की शुरुआत दक्षिण अमेरिका के नीचे से फ्रिजेड वेडेल समुद्र से होनी थी और समाप्ति 1700 मील ध्रुव के पार न्यू जीलैंड के नीचे रोस समुद्र पर होनी थी। शेकल्टन द्वारा लगी गई इस अभियान की अनुमानित लागत 250,000 डॉलर थी। "दक्षिण ध्रुव के

महाद्वीप को पार करना आज तक की सबसे बड़ी यात्रा होगी," शेकल्टन ने 29 दिसंबर 2013 को *न्यू यॉर्क टाइम्स* के एक रिपोर्टर से कहा, "दुनिया के अनजाने क्षेत्र जो अब तक मानव की पहुँच से बचे हुए हैं, वे अब कम होंगे मगर अभी भी बहुत काम बाक़ी है।"

5 दिसम्बर 1914 को शेकल्टन और सत्ताईस लोगों का समूह एंड्यूरेंस नामक 350 टन के जहाज़ पर वेडेल समुद्र से बाहर निकला। यह जहाज़ ब्रिटिश सरकार, रॉयल ज्योग्राफ़िकल सोसाइटी और निजी दानदाताओं द्वारा दी गई राशि से बनाया गया था। उस समय तक यूरोप में पहले विश्वयुद्ध की आहट शुरू हो गई थी और धन की कमी सामने आने लगी थी। डॉग टीम्स के लिए स्कूल के बच्चे दान इकट्ठा कर रहे थे मगर *एंड्यूरेंस* का क्रू अंटाकर्टिका कभी पहुँचा ही नहीं।

दक्षिण अटलांटिक में दक्षिण जॉर्जिया द्वीप के पास इनके जहाज़ के रास्ते में बर्फ़ की चट्टानें ही आती रहीं और फिर सर्दी के जल्दी और भयानक रूप से आने से उनका जहाज़ घिर गया। जहाज़ के एक सदस्य ने लिखा था, "जहाज़ के चारों तरफ़ बर्फ़ इस तरह से जम गई जैसे किसी चॉकलेट के बीच में बादाम रखा हो।" सर्दी के कारण *एंड्यूरेंस* उत्तर की ओर खिसकने लगा जिससे शेकल्टन और उसके दल के सदस्य दस महीने तक फँसे रहे। 21 नवंबर 1915 को दल को समझ में आया कि उनका जहाज़ वेडेल समुद्र के पानी में डूबता जा रहा है।

बर्फ़ में फँसे हुए दल ने तीन जीवन रक्षक नौकाएँ निकालीं और छोटे से द्वीप पर जा पहुँचे। वहाँ शेकल्टन ने अपने पाँच आदमियों को छोड़ा और स्वयं 800 मील दूर उफनते समुद्र में मदद की तलाश में निकल गया और उन्हें सफलता मिली।

एंड्यूरेंस की कहानी को यह प्रवास सबसे रोचक नहीं बनाता वरन इस अग्निपरीक्षा में प्रत्येक व्यक्ति बचकर निकल आया यह उल्लेखनीय है। इसमें लोगों के एक-दूसरे को खाने की कोई कहानी नहीं बनी, न ही कोई दंगा-फसाद, लड़ाई-झगड़ा हुआ।

यह केवल क़िस्मत का धनी होने वाली बात नहीं थी। ऐसा इसलिए संभव हो सका चूँकि शेकल्टन ने अच्छे लोगों को अपने साथ जोड़ा था। उसने इस काम के लिए सही व्यक्तियों का चयन किया था, सही लोगों को खोजा था। जब आप किसी संस्था को सही और अच्छे लोगों से, ऐसे लोग जो

आपके विश्वास पर विश्वास रखते हैं, से भरते हैं तो सफलता बस मिलती जाती है और शेकल्टन को उसका यह अद्भुत दल किस तरह से मिला? इसके लिए उसने बस लंदन *टाइम्स* अख़बार में छोटा सा विज्ञापन दिया था।

हम लोगों को अपनी संस्था में नियुक्त करने के लिए क्या करते हैं? शेकल्टन की ही तरह हम समाचार पत्र में विज्ञापन देते हैं या फिर मॉन्स्टर.कॉम जैसी साइट पर विज्ञापन देते हैं। कभी-कभी हम अपने लिए किसी नियोक्ता की तलाश करते हैं। व्यक्ति चाहे जो भी हो, प्रक्रिया लगभग समान ही होती है। हम उन्हें नौकरी के लिए आवश्यक योग्यता की सूची देते हैं और यह अपेक्षा करते हैं कि वे हमें अपेक्षानुरूप व्यक्ति खोजकर दें।

मुद्दा यह है कि हम वह विज्ञापन लिखते कैसे हैं। ये विज्ञापन क्या के बारे में हुआ करते हैं, क्यों के बारे में नहीं। हमें चाहिए ऐसे व्यक्ति जैसे विज्ञापन यह कह सकते हैं कि "हमें लेखा कार्यकारी की आवश्यकता है जिसे कम से कम पाँच साल का अनुभव हो। एक बढ़िया और तेज़ी से विकसित होती कंपनी में अच्छे वेतन और बड़े लाभांश पर कंपनी के कर्मचारी बनने के लिए आइए।" यह विज्ञापन ढेरों आवेदन आपके सामने ले आएगा मगर उनसे हम यह कैसे जानेंगे कि उनमें से हमारी कंपनी के लिए सही व्यक्ति कौन सा है?

शेकल्टन ने अपने दल की नियुक्ति के लिए जो विज्ञापन दिया वह इस सबसे अलग था। उसने यह नहीं लिखा कि वह क्या खोज रहा है। उसके विज्ञापन में यह नहीं कहा गया था कि "साहसिक अभियान के लिए लोग चाहिए। पाँच साल का अनुभव हो, उसे पता होना चाहिए कि जहाज़ कैसे चलाया जाता है। एक बढ़िया कप्तान के साथ काम करने के लिए आइए।"

शेकल्टन तो उन लोगों की तलाश में था जिनमें कुछ ख़ास हो। वह ऐसे दल को खोज रहा था जो इस अभियान को अपना मान सके। उसका वास्तविक विज्ञापन इस तरह था - "जोखिमभरी ख़तरनाक यात्रा के लिए आदमी चाहिए। वेतन कम, वातावरण सर्द रहेगा, अँधेरे भरे लंबे दिन, लगातार ख़तरा बना रहेगा, सुरक्षित वापसी भी संदिग्ध है। सफलता मिलने पर सम्मान और प्रसिद्धि तय है।" यह विज्ञापन पढ़कर उन्हीं लोगों ने इसके लिए आवेदन किया जिन्हें यह बहुत शानदार लगा। उन्हें इसके साथ जुड़ी दिक्कतों ने प्रभावित किया। शेकल्टन ने केवल उन्हीं लोगों को अपने साथ जोड़ा जिन्हें उसके विश्वास पर विश्वास था। उनकी जीवित रहने की क्षमता

तय थी। जब कर्मचारी काम को अपना समझते हैं तो वे आपकी सफलता की गारंटी दे सकते हैं और वे आपके लिए और नए समाधान खोजने के लिए कठिन श्रम नहीं करते वरन यह वे स्वयं के लिए किया करते हैं।

महान लीडर्स में संस्था के लिए सही साबित होने वाले व्यक्तियों की तलाश करने की योग्यता होती है, उनकी जो संस्था के विश्वास में विश्वास रखते हैं। साउथवेस्ट एयरलाइन्स अच्छे लोगों को अपने साथ जोड़ने का सबसे बेहतर उदाहरण है। अच्छे लोगों को खोजकर काम पर रखने की उनकी योग्यता ने उनके लिए अच्छी सेवाओं को पाना सुनिश्चित कर दिया। हर्ब केलेहर का प्रसिद्ध कथन है - "आप कौशल के लिए व्यक्ति को नियुक्त नहीं करते, आप व्यवहार के आधार पर उसे नियुक्त करते हैं। आप हमेशा कौशल ही सिखा सकते हैं।" यह सब बढ़िया और अच्छा है मगर समस्या यह है कि कौन सा व्यवहार? वह जो आपकी संस्कृति में सही बैठता हो और क्या होगा यदि किसी का व्यवहार आपकी कार्य संस्कृति के अनुकूल नहीं हो?

मैं अकसर कंपनियों से यह पूछता हूँ कि वे किस तरह के लोगों को अपनी कंपनी में रखना चाहते हैं और एक सर्व सामान्य उत्तर होता है, "हम केवल ऐसे लोगों को रखते हैं जिनमें काम का जूनून हो।" मगर हम यह कैसे पता लगाएँगे कि जो व्यक्ति साक्षात्कार के लिए जुनूनी लग रहा है वह काम के लिए भी उतना ही जूनून रखता है? सच तो यह है कि इस ग्रह पर रहने वाला हर व्यक्ति जुनूनी है। हाँ, हरेक व्यक्ति का यह जूनून एक जैसे काम के लिए नहीं होता। अतः नियुक्ति करते समय क्यों से शुरुआत करना आपके जैसे काम के लिए जूनून रखने वाले लोगों को आकर्षित करने की आपकी क्षमता को काफ़ी बढ़ा देता है। किसी सशक्त जीवन-परिचय या लंबे कार्यानुभव और काम की नैतिकता के आधार पर लोगों को नियुक्त करना सफलता की राह को प्रशस्त नहीं करता। उदाहरण के लिए एपल में काम करने वाला सबसे बढ़िया अभियंता यदि माइक्रोसॉफ़्ट में काम करे तो उसके लिए काम करना दुखद हो जाएगा और इसी तरह से माइक्रोसॉफ़्ट का व्यक्ति एपल में कामयाब नहीं हो पाएगा। दोनों ही परिश्रमी और अनुभवी हैं, दोनों ही भारी अनुशंसाओं के तहत नियुक्त किए गए हैं फिर भी एक अभियंता दूसरी कंपनी की कार्य संस्कृति में फ़िट नहीं हो पाता। लक्ष्य ऐसे लोगों को नियुक्त करना है जो आपके क्यों, लक्ष्य और विश्वास के साथ एकाकार हो सकें और जिनका व्यवहार आपकी कंपनी की कार्य संस्कृति के मुताबिक़ हो।

एक बार जब यह स्थापित हो जाए उसके बाद ही उनके कौशल और अनुभव को स्थान मिलना चाहिए। शेकल्टन धन के सहारे से अपने अभियान के लिए सबसे अनुभवी सदस्य तलाश कर सकता था मगर यदि वे उस अभियान के लक्ष्य से जुड़ नहीं पाते तो उनका बचना नामुमकिन ही होता।

कई वर्षों तक साउथवेस्ट में कोई शिकायत विभाग नहीं था। उन्हें इसकी ज़रूरत ही महसूस नहीं हुई। केलेहर हमेशा व्यक्ति के व्यवहार के आधार पर ही उसे नियुक्ति देने की बात करते थे फिर भी एयरलाइन को अच्छी सेवाएँ देने के लिए अच्छे लोगों को नियुक्त करने का श्रेय मिलना चाहिए। केलेहर अकेले नियुक्ति के निर्णय लेने वाले और उस पर बाकियों को भरोसा करने के लिए कहने वाले लीडर्स में से नहीं थे और ऐसा करना बहुत जोखिम भरा भी हो सकता है। उनके बुद्धिमान व्यक्ति इस तथ्य से आते थे कि कुछ लोग किसी कंपनी की कार्य संस्कृति के लिए सही साबित हुआ करते हैं और फिर उनके आधार पर तंत्र को और विकसित किया जाता है ताकि उनके अधिकाधिक कौशल का इस्तेमाल किया जा सके।

1970 के दौरान साउथवेस्ट एयरलाइन्स ने हवाईजहाज़ के सहायकों की ड्रेस गरम पेंट्स और गो-गो बूट्स रखने पर विचार किया। यह उनका मूल विचार नहीं था वरन यह कैलिफ़ोर्निया की पैसिफ़िक साउथवेस्ट कंपनी (जिसके आधार पर साउथवेस्ट ने अपने आप को रूपांतरित किया था) से आया था। साउथवेस्ट ने इसकी नक़ल कर ली मगर साउथवेस्ट ने इसमें ऐसा ढूँढ़ने की कोशिश की जिसे सहायकों के लिए अमूल्य साबित किया जा सके। उन्हें अहसास हुआ कि जब उन्होंने विमान सहायकों को नियुक्त किया था उस समय इस नौकरी के लिए केवल चीयरलीडर्स और इसी तरह के अन्य लोगों ने आवेदन दिया था और ऐसा इसलिए था कि यही वे लोग थे जिन्हें तरह-तरह की पोशाक पहनने से कोई गुरेज़ नहीं था। ये लोग साउथवेस्ट की संस्कृति के लिए एकदम सही थे। न केवल उनका व्यवहार सकारात्मक था वरन उनकी समस्त भंगिमाएँ लोगों को प्रसन्न कर देने वाली होती थी, सकारात्मकता फैलाने वाली होती थीं। हम जीत सकते हैं इस भाव के साथ वे भीड़ का नेतृत्व किया करते थे। वे ऐसी कंपनी के लिए एकदम सही चुनाव थे, जो सामान्य व्यक्ति की अग्रणी कंपनी होने का दावा करती थी। इसे देखते हुए साउथवेस्ट ने केवल चीयरलीडर्स और ऐसे अन्य लोगों को ही नियुक्त करना शुरू किया।

महान कंपनियाँ कुशल लोगों को नियुक्त करके उन्हें काम के लिए प्रेरित नहीं करतीं वरन वे स्व प्रेरित लोगों को नियुक्त करके उन्हें और आगे जाने को प्रेरित करती हैं। लोग या तो उत्सुक, प्रेरित होते हैं या नहीं होते। यदि आप प्रेरित लोगों को अपने काम से बढ़कर कुछ ऐसा नहीं देंगे जो उनके विश्वास और काम से बड़ा हो, वे इसकी तलाश में नया काम खोजने लगेंगे और आप अपने पास बचे लोगों के साथ ही काम जारी रखने पर मजबूर हो जाएँगे।

चर्च का निर्माण

दो पत्थर के कारीगरों की कहानी को देखते हैं। आप पहले कारीगर के पास जाते हैं और उससे पूछते हैं, आपको अपने काम में क्या पसंद है? वह आपकी तरफ़ देखकर जवाब देता है, "मैं इस दीवार को लंबे समय से बना रहा हूँ और यह काम बहुत ही उबाऊ है। मैं सूरज की तीखी धूप में सारा दिन काम करता रहता हूँ। ये पत्थर बहुत भारी हैं और दिन भर एक के बाद एक इन्हें उठाना बहुत ही पीठ तोड़ने वाला और थका देने वाला काम है। मुझे नहीं पता कि यह काम मेरे ज़िंदा रहने तक पूरा हो भी पाएगा या नहीं मगर यही मेरी नौकरी है जिससे मुझे धन मिलता है।" आप उसे धन्यवाद करते हुए आगे बढ़ते हैं।

तीस फुट आगे ही आप दूसरे कारीगर से मिलते हैं। उससे भी आप यही प्रश्न करते हैं, क्या आपको अपना काम पसंद है? वह आपकी ओर देखकर जवाब देता है, "मुझे अपना काम बहुत पसंद है। मैं एक चर्च बना रहा हूँ। मैं इस दीवार को बनाने में लंबे समय से लगा हुआ हूँ और यह काम कई बार उबाऊ भी लगने लगता है। मैं सूरज की तीखी धूप में सारा दिन काम करता रहता हूँ। ये पत्थर बहुत भारी हैं और दिन भर एक के बाद एक इन्हें उठाना बहुत ही पीठ तोड़ने वाला और थका देने वाला काम है। मुझे नहीं पता कि यह काम मेरे ज़िंदा रहने तक पूरा हो भी पाएगा या नहीं मगर मुझे खुशी है कि मैं चर्च बना रहा हूँ।"

ये दोनों कारीगर एक ही काम कर रहे थे, मगर दोनों में एक बड़ा अंतर था। दूसरे व्यक्ति में उद्देश्य की स्पष्टता थी। उसे लगता था कि वह जो कर रहा था वह उसकी पसंद का काम था। वह काम पर इसलिए आता है कि उसे लगता है कि उसका काम केवल नौकरी नहीं वरन उससे

बढ़कर है। क्यों के अहसास ने उसके काम के प्रति उसका पूरा नज़रिया बदल डाला। इसने उसे काम के प्रति अधिक उत्पादक और अधिक वफ़ादार बनाया। जबकि पहला व्यक्ति संभवतः अधिक धन मिलने पर दूसरी नौकरी कर लेगा। दूसरा कारीगर प्रेरित है और लंबे समय तक काम करता है और अपनी इसी प्रेरणा के बूते पर वह इस काम को सरल और अधिक धन देने वाले और बड़े उद्देश्य के लिए किए जाने वाले काम मानते हुए टिका रहेगा। यह व्यक्ति अपने आपको उस इमारत को बनाने वाले वास्तुकार या शीशे की खिड़की पर डिजाइन बनाने वाले कलाकार से कम नहीं समझता है। वे सब साथ मिलकर एक चर्च बनाने के लिए काम कर रहे हैं। यह जुड़ाव उनमें आपसी भाईचारा पैदा करता है और यही जुड़ाव और विश्वास मिलकर बड़ी सफलता को संभव बनाते हैं। लोग किसी एक से महान उद्देश्य के लिए एक साथ काम करते हैं।

जिन कंपनियों के मन में क्यों की स्पष्टता होती है वे अपने कर्मचारियों को प्रेरित करने में सफल होती हैं। प्रेरित कर्मचारी अधिक उत्पादक और नवाचारी होते हैं और वे अपने काम में जो अहसास लेकर आते हैं उससे बाक़ी लोग भी उनके साथ जुड़कर काम करना चाहते हैं। यह संयोग नहीं है कि जिन कंपनियों से हम जुड़ना चाहते हैं या जुड़ाव रखते हैं, उनके पास सर्वश्रेष्ठ कर्मचारी हुआ करते हैं। जब कंपनी के भीतर के लोग यह जानते हैं कि वे काम करने के लिए क्यों आ रहे हैं तो बाहर के लोग भी यह समझने लगते हैं कि यह कंपनी अन्य से अलग क्यों है, विशेष क्यों है। इन संस्थाओं में प्रबंधन से लेकर नीचे तक कोई भी अपने आप को किसी से कम या ज़्यादा, ऊपर या नीचे नहीं समझता। वे जानते हैं कि उनमें से हरेक को एक-दूसरे की आवश्यकता है।

जब क्यों से लोग प्रेरित होते हैं तो
सफलता बस मिल जाती है

वह डॉटकॉम की बढ़त का समय था जिसने उस शताब्दी में सारी दुनिया में हलचल मचा दी थी। नई क्रांतिकारी तकनीक द्वारा पूरी दुनिया को बदल डालने के वादे पर लोग भविष्य की कल्पना करने लगे थे और एक होड़ लगी थी यह देखने की कि इसे कौन सबसे पहले करता है। यह उन्नीसवीं सदी का अंतिम दौर था और उस समय नई तकनीक के रूप में हवाई जहाज़

सामने था। इस क्षेत्र में सर्वमान्य व्यक्ति सैमुअल पिएरपॉंट लैंगली थे। अन्य अन्वेषकों की ही तरह वह भी एक उड़ने वाली मशीन बनाने में लगा हुआ था। लक्ष्य यह था कि ऐसी हवाई मशीन बनाई जाए जो पूरी तरह से आदमी के बस में हो, आदमी के नियंत्रण में हो और उसी के द्वारा संचालित हो। इसमें अच्छी ख़बर यह थी कि इस काम के लिए लैंगली के पास सभी घटक सही मात्रा में थे, वह सब कुछ जिसे सफलता का तरीका कहा जा सकता था।

लैंगली को अकादमिक समूह में एक खगोलविद् के रूप में पहचान मिली हुई थी, जिससे उन्हें उच्च स्तर और प्रतिष्ठित पद की प्राप्ति हुई थी। वह स्मिथसोनियन संस्था के सचिव थे। वे हार्वर्ड कॉलेज की वेधशाला में सहायक और संयुक्त राज्य अमेरिका की नेवल अकादमी में गणित के प्राध्यापक रहे। लैंगली के संबंध बड़े-बड़े लोगों से थे। उनके दोस्तों में एंड्रयू कार्नेगी और अलेक्ज़ेंडर ग्राहमबेल जैसे बड़े सरकारी अफ़सर और व्यापारी शामिल थे। उनके पास धन की भी कमी नहीं थी। युद्ध विभाग, पूर्ववर्ती रक्षा विभाग ने उसे इस प्रकल्प के लिए 50,000 डॉलर दिए थे जो उस समय एक बड़ी राशि थी। धन उनका उद्देश्य था भी नहीं।

लैंगली ने अपनी टीम में उस समय के सबसे होशियार और सर्वश्रेष्ठ लोगों को जोड़ा था जिनमें एक बढ़िया और कुशल यांत्रिक अभियंता चार्ल्स मैनली और न्यू यॉर्क की पहली कार बनाने वाले स्टीफन बल्ज़र शामिल थे। लैंगली और उसके दल ने सबसे बढ़िया सामग्री का इस्तेमाल किया। उस समय बाज़ार की स्थितियाँ बढ़िया थीं और उनका लोगों से संपर्क भी बढ़िया था। न्यू *यॉर्क टाइम्स* ने उसकी ख़बरों को हर बार तवज्जो दी और उसकी सफलता के लिए आधार तैयार किया। मगर वहाँ एक समस्या थी।

लैंगली के पास एक स्पष्ट लक्ष्य था मगर उसके पास क्यों की स्पष्टता नहीं थी। उसका एक हवाईजहाज़ बनाने का उद्देश्य केवल वह क्या कर रहा था, से उसे क्या मिलेगा तक ही सीमित था। बचपन से ही उसे वैमानिकी में रुचि थी मगर चैम्पियन बनने के लिए कोई लक्ष्य नहीं था। इसके अलावा लैंगली हमेशा दौड़ में प्रथम आना चाहता था। वह धनी और प्रसिद्ध होना चाहता था। उसकी प्रेरणा के पीछे यही घटक थे।

वह अपने क्षेत्र में पहले से ही प्रसिद्ध था मगर उसे थॉमस एडिसन और ग्राहम बेल की तरह प्रसिद्धि की दरकार थी और ऐसी प्रसिद्धि केवल किसी बड़ी चीज़ के आविष्कार से ही संभव थी। लैंगली ने हवाईजहाज़ को

अपनी प्रसिद्धि का और सौभाग्य का साधन समझा। वह होशियार था और लक्ष्य के लिए प्रेरित था। उसके पास सफलता के लिए आवश्यक घटक यानी धन की बहुतायत, सर्वश्रेष्ठ लोग, बाज़ार का सहयोगी वातावरण आदि सारी बातें मौजूद थीं। इसके बावजूद हममें से कुछ ही लोगों ने सैमुअल पिएरपोंट लैंगली का नाम सुना होगा।

लैंगली से कुछ सौ मील दूर काम कर रहे डेटन, ओहिओ, ओरविल और विलबर राइट भी उड़ने वाली मशीन बनाने में लगे हुए थे। लैंगली से विपरीत राइट बंधुओं के पास सफलता के लिए उपयुक्त परिस्थितियाँ और बातें मौजूद नहीं थीं। बल्कि उनके पास असफलता के लिए उपयुक्त परिस्थितियाँ थीं। उनके काम के लिए धन का सहयोग नहीं था। सरकारी अनुदान नहीं था। बड़े लोगों से कोई संबंध नहीं था। राइट बंधुओं ने अपने काम के लिए धन अपनी साइकिल की दुकान से जुटाया। उनकी टीम में कोई एक व्यक्ति भी ऐसा नहीं था जिसने कॉलेज की शिक्षा तक प्राप्त की हो। उनमें से कुछ ने तो हाई स्कूल तक उत्तीर्ण नहीं किया था। ओरविल और विलबर भी उच्च शिक्षित नहीं थे। राइट बंधु जो भी कर रहे थे वह लैंगली से या बाक़ी और लोगों से जो उड़ने वाली मशीन बनाने का काम कर रहे थे, से अलग नहीं था मगर राइट बंधुओं के पास अपने काम का एक स्पष्ट लक्ष्य था। वे जानते थे कि इसे बनाना क्यों ज़रूरी है। उन्हें विश्वास था कि यदि उन्होंने इस उड़ने वाली मशीन को बना लिया तो यह दुनिया को बदल देगी। उन्होंने अपनी सफलता का लाभ सारी दुनिया को मिलने की बात सोची थी।

"विलबर और ओरविल सच्चे वैज्ञानिक थे। जिस भौतिक समस्या अर्थात उड़ान और संतुलन को वे हल कर रहे थे, उसके लिए वे वास्तव में गहराई से चिंतित थे, उसमें जुटे हुए थे।" यह कहना है जेम्स टोबिन का, जिन्होंने राइट बंधुओं की जीवनी लिखी। वे कहते हैं दूसरी तरफ़ लैंगली अपने मित्रों ग्राहम बेल जैसी प्रसिद्धि की उम्मीद में था और जानता था कि ऐसी प्रसिद्धि किसी बड़े आविष्कार के बाद ही हासिल हो सकती है। टोबिन कहते हैं कि लैंगली में राइट बंधुओं की भाँति उड़ने का जुनून नहीं था बल्कि वह तो केवल इसे एक महान उपलब्धि की तरह देख रहा था।

ओरविल और विलबर जिस बात पर यक़ीन करते थे उसे उन्होंने जी-जान से किया और समुदाय के बाक़ी लोगों को भी इस लक्ष्य के साथ जुड़ने के लिए प्रेरित किया। उनकी इस प्रतिबद्धता के कई साक्ष्य सम्मुख थे।

इतनी बार असफल होने के बाद कोई और होता तो इस काम को करने का इरादा त्याग चुका होता मगर राइट बंधुओं के दल ने ऐसा नहीं किया। उनका दल इतना अधिक प्रेरित था कि उनके लिए हर असफलता नया उत्साह लेकर आती थी। हर बार राइट बंधु नई उड़ान की तैयारी करते थे और कहानी आगे बढ़ती जाती थी। वे उड़ान की तैयारी करते समय अपने साथ विमान के पाँच सेट लेकर चलते थे क्योंकि उन्हें पता होता था कि उस दिन घर वापस आने की तैयारी करने से पहले कितनी बार असफल होना है।

फिर उसके बाद एक दिन यह हो गया। 17 दिसंबर 1903 को उत्तर कैरोलिना में किटी हॉक के मैदान में राइट बंधु आसमान की ओर उड़ चले। 120 फ़ीट की ऊँचाई पर बहुत धीमी गति से ली गई उड़ान ने एक ऐसी तकनीक का आविष्कार किया जिसने दुनिया को बदल डाला।

यह उपलब्धि असाधारण थी मगर उसे किसी ने गंभीरता से लिया ही नहीं, किसी का ध्यान उस पर नहीं गया। *न्यू यॉर्क टाइम्स* उनकी कहानी को छापने के लिए वहाँ मौजूद नहीं था। प्रसिद्धि और चमक-दमक से हटकर कुछ और चाहने वाले राइट बंधु शांति से अपनी कहानी सुनाने का इंतज़ार कर रहे थे। वे दुनिया के लिए इसका महत्त्व समझ चुके थे।

लैंगली और राइट बंधु एक सा ही काम कर रहे थे। दोनों एक ही उत्पाद बना रहे थे। दोनों ही अपने काम के प्रति अत्यंत प्रेरित थे। दोनों में ही काम के प्रति अत्यंत प्रतिबद्धता थी। दोनों ही उत्सुक वैज्ञानिक दिमाग़ रखते थे। राइट बंधुओं को जो मिला और जो लैंगली को नहीं मिला, उसके पीछे क़िस्मत का हाथ नहीं था। यह स्व प्रेरणा थी। एक प्रसिद्धि और संपत्ति पाने के लिए प्रयासरत था और दूसरा अपने विश्वास को खरा सिद्ध करने के लिए। राइट बंधुओं ने अपने आसपास के लोगों में मानवीय भावना को जाग्रत किया जबकि लैंगली ने स्वयं को धनी और प्रसिद्ध बनाने के लिए कुशल लोगों का दल बनाया। राइट बंधुओं ने क्यों से शुरुआत की। लैंगली क्या से प्रेरित था। जैसे ही ओरविल और विलबर ने अपनी छोटी उड़ान पूरी की, लैंगली ने अपना काम बंद कर दिया। वह इस क्षेत्र से ही हट गया। वह कह सकता था कि "यह अद्भुत था, अब मैं उनकी तकनीक को विकसित करने का काम करने जा रहा हूँ।" मगर उसने ऐसा नहीं किया। उसने अपने आप को पराजय के बोध से ग्रस्त और अपमानित महसूस किया। उसकी अपनी परीक्षण उड़ान पोटोमैक नदी में गिर चुकी थी और सभी समाचार पत्रों ने

उसका मज़ाक़ बनाया था। लैंगली अपनी छवि को लेकर बेहद चिंतित रहता था और लोग उसके बारे में क्या सोचते हैं, इसकी बहुत परवाह करता था। चूँकि हवाईजहाज़ बनाने वाला वह पहला व्यक्ति नहीं बन सका इसलिए उसने इस काम से किनारा कर लिया।

नवाचार किनारों पर ही घटित होता है

सपनों को पूरा करने वाले दल हमेशा सपनों जैसे नहीं हुआ करते। जब विशेषज्ञों का एक दल एक साथ काम करने के लिए इकट्ठा होता है तो वे अक्सर अपने आप के लिए काम किया करते हैं न कि अपने दल के लिए। जब कंपनियाँ किसी भी "सर्वश्रेष्ठ प्रतिभा" की नियुक्ति के लिए सर्वाधिक वेतन देने की पेशकश करती हैं तो ऐसा ही होता है। ज़रूरी नहीं कि वे कुशल व्यक्ति आपके पास इसलिए आए हों कि उनको आपके लक्ष्य में, आपके क्यों में विश्वास हो। संभव है वे अत्यधिक वेतन से आकर्षित होकर आपके साथ आए हों। यह जोड़-तोड़ का एक बढ़िया उदाहरण है। किसी को अत्यधिक वेतन देकर उससे किसी नए महान विचार की अपेक्षा करना बहुत ही सस्ता सौदा है, इससे ज़्यादा कुछ हासिल होता नहीं है। हालाँकि एक जैसी सोच रखने वाले कुशल लोगों को एक साथ लाना और उन्हें किसी एक लक्ष्य को हासिल करने का काम देकर समूह में काम करने को सुनिश्चित किया जाता है। लैंगली ऐसी एक बेहतर, सपनों के दल को धनी बनाने का लालच देकर एक साथ लाया। राइट बंधुओं ने लोगों को एक समूह को एक बड़े काम को करने के लिए प्रेरित करके समूह के रूप में ला खड़ा किया। औसत कंपनियाँ अपने कर्मचारियों को ऐसा ही कोई काम करने के लिए दिया करती हैं। इसके विपरीत नवाचारी कंपनियाँ अपने कर्मचारियों को किसी बड़े उद्देश्य के लिए काम पर लगाती हैं।

यहाँ एक लीडर की भूमिका केवल ढेरों नए विचारों को सामने लेकर आना नहीं होती। लीडर का काम होता है एक ऐसा वातावरण बनाना जहाँ महान विचार जन्म ले सके। किसी भी कंपनी में जो लोग पहली पंक्ति में काम करते हैं, नए तरीक़े से काम करने के लिए योग्य और कुशल होते हैं। उदाहरण के लिए जो लोग उपभोक्ताओं के फ़ोन का जवाब देते हैं, वे कंपनी के कामों के बारे उपभोक्ताओं द्वारा पूछे जाने वाले सवालों के बारे में कंपनी के बड़े अधिकारियों से अधिक जानते हैं। यदि कंपनी के लोगों को

केवल समय पर दफ़्तर आकर अपना काम ख़त्म करने की हिदायत होती है तो वे बस इतना ही करेंगे। यदि उन्हें लगातार यह याद दिलाया जाता रहे कि कंपनी के काम करने का उद्देश्य क्या है, कंपनी का 'क्यों' क्या है और उन्हें किस तरह से काम करते हुए उस लक्ष्य को क़रीब लेकर आना है तो वे अपने काम से बढ़कर और भी बेहतर कुछ करना चाहेंगे।

उदाहरण के लिए स्टीव जॉब्स ने आईपॉड, आईट्यून्स या आईफ़ोन स्वयं नहीं बनाया। कंपनी में काम करने वाले दूसरे लोगों ने उन्हें बनाया। जॉब्स ने लोगों को एक संदर्भ दिया, एक दिशा दी, मानक दिए और नवाचार करने के लिए महान उद्देश्य दिया कि वर्तमान औद्योगिक प्रतिस्पर्धा में जहाँ कंपनियाँ अपने पुराने व्यापार के प्रतिरूपों को सही ठहराने में लगी हैं, उन्हें चुनौती देने का काम करना है। और इसी क्यों के लिए एपल की स्थापना हुई थी। जॉब्स और वोज़्निएक ने कंपनी शुरू करते समय यही किया और बाक़ी सब एपल के कर्मचारियों ने किया। यह प्रारूप लगातार दोहराया जाता रहा है। एपल के कर्मचारी अपनी कंपनी के उद्देश्यों को जीवन में उतारने के लिए जहाँ भी हो सके, लगातार प्रयत्नशील रहते हैं और यह तरीक़ा काम करता है।

काम करने का यह तरीक़ा बाक़ी कंपनियों जैसा नहीं है। जो कंपनियाँ क्यों की बजाय अपने आप को क्या के आधार पर वर्णित करती हैं, वे अपने कर्मचारियों को किसी एक उत्पाद या सेवा को लेकर नवाचारी होने की सलाह देती हैं और "उसे बेहतर बनाने" की बात किया करती हैं। जो लोग एपल के प्रतिस्पर्धियों के लिए काम करते हैं वे अपने आपको "कंप्यूटर निर्माता" घोषित करते हुए काम पर आते हैं और अपने कंप्यूटर को "और नवाचारी" बनाने की कोशिश किया करते हैं। इसके लिए वे उसकी रैम बढ़ाते हैं, एक दो फ़ीचर्स जोड़ते हैं, लोगों को अपने पीसी पर रंग कम ज़्यादा करने के विकल्प देते हैं। यह सब किसी उद्योग में बदलाव के विचार पर शायद ही खरा उतरता हो। नई विशेषता को नवाचार की श्रेणी में नहीं रखा जा सकता। यदि आप यह जानने के लिए उत्सुक हैं कि कोलगेट ने बत्तीस अलग-अलग तरीक़े के टूथपेस्ट किस तरह से बनाए। वास्तव में कोलगेट का हर कर्मचारी दफ़्तर में आकर एक नए तरीक़े का टूथपेस्ट बनाने की सोचता है, वह यह नहीं सोचता है कि ऐसा क्या किया जाए कि लोग उनके ऊपर अधिकाधिक विश्वास कर सकें।

एपल को किसी भी नए विचार पर ताला डालने की ज़रूरत महसूस नहीं होती। हर कंपनी में ऐसे कई लोग हैं जो महान विचारक हैं मगर महान कंपनियाँ अपने लोगों को केवल किसी उत्पाद को बेहतर बनाने के निर्देश देने की बजाय उन्हें काम करने के लिए एक महान उद्देश्य देती हैं या एक ऐसी चुनौती देती हैं जिसके लिए वे नए विचार विकसित करते हैं। जो कंपनियाँ अपने प्रतिस्पर्धियों का अध्ययन करके अपने उत्पाद को उनसे "बेहतर" बनाने के लिए नई विशेषताएँ जोड़ती हैं, उनके उत्पाद बेहतर तो बनते हैं मगर ऐसी कंपनियाँ केवल क्या को बेहतर बनाती चलती हैं। जिन कंपनियों को क्यों का बेहतर ज्ञान होता है वे अपने प्रतिस्पर्धियों की ओर ध्यान नहीं देतीं जबकि जिन कंपनियों को क्यों का धुंधला-सा ज्ञान होता है वे दूसरे क्या कर रहे हैं, इस पर ज़्यादा ध्यान देती हैं।

किसी भी कंपनी की नवाचार करने की क्षमता नए विचारों को विकसित करने के लिए ही उपयोगी नहीं होती, वरन यह संघर्ष को दिशा देने में भी महत्त्वपूर्ण भूमिका निभाती है। जब लोग उद्देश्य की पूर्ण स्पष्टता के साथ काम पर आते हैं, तो वे कठिन समय में भी अवसर की तलाश कर लेते हैं। जो लोग 'क्यों' की स्पष्टता के साथ काम पर आते हैं, वे कुछ असफलताओं के कारण काम से विमुख नहीं होते, न ही निराशा ओढ़ते हैं, क्योंकि वे जानते हैं कि वे किसी महान उद्देश्य के लिए काम कर रहे हैं। थॉमस एडिसन जो निश्चित ही एक बड़े उद्देश्य से प्रेरित थे, कहते हैं, "मुझे बिजली का बल्ब बनाने का कोई तरीक़ा मिल ही नहीं रहा था, मगर मुझे इसे नहीं बनाने के हज़ार तरीक़े मिल गए।"

साउथवेस्ट एयरलाइन दस मिनट के टर्न अराउंड के लिए प्रसिद्ध थी अर्थात दस मिनट में विमान से उतरना, विमान अगली उड़ान के लिए तैयार करना और दस मिनट में नए यात्रियों को विमान में बिठाना। यह योग्यता किसी भी एयरलाइन को अधिक धन कमाने में मदद कर सकती है, चूँकि जितनी ज़्यादा उड़ानें आकाश में रहेंगी, कंपनी को उतनी ही अधिक सफलता मिलेगी। कुछ लोगों ने महसूस किया कि यह नवाचार एक संघर्ष का नतीजा है। 1971 में साउथवेस्ट के पास धन की बेहद कमी हो गई थी और इस व्यापार में बने रहने के लिए उन्हें अपना एक विमान बेचना पड़ा था। इसके कारण उन्हें तीन विमानों को चार की समय सारिणी में उड़ाना पड़ा था। उनके पास दो विकल्प थे – या तो वे अपनी उड़ानों को कम कर लें या फिर

अपने विमानों को दस मिनट में अगली उड़ान के लिए तैयार करें। इसी से दस मिनट का टर्न अराउंड शुरू हुआ।

जब बाक़ी एयरलाइन्स का ऐसा मानना था कि ऐसा हो ही नहीं सकता, साउथवेस्ट के कर्मचारियों ने इस असंभव और अव्यवहारिक से लगने वाले काम को कर दिखाया। उनके इस नवाचार से आज तक कंपनी को लाभ मिल रहा है। हवाई अड्डे पर उड़ानों की संख्या बढ़ने से और विमानों का आकार बड़ा हो जाने से अब साउथवेस्ट विमानों का टर्नअराउंड समय 25 मिनट का हो गया है मगर उस समय यदि उन्होंने वही समय सारिणी जारी रखी होती और टर्नअराउंड समय में पाँच मिनट भी बढ़ाए होते तो उन्हें अतिरिक्त 18 विमानों की आवश्यकता पड़ती जिसकी क़ीमत बिलियन डॉलर के क़रीब होती।

समस्याओं को सुलझाने की साउथवेस्ट की योग्यता, एपल की नवाचार की दृष्टि और राइट बंधुओं की एक टीम के साथ मिलकर नई तकनीक विकसित करने की क्षमता यह सब केवल एक ही कारण से घटित हो सका - वे जो कर रहे थे उसमें उनका विश्वास था और उन्होंने अपने दल में भी वह विश्वास जगाया और अपने दल पर विश्वास दिखाया।

भरोसे की परिभाषा

1762 में सर फ्रांसिस बैरिंग द्वारा स्थापित बैरिंग बैंक इंग्लैंड का सबसे पुराना बैंक था। यह वह बैंक था जो नेपोलियन के युद्ध, प्रथम और द्वितीय विश्वयुद्ध के बाद भी अपना अस्तित्व बनाए रखने में कामयाब रहा, मगर वही बैंक एक ठग व्यापारी के जोखिम का सामना नहीं कर सका। निक लीसन ने अकेले ने 1995 में इस बैंक के सहारे से कुछ अति जोखिम वाला लेन-देन यह लालच देते हुए किया कि इसमें सफलता से निक और बैंक दोनों ही को अकूत धन प्राप्त होगा और वह प्रसिद्ध हो जाएगा, मगर यह सब बाज़ार के रुझान पर आधारित था, जो कि कभी सही तरीक़े से भाँपा नहीं जा सकता है और इसी के चलते बैंक को बेहद घाटे का सामना करना पड़ा। कुछ का मानना था कि जो निक ने किया वह जुए से बढ़कर था। निक ने सोच-समझकर जोखिम उठाया था और जोखिम उठाना जुए से बढ़कर होता है। सोच-समझकर लिए गए जोखिम में इस बात की भी स्वीकार्यता होती है कि बड़ी हानि भी हो सकती है, मगर इस नुक़सान से बचने के या ऐसे किसी अनुमानित परिणाम

से दो-चार होने की योजना भी साथ ही बनाई जाती है। ठीक वैसे ही जैसे विमान का पानी पर उतरना "असंभव" ही हो, मगर फिर भी एयरलाइन हमें जीवन रक्षक जैकेट प्रदान किया करती है और हमें लगता है मन की शांति के लिए यह ठीक ही है। नहीं तो कुछ एयरलाइन्स यह जुआ भी खेलती हैं, बावजूद इसके कि इससे उन पर अतिरिक्त भार पड़ता है।

लीसन बैरिंग में दो पदों पर काम करता था यानी वही विक्रेता था और वही पर्यवेक्षक भी था, मगर ये तथ्य अधिक रुचिकर नहीं थे कि किसी आदमी में इतनी सहनशक्ति हो सकती है कि वह इतना जोखिम उत्पन्न कर सकता है, यह जानना रुचिकर तो हरगिज़ नहीं हो सकता। दोनों ही अल्पकालिक घटक हैं। यदि लीसन ने कंपनी छोड़ दी होती या नौकरी बदल दी होती या बैरिंग्स ने अपने काम के लिए किसी और को पर्यवेक्षक नियुक्त किया होता। इसमें सबसे महत्त्वपूर्ण है बैंक की संस्कृति को समझना जिसमें वे इस तरह की स्थिति को घटित होने दे रहे थे। बैरिंग ने अपना क्यों खो दिया था।

बैरिंग की संस्कृति में ऐसा कुछ नहीं था जिसके चलते वहाँ काम करने वाले लोग अपने आप को प्रेरित हुआ महसूस करते। वे भले ही काम करने की इच्छा रखते हों मगर स्व प्रेरित नहीं होते। ये लोग भारी धन लाभ के लिए अच्छे प्रदर्शन को तैयार रहते थे मगर उनके काम से बहुसंख्य लोगों का भला हो, ऐसी कोई प्रेरणा उनमें नहीं थी। उसके द्वारा लिखे गए दस्तावेज़ भी यह बताते हैं कि किस तरह वह इस तरह के जोखिम भरे व्यवहार से लंबे समय तक दूर रहा और वह कहता था कि ऐसा भी नहीं था कि बाक़ी लोग यह नहीं जानते थे कि वह जो कुछ भी कर रहा था वह वास्तव में ख़तरनाक था। यह अहसास नहीं होना ज़्यादा बुरा था। उनमें इसके विरुद्ध बात करना ख़राब माना जाता था। लीसन वर्णन करता है, "लंदन के लोग बैरिंग के ख़ात्मे के कारण थे।" वे सब जानते थे मगर उन मूर्खों को इस डर से कभी इस पर सवाल उठाने की हिम्मत ही नहीं हुई कि लोगों के सामने उनकी क्या छवि बनेगी।

मूल्यों और विश्वासों की स्पष्टता की कमी के चलते और कंपनी की कमज़ोर संस्कृति के कारण एक ऐसा वातावरण बन गया था जिससे हर आदमी केवल अपने बारे में ही सोचता था। अतः इसके दीर्घकालिक परिणाम केवल आपदा के अलावा कुछ नहीं हो सकते। यही गुफा मानव की सोच थी। यदि लोग अपने समुदाय के बारे में विचार नहीं करते हैं

तो समुदाय के लिए लाभ के अवसर ख़त्म होते जाते हैं। कई कंपनियों के पास सर्वश्रेष्ठ कर्मचारी और सेल्समेन होते हैं पर कुछ ही कंपनियों में ऐसी संस्कृति हुआ करती है जो अपवाद के रूप में नहीं वरन नियम के अनुरूप महान लोगों को बनाती है।

विश्वास एक महत्त्वपूर्ण वस्तु है। विश्वास हमें दूसरों पर भरोसा करने की ताक़त देता है। हम उन लोगों पर विश्वास करते हैं, जो हमें निर्णय लेने में मदद किया करते हैं। विश्वास हमारे जीवन, हमारे परिवार, हमारे समाज, हमारी कंपनियों, हमारी प्रजातियों सभी के विकास के लिए आधार का काम करते हैं। हम अपने समुदाय में उन लोगों पर विश्वास करते हैं, जो हमारे बच्चों की देखभाल करते हैं ताकि हम बाहर खाने पर जा सकें। यदि दो लोगों के बीच एक चुनने को कहा जाए जो हमारे बच्चे की देखभाल करते हैं, तो हम दूर रहने वाले अनुभवी व्यक्ति की बजाय पड़ोस में रहने वाले कम अनुभवी व्यक्ति पर ज़्यादा भरोसा करेंगे। हम किसी बाहरी व्यक्ति पर एकदम विश्वास नहीं करते, क्योंकि हम उसके बारे में ज़्यादा कुछ जानते नहीं हैं। वास्तविकता यह है कि हम बच्चों की देखभाल करने वाली के बारे में भी सिवाय इसके कि वह हमारे पास रहती है, से ज़्यादा कुछ जानते नहीं हैं। हमारे लिए बच्चों की सुरक्षा सबसे ज़्यादा मायने रखती है। हम उन लोगों पर भरोसा करते हैं जो हमारे समुदाय में रहते हैं और जिनके मूल्य और धारणाएँ हमसे मिलती हैं और जो हमारे लोगों की सुरक्षा कर सकते हैं, उन लोगों पर नहीं जिनका कार्यानुभव भले ही अधिक हो, पर वे दूर के रहने वाले हों। यह वास्तव में ध्यान देने योग्य है। जब हम यह सोचते हैं कि लोगों कि किस आधार पर अपनी कंपनी में नियुक्ति देनी है तो हम थोड़ा रुककर सोचते हैं कि हमारे लिए क्या महत्त्वपूर्ण है, उनका परिचय, उनका कार्यानुभव, योग्यता या यह कि वे हमारे समुदाय में सही बैठेंगे या नहीं। किसी संस्था में किसी व्यक्ति की नियुक्ति करने से अधिक महत्त्वपूर्ण अपने बच्चों की देखभाल के लिए अच्छा व्यक्ति खोजना अधिक महत्त्वपूर्ण होता है फिर भी हम अलग-अलग स्तर के अभ्यास किया करते हैं। ऐसा क्या है जो किसी व्यक्ति को योग्य कर्मचारी सिद्ध करता है, क्या इसके बारे में कोई भ्रामक धारणा व्याप्त है?

इतिहास को देखें तो वहाँ विश्वास ने तय कौशलों की तुलना में कंपनियों को शिखर पर पहुँचाने में बड़ी भूमिका निभाई है। जिस तरह से

युगल जोड़े अपने बच्चे को किसी के पास छोड़कर शाम को घूमने जाया करते हैं, उसी तरह एक समुदाय के लोगों का समूह भी काम पर इस विश्वास के साथ जा पाता है कि उनकी वापसी तक समुदाय में उनके बच्चे और उनका परिवार सुरक्षित है। यदि यह भरोसा न हो तो कोई भी घर से बाहर जाने की जोखिम नहीं उठाएगा। जोखिम नहीं लेने का मतलब है खोज नहीं, कोई प्रयोगात्मकता नहीं और समाज का सर्वांगीण विकास रुकना। यह बहुत महत्त्वपूर्ण अवधारणा है – जब कोई संस्कृति या समुदाय ऐसा हो कि व्यक्ति उस संस्कृति या समुदाय पर विश्वास कर सकें, तभी वे निजी तौर पर संस्कृति और समुदाय की उन्नति और विकास के लिए जोखिम उठा सकेंगे। और अंत में यही उनकी अपनी उन्नति, स्वास्थ्य और उत्तरजीविता के लिए अच्छा होता है।

सर्कस में ट्रापेज़ी पर करतब दिखाने वाला कलाकार कितना ही अनुभवी, कितना ही कुशल क्यों नहीं हो, किसी भी नए और ख़तरनाक करतब को आजमाते समय वह बिना जाल के अभ्यास नहीं करता। और यदि वह करतब जान की बाज़ी लगाने वाला हो तो भी वह हमेशा जाल लगाने के बाद ही करतब दिखाना पसंद करता है। जाल लगाने से यह निश्चिंतता रहती है कि कोई भी आकस्मिकता हो जाने पर सुरक्षा कवच मौजूद है, जान बच जाएगी, मनोवैज्ञानिक रूप से कलाकार सुरक्षित महसूस करता है। इसी से ट्रापेज़ी के कलाकार को पहले न किए हुए करतब भी बार-बार करके देखने की हिम्मत आती है। जैसे ही जाल हटा दिया जाए, वह कलाकार उन्हीं करतबों को करेगा जो सुरक्षित हों, जिन्हें उसने कई बार किया हुआ हो। उसे जाल की गुणवत्ता पर जितना अधिक भरोसा होगा, अपने करतब को बेहतर बनाने के लिए वह उतना ही अधिक जोखिम उठाने के लिए तैयार रहेगा। एक जाल की व्यवस्था करके सर्कस का प्रबंधन उसे जो विश्वास प्रदान करता है, वही विश्वास बाक़ी कलाकारों में भी जागता है। इस जाल से उनका भी आत्मविश्वास बढ़ता है और वे नए करतब करते हैं। हर कलाकार के नए जोखिम लेने और नए करतब करने के कारण पूरे सर्कस को फ़ायदा होगा। और एक बेहतर शो करने का अर्थ है अधिक दर्शक मिलना और ऐसा ही चलता जाता है। मगर यह सब बिना विश्वास के, बिना भरोसे के हो पाना संभव नहीं होता। जो लोग किसी समुदाय, संस्था के साथ जुड़े होते हैं, उन्हें यह विश्वास होना चाहिए कि उनके अधिकारी उन्हें व्यावहारिक या भावनात्मक

जाल अवश्य प्रदान करेंगे। सहयोग की उस भावना के साथ लोग अतिरिक्त प्रयास करने से कतराते नहीं हैं और अंततः उसका लाभ सारे समूह को यानी उस संस्था या समुदाय को ही होता है।

मैं यह स्वीकार करूँगा कि कुछ ऐसे भी लोग होंगे जो बिना सुरक्षा कवच के जोखिम उठाएँगे। ऐसे भी लोग होंगे जो घर-बाहर की चिंता किए बिना नई बातें करके देखने की कोशिश करेंगे। ऐसे लोग आविष्कारी के रूप में अपनी पहचान बना लेते हैं जो लोग आगे बढ़ाते हैं, जो लोग नया रचते हैं, वैसा अन्य व्यक्ति नहीं कर पाते। उनमें से कुछ लोग व्यापार को शिखर पर पहुँचा देते हैं या समाज में बड़ा बदलाव लाते हैं और कुछ अपने काम को पूरा करने से पहले ही मौत के आगोश में चले जाते हैं।

किसी विमान से पैराशूट लगाकर कूदने और बिना पैराशूट के कूदने में बड़ा फ़र्क़ होता है। दोनों ही में अलग और बेहतर अनुभव मिलते हैं, मगर इनमें से केवल एक तरीक़ा आगे भी इस काम को करके देखने के अवसर को सुनिश्चित करता है। किसी ट्रापेजी कलाकार के द्वारा जो अक्सर सामान्य प्रदर्शन किया करता है, बिना जाल के ऐसा करतब करना एक असाधारण प्रयास हो सकता है, मगर यदि उसकी इस प्रयास में मौत हो जाए या वह किसी और सर्कस में चला जाए तो क्या होगा? यह इस बात का उदाहरण है, जब कोई व्यक्ति अपने किए गए काम के परिणामों या संस्था के हित की बात नहीं सोचते हुए केवल आपने लाभ के लिए कोई काम करने का निर्णय लेता है। ऐसी स्थिति में यह प्रयास किसी व्यक्ति के लिए तो ठीक हो सकता है, शायद समूह के लिए भी ठीक हो सकता है मगर समूह के लिए इसके लाभ सीमित समय के लिए ही प्राप्त होते हैं। समय के साथ यह तंत्र ढह जाता है, और अक्सर इसका परिणाम संस्था के पतन की शुरुआत के रूप में मिलता है। ऐसे में उन लोगों के अतिरिक्त, जो निक लीसन के समान बेवजह का जोखिम उठाने के आदी होते हैं, बाक़ी लोगों को प्रेरणा मिल सके इसके लिए विश्वास पैदा करना दीर्घकालिक रणनीति का हिस्सा है।

महान संस्थाएँ महान इसलिए बनती हैं चूँकि उनके साथ काम करने वाले लोग अपने आप को उनके साथ सुरक्षित महसूस करते हैं। एक समान संस्कृति की सशक्त भावना जवाबदेही का अहसास उत्पन्न करती है और एक जाल की तरह काम करती है। काम पर आने वाले लोग यह जानते हैं कि उनके अधिकारी, सहकर्मी और स्वयं संस्था उनकी देखभाल करेगी। इसका

परिणाम यह होता है कि व्यक्ति के निजी निर्णय, प्रयास और व्यवहार संस्था के दीर्घकालिक उद्देश्यों को पूरा करने की दिशा में ही लिए जाते हैं।

साउथवेस्ट एयरलाइन्स कंपनी जो अपने ग्राहकों का बहुत ध्यान रखने के लिए जानी जाती है, वह भी अपनी नीति में यह यक़ीन नहीं करती है कि ग्राहक हमेशा सही होता है। यह बात स्पष्ट की गई है कि साउथवेस्ट किसी भी क़ीमत पर ग्राहकों द्वारा अपने कर्मचारियों के साथ अभद्र व्यवहार किया जाना हरगिज़ बर्दाश्त नहीं करेगी। ऐसे ग्राहक के लिए बेहतर होगा, अन्य एयरलाइन्स में सफ़र करे। यह सूक्ष्म विडंबना है कि जो कंपनी ग्राहकों की सेवा के लिए जानी जाती है, वही अपने कर्मचारियों को ग्राहकों की तुलना में वरीयता देती है। प्रबंधन और कर्मचारियों के बीच का यह विश्वास ही सर्वोत्कृष्ट ग्राहक सेवा को सुनिश्चित करता है। किसी भी संस्था के कर्मचारी उस संस्था की संस्कृति में सुरक्षित महसूस कर सकें, उस पर विश्वास कर सकें, इसके लिए आवश्यक बात यह है वे उस संस्था के लक्ष्य और उद्देश्य से एकमत हो सकें। इसके बिना कोई भी कर्मचारी संस्था के लिए सही नहीं होता है और वह संस्था के बड़े लाभ के बारे में सोचने की बजाय केवल अपने लाभ के लिए किसी काम को करता है। वहीं अगर संस्था के कर्मचारी संस्था के साथ एकरूप हों तो फिर नए अवसर, नई खोज, काम को अद्यतन करना और विशेषतः एक ही काम को सफलता मिलने तक और उसके बाद भी बेहतर तरीक़े से बार-बार करने के अवसर नाटकीय रूप से "बढ़ जाते हैं।" कोई भी संस्था केवल आपसी विश्वास और भरोसे के बल पर ही तरक्की कर सकती है।

वास्तविक भरोसा उन अंदरूनी बातों से आता है जिन्हें आप देख नहीं सकते

"रेम्बो 2," ब्रिगेडियर जनरल जम्पर के रेडियो सेट पर, उनके परिचय-संकेत का जिक्र करते हुए निर्देश आया, "आपका समूह 180, पच्चीस मील, तेज़ी से पास आ रहा है।"

"बर्न्यार्ड रेडार संपर्क करें," रेम्बो 2 का जवाब यह बताते हुए आया कि उन्होंने दुश्मनों के समूह को अपने रेडार के दायरे में ले लिया है। जॉन जम्पर लड़ाकू विमान एफ़-15 के एक स्टार प्राप्त पायलट थे। उन्हें हज़ारों घंटों तक और हज़ारों लड़ाई के घंटों में विमान उड़ाने का अनुभव था। वे

हर मायने में श्रेष्ठ पायलट थे। उनका जन्म पेरिस में हुआ और टैक्सास में उन्होंने अपने पेशेवर जीवन का आनंद लिया। उन्होंने अमेरिका की वायु सेना में कार्गो से लेकर लड़ाकू श्रेणी तक के जो भी विमान मौजूद थे, सबको उड़ाने का अनुभव लिया था। वह अपनी लड़ाकू सेना के प्रसिद्ध और विशिष्ट, होशियार और आत्मविश्वासी कमांडर थे, जो कि इस बात का प्रत्यक्ष प्रमाण था कि लड़ाकू विमान का पायलट होने के मायने क्या होते हैं।

मगर उस दिन जम्पर की प्रतिक्रिया उस स्थिति से मेल नहीं खा सकी। उनसे यह अपेक्षा थी कि पच्चीस मील की दूरी पर आए दुश्मन को वे सीधे ही गोले दागकर उड़ाने का आदेश देंगे या कुछ और रक्षात्मक प्रतिक्रिया के लिए कहेंगे। शायद जम्पर अपने रेडार पर किसी ग़लत संपर्क में फँस गए हैं, ऐसा सोचकर कैप्टन लोरी रॉबिन्सन ने शांति से एक बार फिर से दोहराया कि "रेम्बो 2, अपने समूह अब 190 से रेडार संपर्क की पुष्टि करें जो बीस मील दूर है।"

लोरी रॉबिन्सन चूँकि हवाई हथियार नियंत्रक थीं। अतः यह उनका काम था कि पायलट को दुश्मन के एयरक्राफ़्ट की ओर निर्देशित करें, ताकि वह उसे नष्ट करने के लिए अपने हथियारों का इस्तेमाल कर सकें। हवाई यातायात नियंत्रक के विपरीत लोरी का काम दोनों विमानों को एक दूसरे के क़रीब लेकर आना था। रेडार स्क्रीन के सुविधाजनक बिंदु से केवल हथियार नियंत्रक ही दोनों विमानों की स्थिति को सही तरह से देख सकती थीं, क्योंकि पायलट के दिशा निर्देशन तंत्र तो केवल एयरक्राफ़्ट के ठीक सामने आने वाली वस्तुओं को ही देख सकते थे।

कैप्टन रॉबिन्सन ने अपने काम को केवल रेडार पर नज़र गड़ाए रखने या 1,500 मील प्रतिघंटे की घातक गति से विमान उड़ा रहे पायलट के लिए महज कान और आँख होने से कुछ बढ़कर माना। कैप्टन रॉबिन्सन जानती थीं कि उनका काम इतना महत्त्वपूर्ण क्यों है। उन्होंने स्वयं को अपनी सुरक्षा में काम कर रहे पायलट्स के लिए रास्ता साफ़ करने के लिए जवाबदेह माना ताकि वे जो चाहते हैं वैसा कर सकें, ताकि वे पूरे आत्मविश्वास के साथ एयरक्राफ़्ट को आगे की तरफ़ ले जा सकें और इसी कारण वह अपने काम में असाधारण रूप से कुशल थीं। रॉबिन्सन ग़लती नहीं कर सकती थीं। यदि वे ग़लती करतीं तो अपने पायलट्स का विश्वास खो बैठतीं और इससे भी बुरा यह होता कि पायलट अपना आत्मविश्वास भी खो बैठते। यह

आत्मविश्वास ही होता है जो लड़ाकू विमानों के पायलट्स को अपने काम में इतना माहिर बनाता है।

और फिर ऐसा हुआ। कैप्टन रॉबिन्सन जम्पर को रेडियो में उनकी शांतिपूर्ण आवाज़ को भाँपकर यह बताने में सफल हो गई कि उन पर एक ख़तरा मंडरा रहा है जिससे वे अंजान हैं। एक साफ़ आकाश वाले दिन में मरुस्थल से 20,000 फ़ीट ऊपर रेम्बो 2 के शानदार 2 करोड़ 50 लाख डॉलर के लड़ाकू विमान का ख़तरे का साइरन बज उठा। पायलट ने रेडार स्क्रीन पर देखा और पाया कि दुश्मन उन्हें घेर रहा है। "दाहिनी ओर से हमला! दाहिनी ओर से हमला!" वह अपने रेडियो पर चीख़े - 9 अक्टूबर 1988 को ब्रिगेडियर जनरल जॉन पी. जम्पर मारे गए।

कैप्टन रॉबिन्सन ने इंतज़ार किया। एक निस्तब्ध करने वाली शांति छा गई थी। थोड़ी ही देर पहले जनरल जॉन पी. जम्पर नेलीस एयरफ़ोर्स के डीब्रीफ़िंग कक्ष में घुसकर चीख़ रहे थे, "तुम मुझे मरवा डालतीं!" वे कैप्टन रॉबिन्सन पर चिल्ला रहे थे। नेवादा मरुस्थल में नेलीस वायुसेना के लड़ाकू हथियारों की पाठशाला का केंद्र था और उस दिन जनरल जॉन पी. जम्पर को अमेरिका के वायुसेना के जेट, जो कि दुश्मन का लड़ाकू विमान होने की भूमिका निभा रहा था, द्वारा दागी गई नक़ली मिसाइल के सीधे हमले को झेलना पड़ा था।

"सर, इसमें मेरी ग़लती नहीं थी।" कैप्टन रॉबिन्सन ने शांति से कहा। "आप वीडियो देखें। आपको समझ में आ जाएगा।" उसके बाद जनरल जम्पर ने, जो 57 वें विंग कमांडर थे, अमेरिकी वायुसेना के लड़ाकू वेपन्स स्कूल के स्नातक थे और नेलिस के भूतपूर्व शिक्षक थे, ने हर विवरण को जाँचा। पायलट सामान्यतः वीडियो पर विश्वास करते हैं। चूँकि वीडियो झूठ नहीं बोलते और ऐसा ही उस दिन हुआ। यह सामने आ गया कि उस दिन ग़लती जनरल जम्पर की थी, न कि कैप्टन रॉबिन्सन की। यह एक बड़ी भूल थी। जनरल जम्पर यह भूल गए थे कि वे भी इस टीम का हिस्सा हैं। वे यह भी भूल गए थे कि केवल उनकी योग्यता ही उन्हें इस काम के लायक़ नहीं बनाती, वरन वे इसलिए श्रेष्ठ माने जाते थे कि लोग उनसे प्रेरणा लेते थे। उस दिन वे अपनी टीम और अन्य लोगों को देख ही नहीं सके।

जनरल जम्पर को बिना कोई सवाल उठाए हर वह सबसे बढ़िया साधन, बढ़िया तकनीक और बढ़िया प्रशिक्षण दिया गया था, जिसे धन

लगाकर ही ख़रीदा जा सकता है। मगर इस सबके बावजूद वे अपना काम ठीक से कर सकें, इस बात को सुनिश्चित करने के पीछे तकनीक, प्रशिक्षक, साथी पायलट्स, वायुसेना की कार्य संस्कृति और कैप्टन रॉबिन्सन का हाथ था। जनरल जम्पर यह भूल गए थे कि उन्हें क्यों अच्छे पायलट्स में गिना जाता था और एक ऐसा निर्णय कर लिया था जिससे उनकी जान ख़तरे में पड़ जाती। यही सबक़ सिखाने के लिए उन्हें प्रशिक्षण दिया जा रहा था।

नेवादा मरुस्थल में प्रशिक्षण लेने के कोई 16 वर्षों के बाद जनरल जम्पर बड़े-बड़े कामों के लिए जाने जाने लगे। अब सेवानिवृत्त हो चुके, चार सितारा धारी जनरल जम्पर ने अमेरिका की वायुसेना प्रमुख के रूप में 2001 से 2005 तक कार्य किया जो कि वायुसेना का सर्वोच्च पद था और जिसके ऊपर अमेरिका में सुरक्षा सेवाओं में तैनात 7 लाख वायुसैनिकों एवं अन्य सैनिकों की नियुक्ति, प्रशिक्षण और संचालन का दायित्व था। इसके अलावा उन्होंने जॉइंट चीफ़ स्टाफ़ के सदस्य, रक्षा सचिव, राष्ट्रीय सुरक्षा मिशन के सचिव और अध्यक्ष के रूप में भी काम किया।

जो भी हो, यह कहानी जनरल जम्पर की नहीं वरन लोरी रॉबिन्सन की है। अब वे वायुसेना में ब्रिगेडियर जनरल हैं और उन्होंने कोई भी ऐसा क़दम नहीं उठाया जिससे उनका सिर नीचा हो। अब उनके जीवन में बुरे और अच्छे लोगों का दख़ल नहीं रहा था, यानी उनका काम बदल गया था मगर फिर भी वे हर दिन अपना काम अपने आपको यह याद दिलाने के साथ शुरू किया करती थीं कि वे काम करने क्यों आई हैं।

हाँ, वे "अपने बच्चों" की कमी बहुत महसूस करती थीं (वे अपने नीचे काम करने वाले सैनिकों को बच्चा कहा करती थीं) और अब भी ऐसा अवसर खोजती थीं जब उन्हें सैनिकों के लिए रास्ता साफ़ करने का मौक़ा मिले, ताकि वे अपने आपको व्यवस्थित कर सकें और अपने आपको और संस्था को आगे बढ़ा सकें। जब वे वेपन्स स्कूल में प्रशिक्षक थीं तो वे अपने विद्यार्थियों को कहा करती थीं "अपने बारे में सोचने का समय बीत गया। अब अपने पीछे के लेफ़्टिनेंट के बारे में सोचो। यदि हममें से अधिकाधिक लोग इसे करें तो फिर इस देश की हालत बहुत अच्छी हो जाएगी और हम सेना छोड़ देंगे। और क्या यही सही प्रस्थान बिंदु नहीं है?" और अपने काम के उद्देश्य को समझना यानी इस बात को समझना कि वह काम पर आ क्यों

रही थीं, ही जनरल रॉबिन्सन की तरक्क़ी का राज़ था। और सौभाग्यवश यह असाधारण साबित हुआ।

दूसरों के रास्ते को साफ़ करने के लिए कठोर श्रम करना ताकि वे बड़े काम कर सकें, जनरल रॉबिन्सन के इस काम ने बाकियों को उनका रास्ता साफ़ करने और उनके लिए ठीक वही काम करने जो उन्होंने बाकियों के लिए किया था, प्रेरित किया। सेना की पुरुष प्रधान दुनिया में महिला होकर उन्होंने सेना का नेतृत्व किया और दुनिया के लिए एक उदाहरण प्रस्तुत किया। महान नेतृत्व का अर्थ लोगों को डराना-धमकाना या अलग-थलग करना नहीं होता वरन जनरल रॉबिन्सन जैसे लीडर नेतृत्व की सही परिभाषा को साबित करते हुए क्यों की स्पष्टता के साथ काम करते हैं और अन्य लोगों को भी अपने काम से प्रेरित करते हैं।

जनरल रॉबिन्सन पर हथियार नियंत्रक के रूप में इस हद तक भरोसा किया जाता था कि इसमें कोई आश्चर्य की बात नहीं थी कि हर पायलट अपने लिए उन्हीं के नियंत्रण की माँग किया करता था। जनरल रॉबिन्सन कहती हैं, मेरे लिए अत्यधिक प्रशंसा और सबसे ख़ुशी के क्षण वे हुआ करते थे जब पायलट युद्ध पर जाते हुए ऐसा कहा करते थे, "जब मैं लड़ाई पर जाऊँ तो रेडियो पर मुझे लोरी ही चाहिए।" वे वायुसेना के इतिहास की ऐसी पहली महिला थीं जो वायुसेना के सबसे बड़े 552 वें लड़ाकू विंग की कमान सँभाल रही थीं (यह वास्तव में बोइंग 707 के विमानों का बेड़ा था जिसके ऊपर बड़े रेडार लगे हुए थे)। वे लड़ाकू विंग की पहली ऐसी कमांडर थीं जो पायलट रैंक की नहीं थीं। वायुसेना के वेपन्स स्कूल में पढ़ाने वाली भी वे सबसे पहली महिला थीं जहाँ वे सबसे अधिक प्रसिद्ध और लोकप्रिय प्रशिक्षक बनीं और सात कक्षाओं के सर्वश्रेष्ठ प्रशिक्षक का पुरस्कार लगातार उन्हें दिया गया। वे वायुसेना के सचिवालय की पहली महिला निदेशक और वायुसेना कार्यकारी समूह की पहली प्रमुख बनीं। वर्ष 2000 में जब जनरल रॉबिन्सन कैप्टन के पद पर थीं, वायुसेना के संयुक्त चीफ़ ऑफ़ स्टाफ़ के अध्यक्ष का कहना था कि उन्होंने वायुशक्ति के बारे में उनकी राय को बेतरहा प्रभावित किया है। और प्रशंसकों की यह सूची लंबी होती जाती है।

लोरी रॉबिन्सन हर मायने में उत्कृष्ट अधिकारी थीं। प्रबंधन के पदों पर आसीन कुछ व्यक्ति इस तरह से व्यवहार करते हैं जैसे वे बंदरों से भरे पेड़ पर बैठे हुए हों। वे इस बात को सुनिश्चित किया करते हैं कि ऊपर बैठा

हुआ जो भी नीचे देखे उसे केवल मुस्कान ही दिखाई दे। मगर अक्सर जो लोग नीचे हुआ करते हैं उन्हें केवल गधे दिखाई देते हैं, जनरल रॉबिन्सन के समान महान लीडर का ऊपर और नीचे के सभी लोग आदर करते हैं। उनके नीचे काम करने वाला हर कर्मचारी उन पर अत्यधिक भरोसा किया करता था। चूँकि हर व्यक्ति जानता था कि वह उनका ध्यान रखने के लिए प्रतिबद्ध हैं। "आप ऐसा कुछ नहीं कर सकते हैं जिसे मैं ठीक नहीं कर सकूँ," वह वेपन्स स्कूल के विद्यार्थियों से कहती थीं। और वे जिनके अधीन काम किया करती थीं और जो उन्हें जानते थे वे उनके प्रति अलग राय रखते थे। वे कहते थे, "मुझे नहीं पता, वे आधे से अधिक काम को कैसे करती हैं" और महत्त्वपूर्ण यह है कि उनके बारे में यह बात आदर और प्रसन्नता से कही जाती थी। जनरल रॉबिन्सन की नेतृत्व क्षमता उनके होशियार या अच्छी होने के कारण विकसित नहीं हुई। वे अच्छी लीडर इसलिए थीं चूँकि वे यह जानती थीं कि किसी संस्था के लिए कर्मचारियों का विश्वास प्राप्त करना केवल हरेक को प्रभावित करने के प्रयास से संभव नहीं होता। यह तो उन सभी के लिए कुछ करने से होता है जो संस्था के लिए अपना समय देते हैं। यह वह अदृश्य भरोसा होता है जो लीडर को ऐसे लोग देता है जो उसका अनुसरण करें और लोरी रॉबिन्सन के मामले में ऐसा ही हुआ था।

मैंने यहाँ सेना का उदाहरण लिया ताकि इस बिंदु को वृहद रूप से बताया जा सके। विश्वास मायने रखता है। भरोसा तब आता है जब लोग किसी संस्था के मूल्यों और विश्वासों के साथ एकरूप होते हैं। भरोसा तब बनता है जब मूल्य और धारणाएँ सक्रिय रूप से प्रबंधित की जाती हैं। यदि कंपनियाँ अपने सुनहरे वृत्त को संतुलित रखने की दिशा में अर्थात स्पष्टता, अनुशासन और सततता बनाने रखने के लिए काम नहीं करती हैं तो भरोसा टूटने की शुरुआत होती जाती है। किसी भी कंपनी, वास्तव में किसी भी संस्था को अपने कर्मचारियों को सतत यह याद दिलाने के आवश्यकता होती है कि वह संस्था काम क्यों कर रही है। और उससे पहले यह याद दिलाने की ज़रूरत होती है कि इस कंपनी को क्यों बनाया गया है, इसकी धारणाएँ और विश्वास क्या हैं। कंपनी की धारणाओं, मूल्यों और विश्वास को क़ायम रखने का दायित्व हरेक को दिया जाना चाहिए। और संस्था के मूल्यों को केवल किसी दीवार पर लिखवा देना या पोस्टर के रूप में लगा देना पर्याप्त नहीं होता। वह संदेश निष्क्रिय होता है। सारे बोनस और पुरस्कार भी इसी

के इर्द गिर्द केंद्रित होने चाहिए। जो लोग कंपनी की सेवा करते हैं, कंपनी को भी उन्हीं को पुरस्कार देना चाहिए।

ऐसा करने से जो लोग कंपनी के साथ एकरूप होते हैं। उनका यह विश्वास मजबूत होता है कि इस संस्था के सभी लोग एक ही कारण से इस संस्था में हैं। लोगों को यह सिखाने का भी यह बेहतर तरीक़ा है कि "वे संस्था को पहले से बेहतर स्थिति में लाकर खड़ा करें।" यहाँ जनरल रॉबिन्सन का ज़िक्र ज़रूरी लगता है। जूनून की जड़ में यही होता है। जब आपको यह विश्वास हो जाता है कि आप उस काम का हिस्सा हैं जिसमें आप विश्वास करते हैं, उस काम का जिसका उद्देश्य आपसे बहुत ऊँचा है तो इससे काम के प्रति जूनून पैदा होता है। यदि लोगों का यह विश्वास नहीं होता कि यह संस्था किसी बड़े उद्देश्य को पूरा करने के लिए बनाई गई है तो उनका जूनून कम होता जाता है। संस्था पर विश्वास नहीं होने की अवस्था में लोग केवल अपनी नौकरी करेंगे और अपने लिए ही सोचेंगे। यही दफ़्तर की राजनीति का कारण बनता है। ऐसे में लोग दूसरों के लाभांश की क़ीमत पर अपने स्वार्थ की पूर्ति के लिए काम करने लगते हैं। यदि कोई संस्था अपने कर्मचारियों का भरोसा हासिल करने में कामयाब नहीं हो पाती तो उसके लिए काम करने वाले लोग उस पर भरोसा नहीं कर पाते और उनके लिए स्व हित सबसे बड़ा प्रेरक घटक बन जाता है। यह थोड़े समय के लिए तो ठीक हो सकता है मगर लंबी अवधि में संस्था दिन प्रतिदिन कमज़ोर होती जाती है।

साउथवेस्ट एयरलाइन्स के पीछे के दूरदृष्टिकर्ता हर्ब केलेहर इसे बहुत अच्छी तरह से समझ चुके थे। उन्होंने यह पहचान लिया था कि अपने कर्मचारियों से उनका सर्वश्रेष्ठ प्रदर्शन पाने के लिए उन्हें एक ऐसा वातावरण सृजित करना होगा जिससे उन्हें भरोसा हो जाए कि उनकी संस्था उनकी परवाह करती है। वे जानते थे कि यदि कर्मचारियों को यह विश्वास हो जाए कि वे जो काम कर रहे हैं उससे बहुत फ़र्क़ पड़ेगा तो वे काम में प्रगति करेंगे ही। जब एक पत्रकार ने केलेहर से पूछा कि उनके लिए पहले स्थान पर कौन हैं – उनके कर्मचारी या उनके शेयरहोल्डर्स? तो उनका जवाब था (यह जवाब उस समय के परिप्रेक्ष्य में बड़ा ही अजीब था), "यह तो आसान सवाल है। निश्चित ही कर्मचारी पहले स्थान पर आते हैं और यदि कर्मचारियों की देखभाल ठीक से की गई तो वे बाहरी दुनिया की यानी हमारे शेयरहोल्डर्स की भी देखभाल ठीक से करेंगे और इससे उपभोक्ता हमारी

सेवाओं को बार-बार लेना चाहेंगे और इससे शेयरहोल्डर्स प्रसन्न होंगे। यह वास्तव में इसी तरह से काम करता है और यह कोई गोरखधंधा नहीं है।"

दूसरों का प्रभाव

आप किस पर अधिक विश्वास करते हैं? उस पर जिसे आप जानते हैं या उस पर जिसे आप नहीं जानते? आप किस पर भरोसा करते हैं? किसी विज्ञापन में कही गई बात पर या किसी मित्र द्वारा की गई अनुशंसा पर? आप किस पर भरोसा करते हैं? उस बैरे पर जो आपसे कहता है कि "इस मेन्यू की हर वस्तु बहुत बढ़िया है?" या उस पर जो कहता है कि आप चिकन केसरोल मत खाइए? क्या ये प्रश्न आसान हैं? तो फिर इस प्रश्न का क्या उत्तर देंगे – कोई आप पर विश्वास क्यों करे?

निजी अनुशंसा का भारी प्रभाव पड़ता है। हम दूसरों की राय, फ़ैसले पर विश्वास करते हैं। यही हमारी संस्कृति का हिस्सा है मगर हम किसी के भी फ़ैसले पर ऐसे ही विश्वास नहीं कर लेते। हम उसी पर विश्वास करते हैं जिसके मूल्य और धारणाएँ हमसे मेल खाते हैं। जब हम किसी पर विश्वास करते हैं कि कोई हमारा भला चाहता है तो हमें विश्वास होता है कि वह सचमुच हमारे हित में है और इससे सारे समूह का भला हो जाता है। समुदायों की उन्नति एक समान मूल्यों और धारणाओं को साझा करने वालों के आपसी विश्वास का ही परिणाम है।

विश्वास की भावना का उदय भी लिम्बिक ब्रेन में होता है, उसी स्थान पर जहाँ क्यों का उदय होता है। और यहाँ एक शंका बोना या कोई अनुभवजन्य शोध करना आसान होता है। अनेक जोड़-तोड़ के सफल होने के पीछे यही कारण होता है। पता नहीं यह सही है या ग़लत मगर हम यह मानते हैं कि दूसरा व्यक्ति हमसे अधिक जानता है। स्पष्ट है कि पाँच में से चार दाँत के डॉक्टर च्यूइंग गम के उपयोग के लाभों के बारे में जानते हैं और इसकी अनुशंसा करते हैं (मगर उस एक के बारे में क्या? वह ऐसा क्या जानता है जो बाक़ी चार लोग नहीं जानते?) निश्चित ही हम लोग प्रसिद्ध व्यक्तियों द्वारा किए गए प्रचार पर अधिक विश्वास किया करते हैं। यदि वह उत्पाद वास्तव में अच्छा हो तो उनके द्वारा इसके प्रचार के लिए अपनी प्रसिद्धि का उपयोग किए जाने में कोई हानि नहीं है। सही है न?

आप इसके बारे में पहले ही सोच चुके होंगे मगर वे ऐसा इसलिए करते हैं कि उन्हें इस उत्पाद का प्रचार-प्रसार करने के लिए धन मिलता है। यदि उनके प्रचार-प्रसार से भी उत्पाद की बिक्री नहीं बढ़े तो कंपनी उन्हें अगला मौक़ा नहीं देगी या इसके पीछे यह भी डर होता है कि उनके द्वारा प्रचार किए जाने से उत्पाद की मिलियन डॉलर बिक्री होगी या उनकी एक मुस्कान से एक के बाद दूसरी कार या एक के बाद दूसरी लिपस्टिक बिकती जाएगी। वास्तविकता यही है कि हममें से हर कोई उस व्यक्ति पर विश्वास करता है जिसे हम पसंद करते हैं या जिसे हम जानते हैं और वे लोग हमारे निर्णय को प्रभावित करने की क्षमता रखते हैं।

प्रसिद्ध व्यक्तियों का प्रचार-प्रसार के लिए उपयोग इसी बात को ध्यान में रखकर किया जाता है। मान्यता यही है कि किसी पहचान वाले चेहरे या नाम का उपयोग करने से लोग उनके द्वारा किए जा रहे दावे को सही मानते हैं। इस धारणा में एक दिक्कत यह है कि भले ही प्रसिद्ध व्यक्ति का प्रभाव पहले पहल लोगों को प्रभावित करने में सफल हो जाए मगर इस स्तर पर यह केवल हमवयस्कों के दबाव के समान ही होता है। वास्तव में प्रभाव पूरी तरह से काम करे, इसके लिए व्यक्ति को इस काम के पीछे के स्पष्ट उद्देश्य या धारणा को स्पष्ट करना होता है। उदाहरण के लिए एक एथलीट अपने जिस काम के लिए जानी जाती है, उसके काम की कंपनी के लिए भी कोई क़ीमत हो सकती है। या कोई अभिनेता जो अपने सेवा और दान कार्य के लिए जाना जाता है, वह उस कंपनी के मूल्यों के साथ एकरूप हो सकता है जो अपने अच्छे काम के लिए प्रसिद्ध हो। ऐसे में यह स्पष्ट है कि कंपनी और प्रसिद्ध व्यक्ति दोनों ही एक अच्छे काम के लिए मिलकर काम कर रहे हैं। संभव है टीडी अमेरिट्रेड के सुबह प्रसारित होने वाले विज्ञापन में शो के मेजबान रेगिस फ़िलबिन और कैली रिपा दोनों ही काम कर रहे हों। मैं अभी भी यह जानने की कोशिश कर रहा हूँ कि दो शो के मेजबान किस तरह से एक बैंक के विज्ञापन में साथ हैं और इस बैंक को चुनने के पीछे के आधार क्या होंगे। जब एक कंपनी की बात को कोई प्रसिद्ध व्यक्ति कहता नज़र आता है, "हमारे उपभोक्ताओं में इस तरह की विशेषताएँ हम चाहते हैं।" ऐसा कहते हुए वे अपने मूल मुद्दे से दूर चले जाते हैं। प्रसिद्ध व्यक्ति किसी कंपनी के क्यों के लिए क्या का काम करते हैं। ऐसे में कंपनी की जो विशेषताएँ हैं, उन्हें उस व्यक्ति को भी धारण करना चाहिए। क्या की स्पष्टता

के बिना कोई भी लाभ केवल पहचान बढ़ाने का ही काम करेगा।

विज्ञापन उद्योग में इस तरह के जोड़-तोड़ उद्योग के मापन के अनुरूप चलते रहते हैं जिसे क्यू स्कोर कहा जाता है। यह एक स्थिरांक होता है जिससे यह जाना जाता है कि कोई व्यक्ति लोगों में कितना प्रसिद्ध है, कितनी अच्छी तरह से बात रख पाता है और कितने अधिकाधिक लोगों को आकर्षित कर सकता है। यह स्कोर जितना अधिक होगा उतना ही उस व्यक्ति के पक्ष में मत बनेगा। केवल यही सूचना पर्याप्त नहीं होती। बोलने वाले के मन में क्यों की स्पष्टता जितनी अधिक होगी, वे किसी कंपनी के लिए उतनी ही अच्छी तरह से काम कर पाएँगे, मगर वर्तमान में प्रसिद्ध व्यक्ति के क्यों को जान पाना संभव है। अतः उसके परिणाम अपेक्षा के अनुरूप ही आते हैं। प्रसिद्ध व्यक्तियों द्वारा विज्ञापन करवाने का कारण यही है कि वे अकेले ही लोगों को अपनी बात मनवाने की क्षमता रखते हैं। जब तक दर्शकों को इस बात का अहसास नहीं होता कि कंपनी का प्रचार करने वाला स्वयं किस बात में विश्वास रखता है, जब तक वे यह मानते रहते हैं कि वह भी उनमें से ही एक है तब तक इससे ख़ासी पहचान मिलती है और इससे थोड़े समय के लिए ही सही बिक्री बढ़ जाती है, मगर इससे विश्वास क़ायम रखने में सफलता नहीं मिलती।

भरोसे पर आधारित अनुशंसा बहुत प्रबल होती है जिसके साथ कई तथ्य और आंकड़े और अरबों-खरबों का बजट होता है। उस युवा पिता के बारे में सोचो जो अपने हाल ही में जन्मे बच्चे के लिए न जाने क्या-क्या सोचता है। वह सोचता है कि वह अपने बच्चे की सुरक्षा के लिए एक कार ख़रीदेगा। वह इसके लिए पूरा एक सप्ताह पढ़ने और रिपोर्ट जुटाने में लगाता है। हर तथ्य के आधार पर वह तय करता है कि इस शनिवार को वह वॉल्वो ख़रीद रहा है। उसने अपना मन बना लिया है। शुक्रवार को वह अपनी पत्नी के साथ रात के खाने पर जाता है। उसके पास खड़ा उसका दोस्त कार के स्थानीय ब्रांड्स का भक्त है। यह नया-नया पिता अपने उस दोस्त के पास जाकर उसे गर्व के साथ बताता है कि नया-नया पिता बनने की ख़ुशी में उसने वॉल्वो ख़रीदने का निश्चय किया है। बिना कुछ विचार किए उसका दोस्त उत्तर देता है, "तुम ऐसा क्यों कर रहे हो? मर्सीडीज़ रास्ते के लिए सबसे सुरक्षित कार है। यदि तुम्हें सचमुच अपने बच्चे की सुरक्षा की चिंता है तो तुम निश्चित ही मर्सीडीज़ ही ख़रीदोगे।"

एक अच्छा पिता बनने की इच्छा और अपने मित्र पर भरोसा करने के विचार वाली दोनों नावों में सवारी करने से तीन में से एक बात हो पाएगी। या तो हमारा नया-नया पिता अपना निर्णय बदलकर मर्सीडीज़ ख़रीद लेगा, या वह अपने पहले वाले निर्णय पर क़ायम रहेगा, मगर मन में शंका बनी रहेगी कि वह सही कर रहा है या नहीं, या वह फिर से कारों के बारे में शोध करेगा और अपने निर्णय के पक्ष में तथ्य जुटाएगा। अपने पहले लिए गए निर्णय के बारे में भले ही उसके पास कितने ही तथ्य हो, कितनी ही जानकारी उसकी जबान पर हो, भले ही उसे अपना निर्णय सही लग रहा हो मगर तनाव बढ़ता है और आत्मविश्वास कम होता जाता है यानी आप चाहे जो भी समझें, दूसरों की राय महत्त्व रखती है, विशेषकर उनकी जो हमारे लिए महत्त्वपूर्ण होते हैं।

प्रश्न यह नहीं है कि कार बनाने वाली कंपनियों को कार ख़रीदने के बारे में पिता से किस तरह से बात करनी चाहिए। प्रश्न यह भी नहीं है कि वे उस कारों के शौकीन मित्र की राय के प्रभाव का सामना किस तरह करते हैं। ख़रीदार और निर्णय को प्रभावित करने वाले की अवधारणा नई नहीं है। प्रश्न यह है कि आप अपने बारे में, अपने पक्ष में बात रखने वाले ऐसे पर्याप्त प्रभावशाली लोगों को किस तरह अपने साथ ला सकते हैं जिससे वे आपको लाभ दिला सकें?

7

टिपिंग पॉइंट कैसे काम करता है

यदि मैंने आपको बताया होता कि मैं एक ऐसी कंपनी को जानता हूँ जिसने एक ऐसी नई तकनीक ईजाद की है जो हमारे टीवी देखने के तरीक़े को बदल देगी तो क्या यह बात आपका ध्यान आकर्षित करेगी? शायद आप उनके उत्पाद ख़रीदने में या उनकी कंपनी में धन लगाने में रुचि दर्शाएँ। चलिए, इसे और बढ़िया बनाते हैं - क्योंकि इस कंपनी के पास केवल एक ही सर्वश्रेष्ठ उत्पाद उपलब्ध है। उनकी गुणवत्ता भी बाज़ार में उपलब्ध अन्य किसी भी उत्पाद से काफ़ी बेहतर है और उनके जनसम्पर्क के प्रयास भी काफ़ी अच्छे हैं, इसी के चलते आज ये घरेलू उपकरणों की श्रेणी में जाना माना नाम है। क्या इसे सुनकर आपकी रुचि जागेगी?

टिवो कंपनी के मामले में ऐसा ही हुआ। यह एक ऐसी कंपनी थी जिसके पास सब कुछ था मगर जो अपने प्रचार-प्रसार और वित्त लाभ के मामले में एकदम असफल साबित हुई। चूँकि ऐसा लगता था कि उनके पास तो सफलता के सारे गुर हैं, टिवो की असफलता ने अब तक की धारणाओं को चुनौती दी। यदि आप यह जान लें कि वे अपने काम में क्यों की तुलना में इस बात को अधिक महत्त्व देते थे कि वे क्या करते हैं तो उनके संघर्ष को यह जानते हुए आसानी से समझा जा सकता है। उन्होंने नवाचार के विसरण के नियम को भी अनदेखा किया।

सन् 2000 में मैलकॉम ग्लैडवैल ने अपना टिपिंग बिंदु बनाया और टिपिंग बिंदु व्यापार और समाज में किस तरह से काम करते हैं, इसे उन्होंने

हमारे साथ साझा किया। उनकी पुस्तक *द टिपिंग पॉइंट* में ग्लैडवैल कुछ ऐसे लोगों के समूह को उल्लेखित करते हैं जिन्हें ये योजक और प्रेरक कहते हैं। थोड़ी सी शंका के बाद ग्लैडवैल के विचार को स्थान मिला। फिर भी यह सवाल बार-बार उठता ही है कि किसी प्रेरक को ही किसी को किसी उत्पाद की ख़रीद के बारे में क्यों बताना चाहिए? बाज़ार के विक्रेता हमेशा से प्रेरक व्यक्तियों को अपने प्रभाव में लेने का प्रयास करते हैं। हमें इस बात पर कोई शंका नहीं है कि टिपिंग बिंदु काम करते हैं और ग्लैडवैल ने जो भी स्थितियाँ बताई हैं, वे भी सही हैं मगर क्या टिपिंग बिंदु अंतर्राष्ट्रीय स्तर पर भी घटित हो सकते हैं, काम कर सकते हैं? ये केवल अचानक घटने वाली घटना तो निश्चित ही नहीं हो सकते। यदि ऐसी घटनाएँ अस्तित्व रखती हैं तो हम ऐसी घटनाओं को डिजाइन भी कर सकते हैं और यदि हम इन्हें डिजाइन कर सकते हैं, तो फिर हम ऐसी घटना भी डिजाइन कर सकते हैं जो प्रारंभिक टिप से अलग हो, बढ़कर हो। किसी सामान्य उन्माद और समाज या दुनिया को बदल डालने वाले विचार में यही फ़र्क़ होता है।

1962 में लिखी अपनी पुस्तक *डिफ़्यूजन ऑफ़ इनोवेशन्स* में एवर्ट एम. रोज़र ने पहली बार औपचारिक रूप से यह बताया कि नवाचार समाज में किस तरह से फैलते हैं। तीस साल बाद अपनी पुस्तक *क्रॉसिंग द कैज़म* में जेफ्री मोर ने रोज़र के इसी विचार को हाईटेक उत्पादों की मार्केटिंग के सिद्धांत के रूप में इस्तेमाल किया। मगर डिफ़्यूजन ऑफ़ इनोवेशन का सिद्धांत किसी तकनीक या नवाचार के केवल यहाँ-वहाँ फैल जाने से कहीं अधिक की बात करता है। यह वास्तव में उस विचार के विसरण की बात करता है।

यदि आप इस नियम को नहीं जानते हैं फिर भी आप इस तरह की शब्दावली से कुछ हद तक परिचित हैं। हमारी जनसंख्या को पाँच बड़े हिस्सों में बाँटा गया है जो एक वक्र में समाहित किए जाते हैं – नवाचारी, नवाचार को तुरंत ग्रहण करने वाले, जल्दी बहुमत में आने वाले, देर से बहुमत में आने वाले और पिछड़े हुए ये वे पाँच हिस्से हैं।

जैसा कि यह नियम कहता है किसी भी समाज में पहले 2.5 प्रतिशत लोग नवाचार करने वाले हुआ करते हैं और अगले 13.5 प्रतिशत लोग इन नवाचारों को तुरंत अपनाने वाले होते हैं। मोर कहते हैं कि नवाचारी लोग किसी भी नए विचार या उत्पाद को तुरंत ग्रहण करते हैं। हमेशा पहले स्थान

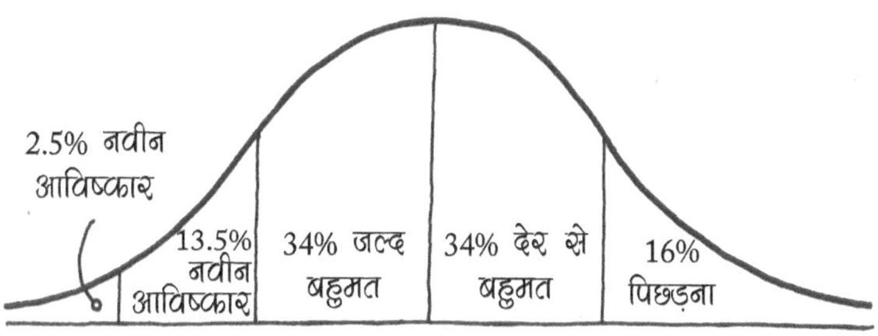

पर आना इनके जीवन का केंद्र होता है। जैसा कि उनके नाम से ही पता चलता है, नवाचारी लोग पूरी जनसंख्या का एक छोटा-सा हिस्सा होते हैं जो हमें दुनिया को अलग तरीक़े से देखने और सोचने की चुनौती देते हैं।

नवाचारों को तुरंत ग्रहण करने वाले लोग नए विचारों और नई तकनीक के महत्त्व को समझने और उन्हें अपनाने की दृष्टि से नवाचारियों की ही भाँति हुआ करते हैं। ये लोग नए विचारों के महत्त्व को जल्दी समझते हैं और स्वीकार करते हैं और उन्हें अपूर्णता की स्थिति में भी स्वीकारने को तैयार होते हैं चूंकि उनका महत्त्व वे जानते हैं। ये सब होने के बावजूद नवाचारों को जल्दी ग्रहण करने वाले लोग नवचारियों की तुलना में नई तकनीक को अमल में लाने का जोखिम स्वयं उठाने की तैयारी नहीं रखा करते। हालाँकि मोर के अनुसार ये दोनों ही समूह बाक़ी बातों में समान ही होते हैं और अपने सहज बोध पर बहुत विश्वास किया करते हैं। वे अपने दिल की बात पर अधिक भरोसा किया करते हैं।

नवाचारों को तुरंत ग्रहण करने वाले लोग नवचारियों की तुलना में कम ही सही, मगर किसी सही प्रतीत होने वाले विचार या उत्पाद को अपनाने के लिए एक हद तक असुविधा सहन करने या आर्थिक नुक़सान सहन करने के लिए तैयार हुआ करते हैं। ये लोग इस वक्र के बाईं तरफ़ खड़े हुए लोग वे ही लोग हैं जो एपल की मोबाइल फ़ोन के बाज़ार की दुनिया में प्रवेश का प्रतीक आईफ़ोन को लेने के लिए छह घंटे पंक्ति में खड़े हुए थे, जबकि वे कुछ सप्ताह बाद इस फ़ोन को एपल के किसी स्टोर से ले सकते थे और इस असुविधा को झेलने की उनकी आकांक्षा के पीछे उत्पाद की महानता से ज़्यादा उनकी अपनी विशेषता कि 'वे कौन हैं' काम कर रही थी। वे इस स्पर्धा में प्रथम आना चाहते थे।

जब पहले फ़्लैट स्क्रीन टीवी आए तो उनकी क़ीमत 40,000 डॉलर से ज़्यादा थी और तकनीक संपूर्ण गुणवत्ता से कहीं दूर। फिर भी उन्हें ख़रीदने वाले भी ख़ास तरीक़े के व्यक्तित्व वाले लोग ही थे। मेरा मित्र नाथन इस श्रेणी में आता है। मैं एक बार उसके घर गया और मुझे वहाँ उसके मोबाइल के क़रीब बारह ब्लू टूथ इयरपीस उसके घर में पड़े दिखाई दिए। मैंने उससे पूछा, "इतने सारे इयरपीस की क्या ज़रूरत है? क्या ये सब बेकार हैं?" उसने जवाब दिया, "नहीं, ये सब के सब नए हैं और नए फ़ोन या लैपटॉप के साथ आए हैं" (उसके घर में पाँच लैपटॉप, ब्लैकबैरी के कई मॉडल और ऐसे कई उपकरण दिखाई दिए जो गुणवत्ता के लिहाज से बहुत सामान्य थे)। नाथन नवाचारों को जल्दी ग्रहण करने वालों की श्रेणी में आता है।

बाक़ी लोगों में से 34 प्रतिशत लोग जल्दी और देर से बहुमत को ग्रहण करने वाले लोग हुआ करते हैं। ये लोग अधिक व्यावहारिक हुआ करते हैं और उनके लिए किसी उत्पाद को ग्रहण करने के पीछे का तर्क महत्त्वपूर्ण हुआ करता है। जल्दी बहुमत में आने वाले लोग नई तकनीक के प्रति जल्दी सहज हो जाया करते हैं जबकि देर से बहुमत में आने वाले लोग इसके प्रति थोड़े असहज बने रहते हैं। शेष बचे हुए लोग पिछड़े की श्रेणी में आते हैं जो टच स्क्रीन फ़ोन केवल इसलिए ख़रीदते हैं कि अब पुराने फ़ोन से उनका काम चलता नहीं है।

आप जितने अधिक इस वक्र के दूरस्थ हिस्से में जाएँगे, आपका सामना ऐसे उपभोक्ताओं से होगा जिन्हें आपके उत्पाद की आवश्यकता तो है मगर संभव है वे उसमें विश्वास नहीं करते जिसमें आपका विश्वास है और उनके लिए आपकी कड़ी मेहनत का कोई अर्थ नहीं है, उन्हें वह हमेशा अपर्याप्त ही लगेगी। उन्हें इससे कोई फ़र्क़ नहीं पड़ता कि किसी उत्पाद के लिए आपने कितनी मेहनत की है। ये शायद ही किसी कंपनी या उत्पाद के प्रति विश्वास रखते हैं। ये शायद ही किसी उत्पाद को ख़रीदने की अनुशंसा करें और कई बार तो आपको अपने ऊपर आश्चर्य होगा कि इनके ऐसे व्यवहार के बावजूद आप इनके साथ व्यापार कर क्यों रहे हैं और फिर भी आप इनके साथ व्यापार करते हैं। "ये लोग हमारे उत्पाद को नहीं ख़रीदेंगे।" हमारा मन हमें यही कहता है। इस समूह की पहचान करने का औचित्य यही है कि आपको इनके साथ व्यापार करने के अवसर को नकार सके। ऐसे लोगों के समूह के लिए अपनी ऊर्जा और समय ख़र्च करने का क्या लाभ है जो आपके उत्पाद

तभी ख़रीदें जब आप उनकी सभी व्यावहारिक आवश्यकताओं को पूरा करें और यदि ऐसा नहीं हो तो वे आपके लिए विश्वासपात्र नहीं बनें। एक बार लोगों से रिश्ता जुड़ जाने के बाद वे इस वक्र के किस हिस्से में आते हैं, यह आकलन करना मुश्किल नहीं है। हाँ, इस अवसर का उपयोग करते हुए काम शुरू करने से पहले ही उनकी पहचान कर लेनी चाहिए।

किसी विचार या उत्पाद के अनुरूप हम सभी इस समूचे वर्णक्रम में अलग-अलग स्थानों पर खड़े हुए हैं। हममें से अधिकांश लोग किसी न किसी विचार या उत्पाद के प्रति अत्यधिक समर्पित होते हैं और स्पेक्ट्रम की बाईं ओर झुकाव दिखाते नज़र आया करते हैं। किसी अन्य विचार या उत्पाद के लिए संभव है हम स्पेक्ट्रम के दाहिनी ओर झुकते नज़र आएँ। जब हम इस स्पेक्ट्रम के एक तरफ़ होते हैं तो हमें अक्सर दूसरी तरफ़ के लोगों के व्यवहार को समझने में दिक्कत आती है क्योंकि उनका व्यवहार हमारे लिए कोई मायने नहीं रखता। जब नए फ़ैशन की बात आती है तो मेरी बहन उसे जल्दी ग्रहण करने वालों में से है जबकि मैं देर से बहुमत का अनुसरण करने वालों में से हूँ। यह हाल ही की बात है, जब मैं आख़िरकार क़ीमती डिज़ाइनर नई नीली जीन्स लेकर आया। मैं मानता हूँ कि वह देखने में अच्छी लगती हैं, मगर फिर भी मुझे लगता है कि उनकी क़ीमत बहुत ज़्यादा है और मुझे समझ में नहीं आता कि मेरी बहन को ऐसा क्यों नहीं लगता।

इसके विपरीत, मैं नई तकनीक को जल्दी अपनाने वालों में से हूँ। मैं ब्लू रे का डीवीडी प्लेयर उस समय ख़रीदकर लाया था, जब उसकी तकनीक इतनी उन्नत नहीं हुई थी। मैंने इसके लिए सामान्य डीवीडी प्लेयर से चार से पाँच गुना अधिक क़ीमत दी। मेरी बहन यह नहीं समझ पाती कि मैं इन बेकार चीज़ों में अपना धन क्यों बर्बाद करता हूँ। हम लोग कभी इन बातों को एक सी नज़रों से नहीं देख पाते।

हम सभी लोग अलग-अलग बातों को अलग-अलग महत्त्व दिया करते हैं और हमारा व्यवहार भी उसी के अनुरूप होता है। इसीलिए किसी विचार या उत्पाद को ख़रीदने के लिए व्यक्ति को तर्क या भौतिक लाभ की बात करते हुए "समझाना" अक्सर कामयाब नहीं होता। यह फिर से होंडा ओडीसी और पुरानी फ़रारी की बहस में पड़ने जैसा है। डिजाइनर जीन्स की कंपनियाँ या मेरी बहन उन जीन्स के कपड़े की गुणवत्ता, डिज़ाइन, महत्त्व आदि के बारे में बात कर सकती है मगर ये बातें एक कान से सुनकर दूसरे कान

से बाहर निकाल दी जाएँगी। इसी तरह से यदि मैं अपने महँगे डीवीडी की ख़रीदी के पीछे ढेरों तर्क दूँ पर मेरी बहन उसका एक शब्द भी सुनना पसंद नहीं करेगी। अर्थात भले ही कितना ही प्रभावी क्यों नहीं हो, जोड़-तोड़ कभी भी भरोसे और विश्वास को उत्पन्न नहीं कर सकता और इसमें शामिल हुए सभी के लिए तनाव और ख़र्च दोनों ही बढ़ते हैं।

अधिकांश लोगों या संस्थाओं, जिनके पास उत्पाद या विचार के रूप में कुछ बेचने के लिए होता है, उन्हें बाज़ार में बड़े पैमाने पर सफलता और स्वीकार्यता हासिल करने की आकांक्षा होती है। अधिकांश लोगों की उम्मीद होती है कि वे इस वक्र को भेदकर असाधारण सफलता हासिल करेंगे। ऐसा करने की बात कहना सरल है, बजाय उसे कर दिखाने के। जब आप छोटे उद्यमी से उसके लक्ष्य के बारे में पूछते हैं तो उनमें से कई आपको यह बताएँगे कि वे इतने सालों में अरबपति व्यवसायी बनना चाहते हैं, मगर इसके बरअक्स आंकड़े कुछ ज़्यादा अच्छी तसवीर नहीं दिखाते। अमेरिका में नामांकित 2 करोड़ 70 लाख कारोबारों में से 2,000 से भी कम अपने वार्षिक कर में अरब डॉलर तक पहुँच पाते हैं और अमेरिका के कारोबारों में से 99.9 प्रतिशत ऐसे हैं जिनके कर्मचारियों की संख्या 500 से कम है। दूसरे शब्दों में बाज़ार पर आधिपत्य जमाना सचमुच कठिन है।

बाज़ार की उपलब्धियों को दोहराने के क्रम में बड़ी कंपनियों के सामने भी वैसी ही चुनौतियाँ हुआ करती हैं। वे एक या दो बार बाज़ार में उपलब्धि हासिल कर चुकी हैं तो इससे यह तय नहीं होता कि उन्हें हमेशा ही सफलता मिलेगी। उदाहरण के लिए माइक्रोसॉफ़्ट ने अपने मल्टीगीगाबाइट एमपी थ्री प्लेयर से "आईपॉड पर बढ़त पाने" की कोशिश की जिसमें उन्हें सफलता नहीं मिली। भले ही उत्पाद की गुणवत्ता श्रेष्ठ हो, फिर भी हमेशा सफलता के लिए कुछ और चीज़ों की भी दरकार हुआ करती है। यह नहीं भूलना चाहिए कि 1980 में वीडियो टेप में बेट्मेक्स के उच्च गुणवत्ता की तकनीक भी कम गुणवत्ता की वीएचएस तकनीक को मात नहीं दे सकी थी। बाज़ार में सर्वश्रेष्ठ की हमेशा जीत नहीं होती। यदि आपके लिए बाज़ार में अत्यधिक प्रतिसाद मिलना महत्त्वपूर्ण है, तो किसी भी प्राकृतिक नियम के ही मुताबिक़ विसरण के नियम आपको मानना होगा। इससे मानने से इनकार करने की क़ीमत भले ही पूर्ण असफलता नहीं हो पर साधारण स्तर की सफलता और धन के नुक़सान के रूप में चुकानी पड़ सकती है।

बाज़ार की सफलता के मामले में विरोधाभास है, क्योंकि यह बदलता रहता है। यदि आप इस वक्र के बीच में खड़े लोगों को ध्यान में रखते हुए अपनी मार्केटिंग की रणनीतियाँ बनाते हैं, यदि आपका सारा ध्यान इन्हीं लोगों को आकर्षित करने पर है तो आपकी सफलता लगभग असंभव है। इसे संभव किया तो जा सकता है मगर भारी क़ीमत चुकाने के लिए। ऐसा इसलिए है कि जल्दी बहुमत को अपनाने वाले लोग आपके उत्पाद को तब तक नहीं लेंगे, जब तक कि कुछ लोग पहले से इसे उपयोग में ला चुके हों और उनकी राय इसके बारे में अच्छी हो। ये वर्ग किसी उत्पाद या विचार को अपनाने के लिए किसी ऐसे व्यक्ति की अनुशंसा चाहते हैं, जिसने इस उत्पाद का इस्तेमाल कर लिया हो और जिस पर वे भरोसा करते हों। वे निजी अनुशंसा पर भरोसा करते हैं।

विसरण के नियम के अनुसार बाज़ार में अत्यधिक सफलता पाना तभी हो सकता है जबकि आप बाज़ार के 15 से 18 प्रतिशत पर पकड़ बना लें। क्योंकि जल्दी बहुमत में आने वाले लोग तब तक किसी उत्पाद को नहीं अपनाएँगे, जब तक कि कुछ और लोग इसे नहीं अपना लें। इसीलिए हमें अपनी उत्पादों की क़ीमत कम करनी पड़ती है या कुछ और सेवाएँ मुफ़्त देनी पड़ती हैं। हम इस वर्ग के लोगों की जोखिम सहन करने की क्षमता को कम करना चाहते हैं, जब तक कि वे हमारे साथ सहज नहीं हो जाएँ। जोड़-तोड़ इसी का नाम है। यह वर्ग उत्पाद ख़रीद सकता है मगर ये विश्वासपात्र नहीं रहेंगे। याद रहे, वफ़ादारी तब पनपती है, जब लोग आपके साथ कारोबार करने के लिए थोड़ी असुविधा सहन करने को तैयार हों मगर ये लोग किसी और के द्वारा बेहतर ऑफ़र देने पर उसकी ओर जा सकते हैं। यह ऐसा है जिसे देर से बहुमत में आने वाले लोग शायद ही करें। इस तंत्र पर पकड़ बनाने की और उसे भेदने की योग्यता के लिए उस बिंदु की पहचान करना ज़रूरी होता है, जहाँ से किसी विचार या उत्पाद का प्रचार असाधारण तरीक़े से होने लगता है। यह टिपिंग समय होता है जब किसी उत्पाद को बाज़ार में असाधारण सफलता मिलती है। यह वह बिंदु होता है, जब कोई विचार किसी आंदोलन में बदल जाता है। जब ऐसा होता है तो व्यापार में वृद्धि घातीय या नमूने के लिए नहीं होती वरन यह वृद्धि स्वचालित और वास्तविक वृद्धि हुआ करती है और यह ऐसे ही होती जाती है।

व्यापार का उद्देश्य तब केवल किसी उत्पाद को बहुतायत आबादी को बेचना नहीं होना चाहिए, वरन ऐसे लोगों को ढूँढ़ना होना चाहिए, जो इस वक्र की बाईं तरफ़ के हों यानी जो आपके विश्वास पर विश्वास रखते हों। आप जो भी करते हैं, उन्हें इसमें ख़ूबी नज़र आती है और ये आपके लक्ष्य के लिए ख़ुशी-ख़ुशी अपना धन ख़र्च करने के लिए या आपके लिए थोड़ी असुविधा सहन करने के लिए आसानी से तैयार हो जाते हैं। ये वे लोग हैं जो स्वयं अपनी इच्छा से आपके बारे में लोगों को बताएँगे। ऊपर उल्लेखित 15 से 18 प्रतिशत लोग वे लोग नहीं हैं जो आपके उत्पाद ख़रीदने की इच्छा रखते हैं। ये वे लोग हैं जिनकी धारणाएँ और मूल्य आपसे मेल खाते हैं और जो आपके विचार, उत्पाद और सेवाओं को अपने जीवन में ढालकर उनमें सहभागी होना चाहते हैं यानी आपके क्या को अपने जीवन के क्यों के साथ जोड़ना चाहते हैं, आप क्या करते हैं। इसे वे अपने जीवन के क्यों अर्थात अपनी धारणा, लक्ष्य या विश्वास का मूर्त रूप मानते हैं। आपके उत्पाद या विचार के लिए कुछ तकलीफ़ सहन करना या कुछ क़ीमत चुकाना, यह वे वास्तव में आपके लिए नहीं करके, अपने विश्वास और अपनी धारणा के लिए कर रहे होते हैं। आपके उत्पाद को अपनी जीवन शैली का हिस्सा बनाने की उनकी यह योग्यता ही उन्हें आपके विश्वासपात्र लोगों में शामिल करती है। ये आपके सबसे विश्वासपात्र हितग्राही और सबसे विश्वासपात्र कर्मचारी भी होते हैं। इस स्पेक्ट्रम में वे कहीं भी स्थापित होते हों, ये वही लोग हैं जो न केवल आपको प्रेम करते हैं, वरन आपके बारे में बात भी करते हैं। इस वक्र की बाईं ओर के अधिकाधिक लोगों को अपने पक्ष में कीजिए और वे बाक़ी लोगों को प्रेरित करने का काम बड़ी आसानी से करेंगे।

मैं उद्यमियों से इस बारे में भी बात करना पसंद करता हूँ कि अब वे नया शुरू करने में कितना प्रयास करने वाले हैं। बहुत से लोग गर्व से उत्तर देते हैं, "दस प्रतिशत।" यदि आप सुनहरे वृत्त के सिद्धांत को अनदेखा भी कर दें तो भी औसत का नियम कहता है कि आप व्यापार के दस प्रतिशत से भी जीत हासिल कर सकते हैं। दीवार पर पर्याप्त मैकरोनी फेंकेंगे तो थोड़ी तो दीवार पर जाकर चिपकेगी ही। व्यापार को बढ़ाने के लिए आपको अधिक प्रयास करने होंगे और इसीलिए वक्र के मध्य भाग के लोगों को लक्ष्य बनाना अधिक जटिल और ख़र्चीला होता है। इससे व्यापार भले ही बढ़ेगा, मगर औसत उतना ही रहेगा और ऐसे में दस प्रतिशत प्रयास करना इस तंत्र को

भेदने की दृष्टि से सही नहीं होगा। इसी तरह से आपके मौजूदा दस प्रतिशत ग्राहक तो वैसे ही आपके प्रति वफ़ादार हैं मगर वे इतने वफ़ादार क्यों हैं? यह बताना उतना ही मुश्किल है जितना यह बताना कि हम अपने साथी से इतना प्यार क्यों करते हैं, मगर ये लोग हमारे सर्वश्रेष्ठ उपभोक्ता क्यों हैं, हम इसे सबसे बेहतर तरीक़े से यह कहकर वर्णित कर सकते हैं कि "उन्होंने इसे बस पा लिया है।" भले ही यह विवरण सही लगे वास्तव में ऐसा संभव नहीं है। आपको "इसे पाने वाले" ज़्यादा लोग कैसे मिलेंगे? मोर इसे जल्दी अपनाने वाले और जल्दी बहुमत में आने वालों के बीच की "खाई" के नाम से बुलाते हैं और इस खाई को पाटना कठिन होता है, मगर उस स्थिति में नहीं जबकि आप अपना क्यों जानते हों।

यदि आपमें जल्दी अपनाने वालों पर ध्यान केंद्रित करने का अनुशासन हो तो आपके साथ धीरे-धीरे बहुमत में लोग शामिल हो जाएँगे, यदि आप इसे क्यों की जागरूकता के साथ करें यानि केवल कथित प्रेरकों पर ध्यान देने से बात नहीं बनेगी। तो फिर चुनौती यह होगी कि कौन से प्रेरक लिए जाएँ। कुछ ऐसे होंगे जो इस श्रेणी के लिए योग्य प्रतीत होंगे, पर वास्तविकता में हम सभी जीवन में कभी न कभी अलग-अलग कारणों और स्थितियों में प्रेरक का काम करते हैं। आपको कोई ऐसा ही प्रेरक नहीं चाहिए, वरन एक ऐसा व्यक्ति चाहिए जो आपके विश्वास पर विश्वास कर सके। यदि वे सचमुच आपके विश्वास में विश्वास करते हैं और वक्र की बाईं ओर के लोग हैं, तो उन्हें किसी तरह के प्रलोभन या लाभांश के प्रोत्साहन की आवश्यकता नहीं पड़ेगी। वे ऐसा करेंगे क्योंकि वे ऐसा करना चाहते हैं। किसी प्रेरक को प्रलोभन देकर काम करने के लिए तैयार करना भी एक तरह का जोड़-तोड़ ही है। यह उसे अपने समूह में पूरी तरह से अप्रामाणिक सिद्ध कर देती है। समूह को यह समझने में ज़्यादा देर नहीं लगती कि उनके सामने जो अनुशंसा रखी जा रही है वह समूह के लाभ की दृष्टि से नहीं रखी जा रही है, वरन किसी एक व्यक्ति के स्व लाभ के लिए की जा रही है। ऐसे में विश्वास भंग हो जाता है और प्रेरक का महत्त्व भी लोगों की नज़रों में घट जाता है।

विस्तार के नियम को नहीं मानना आपके लिए भारी पड़ सकता है

1997 में टिवो एक नए उपकरण के साथ बाज़ार की दौड़ में शामिल हुआ था, कुछ लोग इस बात पर वाद-विवाद कर सकते हैं कि उस समय से लेकर आज तक टिवो का वह उपकरण इस श्रेणी का सर्वश्रेष्ठ उपकरण बना हुआ है। कंपनी के लोगों से संबंध (पीआर) भी ज़बरदस्त रहे हैं। उन्होंने अपने उत्पाद के लिए इस तरह ही जागरूकता लोगों में पैदा की है, जिसके बारे में बाक़ी ब्रांड केवल सोच ही सकते हैं। ये सामान्य से अधिक प्रसिद्ध ब्रांड बन चुका है, ठीक उसी तरह से जैसे बैंड एड, क्लीनेक्स या क्यू-टिप्स बन चुके हैं। वास्तव में ये अंग्रेज़ी में तो एक क्रिया का रूप से चुके हैं – "टु टिवो।"

टिवो के पास अपने इस उद्यम के लिए पर्याप्त धन था और एक ऐसी तकनीक थी जिससे वे हम टीवी को किस तरह से जीवन में शामिल करते हैं, इस बात को नए अंदाज़ में प्रस्तुत कर सकते थे। समस्या यह थी कि उन्होंने अपनी इस तकनीक का लक्ष्य इस वक्त में बीचोंबीच स्थित लोगों को बनाया। इस उत्पाद की बाज़ार में भारी माँग से उत्साहित होकर उन्होंने विसरण के नियम के सिद्धांतों को दरकिनार कर दिया और बड़े समूह को अपना लक्ष्य बना लिया। इसमें एक गड़बड़ी और हुई कि बजाय अपनी कंपनी के क्यों को स्पष्ट करने के, इन्होंने अपने उत्पाद के क्या को ज़ोर-शोर से प्रदर्शित किया। उन्होंने लोगों को उत्पाद की विशेषताओं और उस पर मिलने वाले अन्य लाभों के द्वारा आकर्षित करने का प्रयास किया। उन्होंने बड़े बाज़ार से कहा,

> हम एक नया उत्पाद लेकर आए हैं।
>
> यह लाइव टीवी को विराम देता है।
>
> विज्ञापन रोकता है।
>
> यह टीवी के समान रिवाइंड होता है।
>
> आपकी टीवी देखने की आदतों को अपनी स्मृति में दर्ज करके आपके सेट किए बिना भी आपके पसंदीदा धारावाहिकों को रिकॉर्ड करता है।

बाज़ार के विश्लेषकों ने टिवो और उसकी प्रतिस्पर्धी कंपनी के उत्पादों की सफलता का विश्लेषण किया और एक शोधकर्ता ने अनुमान लगाया कि ये

कथित निजी टीवी रिसीवर्स पहले साल में क़रीब 7,60,000 लोगों तक पहुँच बनाएँगे।

टिवो आख़िरकार 1999 में बाज़ार में आया। पुराने साथी माइक रेमसे और जिम बर्टन जिन्होंने टिवो की स्थापना की थी, वे इस बात को लेकर निश्चिन्त थे कि टिवो के लिए लोग तैयार हैं और उनका यह विश्वास और भी पक्का हो जाता यदि केवल टिवो बात करना जानता। मगर बाज़ार के सारे उत्साह और विश्लेषकों तथा नई तकनीकों के शौकीन लोगों के उत्साह के बावजूद बिक्री के परिणाम निराशाजनक थे। पहले साल टिवो की केवल 48,000 इकाइयाँ बिकीं। इसी बीच रिप्ले जिसके प्रतिपालकों में नेटस्केप के संस्थापक भी शामिल थे, उन्हें लोगों का प्रतिसाद नहीं मिला और इसके स्थान पर वे टेलीविज़न नेटवर्क के साथ इस विवाद में फँस गए कि वे दर्शकों को विज्ञापन नहीं देखने की छूट दे रहे हैं। वर्ष 2000 में कंपनी ने नई रणनीति अपनाई और इसके कुछ ही महीनों में इस कंपनी को सोनिक ब्ल्यू ने ख़रीद लिया जो आगे चलकर दिवालिया घोषित की गई।

विश्लेषक इस बात को लेकर स्तब्ध थे कि टिवो की मशीनें ठीक से बिक क्यों नहीं रही थीं। कंपनी के पास वह सब उपलब्ध दिखाई दे रहा था जो सफल उत्पाद के लिए आवश्यक होता है। उनके पास सफलता की विधि थी – बढ़िया गुणवत्ता का उत्पाद, धन और बाज़ार की आदर्श स्थिति। 2002 में जब टिवो को बाज़ार में उतरे तीन साल हो चुके थे, तब एडवरटाइज़ एज की एक हेडलाइन ने टिवो की बिक्री को बेहतर तरीक़े से परिभाषित किया – अमेरिका के घरों में टिवो से ज़्यादा आउटहाउस हैं (उस समय अमेरिका के 671,000 घरों में आउटहाउस थे जबकि 514,000 से 504,000 घरों में टिवो थे)। टिवो की केवल बिक्री ही कम नहीं थी, वरन कंपनी के शेयरहोल्डर्स को भी इससे लाभ नहीं मिल पा रहा था। वर्ष 1999 में जब बिक्री में गिरावट शुरू हुई थी उस समय टिवो के स्टॉक का मूल्य 40 डॉलर प्रति शेयर था। कुछ महीनों बाद यह केवल 50 डॉलर तक पहुँचा। इसके बाद इसकी क़ीमत लगातार गिरती गई और 2001 तक यह 10 डॉलर पर आ टिका।

यहाँ यदि आप सुनहरे वृत्त के सिद्धांत को लागू करते हैं तो उत्तर एकदम स्पष्ट है – लोग आप क्या करते हैं को नहीं ख़रीदते वरन आप इसे क्यों कर रहे हैं, को ख़रीदते हैं और टिवो ने ख़रीदारों को उनका उत्पाद

क्या-क्या कर सकता है, उसकी विशेषताएँ क्या हैं और उसे ख़रीदने के लाभ क्या हैं, केवल यह बताते हुए उसे बेचने की कोशिश की। व्यावहारिक सोच रखने वाले, तकनीक से भागने वाले लोगों की प्रतिक्रिया यह थी – "मुझे इसकी तकनीक समझ में नहीं आई। मुझे इसकी आवश्यकता नहीं है। मुझे यह पसंद नहीं आया। आप मुझे डरा रहे हैं।" टिवो के लिए वफ़ादार ग्राहकों का प्रतिशत केवल 10 प्रतिशत था जिन्होंने इसे टिवो के नाम पर ही ख़रीद लिया, जिन्हें क्यों के स्पष्ट विवरण की आवश्यकता नहीं थी। वे इसी दिन के लिए थे, मगर उनकी संख्या इतनी नहीं थी कि वे उस टिपिंग पॉइंट का काम कर सकें जिसकी टिवो को ज़रूरत थी और जिसकी उसने कल्पना की थी।

टिवो को क्या करना चाहिए था, यदि यह सोचा जाए तो स्पष्ट है कि उसे बताना चाहिए था कि उसकी धारणा, उसका विश्वास क्या है। उन्हें अपने क्यों के बारे में बात करनी चाहिए थी। उन्हें सबसे पहले यह बताना चाहिए था कि इस उत्पाद को बनाने की आवश्यकता क्यों पड़ी, इसके बाद अपने इस आविष्कार को इनोवेटर्स और अर्ली एडॉप्टर्स के साथ साझा करना चाहिए था, जो उनके विश्वास में विश्वास रखते थे। यदि टिवो ने अपनी बिक्री की तैयारी इस बात से की होती कि उन्होंने इस उत्पाद को क्यों बनाया है, तो उनका उत्पाद स्वयं उनके बड़े लक्ष्य का प्रमाण बन जाता – उनके क्यों का प्रमाण। यदि उनका सुनहरा वृत्त संतुलित होता तो इसके परिणाम संभवतः बिलकुल अलग होते। टिवो के उत्पाद की विशेषता के पहले विज्ञापन की इसके क्यों से शुरू होने वाले संशोधित संस्करण से तुलना करके देखते हैं –

यदि आप इस तरह के व्यक्ति हैं जिन्हें अपने जीवन के हरेक आयाम पर पूरा नियंत्रण चाहिए तो हमारे पास आपके लिए एक उत्पाद है –

यह लाइव टीवी को विराम देता है।

विज्ञापनों को छोड़ देता है।

लाइव टी.वी. को रिवाइंड करता है।

आपके देखने की आदतों और देखे गए शोज को आपके बताए बिना भी अपने आप रिकॉर्ड करता है।

इस संस्करण में, सभी सुविधाएँ और तर्कसंगत लाभ संस्था के क्यों के प्रमाण के रूप में काम करते हैं, केवल इसे क्यों ख़रीदें के लिए नहीं। क्यों वह

घटक होता है जो ख़रीदी के निर्णय को प्रभावित करता है और क्या उस निर्णय के पक्ष में तर्क प्रस्तुत करता है।

बाज़ार के उचित हिस्से को अपने प्रभाव में लेने के लिए अपनी असफलता की पुष्टि करने के लिए टिवो ने जो कुछ घट रहा था, उसका बड़ा ही तार्किक विवरण पेश किया। टिवो के प्रवक्ता रेबेका बेयर ने कहा, "जब तक लोग इसे लेकर देखेंगे नहीं, वे नहीं समझ पाएँगे कि उन्हें इसकी आवश्यकता क्यों है।" यदि तर्क की यह दिशा सही है तो कोई भी नई तकनीक कभी भी पकड़ नहीं बना पाएगी। यह साफ़ तौर पर ग़लत तर्क है। हालाँकि श्रीमान बेयर इस बारे में सही थे कि बाज़ार ने उनके उत्पाद के महत्त्व को नहीं समझा, मगर यह टिवो की असफलता थी कि वे वक्र की बाईं तरफ़ के अपने ग्राहकों तक जो बाकियों को इस उत्पाद की ख़ूबियों से अवगत कराने और इसको अपनाने के लिए प्रोत्साहित करने का काम करते, अपनी बात ठीक से पहुँचा नहीं पाए। और यही कारण है कि बहुत कम लोगों ने इसे आज़माया। टिवो ने क्यों से शुरुआत नहीं की। उन्होंने वक्र की बाईं ओर के लोगों को अनदेखा किया और इसी से वे अपना टिपिंग बिंदु खोजने में असफल रहे। और इसी के चलते लोगों ने इस पर हाथ नहीं आज़माया और बाज़ार के अधिकांश ख़रीदारों ने इसे नहीं ख़रीदा।

अब अगले दशक की ओर जाते हैं। टिवो के डिजिटल वीडियो रिकॉर्डर तब भी बाज़ार में सर्वश्रेष्ठ थे। इसके प्रति जागरूकता अब शिखर पर थी। लगभग हर व्यक्ति इस बारे में जानता था कि टिवो के उत्पाद क्या हैं और ये किस काम आते हैं, बावजूद इसके कंपनी का भविष्य किसी भी तरह से सुरक्षित नहीं था।

लाखों लोग यह कहते होंगे कि हम हर समय "टिवो" (रिकॉर्ड) किया करते हैं मगर दुर्भाग्य से वे टिवो के सिस्टम का इस्तेमाल नहीं करते थे, बल्कि वे "टिवो" (रिकॉर्ड) करने के लिए केबल या सेटेलाइट कंपनी द्वारा दिए गए डिजिटल वीडियो रिकॉर्डर (डीवीआर) का इस्तेमाल किया करते थे। कई लोग यह तर्क भी देते हैं कि टिवो की असफलता के पीछे केबल कंपनियों द्वारा डीवीआर के अत्यधिक मात्रा में वितरण का भी हाथ रहा है। मगर हम अब यह जानते हैं कि लोग यदि किसी उत्पाद को पसंद करते हैं या उसे अपने स्तर का समझते हैं तो उसे ख़रीदने के लिए वे कुछ भी कर सकते हैं, अधिक क़ीमत अदा कर सकते हैं या किसी भी तरह की असुविधा सहन

कर सकते हैं। अभी कुछ समय पहले तक भी जो लोग हार्ले डेविडसन की मोटर बाइक ख़रीदना चाहते थे, वे छह महीने से लेकर एक साल तक इसके लिए इंतज़ार किया करते थे। देखा जाए तो किसी उत्पाद को ग्राहकों तक इतनी देर से पहुँचाना किसी भी तरह से बुरी सेवाओं के अंदर ही आएगा। उनके उपभोक्ता कावासाकी के विक्रेता के पास जाकर नई गाड़ी तुरंत लेकर आ सकते थे। उन्हें हार्ले से मिलता-जुलता और उतनी ही विशेषताओं वाला मॉडल उससे कम क़ीमत पर मिल जाता, मगर उन्होंने इस असुविधा को अपनी मर्ज़ी से स्वीकार किया, सहन किया और इसलिए नहीं कि वे मोटरसाइकिल ख़रीदना चाहते थे, वरन इसलिए कि वे हार्ले की मोटरसाइकिल ख़रीदना चाहते थे।

टिवो इन ठोस सिद्धांतों को अनदेखा करने वाली पहली कंपनी नहीं है, न ही अंतिम कंपनी होगी। साइरस या एक्सएम रेडियो जैसी सेटेलाइट रेडियो तकनीक की अल्प सफलता ने भी इसी का अनुसरण किया। उन्होंने एक एकदम नई तकनीक जिसे अत्यधिक प्रचार-प्रसार और धन उपलब्ध था, लोगों के सामने पेश की जो उपभोक्ताओं को नई विशेषताओं और लाभों को देने की बात करती थी, टीवी देखते समय कोई विज्ञापन नहीं, कई सारे चैनल दिखाने की बात कहती थी। इसके साथ-साथ इसके प्रचार-प्रसार में प्रसिद्ध व्यक्तियों यानी मशहूर रैप गायक स्नूप डोग्ग और 1970 के प्रसिद्ध पॉप कलाकार डेविड बूवी की भी सहायता ली गई, बावजूद इसके यह बाज़ार में टिक नहीं सकी। जब आप क्यों के साथ शुरू करते हैं, तो जो लोग आपके विश्वास में विश्वास रखते हैं वे अपने निजी कारणों से आपके पास चले आते हैं। ये वे लोग होते हैं जो आपके जैसी धारणाएँ और विश्वास रखते हैं, और वे इसी कारण आपके साथ आ खड़े होते हैं, आपके उत्पाद की गुणवत्ता के कारण नहीं और यही विशेषता तंत्र को टिप करने का काम करती है। इस पूरी प्रक्रिया में आपकी भूमिका अपने उद्देश्य, लक्ष्य और धारणा को लेकर स्पष्ट होनी चाहिए और यह भी स्पष्टता होनी चाहिए कि आपका उत्पाद आपके लक्ष्य को किस तरह आगे बढ़ाता है। क्यों की अनुपस्थिति के चलते नए विचार और नई तकनीक भी केवल क़ीमतों और विशेषताओं के बखान के खेल में फँसकर रह जाती हैं जो कि क्यों की अनुपस्थिति और बाज़ार में उत्पाद की स्थिति में गिरावट का संकेत होती है। यहाँ तकनीक असफल नहीं होती वरन कंपनी इसे जिस तरह से बेच रही थी, वह तरीक़ा असफल

साबित होता है। सेटेलाइट रेडियो ने व्यावसायिक रेडियो को सही अर्थों में विस्थापित नहीं किया है। यहाँ तक कि साइरस और एक्सएम आपस में विलय हो गए, यह सोचकर कि उनकी संयुक्त शक्ति उनके भाग्य को बदलने में मदद करेगी, मगर इस संयुक्त कंपनी के शेयर 50 सेंट प्रति शेयर से भी कम में बिके। और आख़िरी बार जब मैंने देखा था तो एक्सएम अपने उत्पाद को प्रचारित करने के लिए छूट दे रहा था, मुफ़्त घर पहुँच सेवा दे रहा था और स्वयं के बारे में "170 से अधिक चैनल वाली अमेरिका का नंबर 1 सेटेलाइट रेडियो सर्विस" होने का दावा कर रहा था।

लोगों को आप पर विश्वास करने
के लिए कुछ तो दीजिए

28 अगस्त 1963 को अमेरिका के हर हिस्से से आए 2,50,000 लोग वाशिंगटन डी.सी. के एक मॉल में डॉ. मार्टिन लूथर किंग जूनियर का प्रसिद्ध भाषण "मेरे पास एक स्वप्न है" सुनने के लिए आए हुए थे। आयोजकों ने 2,50,000 लोगों को निमंत्रण नहीं भेजे थे और उस समय इस आयोजन की तारीख़ के बारे में पता लगाने के लिए कोई वेबसाइट भी नहीं थी। फिर उन्होंने इतने सारे लोगों को सही समय पर वहाँ इकट्ठा करने का काम कैसे किया?

1960 के आरंभिक दिनों में सारा देश नस्ली भेदभाव से बुरी तरह ग्रस्त था। 1963 में कई शहरों में दंगे हुए। अमेरिका ऐसा देश बन गया था जो असमानता और अलगाव से पीड़ित था। किस तरह से नागरिक अधिकारों के आंदोलन ने इस विचार को बल दिया कि सभी मनुष्य बराबर हैं और इस विचार ने किस तरह से एक आंदोलन का रूप ले लिया, जिसने देश को बदल डाला, इसका राज भी सुनहरे वृत्त के सिद्धांतों में और विसरण के नियम में निहित है।

उस समय अमेरिका में डॉ. किंग ही ऐसे अकेले व्यक्ति नहीं थे, जिन्हें यह मालूम था कि उस समय अमेरिका में क्या बदलाव आवश्यक है, जिससे नागरिक अधिकारों का आंदोलन शुरू हो सके। उनके पास अमेरिका में क्या बदलाव चाहिए के कई विचार थे, मगर ऐसे ही विचार कई लोगों के पास थे और उनके सभी विचार बढ़िया हो ऐसा भी नहीं था। वे भी सर्वगुण संपन्न नहीं थे, उनके जीवन की अपनी जटिलताएँ थीं।

मगर डॉ. किंग अपने दृढ़ विश्वास पर पूर्ण विश्वास रखते थे। वे जानते थे कि अमेरिका में यह बदलाव आना ही है। क्यों के प्रति उनकी स्पष्टता, लक्ष्य के अहसास ने उन्हें अपने लक्ष्य की ओर लगे रहने की ऊर्जा और रास्ते में आने वाली रुकावटों का सामना करने की ताक़त दी। उनके ही समान और भी लोग थे जो अमेरिका के भविष्य के बारे में यह दृष्टि रखते थे, मगर उनमें से कई लोगों ने शुरुआती पराजय के बाद यह रास्ता त्याग दिया। पराजय तकलीफ़देह होती है, और इसके बाद भी सिर उठाकर हर दिन आगे बढ़ते जाने के लिए केवल नियम-क़ानून जानने से बढ़कर कुछ और भी चाहिए होता है। नागरिक अधिकारों के प्रति पूरे देश में जागरूकता लाने के लिए इसके आयोजकों को सबको इकट्ठा करना पड़ा था। वे इसके लिए एक अधिनियम भी लागू कर सकते थे मगर उन्हें केवल अधिनियम लागू करने में रुचि नहीं थी, वरन वे लोगों में इसके प्रति जागरूकता जगाना चाहते थे। उन्हें देश को बदलना था और यह तभी हो सकता था, जब वे सारे देश को अपने इस लक्ष्य से जुड़ने के लिए प्रेरित करते और यह इसलिए नहीं कि वे ऐसा करने के लिए बाध्य थे वरन इसलिए कि वे ऐसा चाहते थे और कोई भी बड़ा बदलाव एक व्यक्ति के बदलने से संभव नहीं हो सकता। इसके लिए उन व्यक्तियों को साथ लाना ज़रूरी होगा, जो डॉ. किंग के विश्वास पर विश्वास रखते थे।

नागरिक अधिकारों को कैसे पाया जाए या उसे पाने के लिए क्या करना पड़ा इसके विवरण पर बहस हो सकती है और इसमें अलग-अलग समूहों ने अलग-अलग रणनीतियों को अपनाया। कुछ लोगों ने हिंसा का सहारा लिया, कुछ ने तुष्टीकरण का। क्या और कैसे हो रहा था, इसकी भिन्नता होने के बावजूद वे सब इसे क्यों कर रहे थे, यह एक बात समान थी। यह केवल मार्टिन लूथर किंग का दृढ़ विश्वास ही नहीं था, जिसने जनता में हलचल मचा दी थी, वरन यह अपने क्यों को शब्दों में व्यक्त करने की उनकी योग्यता थी। डॉ. किंग को एक ईश्वरीय देन मिली हुई थी। वे अपने विश्वास के बारे में बेहतरी से बात कर सकते थे। और उनके शब्दों में लोगों को प्रेरित करने की ताक़त थी।

"मुझे विश्वास है!"
"मुझे विश्वास है!"
"मुझे विश्वास है!"

वे कहते थे, क़ानून दो तरह के होते हैं - वे जो न्यायसंगत होते हैं और वे जो अन्याय संगत होते हैं। एक न्यायसंगत क़ानून मानवों द्वारा निर्मित आचार का तरीक़ा होता है जो नैतिक नियमों से मेल खाता है और अन्याय संगत क़ानून नैतिक नियमों से सामंजस्य नहीं बिठाता... डॉ. किंग ने व्याख्या की। जो भी क़ानून मानव के व्यक्तित्व को ऊँचा उठाएगा, वह न्यायसंगत है। जबकि जो क़ानून मनुष्य के व्यक्तित्व को नष्ट करेगा, हानि पहुँचाएगा वह अन्याय संगत कहलाएगा। मनुष्यों के बीच अलगाव लाने वाले सारे नियम-क़ानून अन्यायसंगत हैं, क्योंकि ये आत्मा को विकृत करते हैं और व्यक्तित्व को हानि पहुँचाते हैं। उनका लक्ष्य नागरिक अधिकारों के आंदोलन से बहुत बड़ा था। यह मानवता के बारे में और लोग एक-दूसरे के साथ किस तरह से व्यवहार करते हैं, इसके बारे में था। यह सही है कि वे जिस समय में और स्थान पर जन्मे थे, उनके शरीर का जो रंग था, उनका लक्ष्य या उनका क्यों उसी से जन्मा था मगर नागरिक अधिकारों के आंदोलन ने मार्टिन लूथर किंग के क्यों अर्थात हरेक के लिए समानता के अधिकार के लिए एक मंच देने का काम किया।

लोगों ने उनके क्यों को सुना और उनके शब्दों ने लोगों को गहराई तक जाकर प्रभावित किया। जो लोग इनके विश्वास पर विश्वास करते थे। उन्होंने इसे अपने जीवन का लक्ष्य बनाया और यह लक्ष्य उनका भी हो गया। फिर उन्होंने और लोगों को बताया कि वे किस बात में विश्वास करते हैं और उन लोगों ने इसे अपना विश्वास बना लिया। फिर कुछ लोगों ने इस विश्वास को सबका विश्वास बनाने के लिए व्यवस्थित और प्रभावी रूप से संगठित होने का काम किया और 1963 की गर्मियों में हज़ारों लोग लिंकन संग्रहालय की सीढ़ियों पर दिया गया मार्टिन लूथर किंग का प्रसिद्ध भाषण "मेरे पास एक स्वप्न है" सुनने के लिए इकट्ठे हुए।

मगर इनमें से कितने लोग डॉ. किंग के लिए आए थे?

शून्य।

वे सभी अपने लक्ष्य के लिए इकट्ठे हुए थे। यह वही था जिसमें उनका विश्वास था। यह वही था जिसके द्वारा अमेरिका को बेहतर देश बनने में मदद की जा सकती है, उन्हें ऐसा लगा था। ये वे लोग थे जो ऐसे देश में रहना चाहते थे, जो उनके मूल्यों और विश्वासों को प्रतिबिंबित करता हो। और इसी विचार ने उन्हें प्रेरित किया, जिसके परिणामस्वरूप अगस्त महीने

में वे आठ घंटे के बस के सफ़र के बाद वाशिंगटन में तेज़ धूप में डॉ. किंग का भाषण सुनने आए। केवल वाशिंगटन में होने भर से यह पता नहीं चल सकता कि उनका विश्वास क्या है, मगर वाशिंगटन में उपस्थित रहना उनके क्यों तक पहुँचने के लिए क्या का प्रतीक था। यह एक लक्ष्य था और यह उन सभी का लक्ष्य था।

डॉ. किंग के भाषण स्वयं ही वहाँ खड़े श्रोताओं के लिए उन्हें उनके जीवन के लक्ष्य के याद दिलाने के लिए एक साधन का काम किया। और वह भाषण केवल इस बारे में था कि डॉ. किंग किस बात में विश्वास रखते हैं। उन्होंने यह नहीं कहा कि "आगे की योजना क्या है" वरन वे कहते रहे, "मेरा एक सपना है..." उनका भाषण नागरिक अधिकारों को प्राप्त करने के लिए कोई बारह बिंदुओं का योजना पत्र नहीं था, वरन यह एक उद्देश्य को स्पष्ट कर रहा था। डॉ. किंग ने अमेरिका को किसी ऊँचाई तक ले जाने की बात कही, जहाँ रहा जा सके, ऐसा किया कैसे जाए, उसकी योजना नहीं बताई। इस आंदोलन में आगे की योजना का भी स्थान था मगर वह स्थान लिंकन संग्रहालय की सीढ़ियों पर नहीं था।

मार्टिन लूथर किंग द्वारा अपने विश्वास का, अपने लक्ष्य का शब्दांकन उन लोगों के लिए अत्यंत सशक्त था, जो इसी तरह की धारणा रखते थे, भले ही वे असमानता से इतने प्रभावित नहीं हों। उस दिन रैली में आए लोगों में से चौथाई लोग गोरे थे। यह विश्वास केवल काले लोगों की अमेरिका के लिए नहीं था, वरन ऐसे साझे देश के लिए था, जिसमें काले-गोरे दोनों समान रूप से रह सकें। डॉ. किंग इस ध्येय के प्रणेता थे। यह ध्येय उन सभी का था, जो भले ही गोरे या काले रंग के थे, मगर वे सभी डॉ. किंग के विश्वास पर विश्वास रखते थे।

डॉ. किंग को उनकी विस्तृत योजना के कारण इस आंदोलन के प्रणेता बनने का अवसर नहीं मिला। यह वास्तव में उनका ध्येय था, विश्वास था जिसे वे लोगों तक सही तरीक़े से पहुँचा पाए और लोगों ने उनका अनुसरण किया। सार यही कि डॉ. किंग भी सभी महान लीडर्स के समान विश्वास का प्रतीक बन गए। आज हम उस विश्वास को ज़िंदा और मूर्त बनाए रखने के लिए महान लीडर्स की मूर्तियाँ लगाते हैं। लोगों ने डॉ. किंग के बदले हुए अमेरिका के विचार के कारण उनका अनुसरण नहीं किया। लोगों ने अपने मन में बदले हुए अमेरिका के विचार को साकार करने के लिए उनका

अनुसरण किया। दिमाग़ का वह हिस्सा जो हमारे व्यवहार और निर्णयों को प्रभावित करता है, उसमें भाषा की क्षमता नहीं होती। इसलिए हमें यह बताने में दिक़्क़त होती है कि हम भावनाओं के वशीभूत होकर जो करते हैं, उसे क्यों करते हैं और इसके लिए हम तर्क देने लगते हैं, जो भले ही सही हो मगर दूसरों को प्रेरित करने के लिए पर्याप्त सशक्त नहीं होते। इसलिए उस दिन जब सभा में आए लोगों से पूछा गया कि वे डॉ. किंग की सभा में क्यों आए हैं, तो उन्होंने सरलता से बताया, "क्योंकि मुझे इस पर विश्वास है।"

डॉ. मार्टिन लूथर किंग जूनियर ने हमें स्पष्टता दी, हम क्या महसूस करते हैं, इसे व्यक्त करने का तरीक़ा बताया। उन्होंने हमें वे शब्द दिए जो प्रेरणा देते हैं। उन्होंने हमें विश्वास करने के जैसा कुछ दिया, कुछ ऐसा जिसे हम अपने मित्रों के साथ साझा कर सकते हों। उस दिन मॉल में जितने भी लोग थे, उन सभी का एक साझा विश्वास, साझा लक्ष्य था और उस दिन वहाँ जो भी था, भले ही उनका रंग गोरा या काला कोई भी हो, भले ही स्त्री हो या पुरुष, भले ही वे किसी भी नस्ल के हों, वे एक-दूसरे पर विश्वास करते थे और यह उनका सम्मिलित, विश्वास, सम्मिलित ध्येय ही था जिसने इतने बड़े आंदोलन का रूप ले लिया जिसने देश को बदल डाला।

हमें विश्वास है।
हमें विश्वास है।
हमें विश्वास है।

भाग IV

उन लोगों को कैसे जुटाएँ जो विश्वास रखते हैं

8

क्यों से शुरू करें, मगर कैसे होगा इसे भी जानें

ऊर्जा उत्तेजित करती है, प्रतिभा प्रेरित करती है

स्टीव बाल्मर, जिन्होंने बिल गेट्स के स्थान पर माइक्रोसॉफ़्ट के प्रमुख निदेशक के पद को ग्रहण किया था, कंपनी के वार्षिक शिखर सम्मेलन में मंच से दहाड़ रहे थे। बाल्मर माइक्रोसॉफ़्ट से प्यार करते हैं और ऐसा उन्होंने स्पष्ट शब्दों में कहा। वे यह भी जानते हैं कि भीड़ में जोश कैसे भरा जा सकता है। उनकी ऊर्जा लगभग जनश्रुतियों की तरह है। वे अपनी मुट्ठियाँ कसते हैं और मंच के एक कोने से दूसरे कोने तक दौड़ लगाते हुए चिल्लाते जाते हैं और पसीने में तर होते जाते हैं। उन्हें मंच पर देखना बहुत ही अद्भुत होता है और लोग उन्हें ऐसे देखना पसंद करते हैं। बाल्मर इस बात को निस्संदेह पुष्ट करते हैं कि ऊर्जा भीड़ को प्रेरित करने का काम कर सकती है मगर क्या यह सारी जनसंख्या को प्रेरित कर सकती है? क्या केवल ऊर्जा होने मात्र से किसी कंपनी से 80,000 लोगों को जोड़े रखा जा सकता है?

इसके विपरीत, बिल गेट्स शर्मीले और लोगों के सामने असहज होने वालों में से हैं, जो सामाजिक रूप से अनुपयुक्त लग सकते हैं। वे अरबों डॉलर वाली कंपनियों के लीडर्स के लिए गढ़ी गई छवि में शायद उपयुक्त प्रतीत नहीं हों। वे लोगों में ऊर्जा भर देने वाले अच्छे वक्ता भी नहीं हैं। फिर भी जब बिल गेट्स बोलते हैं तो लोग दिल थामकर उनकी बात को सुनते

हैं। वे उनके हर शब्द के साथ होते हैं। जब गेट्स बोलते हैं तो वे भीड़ को उत्तेजित नहीं कर रहे होते हैं, वे उन्हें प्रेरित करते हैं, जो उन्हें सुनते हैं, वे उनकी बात को समझते हैं और उसे हफ़्तों, महीनों और सालों तक अपने साथ रखते हैं। गेट्स में ऊर्जा नहीं है मगर वे लोगों को प्रेरित करते हैं।

ऊर्जा उत्साह देती है और प्रतिभा प्रेरित करती है। ऊर्जा को आसानी से देखा जा सकता है, प्रतिभा को वर्णित करना मुश्किल या लगभग असंभव होता है और उसकी नक़ल करना दुर्लभ होता है। सभी महान लीडर्स में वह प्रतिभा है, क्योंकि उन्हें अपने क्यों की स्पष्टता है। उन्हें अपने उस स्थाई विश्वास और लक्ष्य का जो उनसे बड़ा होता है, अहसास होता है और वह उन्हें प्रेरित करता है। बिल गेट्स का कंप्यूटर के प्रति जुनून हमें प्रेरित नहीं करता है, वरन उनका अन्तर्निहित आशावाद, जिसके चलते वे मानते थे कि जटिल से जटिल समस्याओं का भी हल निकाला जा सकता है, हमें प्रेरित करता है। उनका विश्वास था कि सभी लोग सही तरह से जी सकें और अपनी पूरी क्षमता के साथ काम कर सकें और इस राह में आने वाली हरेक रुकावट को दूर किया जा सकता है। यह उनका आशावाद ही था जिसके बहाव में हम बह जाते हैं।

कंप्यूटर क्रांति के दौर में जीते हुए उन्होंने लोगों को अधिक उत्पादक और अपनी पूरी क्षमता का उपयोग करके काम करने की दिशा में कंप्यूटर को एक उत्तम तकनीक माना। इस धारणा ने हर व्यक्ति का अपना निजी कंप्यूटर हो इस दृष्टिकोण को जन्म दिया। विरोधाभास यह है कि माइक्रोसॉफ़्ट ने कभी भी निजी कंप्यूटर नहीं बनाए। गेट्स ने नई तकनीक के इस्तेमाल में केवल यह नहीं देखा था कि कंप्यूटर क्या कर सकते हैं वरन उन्होंने इस पर विचार किया कि हमें कंप्यूटर और नई तकनीक की आवश्यकता क्यों है। आज वे अपनी संस्था बिल ऐंड मिलिंडा गेट्स फ़ाउंडेशन के द्वारा जो काम कर रहे हैं,उसका सॉफ़्टवेयर से कोई संबंध नहीं है, मगर यह उनके एक ओर क्यों को जीवन में लाने का एक तरीक़ा है। वे समस्याओं को सुलझाने के तरीक़े खोजा करते हैं। उनके मन में अटूट विश्वास है और उनका विश्वास है कि यदि हम इस बार उन लोगों की मदद करें जो वंचित और असहाय हैं और उनके रास्ते के कुछ अवरोधों को हटाने का काम करें तो उन लोगों को भी अपनी उत्पादकता और क्षमता को प्रदर्शित करने का और अपने आपको अपनी क्षमता के मुताबिक़ ऊपर ले जाने का अवसर मिलेगा। गेट्स ने अपने

जीवन के लक्ष्य को पूरा करने के लिए उनके क्या में ही बदलाव किए हैं।

प्रतिभा का ऊर्जा से कोई लेना-देना नहीं होता। यह क्यों की स्पष्टता से आती है। यह किसी ऐसे लक्ष्य के प्रति अटूट आस्था से आती है, जो मनुष्य के व्यक्तित्व से ऊपर होती है। इसके विपरीत ऊर्जा रात भर की बढ़िया नींद के बाद या ढेर सी कैफ़ीन लेने की बाद भी आ सकती है। ऊर्जा उत्तेजना दे सकती है, मगर केवल प्रतिभा ही प्रेरित कर सकती है। प्रतिभा प्रतिबद्धता को लाती है, ऊर्जा नहीं।

किसी भी संस्था में लोगों को काम करने के लिए प्रेरित करने के लिए ऊर्जा दी जा सकती है, उन्हें ऊर्जान्वित किया जा सकता है। बोनस, पदोन्नति, अन्य कई प्रलोभन आदि इसी श्रेणी में आते हैं, जो लोगों को कठिन श्रम करने को प्रेरित करते हैं। ये प्रलोभन काम करते हैं मगर लघु अवधि के लिए। समय के साथ ये रणनीतियाँ अधिक ख़र्चीली होती जाती हैं तथा नियोक्ता और कर्मचारी दोनों को ही तनाव में डालती हैं और अंत में लोगों को हर दिन अपने काम का दिखावा करने पर मजबूर कर देती हैं। यह वफ़ादारी नहीं होती, यह काम को दोहराने का कर्मचारी का अपना तरीका होता है। वफ़ादारी तब कही जाएगी, जब कर्मचारी एक कंपनी के लिए दूसरी कंपनी द्वारा प्रस्तावित किए जा रहे लाभों या अधिक धन के प्रस्ताव को भी परे कर देते हैं और उसी कंपनी में काम करना जारी रखते हैं। किसी कंपनी के प्रति वफ़ादारी का लाभ मिलता है और यदि आप अंतरिक्ष यात्री नहीं हैं तो आपको आपका काम प्रेरित नहीं करता। आप काम करने के लिए क्यों आते हैं, इसके पीछे का क्यों आपको प्रेरित करता है। हम काम पर केवल दीवार बनाने के लिए नहीं आते, वरन हम एक चर्च बनाने के लिए आया करते हैं।

चुना हुआ रास्ता

डेटन से छह मील दूर स्थित ओहियो में पले-बढ़े नील आर्मस्ट्रांग राइट बंधुओं के बारे में कई कहानियाँ सुनते हुए बड़े हुए थे। छोटी उम्र से ही वह उड़ने के सपने देखने लगे थे। वह हवाईजहाज़ के मॉडल बनाते थे, उड़ने के बारे में पत्रिकाओं में छपे आलेख पढ़ते थे और अपने घर की छत पर लगे टेलीस्कोप से आकाश को ताका करते थे। उन्हें वाहन चालन का लाइसेंस मिलने से पहले पायलट बनने का लाइसेंस मिल चुका था। बचपन का जूनून वास्तविकता में बदलेगा, यह विधि का विधान ही था और आर्मस्ट्रांग को

अंतरिक्ष यात्री बनना ही था। हालाँकि हममें से अधिकतर लोगों के लिए पेशा चुनने का रास्ता जेफ़ सम्प्टर जैसा होता है।

सम्प्टर जब हाई स्कूल में थे, तब उनकी माँ ने अपने बैंक में, जहाँ वह काम करती थीं, उनके लिए गर्मियों में इंटर्नशिप तलाश की। चार साल बाद हाई स्कूल की पढ़ाई ख़त्म करने के बाद सम्प्टर ने बैंक में किसी अंशकालिक नौकरी का पता लगाने के लिए फ़ोन किया और उन्होंने उसे पूर्णकालिक वेतन और काम पर नियुक्त कर लिया। जैफ़ को बैंकर का पेशा मिल गया था। अपने पंद्रह साल के कार्यानुभव के बाद उसने अपने एक सहयोगी ट्रे मोस्ट के साथ पोर्टलैंड, ऑरेगोन में लेविस ऐंड क्लार्क बैंक के नाम से अपना स्वयं का बैंक शुरू किया।

सम्प्टर अपने काम में माहिर था। वह अपने क्षेत्र के सबसे बढ़िया ऋण अधिकारियों में से एक था। उसे अपने कर्मचारियों और सहकर्मियों के बीच इज़्ज़त मिलती थी, सभी उसे पसंद करते थे मगर जैफ़ भी इसे मानेंगे कि उनके मन में बैंकर बनने का जुनून नहीं था। हालाँकि वह अपने बचपन के सपने को जी नहीं रहे थे, मगर वे किसी बड़े काम को करने का जुनून रखते थे। वे जो करते थे, वह उन्हें अपने बिस्तर से उठाकर खड़ा नहीं करता था, वरन वे इस काम को करने के पीछे का क्यों उन्हें वह उत्साह देता था।

हमारा पेशा चुनना अक्सर आकस्मिक होता है। मैं आज जो कर रहा हूँ, उसे करने की कोई योजना मैंने नहीं बनाई थी। जब मैं बच्चा था तो वैमानिक इंजीनियरिंग करना चाहता था, जब कॉलेज में गया तो मैंने आपराधिक अभियोजक बनने को अपना लक्ष्य बनाया। जब मैं क़ानून की पढ़ाई कर रहा था तो बड़ा अभियोजक बनने का मेरा मोहभंग होने लगा। मुझे अब यह ठीक नहीं लग रहा था। मैं इंग्लैंड के लॉ स्कूल में था, जहाँ लॉ सबसे अंतिम "अंग्रेज़ी" पेशा था, साक्षात्कार में सूट नहीं पहनने भर से मुझे नौकरी नहीं मिलने की संभावना बढ़ सकती थी। यह मेरी पसंद का काम नहीं था।

उन दिनों मेरा परिचय एक ऐसी महिला से प्रगाढ़ हुआ जो सिराकस यूनिवर्सिटी में मार्केटिंग की पढ़ाई कर रही थी। उसे यह समझ में आ गया था कि वह क्या है जो मुझे प्रेरणा देता है और लॉ की पढ़ाई में ऐसा क्या है, जो मुझे परेशान करता है। उसने मुझे सुझाव दिया कि मैं मार्केटिंग में हाथ आज़माऊँ और सचमुच मार्केटिंग में हाथ आज़माने से मुझे नया पेशा

मिला। मगर यह एक ही काम नहीं था जिसे मैंने किया। यह काम करना मेरा जुनून नहीं था और न ही मैं अपने जीवन को इस काम के जरिए से देखता था। मेरे जीवन का लक्ष्य था, लोगों को ऐसे काम करने के लिए प्रेरित करना जिनसे उन्हें प्रेरणा मिलती हो और यही वह कारण है जो मुझे हर सुबह बिस्तर से उठाकर खड़ा कर देता है और इसमें मज़ेदार यह है कि अपने लक्ष्य को प्राप्त करने के विविध तरीक़े खोजना और यह पुस्तक भी उन्हीं में से एक है।

हम जीवन में जो भी करें, हमारा क्यों हमेशा स्थिर रहता है, बदलता नहीं है और हमें निर्देशित करता रहता है। यदि हमारे जीवन का सुनहरा वृत्त संतुलित है तो हम जो भी करते हैं, वह अपने लक्ष्य को जीवन में उतारने का मूर्त तरीक़ा होता है। एक एयरलाइन ने हर्ब केलेहर को स्वतंत्रता में अपने विश्वास को प्रसारित करने का अवसर दिया। किसी मानव को चाँद पर पहुँचाना जॉन एफ़ केनेडी का लक्ष्य था, जिसके लिए उन्होंने ऐसे लोगों को इकट्ठा किया जो देश सेवा में यक़ीन रखते हों और इसके पीछे उनका लक्ष्य केवल देश की सेवा करने के अपने लक्ष्य को जीवन में उतारना ही नहीं था, वरन उसके द्वारा अमेरिका को अत्याधुनिक और समृद्ध बनाना भी था। एपल ने स्टीव जॉब्स को मौक़ा दिया कि वह बाज़ार की यथास्थिति को चुनौती देते हुए दुनिया में कुछ बड़ा करके दिखाएँ। इन करिश्माई लीडर्स द्वारा किए गए सारे काम उनके जीवन के लक्ष्य को जीवन में मूर्त रूप से उतारने के तरीक़े थे। मगर उनमें से किसी ने भी यह अपनी युवावस्था में तय करके नहीं रखा था कि वे अपने लक्ष्य को जीवन में उतारने के लिए क्या-क्या करेंगे।

जब क्यों की स्पष्टता होती है तो इस क्यों में विश्वास रखने वाले सारे लोग उसकी तरफ़ आ जाते हैं और इसमें हिस्सा लेकर अपने जीवन को प्रकाशित करना चाहते हैं। यदि इस क्यों की धारणा को विस्तारित किया जाए तो इसमें वह ताक़त होती है कि वह अधिकाधिक लोगों को इकट्ठा करे जो हाथ उठाकर यह कह सकें कि हाँ, हम मदद करना चाहते हैं। एक जैसे विश्वास में विश्वास रखने वाले व्यक्ति जब एक साथ आ जाते हैं तो कोई भी अद्भुत बातें घटित हो सकती हैं। प्रोत्साहन से काम शुरू हो सकता है मगर किसी बड़े आंदोलन की शुरुआत के लिए इससे कुछ अधिक की दरकार होती है।

प्रेरणा के स्रोत को विस्तारित करना

सुनहरा वृत्त केवल संवाद बढ़ाने का साधन नहीं है। यह हमें इस बारे में भी अंतर्दृष्टि देता है कि महान संस्थाएँ किस तरह से अपने आप को संगठित करती हैं। जैसे-जैसे हम सुनहरे वृत्त की अवधारणा में नए आयाम जोड़ते जाते हैं, इसे केवल दो आयामों से देखना अनुपयोगी होता जाता है। यदि हम इस त्रि-आयामी दुनिया में संस्थाओं के गठन को समझना चाहते हैं, तो सुनहरे वृत्त को भी त्रि-आयामी तरीक़े से ही समझना पड़ेगा। अच्छी बात यह है कि वास्तव में सुनहरे वृत्त की अवधारणा किसी कोन या शंकु के समान है। इसकी सतह उलट दीजिए और आप इसकी पूरी क़ीमत जान पाएँगे।

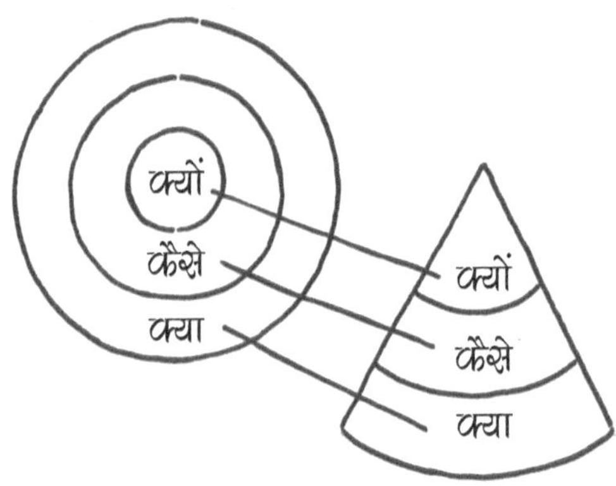

यह शंकु किसी संस्था को दर्शाता है जो कि स्वाभाविक रूप से एक पदानुक्रमिक तथा संगठित संरचना होती है। इस तंत्र के सबसे ऊँचे बिंदु पर बैठकर इसके क्यों को परिभाषित करने वाला कंपनी का नेतृत्व करने वाला व्यक्ति होता है (कम से कम हम उम्मीद करें कि ऐसा होगा)। यह किसी कंपनी का प्रधान कार्यकारी निदेशक (सीईओ) होता है। इससे निचला स्तर वरिष्ठ निदेशकों का होता है, जो सीईओ के विश्वास से प्रेरित होते हैं और यह जानते हैं कि इस विश्वास को जीवन में किस तरह से उतारना है। यह नहीं भूलना चाहिए कि क्यों केवल एक धारणा है, कैसे वे क्रियाएँ हैं जिनके द्वारा इन धारणाओं को मूर्त रूप दिया जाएगा। लीडर कितने ही करिश्माई व्यक्तित्व का क्यों नहीं हो, यदि नीचे की पंक्ति वाले लोग उसकी धारणा और विश्वास को वास्तविकता में नहीं बदल सकते और उसके लिए

सही आधारभूत संरचना और प्रक्रियाएँ खड़ी नहीं कर सकते तो लीडर अप्रभावी हो जाता है और इससे भी बुरा यह होता है कि असफलता हाथ आती है। इस प्रतिपादन में "कैसे" का स्तर उस व्यक्ति या छोटे समूह का प्रतिनिधित्व करता है जो किसी संस्था के क्यों को मूर्त रूप में लाने के लिए आधारभूत संरचना निर्मित करने का काम करता है। यह मार्केटिंग, ऑपरेशन, वित्त, मानव संसाधन और कॉर्पोरेट के अन्य विभागों में घटित हो सकता है। इसके नीचे क्या का स्तर होता है, जहाँ ज़मीनी तौर पर काम होता है। यह वह स्तर होता है, जहाँ अधिकाधिक कर्मचारी अवस्थित होते हैं और जहाँ वास्तव में हर मूर्त कार्य घटित हुआ करता है।

मेरे पास एक सपना है
(और उनके पास इसकी योजना थी)

डॉ. किंग ने कहा कि उनका एक सपना है और उन्होंने लोगों को प्रेरित किया कि वे उनके उस सपने को अपना सपना बनाकर राल्फ़ एबरनथी ने इस आंदोलन में जो योगदान दिया था वह कुछ और था। वे जानते थे कि इस सपने को मूर्त रूप देने के लिए क्या करना होगा और उन्होंने लोगों को बताया कि इस सपने को साकार कैसे करना है। उन्होंने सपने का खाका लोगों को दिया। डॉ. किंग ने इस आंदोलन के दार्शनिक पक्ष पर बात की, जबकि एबरनथी जो डॉ. किंग के एक समय के संरक्षक, पुराने मित्र और सदर्न क्रिश्चियन लीडरशिप कॉन्फ्रेंस के वित्त सचिव और कोषाध्यक्ष थे, ने लोगों को यह समझने में मदद की कि इस सपने को साकार करने के लिए अभी उन्हें कौन से विशिष्ट क़दम उठाने होंगे। एबरनथी भी डॉ. किंग के प्रेरक भाषण के बाद लोगों से पूछ सकते थे कि "अब मुझे बताइए कि इस सब का कल सुबह के लिए क्या निहितार्थ है?"

डॉ. मार्टिन लूथर किंग जूनियर एक प्रभावी लीडर थे, मगर उनके अकेले के प्रयासों से अमेरिका में बदलाव नहीं आया। हालाँकि डॉ. किंग ने इस पूरे आंदोलन को प्रेरित करने से लेकर उन्हें संगठित करने का काम किया मगर इस काम में उनके साथ और भी कई लोग थे, जो जानते थे कि इस सपने को साकार कैसे किया जाएगा। ऐसा ही बड़ी संस्थाओं के साथ होता है। हरेक क्यों बताने वाले लीडर्स ऐसे लोगों को प्रेरित किया करते हैं, जिन्हें

कैसे का पता होता है। अर्थात हर क्यों तरह के लीडर के साथ कैसे तरह के अन्य व्यक्ति जुड़ते जाते हैं जो इस लक्ष्य को मूर्त रूप देने के लिए वैसी संरचना और अवसरों का निर्माण किया करते हैं। यहाँ आधारभूत संरचना का अर्थ है, वे क़दम जो कुछ बड़े परिवर्तनों या बदलाव को संभव बनाते हैं।

लीडर्स इस शंकु के शीर्ष पर बैठते हैं, इसके शुरुआत के बिंदु पर जो क्यों का यानी लक्ष्य या विश्वास का स्थान हुआ करता है। इसके नीचे कैसे वाले लोगों का स्थान होता है, जो इस लक्ष्य को वास्तव में घटित होने में मदद करते हैं। शीर्ष नेतृत्व गंतव्य की कल्पना करता है और निचला कैसे का स्तर इसके लिए रास्ता खोजता है। रास्ते के बिना कोई भी गंतव्य निरी अक्षमता और दोराहे पर ला खड़ा करने का संकेत देता है और क्यों के स्तर वाले लोग इसका अनुभव करते हैं, जब उन्हें कैसे के स्तर वाले लोग नहीं मिलते। बिना गंतव्य का मार्ग फिर भी कारगर हो सकता है, मगर किस हद तक? किस रास्ते पर कैसे जाना है यह जानना अच्छा हो सकता है मगर यदि यह भी पता हो कि जाना कहाँ है तो इसका महत्त्व और बढ़ जाता है। डॉ. किंग के लिए राल्फ़ एबरनथी वह व्यक्ति थे जो उनसे प्रेरित हुए थे और जो जानते थे कि इस क्यों को पूरा कैसे किया जा सकता है, साकार रूप कैसे दिया जा सकता है। राल्फ़ एबरनथी कहते हैं, "डॉ. किंग का काम अहिंसा की विचाधारा और सिद्धांत की व्याख्या करना था और मेरा काम इससे काफ़ी कम महत्त्व का था। मैं लोगों को इतना बताता कि उन बसों में सवारी मत कीजिए।"

करिश्माई लीडर के हरेक मामले में जहाँ उन्होंने कुछ विशिष्ट काम करके दिखाया है, उनके साथ हमेशा ऐसा एक व्यक्ति या छोटा समूह हुआ करता था जो उनकी महानता की छाया के पीछे छिपा रहता था और जिसे यह मालूम होता था कि क्यों की इस दृष्टि को कैसे वास्तविकता बनाना है। डॉ. किंग के पास एक सपना था और यह सपना कितना ही लुभावना क्यों नहीं हो, यदि उसे जीवन में नहीं उतारा जा सके तो वह सपना ही बना रहता है। डॉ. किंग ने वही सपना देखा था जो असंख्य अफ़्रीकी-अमेरिकी लोगों ने देखा होगा जो पहले के अमेरिका में उस नस्ली भेदभाव के माहौल में पले-बढ़े थे। उन्होंने ने भी उन्हीं विषयों पर बात रखी जिन पर पहले बात हो चुकी थी। उनके मन में भी बाक़ी सबके समान ही एक अन्यायसंगत प्रणाली के प्रति जो आक्रोश और गुस्सा था, मगर यह डॉ. किंग का अडिग

आशावाद और उनके प्रभावी शब्द थे जिन्होंने पूरी जनता को प्रेरित किया।

डॉ. किंग ने अमेरिका को खुद नहीं बदला। वे कोई सांसद नहीं थे मगर उनकी प्रेरणा से अमेरिका में यह क़ानून बना कि किसी भी नस्ल, रंग के लोगों को समान नागरिक अधिकार मिलेंगे। यह बदलाव डॉ. किंग खुद लेकर नहीं आए, यह उस आंदोलन में शामिल लाखों अन्य लोगों का काम था जिन्हें डॉ. किंग ने प्रेरित किया था और जिसने इतिहास को बदल डाला। मगर आप सैकड़ों, हज़ारों या लाखों लोगों को संगठित कैसे करेंगे? शीर्ष पर खड़े लीडर का दृष्टिकोण और करिश्मा नवचारियों और जल्दी ग्रहण करने वालों को अपनी और आकर्षित करने के लिए काफ़ी होता है। यदि इन लोगों की अंतर्दृष्टि पर विश्वास दर्शाया जाए तो ये लोग इस लक्ष्य को वास्तविकता में बदलने के लिए किसी भी हद तक त्याग कर सकते हैं। हरेक सफलता के साथ, हरेक मूर्त प्रदर्शन के साथ यह स्वप्न वास्तविकता का हिस्सा बनता चला जाता है और ऐसा होते देख अधिक व्यवहारिक दृष्टिकोण वाले लोग भी इसमें रुचि दिखाने लगते हैं। इससे पहले जो केवल एक सपना था, वह अब सिद्ध और मूर्त वास्तविकता बन जाता है और जब ऐसा होता है तो टिपिंग बिंदु तक पहुँच बनाई जा सकती है और फिर काम आसान होता चला जाता है।

जो लोग अपने लक्ष्य (क्यों) को जानते हैं, उन्हें (कैसें) को जानने वाले लोगों की आवश्यकता होती है

निराशावादी लोग *द वर्ल्ड इज फ़्लैट* पुस्तक के लेखक थॉमस फ़्राइडमैन की व्याख्या करने में सही प्रतीत होते हैं, मगर आशावादी लोग वास्तव में दुनिया को बदल सकते हैं। बिल गेट्स ने एक ऐसी दुनिया की कल्पना की जिसमें कंप्यूटर हमें हमारी उच्चतम क्षमता तक पहुँच पाने में मदद कर सकें और यह संभव हुआ। अब वे एक ऐसी दुनिया की कल्पना कर रहे हैं जिसमें मलेरिया का नामोनिशान नहीं होगा और यह भी संभव हो सकेगा। राइट बंधुओं ने ऐसी दुनिया की कल्पना की जिसमें हम सब आकाश तक उतनी ही आसानी से जा सकेंगे जितने आसानी से हम बस पकड़ कर जमीन पर एक से दूसरे स्थान पर जाया करते हैं और ऐसा संभव हुआ। क्यों की स्पष्टता रखने वाले लोगों में वह शक्ति होती है जो किसी उद्योग को और यहाँ तक कि पूरी दुनिया को बदल सके और यह तब होगा जब उन्हें पता हो कि इस क्यों को पूरा कैसे किया जाएगा।

क्यों का विचार करने वाले लोग दूरदृष्टा क़िस्म के लोग होते हैं जो दूर की सोच रखते हैं, बड़ी कल्पना करते हैं। ये लोग आशावादी क़िस्म के लोग हुआ करते हैं, जो इस बात में विश्वास रखते हैं कि वे जो भी कल्पना करते हैं, उसे पूरा किया जा सकता है। कैसे की सोच रखने वाले लोग अधिक व्यवहारिक क़िस्म के होते हैं जो आज और अभी में जीते हैं। वे वास्तविकता में विश्वास रखते हैं और उन्हें धरातल पर घटित होने वाली बातों की पूरी स्पष्टता होती है। क्यों की सोच रखने वाले लोग भविष्य की उन बातों पर ध्यान केंद्रित किया करते हैं जिन्हें सामान्य लोग सोचते भी नहीं। कैसे की सोच वाले लोग उन बातों पर ध्यान देते हैं जिन्हें अधिकतर लोग देख और समझ सकते हैं और ये लोग आधारभूत संरचना तैयार करने और किसी काम को करवाने में सक्षम होते हैं। दोनों के बीच कोई स्पर्धा नहीं है, एक दूसरे से बेहतर हैं ऐसा भी नहीं है। ये दोनों एक-दूसरे से अलग लोग हैं जो दुनिया को और लोगों को अलग-अलग तरह से देखते हैं और अनुभव किया करते हैं। गेट्स, राइट बंधु, स्टीव जॉब्स और हर्ब केलेहर क्यों की सोच वाले व्यक्ति थे, मगर वे अपने क्यों को अकेले पूरा कर पाने का सामर्थ्य नहीं रखते थे। उन्हें ऐसे लोगों की आवश्यकता थी जो उनके क्यों को पूरा कैसे किया जाए, इसे जानते हों।

"यदि मैं अपने बड़े भाई के साथ नहीं होता तो मुझे चेक बाउंस होने के जुर्म में कई बार जेल जाना पड़ सकता था।" वॉल्ट डिज़्नी ने मज़ाक़िया सुर में 1957 में लॉस एंजेलिस में श्रोताओं से कहा। "मुझे कभी पता ही नहीं था कि बैंक में कितना धन है। मेरे भाई ने बाक़ी बातों से ध्यान हटाते हुए मुझे हमेशा अपने लक्ष्य पर सीधे चलते रहने दिया।" वॉल्ट डिज़्नी क्यों की तरह वाले व्यक्ति थे, सपने देखने और उन्हें पूरा करने का जुनून रखने वाले व्यक्ति जिनके अपने उनके बड़े भाई रॉय, जो एक कैसे की तरह का व्यक्ति था, की सहायता से पूरे हुए।

वॉल्ट डिज़्नी ने अपनी नौकरी की शुरुआत विज्ञापनों में कार्टून बनाने से की मगर वे जल्दी ही एनिमेटेड फ़िल्मों के क्षेत्र में चले गए। वह 1923 का दौर था और हॉलीवुड में फ़िल्म उद्योग उदीयमान हो रहा था। वॉल्ट इसका हिस्सा बनना चाहते थे। रॉय जो वॉल्ट से आठ साल बड़े थे, एक बैंक में काम करते थे। रॉय हमेशा से अपने भाई की प्रतिभा और कल्पनाशक्ति की ताक़त को समझते थे, मगर वे यह भी जानते थे कि वॉल्ट जोखिम उठाने के

बेहद आदी हैं और व्यापारिक मामलों के प्रति उतने ही उपेक्षा का भाव रखने वाले। हर क्यों की तरह के व्यक्ति के अनुरूप वॉल्ट इस बात को सोचने में व्यस्त रहे कि भविष्य में उनका व्यापार क्या रूप लेगा और अक्सर ऐसा लगता था कि वे वर्तमान में जीना छोड़कर भविष्य में विचरण करते रहते हैं। बॉब थॉमस जो डिज़्नी की आत्मकथा के लेखक थे, कहते हैं कि “वॉल्ट सपने देखते रहे, कल्पना करते रहे और उनका रेखांकन करते रहे और रॉय अँधेरे में खड़े होकर उनके लिए साम्राज्य का निर्माण करते रहे।” रॉय जो एक प्रतिभाशाली फ़ाइनेंसर और उद्यमी थे, ने वॉल्ट के सपने को वास्तविकता में बदलने के लिए अपने भाई के नाम पर कंपनी की स्थापना की। बुएना विस्टा वितरण कंपनी को रॉय ने ही शुरू किया था, जिसने डिज़्नी की फ़िल्मों को अमेरिकी बच्चों के बचपन का अभिन्न हिस्सा बना दिया। वह रॉय ही थे जिन्होंने ऐसे व्यापारिक व्यवसाय की शुरुआत की जिसने डिज़्नी के पात्रों को घर के लोगों के नामों में बदल डाला। और हरेक कैसे टाइप वाले व्यक्ति की ही तरह रॉय ने भी कभी प्रथम पंक्ति में आकर खड़े होने को प्रधानता नहीं दी, वरन हमेशा परदे के पीछे ही रहे और अपने भाई के सपने को साकार करने के तरीक़ों के बारे में सोचते रहे।

वास्तविक दुनिया में जीने वाले अधिकतर लोग कैसे टाइप के ही लोग हुआ करते हैं। अधिकतर लोग वास्तविक दुनिया में अच्छी तरह से काम कर पाते हैं और अपने काम में बेहतर प्रदर्शन करते हैं। उनमें से कुछ बहुत सफल होकर लाखों डॉलर कमाते भी हैं, मगर ये लोग कभी भी दुनिया को बदलने या करोड़ों डॉलर वाला व्यापारिक साम्राज्य खड़ा नहीं करेंगे। कैसे टाइप के लोगों को अपना काम करने के लिए क्यों टाइप के लोगों की आवश्यकता नहीं होती, मगर क्यों टाइप के लोगों को अपने सपनों को साकार करने के लिए कैसे टाइप के लोगों की हमेशा ही आवश्यकता पड़ती है। जब तक इन लोगों को कोई ऐसा नहीं मिलता जो कि इनके लक्ष्य से, इनके सपनों से प्रेरित हो जाए और उन्हें वास्तविकता में बदलने की राह खोजें, तब तक क्यों टाइप के लोग दूरदृष्टा तो होंगे, उनके पास प्रश्नों के उत्तर होंगे, मगर वे अपने आप ज़्यादा कुछ साकार नहीं कर पाएँगे।

भले ही उनमें से कई लोग अपने आप को दूरदृष्टा कहलवाना पसंद करते होंगे मगर सत्यता यही है कि सफलतम लोगों में से अधिकतर लोग कैसे टाइप के लोग ही होते हैं। किसी उद्यमी से पूछिए कि वे उद्यमी क्यों

बने और इसमें उन्हें क्या सबसे अच्छा लगता है तो उनमें से अधिकतर लोग आपको बताएँगे कि उन्हें चीज़ें बनाना अच्छा लगता है। उसके बाद वे बात करेंगे कि यह किया कैसे जाता है अर्थात वे निश्चित ही कैसे पर अपनी बात रखेंगे। कोई भी उद्यम एक संरचना होता है जिसमें प्रणाली और प्रक्रिया शामिल होती है और उन्हें एक साथ जोड़ना होता है। कैसे टाइप वाले लोग प्रणाली और प्रक्रिया को बनाने और उसे जोड़ने के काम में माहिर होते हैं, बावजूद इसके हरेक कंपनी करोड़ों डॉलर वाली कंपनी नहीं बन पाती या उद्योग के क्षेत्र में क्रांति नहीं ला पाती। करोड़ों डॉलर के स्तर तक पहुँचने के लिए किसी उद्योग को दो तरह के लोगों के बीच सघन सहभागिता की आवश्यकता होती है। एक वे जिन्हें क्यों की स्पष्टता हो और दूसरे वे जिन्हें कैसे होगा यह पता हो।

ऐसे हरेक मामले में जहाँ व्यक्ति या संस्था ने सामान्य से ऊपर उठकर काम किया हो और लोगों को प्रेरित करने का काम किया हो, वहाँ क्यों और कैसे को जानने वाले इन दो तरह के लोगों के बीच सहभागिता आवश्यक रूप से मौजूद होगी। उदाहरण के लिए बिल गेट्स ने भले ही ऐसा सपना देखा हो जहाँ हर मेज़ पर अपना निजी कंप्यूटर हो, मगर इस सपने को सच पॉल एलेन ने ही बनाया, जिन्होंने कंपनी स्थापित की। हर्ब केलेहर भले ही स्वतंत्रता को अपनाने और व्यवहार ने लाने पर बात करने योग्य थे, मगर रोलिन किंग वह व्यक्ति थे जो साउथवेस्ट एयरलाइन्स स्थापित करने के विचार के साथ उनके साथ आए। स्टीव जॉब्स भले ही नए विद्रोही विचार के प्रचारक थे, मगर स्टीव वोज़्निएक वह अभियंता थे जिन्होंने एपल को खड़ा किया। जॉब्स के पास दृष्टि थी, वोज़ के पास तरीक़े थे। यह भविष्य के स्वप्न और प्रतिभा के बीच की सहभागिता थी जिसने इस संस्था को महान बना दिया।

किसी संस्था में यह सहभागिता का रिश्ता किसी दृष्टि को वर्णित करने के कथन और किसी लक्ष्य (मिशन) को पूरा किए जाने को दर्शाने के कथन में अंतर करने के साथ शुरू होता है। दृष्टि कथन समस्त जनता के सामने दिया जाने वाला बयान होता है जो संस्था के संस्थापक के लक्ष्य या धारणा को व्यक्त करता है, जो यह बताता है कि यह संस्था अस्तित्व में क्यों आई है। यह वास्तव में भविष्य का स्वप्न होता है जो वर्तमान में अस्तित्व में नहीं होता। इसके विपरीत मिशन कथन उस स्वप्न तक पहुँचने का रास्ता होता है, यह दिशा-निर्देश होते हैं कि कंपनी इस स्वप्न तक किस तरह से

पहुँचेगी। जब ये दोनों ही बातें ठीक तरह से परिभाषित की जाती हैं तो क्यों और कैसे दोनों ही तरह के लोग संस्था में अपनी-अपनी भूमिका को लेकर स्पष्ट रहते हैं। दोनों ही उद्देश्य और उसे हासिल करने के रास्ते की स्पष्टता के साथ काम करते हैं। इस काम के लिए केवल कौशल होने से काम नहीं चलता, इसके लिए भरोसा पैदा करने की ज़रूरत होती है।

भाग 3 में विस्तार से चर्चित विवरण के मुताबिक़ सुरक्षित महसूस करवाने के लिए भरोसेमंद रिश्ते अमूल्य हुआ करते हैं। लोगों और संस्थाओं पर भरोसा करने की हमारी योग्यता हमें जोखिम लेने हमारे प्रयासों में सुरक्षित महसूस करने की अनुमति देती है। और जिस संस्था में दूरदृष्टा और निर्माता (कैसे और क्यों टाइप के लोगों) के बीच भरोसेमंद संबंध होते हैं और जो दूसरों को प्रेरित करने की क्षमता रखती है, उनमें क्यों टाइप के लोग प्रमुख कार्यकारी निदेशक (सीईओ) होते हैं, जो हर सुबह किसी कंपनी को चलाने के लिए नहीं, वरन किसी लक्ष्य को पूरा करने के लिए उठ खड़े हुआ करते हैं। इन संस्थाओं में वित्त अधिकारी और कार्यकारी अधिकारी अत्यधिक बढ़िया प्रदर्शन करने वाले कैसे टाइप के लोग हुआ करते हैं। जिनमें यह स्वीकारने की क्षमता होती है कि वे दूरदृष्टा नहीं हैं, वरन अपने लीडर्स के विचारों से प्रभावित हैं और जानते हैं कि उनके स्वप्न को वास्तविकता में बदलने के लिए क्या करना होगा। कैसे टाइप के लोग सामान्यतः संस्था के लक्ष्य का झंडा लेकर सामने की पंक्ति में खड़े नहीं होना चाहते। वे परदे के पीछे रहकर काम करना और उसके लिए सही तंत्र गठित करना चाहते हैं जो उस स्वप्न को वास्तविकता में बदल दे। और ऐसा होने के लिए दोनों ही तरह के लोगों के सम्मिलित कौशल और प्रयासों की आवश्यकता होती है।

किसी संस्था में कैसे और क्यों टाइप के लोगों के बीच की सहभागिता अक्सर परिवार और पुराने दोस्तों से ही आती है और यह महज एक दुर्घटना नहीं है। एक साझी परवरिश और जीवन के साझे अनुभव एक से विचार और एक सी धारणाओं की संभावनाओं को जन्म देते हैं। परिवार के सदस्य होने या पारिवारिक मित्र होने से अनुभव और परवरिश के तत्व लगभग समान ही होते हैं। इसका अर्थ ऐसा नहीं है कि परिवार या मित्रों के अलावा अच्छे सहभागी कहीं और खोजे नहीं जा सकते। इसका अर्थ केवल यह है कि किसी के साथ पले-बढ़े होना और जीवन के समान अनुभवों का होना दुनिया को देखने के साझे तरीक़े को पुष्ट करता है।

वॉल्ट डिज़्नी और रॉय डिज़्नी भाई-भाई थे। बिल गेट्स और पॉल एलेन सीएटल के हाई स्कूल में साथ-साथ थे। हर्ब केलेहर रोलिन किंग के पुराने मित्र और उनके वकील थे। मार्टिन लूथर किंग जूनियर और राल्फ़ एबरनथी दोनों ही बर्मिंघम में नागरिक अधिकारों के आंदोलन के प्रचार-प्रसार से बहुत पहले संबोधन दिया करते थे और स्टीव जॉब्स और स्टीव वोज़्निएक हाई स्कूल से प्रगाढ़ मित्र थे। यह सूची लंबी होती जाएगी।

दौड़ने के लिए या अग्रणी बनने के लिए

आज विविध संस्थाओं को चलाने वाले सारे क्या टाइप के लोग हैं, जो ऐसी सफलता भी हासिल कर सकते हैं, जो जीवन भर की हो मगर उनका सारा जीवन अपनी कंपनियों को चलाने में ही बीतने वाला है। सफल होने और लाभ कमाने के कई तरीक़े होते हैं। कई तरह के जोड़-तोड़ जिनमें से कुछ का उल्लेख मैंने इस पुस्तक में किया है, भी इसके लिए मदद करती हैं। इनके द्वारा बड़े परिवर्तन के बिना भी टिपिंग बिंदु बनाने की क्षमता विकसित करना संभव है। इसी को धुन में जुटना या सनक कहा जाता है, मगर महान संस्थाएँ किसी सामाजिक आंदोलन की तरह ही काम करती हैं। वे लोगों को किसी उत्पाद या विचार के बारे में बात करने के लिए प्रोत्साहित करती हैं, उस उत्पाद को अपनी जीवन शैली का हिस्सा बनाने के लिए, उसे और लोगों के साथ साझा करने के लिए और संस्था की समृद्धि को बढ़ाने के लिए नए विचार देने के लिए भी प्रेरित करती है। महान संस्थाएँ न केवल मानवीय भावनाओं को उद्वेलित करती हैं वरन वे लोगों को उस बड़े लक्ष्य की पूर्ति के लिए किए जा रहे बड़े काम का हिस्सा बनने के लिए भी प्रेरित करती हैं, बिना किसी प्रलोभन या धन अदायगी के। इसके लिए किसी तरह के कैश बैक प्रलोभन या छूट आदि की आवश्यकता नहीं होती। लोग उनके विचार या उत्पाद के बारे में और लोगों से बात करने में, उसका प्रचार करने के लिए विवश हो जाते हैं और ऐसा करने के लिए उन्हें मजबूर या विवश नहीं किया जाता, वरन वे इसलिए यह करते हैं क्योंकि वे ऐसा करना चाहते हैं, वे ऐसे यह संदेश को प्रसारित करने के लिए तैयार होते हैं, जिनसे उन्हें प्रेरणा मिलती हो।

ऐसा मेगाफ़ोन बनाना जो काम करे

तीन माह की चयन प्रक्रिया के बाद बीसीआई ने अपने नए उत्पाद को बाज़ार में उतारने के लिए और उसके प्रचार-प्रसार के लिए एक विज्ञापन एजेंसी का चयन कर लिया। इस बड़ी कंपनी ने जिस ब्रांड को अपने साथ लिया था, वह भीड़भाड़ भरे बाज़ार में बेहतर तरीक़े से काम कर रहा था। एक उत्पादक होने के बाद भी अक्सर उनके उत्पाद किसी तीसरे के माध्यम से बेचे जाते थे और अक्सर रिटेलर की अलमारियों में रखे रहते थे। अतः अपने उत्पादों के विक्रय की प्रक्रिया पर उनका सीधा नियंत्रण नहीं रहता था। अतः इस स्थिति में अधिक से अधिक यही कर सकते थे, वह बाहर रहकर इस विक्रय को प्रभावित करने की कोशिश करे। बीसीआई एक सशक्त संस्कृति वाली बढ़िया कंपनी है। इसके कर्मचारी प्रबंधन का आदर करते हैं और सामान्यतः अच्छा काम करते हैं, मगर समय के साथ प्रतिस्पर्धा बेहद कड़ी हो गई है। अतः बीसीआई के पास अच्छे उत्पाद और प्रतिस्पर्धी क़ीमतों के बावजूद भी साल दर साल बढ़त बनाए रखना मुश्किल हो रहा था। इस साल बीसीआई प्रबंधन बहुत ही उत्साहित थे। चूँकि वे एक नया उत्पाद बाज़ार में लेकर आ रहे थे, जो उनके मुताबिक़ कंपनी को सचमुच आगे ला खड़ा करेगा। इसका प्रचार-प्रसार करने के लिए बीसीआई की एजेंसी ने एक बड़ा प्रचार अभियान शुरू किया।

नया विज्ञापन कहता था, "अग्रणी निर्माता की ओर से आज बाज़ार में आप सबसे नया उत्पाद देखेंगे जो आपने अब तक नहीं देखा होगा।" यह विज्ञापन उत्पाद की सभी विशेषताओं और लाभों का बखान करता चलता है, साथ ही बीसीआई से अपेक्षित गुणवत्ता की बात का जिसे बीसीआई के कर्मचारी उल्लेखित करना अत्यंत आवश्यक समझते हैं, का भी इसमें उल्लेख करता है। बीसीआई के अधिकारियों ने अपनी कंपनी की साख को बनाने में बहुत मेहनत की है और वे अब इसका लाभ उठाना चाहते हैं। वे अपने नए अभियान को लेकर बेहद उत्साहित हैं और इस उत्पाद की सफलता के द्वारा कंपनी की बिक्री बढ़ाने की आशा लगाए हुए हैं। वे जानते हैं कि वे अच्छा काम करते हैं और यही संदेश वे बाहरी दुनिया तक पहुँचाना चाहते हैं। वे इसे हरेक को बताना चाहते हैं और अपने अभियान के लिए करोड़ों डॉलर ख़र्च करने के बाद बीसीआई अपनी बात लोगों तक पहुँचाने में सफल हुई।

पर एक समस्या थी।

बीसीआई और उनकी विज्ञापन एजेंसी ने लोगों तक अपने नए उत्पाद बात पहुँचाने का काम अच्छी तरह से किया। उनका काम काफ़ी रचनात्मक था। वे नया क्या है और इसमें ख़ासियतें क्या हैं, इसे बताने में सफल रहे थे और फ़ोकस समूह इस बात से सहमत था कि नया उत्पाद बाज़ार के प्रतिस्पर्धी उत्पादों से काफ़ी बेहतर है। मीडिया में लाखों डॉलर यह सुनिश्चित करने के लिए ख़र्च किए गए कि उनके विज्ञापन को अधिकाधिक लोग बार-बार देखें और सुनें। उनकी लोगों तक पहुँच और बारंबारता दोनों ही बेहतर थे। उनका संदेश तेज़ और सुना जाने वाला था। बस समस्या यह थी कि उनका संदेश स्पष्ट नहीं था। इसमें सब क्या और कैसे के बारे में बताया गया था, क्यों कहीं नहीं था। लोगों को यह तो पता चला कि यह उत्पाद क्या करता है मगर यह नहीं पता चला कि बीसीआई किस बात में विश्वास करती है। अच्छी ख़बर यह है कि बीसीआई पूरी तरह नुक़सान में नहीं है। जब तक विज्ञापन होता रहेगा, उत्पाद बिकेगा। यह रणनीति प्रभावी होती है मगर यह धन कमाने का ख़र्चीला तरीक़ा है।

क्या होता यदि मार्टिन लूथर किंग ने अमेरिका में नागरिक अधिकारों को लागू करने की 12 बिंदुओं की एक व्यापक योजना लोगों के सामने रख दी होती? एक ऐसी योजना जो अब तक बनी योजनाओं से अधिक प्रभावी हो? 1963 की गर्मियों की उस दोपहर में उनकी आवाज़ को कई ध्वनि विस्तारक यंत्रों के द्वारा दूर तक पहुँचाया जा सकता था, जैसा कि आज विज्ञापन संस्थाएँ करती हैं, ताकि उनका संदेश सुना जाता कि क्या करना है। बीसीआई की तरह किंग का संदेश भी हज़ारों लोगों तक पहुँच जाता मगर उनका लक्ष्य, उनका विश्वास क्या है इसकी स्पष्टता नहीं हो पाती।

मात्रा का लक्ष्य हासिल करना सामान्यतः आसान होता है। इसके लिए केवल धन या विविध उपायों के आवश्यकता होती है। धन की सहायता से किसी संदेश को हमेशा लोगों के सामने और केंद्र में बनाए रखा जा सकता है। प्रचार-प्रसार के विविध साधन समाचारों की सुर्ख़ियों में बने रहने में तो मदद करते हैं, मगर ये वफ़ादारी के बीज बोने में कोई मदद नहीं करते। आपको याद होगा कि 2004 में ओप्रा विन्फ़्रे ने अपने स्टूडियो के हरेक दर्शक को एक कार मुफ़्त में भेंट की थी, यह घटना कई साल पहले हुई थी। फिर भी आज तक लोगों को यह हथकंडा याद है, मगर कितने लोग यह बात बता

पाएँगे कि उन्होंने कौन से मॉडल की कार भेंट में दी थी? समस्या यही है। यह काम पोंटिएक का था जिसने 70 लाख डॉलर की क़ीमत की अपने नए मॉडल जी 6 की 276 कारें दान में दी थीं और यह पोंटिएक का ही दिमाग़ था, जिसने अपनी कारों के प्रचार के लिए इस हथकंडे को उपयुक्त समझा। इस तरीक़े ने ओप्रा के दयालु स्वभाव की पुष्टि की, और शायद हममें से कुछ लोग यह जानते हैं कि पोंटिएक भी उस कार्यक्रम का हिस्सा थे। इसमें ख़राब बात यह हुई कि यह तरीक़ा भी किसी धारणा, लक्ष्य या विचार को प्रसारित करने के लिए नहीं अपनाया गया था। इस हथकंडे के पीछे पोंटिएक का मक़सद क्या था, उसकी धारणा और विश्वास क्या थे, इसके बारे में हम कुछ भी नहीं जानते। अतः इस तरह के काम थोड़ी सी प्रसिद्धि के अलावा और कुछ नहीं दे सकते। क्यों की स्पष्टता के अभाव में इससे अधिक कुछ नहीं हो सकता।

किसी संदेश को वास्तविक रूप से प्रभावी बनाने के लिए, लोगों के व्यवहार में परिवर्तन लाने के लिए और वफ़ादारी हासिल करने के लिए केवल प्रचार-प्रसार से काम नहीं चलता, इसके लिए कुछ और भी किया जाना होता है। इसके लिए किसी बड़े उद्देश्य, लक्ष्य और धारणाओं को प्रचारित करना होता है, जिनसे बड़ा समुदाय अपने आपको जोड़ सके। ऐसा होने पर ही संदेश का प्रभाव दीर्घकालिक हो सकता है। विसरण के नियम के मुताबिक़ किसी तरीक़े या हथकंडे द्वारा वक्र की बाईं ओर के लोगों को प्रभावित करने के लिए यह स्पष्टता ज़रूरी है कि वह तरीक़ा अपनाया जाए जिसमें क्यों की स्पष्टता रहे। हालाँकि इस स्पष्टता के बिना भी कुछ लघु अवधि के लाभ संभव हैं, मगर इसका लाभ अधिकाधिक लोगों तक तात्कालिक पहुँच बनाने से अधिक नहीं होता। क्यों की स्पष्टता नहीं होने से लोग दो एक से उत्पादों में फ़र्क़ नहीं कर पाते और कंपनियाँ आश्चर्य करती रह जाती हैं कि आजकल दो उत्पादों में फ़र्क़ करना इतनी बड़ी चुनौती क्यों बना हुआ है। आपने इनमें से कुछ लोगों की आवाज़ें सुनी हैं?

इसके विपरीत यदि डॉ. किंग का संदेश लाउडस्पीकर और माइक के बिना प्रसारित किया जाता तो क्या होता? भले ही उसमें उनके लक्ष्य की एकदम स्पष्टता थी। उनके शब्द अत्यंत प्रेरणादायक थे। वे अपनी धारणाओं के बारे में सचेत थे और उसी जुनून और करिश्माई अंदाज़ के साथ अपनी बात रख रहे थे। फिर भी उनकी बात पहली पंक्ति में बैठे कुछ लोगों तक

ही पहुँच पाती। इसका तात्पर्य यह है कि अपने लक्ष्य के बारे में बात करते हुए किसी लीडर या किसी संस्था को अपना संदेश अधिकाधिक लोगों तक पहुँचाने के लिए मेगाफ़ोन का इस्तेमाल करना ही चाहिए। और यह संदेश एकदम स्पष्ट और तेज़ होना चाहिए। लक्ष्य या उद्देश्य की स्पष्टता इसकी पहली शर्त है, मगर यह भी उतनी ही आवश्यक है कि लोग आपको सही तरह से सुन सकें। क्यों की ताक़त को समझने और उसे अपनाने के लिए यह भी ज़रूरी है कि यह केवल स्पष्ट ही नहीं हो वरन ऊपर से नीचे तक के लोगों तक फैलाया भी जा सके (प्रवर्धित हो)।

यह सहज संयोग नहीं है कि त्रि-आयामी सुनहरा वृत्त शंकु ही है। यह अभ्यास में वास्तव में एक मेगाफ़ोन है। कोई भी संस्था प्रभावी रूप से एक पात्र (बर्तन) के समान होती है, जो अपने लक्ष्य, धारणा या विश्वास के प्रति स्पष्टता रखती है और यह लक्ष्य बाहरी दुनिया के साथ संवाद कर सकता है। बावजूद इसके किसी भी मेगाफ़ोन को काम करने के लिए स्पष्टता पहली शर्त है। बिना किसी स्पष्ट संदेश के आप किसे दूर तक पहुँचाएँगे?

यदि आप विश्वास करते हैं तभी कहिए

डॉ. किंग ने मेगाफ़ोन का इस्तेमाल लोगों को एकजुट करने और सामाजिक न्याय के उनके प्रयास में उनका अनुसरण करने के लिए किया। राइट बंधुओं ने अपने मेगाफ़ोन का इस्तेमाल स्थानीय समुदाय को एकजुट करने और ऐसी तकनीक को बनाने के लिए किया जो दुनिया बदल दे। हज़ारों लोगों ने जॉन एफ़. कैनेडी को सुना और एक दशक से भी कम समय में मनुष्य को चाँद पर पहुँचाने के जॉन कैनेडी के विश्वास पर विश्वास किया। बड़ी संख्या में लोगों को प्रेरित और उत्तेजित करना ताकि लोग अपने सामान्य कामों से आगे जाकर सामाजिक उत्थान के लिए काम करने के लक्ष्य में सहभागिता कर सकें, यह सामाजिक उन्नति के क्षेत्र में अनोखा नहीं है। कोई भी संस्था मेगाफ़ोन तैयार करने की क्षमता रखती है, जिसके द्वारा बड़ा प्रभाव क़ायम किया जा सकता है। वास्तव में यही एक घटक है जो किसी संस्था को महान बनाता है। महान संस्थाएँ केवल लाभ कमाने के लिए काम नहीं करतीं, वे लोगों का नेतृत्व करती हैं और उद्योग की परंपराओं में बदलाव लाती हैं और इस पूरी प्रक्रिया में कई बार हमारा जीवन भी बदल जाता है।

क्यों की स्पष्टता अपेक्षाओं को तय करती हैं। जब हमें किसी संस्था का क्यों मालूम नहीं होता है तो हमें यह भी समझ में नहीं आता कि उस संस्था से किस तरह की अपेक्षाएँ रखनी चाहिए। अतः उसके उत्पादों से हमारी अपेक्षाएँ लघुतम स्तर की हुआ करती हैं जैसे क़ीमत, गुणवत्ता, सेवा, विशेषताएँ – ये सारी उत्पाद से संबंधित बातें हैं। जब हमें क्यों का पता होता है, तो हमारी अपेक्षाएँ बढ़ जाती हैं। ऐसे सभी को जो अपना स्तर उच्चतम बनाए रखने में सफल नहीं हो पा रहे हैं, मैं सलाह दूँगा कि उन्हें अपना क्यों समझना चाहिए या अपने सुनहरे वृत्त को संतुलित करना चाहिए। उच्चतम स्तर बनाए रखना कठिन हुआ करता है। इसके लिए हरेक कर्मचारी को लगातार यह बात याद दिलाने की आवश्यकता पड़ती है कि इस संस्था का लक्ष्य क्या है और संस्था क्यों काम कर रही है। इसके साथ-साथ संस्था के हरेक व्यक्ति की ज़िम्मेदारी होनी चाहिए कि संस्था के क्यों को पूरा करने में अर्थात इसके मूल्यों और निर्देशक सिद्धांतों के अनुरूप काम करने में वह किस तरह से सहयोग करेगा, कैसे काम करेगा। आप जो भी कहते या करते हैं, वह आपके क्यों से सामंजस्य बिठाता हुआ होना चाहिए। ऐसा करने में समय और सतत प्रयास की ज़रूरत होती है, मगर जो लोग प्रयास करते हैं उन्हें इसका भारी लाभ होता है।

रिचर्ड ब्रान्सन ने पहले बने वर्जिन रिकॉर्ड्स को रिटेल म्यूजिक ब्रांड के क्षेत्र में मल्टी बिलियन डॉलर ब्रांड बनने का विश्व रिकॉर्ड बनाया। उसके बाद उन्होंने एक सफल रिकॉर्ड लेबल शुरू किया। उसके बाद एक एयरलाइन शुरू की जो आज दुनिया की प्रमुख एयरलाइन्स में से एक मानी जाती है। उसके बाद उन्होंने सोडा ब्रांड, वेडिंग प्लानिंग, बीमा और मोबाइल फ़ोन की कंपनियाँ शुरू कीं और यह सूची लंबी होती गई। एपल हमें कंप्यूटर बेचता है, मोबाइल बेचता है, डीवीआर और एमपी थ्री प्लेयर्स बेचता है और अपनी नवाचार करने की क्षमता को लगातार बढ़ाता जाता है। कुछ कंपनियों की योग्यता केवल सफल होने में नहीं होती, वरन वे लगातार नवाचार करती हुईं अपनी सफलता को लगातार दोहराती हैं और इसके पीछे वे ढेरों लोग होते हैं जो उनके प्रति वफ़ादार होते हैं, उनका अनुसरण किया करते हैं। इस व्यापार की दुनिया में वे कहते हैं कि एपल एक ऐसा ब्रांड है, जो जीवन शैली बनाता है। ऐसा कहकर वे एपल की ताक़त को कम करके आँकते हैं। गुची जीवन शैली बनाने वाला ब्रांड है, एपल ने उद्योग की शैली को बदल

डाला है। कोई भी परिभाषा क्यों नहीं देखी जाए, कुछ कंपनियाँ ऐसी हैं, जो कॉर्पोरेट संस्थानों की तरह से काम नहीं करतीं। वे सामाजिक आंदोलन का काम किया करती हैं।

महानता का दोहराव

रोन ब्रूडर कोई घरेलू नाम नहीं है, वरन वह एक महान लीडर हैं। 1985 में वह अपनी दो बेटियों के साथ रास्ता पार करने के लिए चौराहे पर खड़े थे और बत्ती लाल होने का इंतज़ार कर रहे थे। उन्हें लगा कि बेटियों को जीवन का महत्त्वपूर्ण पाठ पढ़ाने का यह बेहतर अवसर है। उन्होंने लाल सिग्नल की ओर इशारा करते हुए बेटियों से पूछा, इस सिग्नल का क्या अर्थ है? "इसका अर्थ है हमें यहाँ खड़ा रहना है" बेटियों ने उत्तर दिया। उन्होंने वाक्पटुता जताते हुए पूछा, "क्या यही है इसका अर्थ? ऐसा क्यों लगता है तुम्हें? तुम्हें कैसे पता कि यह सिग्नल हमें दौड़ने के लिए नहीं कह रहा है?"

मधुर भाषी और काम पर आते समय हमेशा बढ़िया सिला हुआ श्री पीस सूट पहनने वाले ब्रूडर को आप किसी पारंपरिक अधिकारी की ही तरह समझेंगे, मगर ऐसा नहीं सोचें क्योंकि आप जानते हैं कि चीज़ें हमेशा उस तरह से नहीं होतीं जैसा हम सोचते हैं। ब्रूडर जो भी हो मगर स्टीरियोटाइप ही थे। भले ही उन्हें सफलता का जाल पसंद था मगर इससे उन्हें कोई प्रेरणा नहीं मिलती थी। ये सफलताएँ उनके लिए हमेशा से उनके काम का उप-परिणाम (बाई प्रोडक्ट) ही रहीं। ब्रूडर को 'क्यों' का स्पष्ट अहसास था। वे दुनिया को ऐसी दुनिया के रूप में देखा करते थे जहाँ लोग जैसा जीवन जीते थे, जीवन को उसी रूप में स्वीकार करते हों और जो काम करते थे उन्हीं को करते हों, इसलिए नहीं कि वे ऐसा करने के लिए विवश हैं, वरन इसलिए कि किसी ने उन्हें उसका दूसरा विकल्प सुझाया ही नहीं। यही पाठ वे चौराहे पर ट्रैफ़िक सिग्नल पर खड़े होकर अपनी बेटियों को सिखा रहे थे। यह कि हर बात का दूसरा दृष्टिकोण भी हुआ करता है, जिस पर ध्यान दिया जाना होता है। यह कि ब्रूडर हमेशा हमेशा उस क्यों से शुरू किया करते थे जिसने उन्हें अपने लिए महान चीज़ों को पाने योग्य बनाया है, मगर इससे भी महत्त्वपूर्ण यह कि उनमें यह योग्यता थी कि वे अपने क्यों का प्रदर्शन अपने द्वारा किए गए कामों से करते थे और उनके ये काम उनके

आसपास के लोगों को स्वयं के लिए महान काम करने के लिए प्रेरित किया करते थे।

हममें से अधिकतर लोग यह सोचेंगे कि ब्रूडर ने जो रास्ता चुना वह चयन आकस्मिक था। मगर यह ध्यान रखना होगा कि इस चयन के बावजूद उन्होंने जो भी किया, उसमें उनका लक्ष्य अर्थात 'क्यों' नहीं बदला। ब्रूडर ने जो कुछ भी किया उसकी शुरुआत उनके इस विश्वास से ही हुई कि आप हरेक को यह समझा सकें कि एक विकल्प, एक रास्ता और भी खोजना संभव है, इससे इस संभावना को बल मिलता है कि ऐसे वैकल्पिक रास्ते पर भी चला जा सकता है। हालाँकि ब्रूडर अभी जो काम कर रहे हैं, वह दुनिया को बदलने वाला काम है, मगर ब्रूडर हमेशा से दुनिया में शांति बहाल करने वाले काम के इस क्षेत्र में नहीं थे। कई अन्य लीडर्स की ही तरह उन्होंने भी उद्योग की दुनिया में बड़ा परिवर्तन लाया था। जॉन ब्रूडर का यह काम एक बार के शतक जैसा नहीं था, वरन वे अपनी सफलता को बार-बार दोहराने में सफल हुए और कई सारे उद्योगों की परंपराओं को कई बार बदला।

खाद्य-सामग्री के बड़े से स्टोर जिसमें सब्ज़ियाँ, डिब्बाबंद सामग्री और मांस बेचा जाता था, के वरिष्ठ अधिकारी ने अपने भतीजे के लिए ट्रेवल एजेंसी ख़रीदने का निर्णय लिया। उस समय ब्रूडर उस कंपनी के प्रमुख वित्त अधिकारी थे। उस कर्मचारी ने ब्रूडर से उस कंपनी के वित्तीय प्रावधानों को एक बार जाँचने के लिए कहा। इस काम में ब्रूडर ने वह अवसर देखा, जिसे बाक़ी लोग नहीं देख पाए और ब्रूडर ने उस छोटी-सी कंपनी के साथ काम करने और उनकी मदद करने का मन बना लिया। उनके साथ काम करते हुए उन्होंने दूसरी ट्रेवल एजेंसी के काम करने के तरीक़े को देखा और इसका दूसरा विकल्प खोज निकाला। इसके बाद ग्रीनवेल पूर्वी समुद्रतट की ऐसी कंपनी बनी जिसने नई तकनीक का लाभ लेते हुए अपनी गतिविधियों को पूरी तरह से कंप्यूटरीकृत किया। थोड़े ही समय में वे न केवल अपने क्षेत्र की श्रेष्ठ कंपनियों में शुमार हो गए, वरन एक ही साल बाद उनका व्यापारिक प्रारूप बाक़ी दुनिया के लिए आदर्श प्रारूप के रूप में स्थापित हो गया। ब्रूडर ने इसे फिर कर दिखाया।

ब्रूडर का पुराना ग्राहक सैम रोसेनगार्टन कोल, तेल और गैस के ख़राब धंधे में था। ये सभी व्यवसाय ऐसे व्यवसाय हैं, जिन्होंने ज़मीन को ख़राब किया, बंजर बनाया। ब्राउन फ़ील्ड या बंजर धरती किसी काम नहीं आ

पाती। इसके साथ ज़्यादा काम नहीं किया जा सकता। यह अत्यंत प्रदूषित हुआ करती है और इसे साफ़ करने की ज़िम्मेदारी इतनी बड़ी है कि केवल बीमा प्रीमियम के भरोसे इसे आज़माना खासा मुश्किल है, लगभग नामुमकिन जैसा है। इसीलिए ब्राउन फ़ील्ड को अलग-थलग कर दिया जाता था, क्योंकि उनकी सफ़ाई में लगने वाले धन को ही ध्यान में रखा जाता था, मगर ब्रूडर ने इस चुनौती को उस तरह से नहीं देखा जैसे बाक़ी लोग देख रहे थे। ब्रूडर ने उसे वास्तविकता में साफ़ करने का सोचा। उनके वैकल्पिक दृष्टिकोण ने समस्या का सटीक समाधान खोज निकाला।

ब्रूडर ने ब्रूकहिल और 18 अन्य कर्मचारियों के साथ मिलकर पहले ही रियल स्टेट कंपनी विकसित कर ली थी। वह कंपनी अच्छा काम कर रही थी। इस अवसर को भुनाने के लिए उन्होंने दुनिया की सबसे बड़ी पर्यावरण पर काम करने वाली कंपनी डेम्स ऐंड मोर से संपर्क किया और उनके साथ अपने नए विचार को साझा किया। उन्हें ब्रूडर का विचार पसंद आया और उन्होंने उनके साथ सहभागिता करने की सहमति दे दी। एक बड़ी कंपनी जिसके कर्मचारियों की संख्या 18,000 थी, के साथ सहभागिता करने से जोखिम की मात्रा सचमुच घट गई थी और बीमा कंपनियाँ अब वहनीय राशि के योगदान पर बीमा देने के लिए तैयार थीं। बोस्टन की कंपनी क्रेडिट सुईस द्वारा दी गई वित्तीय सहायता के चलते ब्रूकहिल को ख़रीदने, मध्यस्थता करने, पुनः विकसित करने में मदद की जिसके चलते यह कंपनी 200 मिलियन डॉलर की पूर्व में पर्यावरणीय रूप से दूषित की गई संपत्ति को बेच पाई। ब्रूकहिल नाम ब्रूडर के कारण पड़ा। चूँकि वे ब्रुकलिन से थे और उनके शब्दों में, "ब्रुकलिन से बाहर आने के लिए यह लंबी छलाँग थी।" वे ब्राउन फ़ील्ड पुनर्विकास उद्योग के प्रणेता बने – एक ऐसे उद्योग के जो आजकल तेज़ी से फल-फूल रहा है। ब्रूडर के क्यों ने न केवल एक ऐसा रास्ता खोजा जो व्यापार के लिए अच्छा था, वरन इस प्रक्रिया में पर्यावरण साफ़ करने में भी मदद मिली।

ब्रूडर ने क्या किया, यह अधिक मायने नहीं रखता। उद्योग और उसकी चुनौतियाँ प्रासंगिक हैं। जो स्थायी रहा, वह था उनका क्यों जिसके लिए वह ये सब कर रहे थे। ब्रूडर जानते थे कि कागज़ पर कोई अवसर भले ही कितना ही अच्छा दिखाई देता हो, व्यक्ति कितना भी होशियार क्यों नहीं हो, यदि उसके काम में दूसरे उसकी सहायता नहीं करेंगे तो वह अपना काम

नहीं कर पाएगा। वह जानते थे कि सफलता समूह के सहयोग से होने वाला काम है। उनमें उन लोगों को अपनी ओर आकर्षित करने की उल्लेखनीय क्षमता थी, जो उनके विश्वास में विश्वास रखते थे। प्रतिभाशाली लोग उनके एक निवेदन पर उनकी ओर खिंचे चले आते थे : "हम आपकी मदद कैसे कर सकते हैं?" स्वीकृत दृष्टिकोणों की उपेक्षा करते आए और एक से अधिक उद्योगों में क्रांति लाने वाले ब्रूडर ने अब अपना ध्यान बड़ी चुनौतियों पर यानी विश्व शांति पर केंद्रित कर दिया था। उन्होंने एजुकेशन फ़ॉर एम्प्लॉयमेंट फ़ाउंडेशन की स्थापना की, जो कि ऐसा मेगाफ़ोन था जो उन्हें उनके लक्ष्य की प्राप्ति में मदद कर सकता था।

ईएफ़ई फ़ाउंडेशन मध्य पूर्व में युवा महिला-पुरुषों के जीवन में बदलाव लाने में उनकी मदद कर रहा है, जो कि इस क्षेत्र में वास्तव में आवश्यक है। वे अपनी बेटियों को सिग्नल क्रॉसिंग कर यही समझा रहे थे कि हर बात का एक दूसरा पहलू, दूसरा रास्ता होता है। उन्होंने मध्य पूर्व की समस्याओं को सुलझाने के लिए वैकल्पिक दृष्टिकोण अपनाया। ब्रूडर की पिछली सफलताओं की ही तरह ईएफ़ई फ़ाउंडेशन भी ख़ूब फलेगा-फूलेगा और इस प्रक्रिया में बढ़िया काम करेगा। ब्रूडर कंपनी नहीं चलाते, वे एक आंदोलन का नेतृत्व करते हैं।

सारे आंदोलन
निजी आंदोलन ही हैं

यह 11 सितंबर 2001 को शुरू हुआ। हमारी ही तरह ब्रूडर का ध्यान भी आतंकवादी आक्रमण के बाद मध्य पूर्व की समस्याओं की ओर गया कि यह सब क्यों घटा। उन्हें समझ में आ गया कि जो एक बार घटित हुआ है, वह बार-बार भी घट सकता है और अपने बेटियों के जीवन की सुरक्षा के लिए ही वे इस समस्या का कोई हल खोजना चाहते थे।

क्या किया जा सकता है, इसकी खोज के दौरान उन्होंने ऐसी खोज की जिसने न केवल उनकी बेटियों की सुरक्षा के लिए वरन संयुक्त राज्य अमेरिका की आतंकवाद से सुरक्षा की राह में मील का पत्थर साबित हुई। उन्हें अहसास हुआ कि अमेरिका में सुबह हर युवा इस सोच के साथ उठता है कि उसके लिए भविष्य के नए अवसर सामने खड़े हैं।

अर्थव्यवस्था कैसी भी हो, अमेरिका में पले-बढ़े युवा इस बारे में आशावादी हुआ करते हैं कि वे कुछ न कुछ ज़रूर हासिल करेंगे यानी अमेरिकी स्वप्नों को पूरा करेंगे। गाज़ा या यमन में बड़े होने वाले युवा या युवतियाँ इस तरह की आशावादिता के साथ नहीं जागते। यदि उनमें वैसी इच्छा होती भी हो तो उस तरह की आशावादिता नहीं होती। इसके संबंध में यह कहना आसान है कि दोनों देशों की संस्कृति में भिन्नता है, मगर यह कारण पर्याप्त नहीं है। असल कारण यह है कि गाज़ा और यमन जैसे स्थानों पर ऐसी संस्थाओं की कमी है जो युवाओं के मन में भविष्य के प्रति आशावाद का भाव जगा सके। उदाहरण के लिए जॉर्डन के एक कॉलेज की शिक्षा सामाजिक स्तर प्रदान कर सकती है, मगर यह युवाओं को भविष्य के लिए तैयार नहीं करती। इस तरह की शिक्षा प्रणाली एक तरह के सांस्कृतिक निराशावाद को प्रेरित करती है।

ब्रूडर ने आतंकवाद की समस्या को पहचान लिया था और यह भी समझ लिया था कि इस समस्या का पश्चिम के युवाओं से उतना लेना-देना नहीं है, जितना मध्य पूर्व के युवाओं से है। उस सोच से है जो ये युवा अमेरिका के बारे में रखते हैं और उससे भी बढ़कर उस सोच से, जो ये अपने बारे में और अपने भविष्य के बारे में रखते हैं। ईएफ़ई फ़ाउंडेशन के जरिए ब्रूडर मध्य पूर्व एशिया में ऐसा कार्यक्रम चला रहे हैं जो इन युवाओं को हार्ड और सॉफ़्ट स्किल्स सिखा रहा है जिससे इन्हें जीवन में अधिकाधिक अवसरों की पहचान करने को मिलेगी। उन्हें ऐसा महसूस होगा कि वे अपने भविष्य पर नियंत्रण रख सकते हैं। ब्रूडर अपने ईएफ़ई फ़ाउंडेशन का उपयोग अपने क्यों को वैश्विक स्तर पर लागू करने के लिए कर रहे हैं अर्थात लोगों को यह सिखा रहे हैं कि वे जिस रास्ते पर चलते हैं, उस हर रास्ते का एक और विकल्प हुआ करता है।

ईएफ़ई अमेरिका की ऐसी दानदाता संस्था नहीं है, जो सुदूरवर्ती भूमि को अच्छा बनाने के काम में लगी हुई है। यह वैश्विक आंदोलन है। ईएफ़ई की हरेक गतिविधि स्वतंत्र रूप से चलती है, जो कि स्थानीय लोगों के सहयोग से और स्थानीय लोगों की समितियाँ गठित करते हुए की जाती है। स्थानीय लीडर इसे अपनी निजी ज़िम्मेदारी मानते हुए युवा पुरुषों और महिलाओं को हुनर, ज्ञान और सबसे महत्त्वपूर्ण यानी आत्मविश्वास हासिल करना सिखाते हुए उन्हें आगे उपलब्ध अवसरों को जानने, महसूस करने में मदद करते हैं

ताकि वे अपने लिए वैकल्पिक रास्ता चुन सकें। मायादा अबू जबर जॉर्डन में एक आंदोलन चला रहे हैं। मोहम्मद नाजा गाज़ा और वेस्ट बैंक में इस लक्ष्य को फैला रहे हैं और मईन अलेरयानी यमन में काम करते हुए इस बात को सिद्ध करने में लगे हुए हैं कि किस तरह से जीवन को दिशा देना किसी स्थान की संस्कृति तक को बदल सकता है।

यमन में बच्चों को केवल नौ वर्ष की शिक्षा उपलब्ध है जो कि दुनिया भर में सबसे कम दरों में से एक है। अमेरिका में यह दर सोलह वर्ष है। ब्रूडर से प्रेरणा पाकर अलेरयानी ने भी युवा महिला-पुरुषों के साथ कौशल विकास पर काम करते हुए उन्हें वैकल्पिक रास्ता चुनने और अपने भविष्य को नियंत्रित करने का अवसर देने का काम किया। यमन की राजधानी सना में उन्होंने अपने अभियान की धमाकेदार शुरुआत के लिए धन इकट्ठा करने का काम शुरू किया और एक ही सप्ताह में वह इस काम के लिए 50,000 डॉलर इकट्ठे करने में सफल हुए। हमारे स्तर की तुलना में धन हासिल करने की उनकी गति बहुत तेज़ थी और वह भी यमन जैसे देश में जहाँ दान द्वारा समाज सेवा का कोई प्रचलन नहीं था। अतः उस स्थान पर यह कर पाना उनके प्रयास को और अधिक उल्लेखनीय बनाता है। यमन उस क्षेत्र के सबसे ग़रीब देशों में से एक है। लेकिन जब आप लोगों को यह बताते हैं कि आप इस काम को क्यों कर रहे हैं तो आश्चर्यजनक बातें घटती हैं।

इन सभी क्षेत्रों में जो भी लोग ईएफ़ई के साथ जुड़े हुए हैं, उनका विश्वास है कि वे अपने भाई-बहनों, बेटे-बेटियों को वे हुनर सिखा सकते हैं, जो उनके विचारों की राह बदलने में मदद करेंगे। वे उस समस्त क्षेत्रों के युवाओं की मदद करने के लिए काम कर रहे हैं और इस विश्वास के साथ काम कर रहे हैं कि उनका भविष्य बेहतर और अवसरों से भरा-पूरा होगा। वे यह काम ब्रूडर के लिए नहीं कर रहे हैं, अपने आप के लिए कर रहे हैं। यही कारण है कि एक दिन ईएफ़ई सारी दुनिया को बदल देगा।

मेगाफ़ोन के सबसे ऊपरी स्तर पर बैठना जहाँ क्यों स्थित होता है, ब्रूडर की भूमिका लोगों को प्रेरित करने की और आंदोलन की शुरुआत करने की थी। ये वे लोग होते हैं जिन्हें यह पता होता है कि कौन वास्तविक बदलाव लेकर आएगा और आंदोलन को आगे बढ़ाता रहेगा। वे कहीं भी रहते हों, कोई भी काम करते हों, किसी भी देश के हों इस आंदोलन का

हिस्सा बन सकते हैं। यह किसी आंदोलन में शामिल होने के अहसास को महसूस करने की बात है। यदि आपको विश्वास है कि हम जिस राह पर होते हैं, उसका कोई न कोई वैकल्पिक दृष्टिकोण हुआ करता है और हम सबको इस वैकल्पिक रास्ते तक जाना है तो आप इस वेबसाइट efefoundation.org को देखिए और इस आंदोलन में शामिल हो जाइए। दुनिया बदलने के लिए उन सभी लोगों का सहयोग ज़रूरी है जो इस विश्वास में विश्वास रखते हैं।

9

क्यों और कैसे के बाद क्या के बारे में भी जानें

वे बढ़ते हुए अंदर आ गए। एक भी शब्द नहीं बोला गया। किसी ने भी किसी और के साथ नज़रें नहीं मिलाई। वे सब एक ही तरह के लग रहे थे। उनके सिर मुंडे हुए थे, उनके कपड़े सलेटी और मैले-कुचैले थे। उनके जूते धूल से भरे हुए थे। एक-एक करके वे उस गुफा जैसे कमरे में घुसते गए जैसे विज्ञान पर आधारित किसी फ़िल्म का हैंगर हो। पूरे कमरे में एक ही सलेटी रंग फैला हुआ था। दीवारें भी सलेटी थीं। धूल और धुएँ से हवा भी जैसे सलेटी हो गई थी। सैकड़ों या शायद हज़ारों दूर नियंत्रित वस्तु जैसे दिख रहे लोग व्यवस्थित रूप से रखी गई बैंचों पर बैठे हुए थे। एक के बाद एक पंक्ति। अनुरूपता का एक समुद्र हो जैसे। वे स्क्रीन पर चल रहे एक चित्र को देख रहे थे, जिसमें उनका लीडर कुछ हठधर्मी विचारों के प्रचार-प्रसार में लगा था और गर्व से कह रहा था कि वे सब अब उनके पूर्ण नियंत्रण में हैं। उन्हें श्रेष्ठता की प्राप्ति हो गई है। वे अब घातक रोगों से मुक्त हैं या ऐसा उन्हें लग रहा था।

एक सुरंग में से चलते हुए एक लंबे क़द की गोरी-सुनहरी महिला उस गुफानुमा कमरे में आती है। उसने लाल रंग की निकर और कसी हुई सफ़ेद टी शर्ट पहन रखी है और उसके कपड़ों और चेहरे का रंग उसके सलेटी बालों से मिलकर उसे उस सलेटी, धुँधले से कमरे में किसी लाइट हाउस की

तरह बना रहे थे। सुरक्षा कर्मचारियों से घिरी हुई उस महिला के हाथ में एक हथौड़ा है। यह सब यथास्थिति के अंत के लिए ठीक नहीं था।

22 जनवरी 1984 को एपल ने मैकिंतोश कंप्यूटर उनके आज प्रसिद्ध हुए विज्ञापन के साथ बाज़ार में उतारे जिसमें अधिनायकवादी शासन जिसने समूची जनता को नियंत्रण में लेकर रखा हुआ है, की बात की जा रही थी और वे कह रहे थे – "1984 किसी भी तरह से 1984 जैसा नहीं होगा।" मगर यह विज्ञापन केवल विज्ञापन नहीं होकर और बहुत कुछ कहता था। यह किसी नए उत्पाद की विशेषताओं और लाभों के बारे में नहीं था, यह बाक़ी उत्पादों से भिन्नता दर्शाने की कोशिश वाला विज्ञापन भी नहीं था। यह हर उद्देश्य से एक घोषणापत्र था, एपल के क्यों का एक काव्यात्मक प्रदर्शन, यह एक व्यक्ति के किसी व्यवस्था, किसी यथास्थिति के ख़िलाफ़ विद्रोह, एक क्रांति को प्रज्ज्वलित करने के बारे में बनाई गई फ़िल्म के रूप में प्रस्तुत हुआ था। भले ही एपल के उत्पाद और बाज़ार का फ़ैशन बदल गया है, मगर आज पच्चीस साल बाद भी उनका यह विज्ञापन उतना ही सटीक है। जितना यह पहली बार बाज़ार में उतारते समय था और ऐसा इसलिए है कि 'क्यों' कभी नहीं बदलता। समय के साथ आप क्या करते हैं, यह बदल सकता है, मगर आप उसे क्यों करते हैं, यह स्थिर ही रहता है।

कंपनी का विश्वास किसमें है, उसके द्वारा बनाए गए विज्ञापन यह दिखाने का सबसे बेहतर तरीक़ा होते हैं। एपल के सारे विज्ञापन और संवाद, उनके उत्पाद, उनकी पैकेजिंग, स्टोर का डिजाइन ये सब कुछ एपल के क्यों के लिए किए जा रहे काम यानी क्या है और ये सभी इस बात का प्रमाण देते हैं कि वे व्यक्ति को सशक्त बनाने के लिए यथास्थिति को सक्रिय रूप से चुनौती देते हैं। आपने कभी ध्यान दिया होगा कि एपल के विज्ञापन में उनके उत्पादों को समूह के द्वारा आनंदपूर्वक उपयोग में लाते हुए नहीं दिखाया जाता। उनमें हमेशा एक व्यक्ति दिखाया जाता है। और जब एपल कहती है, अलग तरह से सोचो तो ऐसा कहकर वह केवल खुद का वर्णन नहीं कर रही होती है। इस विज्ञापन में पाब्लो पिकासो, मार्था ग्राहम, जिम हेन्सन, अल्फ्रेड हिचकॉक और अन्य कई लोगों के चित्र दिए हुए हैं और पृष्ठ की दाहिनी ओर ऊपर लिखा है, "अलग सोचो।" एपल को बदलाव लाने वाला इसलिए नहीं माना जाता कि उसने अपने आपको बदलाव लाने वालों के साथ जोड़कर देखा है, वरन उसमें बदलाव लाने की इच्छा है, क्षमता है इसलिए

उसे ऐसा कहा जाता है। विज्ञापन में रचनात्मकता लाने से पहले क्यों का विचार किया जाता है। किसी भी विज्ञापन में समूह को नहीं दर्शाया गया है। यह अनायास या दुर्घटनावश नहीं है। एपल व्यक्तिमात्र की क्षमता को बढ़ाने के लिए ही काम कर रहा है। एपल अपना क्यों जानता है और उसी के अनुरूप काम करता है और यह हम भी जानते हैं। आप उससे सहमत हों या नहीं हों, हम जानते हैं कि एपल किसमें विश्वास करता है क्योंकि वह ऐसा हमें बताता है।

स्पष्ट बोलिए, आपको सही और स्पष्ट तरीक़े से समझा जाएगा

सुनहरे वृत्त के मुताबिक़ किसी भी संस्था को त्रि-आयामी शंकु की सहायता से समझा जा सकता है। संस्थागत संरचना का तंत्र सबसे ऊपर हुआ करता है, उसके बाद बाज़ार स्थल का स्थान होता है। बाज़ार स्थल अपने सभी उपभोक्ताओं और संभावित उपभोक्ताओं, प्रेस, शेयरधारक, प्रतिस्पर्धी, वितरक और धन से मिलकर बनता है। यह तंत्र स्वभावतः ही कोलाहलपूर्ण और

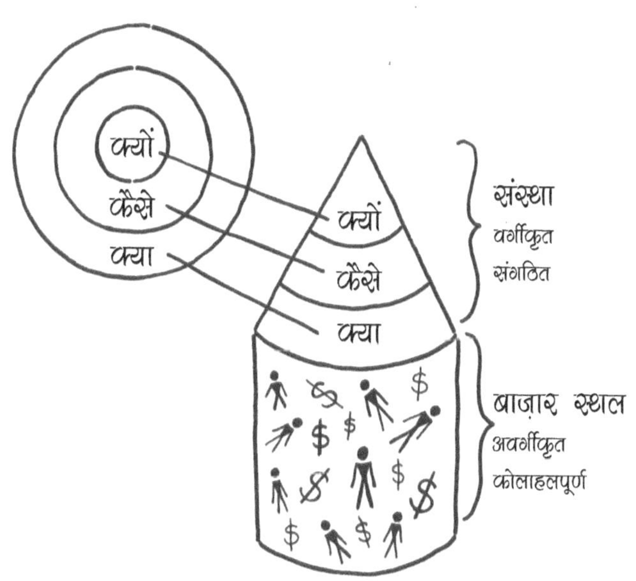

अव्यवस्थित होता है और इसका संस्थागत तंत्र से संबंध इसके आधार पर ही होता है। कोई संस्था जो भी कहती है या करती है, उससे उस संस्था प्रमुख का दृष्टिकोण बाहरी दुनिया को पता चलता है। कंपनी जो भी उत्पाद बेचती है या सेवाएँ प्रदान करती है, अपने उत्पादों का विज्ञापन करती है, सभी से इसके क्यों का पता चलता है। लोग आप क्या करते हैं इसे नहीं ख़रीदते हैं वरन आप इसे क्यों बनाते हैं इस कारण यानी आपके क्यों को ख़रीदते हैं। यदि सारी बातें क्या के स्तर पर ही घट रही हों या क्या के स्तर तक ही सीमित हों और इनसे कंपनी के क्यों का पता नहीं चल पा रहा हो तो उस कंपनी की प्रेरित करने की क्षमता बेहद संदिग्ध होगी।

जब कंपनी छोटी होती है, तब कोई विशेष दिक्कत नहीं होती, क्योंकि कंपनी के संस्थापक का बाहरी दुनिया से सीधा संपर्क होता है। विश्वसनीय क्यों तरह के लोग शायद कम होते हैं और संस्थापक ही स्वयं अधिकांश बड़े निर्णय लिया करते हैं। लीडर या संस्थापक स्वयं बाहर निकलकर ग्राहकों से बातचीत किया करते हैं, उत्पाद बेचते हैं और स्वयं कर्मचारियों की नियुक्ति किया करते हैं। जैसे-जैसे कंपनी बड़ी होती जाती है, नए तंत्र जुड़ते जाते हैं और नए लोग शामिल होते जाते हैं। एक व्यक्ति द्वारा धारित लक्ष्य धीरे-धीरे संगठित संस्थागत रूप लेने लगता है और शंकु आकार लेने लगता है। इसके बढ़ने के साथ-साथ नेतृत्व की भूमिका बदलती है। अब वे मेगाफ़ोन की सबसे तेज़ आवाज़ का हिस्सा नहीं रहते। अब वे इस मेगाफ़ोन से प्रसारित होने वाले संदेश का स्रोत बन जाते हैं।

जब कोई कंपनी छोटी होती है तो यह पूरी तरह से संस्थापक के व्यक्तित्व के इर्द-गिर्द घूमा करती है। इसमें कोई विवाद नहीं है कि संस्थापक का व्यक्तित्व ही कंपनी का व्यक्तित्व बन जाता है। तो फिर हम ऐसा क्यों सोचते हैं कि किसी कंपनी के सफल होने मात्र से स्थिति बदल जाती है? स्टीव जॉब्स-एक व्यक्ति और एपल एक कंपनी में क्या फ़र्क़ है? कुछ भी नहीं। सर रिचर्ड ब्रान्सन के व्यक्तित्व और वर्जिन के व्यक्तित्व में क्या फ़र्क़ है? कुछ भी नहीं। जैसे-जैसे कोई कंपनी आगे बढ़ती है, सीईओ का काम होता है इसके उद्देश्य क्यों को आदर्श रूप में स्थापित करना, इसका निचोड़ निकालना। इसके बारे में बात करना, इसका प्रचार-प्रसार करना, और इसे उस कंपनी के विश्वास के प्रतीक के रूप में स्थापित करना। यही सीईओ का काम होता है। ये सभी निहितार्थ होते हैं और उनके द्वारा पूरे किए जाते

हैं। मार्टिन लूथर किंग और उनके सामाजिक आंदोलन की तरह हर लीडर का काम सारे कामों को या बिक्री के लक्ष्यों को पूरा करना नहीं, वरन औरों को प्रेरणा देना होता है।

कंपनी बढ़ने के साथ-साथ उसका संस्थापक या लीडर कंपनी के क्या से यानी कंपनी जो भी कर रही होती है, उससे और बाहरी बाज़ार की दुनिया से भी शारीरिक रूप से अदृश्य होता चला जाता है। मुझे सीईओज से यह पूछना पसंद है कि अब उनकी सबसे बड़ी प्राथमिकता क्या है। कंपनी के आकार और संरचना के मुताबिक़ मुझे एक या दो उत्तर ऐसे भी मिलते हैं जिनमें ग्राहकों या शेयरधारकों को प्राथमिकता कहा जाता है। दुःख की बात है कि थोड़ी-सी भी बड़ी कंपनियों के सीईओ का अपने ग्राहकों के साथ रोज़ का संपर्क नहीं के बराबर रह जाता है और ग्राहक तथा शेयरधारक दोनों ही कंपनी से बाहर की अस्त-व्यस्त दुनिया यानी बाज़ार में रहते हैं। जैसा कि शंकु दिखाता है सीईओ का काम यानी लीडर की ज़िम्मेदारी बाहरी बाज़ार पर ध्यान देने की नहीं है, वरन उसे अपने ठीक नीचे के स्तर यानी कैसे वाले स्तर के लोगों पर काम करना होता है। लीडर को यह सुनिश्चित करना चाहिए कि उनकी टीम में ऐसे लोग हैं जो उनके विश्वास पर विश्वास करते हैं और उन्हें पता है कि इसके लिए क्या और कैसे करना है। कैसे टाइप के लोग अपनी संस्था के क्यों को समझने के लिए जवाबदेह हुआ करते हैं और उन्हें हर दिन काम पर आना चाहिए, ताकि वे इसके लिए तंत्र विकसित कर सकें और लोगों को इस काम को आगे बढ़ाने के लिए नियुक्त कर सकें अर्थात संस्था के क्यों को लोगों के जीवन में उतार सके। सामान्य कर्मचारी बाहरी दुनिया के सामने कंपनी का क्यों दर्शाने के लिए ज़िम्मेदार होते हैं कि कंपनी क्या कहती है और क्या करती है। चुनौती यही है कि वह इसे करने में सफल हो जाए।

सुनहरे वृत्त की जैविकी को भी याद रखना चाहिए। 'क्यों' दिमाग़ के उस हिस्से में स्थित होता है जो भावनाओं और निर्णय क्षमता को निर्देशित करता है, मगर यह भाषा को नियंत्रित नहीं करता। 'क्या' का स्थान दिमाग़ के उस हिस्से में होता है जो तर्क शक्ति और भाषा का होता है। त्रि-आयामी सुनहरे वृत्त की तुलना दिमाग़ की जैविकी से करना एक अंतर्दृष्टि दे सकता है।

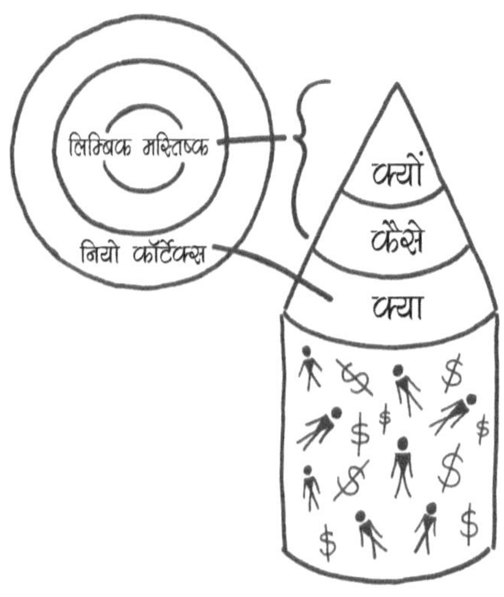

संस्था के उच्चतम स्तर पर लीडर्स हुआ करते हैं जो प्रेरणा का स्रोत होते हैं और यह बताते हैं कि हम जो कर रहे हैं वह क्यों कर रहे हैं। ये भावनात्मक लिम्बिक ब्रेन को दर्शाते हैं। कंपनी क्या कहती है और करती है इससे नियो कॉर्टेक्स के तार्किक विचार और भाषा का पता चलता है। लोगों को अपनी भावनाओं को व्यक्त करने या उनका कारण बताने में परेशानी होती है जैसे यह बताने में कि वे अपने साथी से प्रेम क्यों करते हैं, उसी तरह किसी संस्था को अपने क्यों को दर्शाने में दिक्कत आती है। दिमाग़ में भावनाओं और भाषा को नियंत्रित करने वाले हिस्से समान नहीं होते। यह जानने के बाद कि सुनहरे वृत्त का शंकु त्रि-आयामी है जो दृढ़ता से मनुष्य की निर्णय क्षमता की जैविकी पर आधारित है, इसके पीछे का तथ्य यह है कि संस्था किसी भी आकार की क्यों नहीं हो, उसे अपने क्यों को दर्शाने के लिए संघर्ष करना ही होगा। व्यापारिक शब्दावली में कहा जाए तो इसका अर्थ अपने मूल्यों को बाकियों से अलग करके बताना सचमुच कठिन काम है।

यदि सीधे कहा जाए तो कई सारी कंपनियों को अपने ग्राहकों तक अपने मूल्यों को बाकियों से अलग करके पहुँचाना व्यापारिक समस्या नहीं है, यह जीव विज्ञान की समस्या है। और जैसे कोई व्यक्ति अपनी भावनाओं को

शब्दों में ढालने में तकलीफ़ महसूस करता है तो हम उपमा, रूपकों और प्रतीकों पर भरोसा करते हैं और अपनी भावनाओं को दर्शाते हैं। यदि अपने उद्देश्य को व्यक्त करने के लिए हमें सही शब्द नहीं मिलते तो हम कहानियों का सहारा लेते हैं। हम संकेत उपयोग में लाते हैं। जो लोग हमारे विश्वास में विश्वास रखते हैं हम उनके लिए मूर्त बातों का सहारा लेते हैं और कहते हैं, "इसलिए मैं इससे प्रेरित हुआ।" यदि यह ठीक तरीक़े से किया जाए तो यही मार्केटिंग, ब्रांडिंग, उत्पाद और सेवाओं में परिवर्तित हो जाता है। यह संस्थाओं के लिए बाहरी दुनिया से बात करने का एक तरीक़ा होता है। सही तरीक़े से अपनी बात कहेंगे तो आपकी बात को समझा जाएगा।

10

संवाद केवल बोलने के लिए नहीं बल्कि सुनने के बारे में है

मार्टिन लूथर किंग जूनियर, जो अमेरिका के नागरिक अधिकार आंदोलन के प्रणेता के प्रतीक के रूप में दुनिया के सामने आए, उन्होंने अपने प्रसिद्ध भाषण "मेरे पास एक स्वप्न है" को लोगों तक पहुँचाने के लिए एक और प्रतीक लिंकन संग्रहालय का इस्तेमाल किया। किंग की ही तरह लिंकन भी अमेरिका में हरेक के लिए स्वतंत्रता के मूल्य का प्रतीक हैं। महान समाज अपने मूल्यों को पुनस्थापित करने के लिए प्रतीकों और संकेत चिह्नों के महत्त्व को समझते हैं। तानाशाह भी इन संकेतों के महत्त्व को बख़ूबी समझते हैं, मगर उनके मामले में ये संकेत उनके लिए ही हुआ करते हैं, बड़े विश्वास को प्रसारित करने के लिए नहीं। संकेत हमें अमूर्त को मूर्त रूप में समझने में मदद करते हैं। चूँकि संकेतों को हम अर्थ के साथ बाँधते हैं, अतः वे उसी अर्थ को दर्शाते हुए दिखाई देते हैं। यह अर्थ हमारे दिमाग़ में रहता है, उन संकेतों में नहीं। जब हमारा उद्देश्य, लक्ष्य या धारणा बहुत स्पष्ट होती है, तभी किसी संकेत को बहुत ताक़त मिलती है।

उदाहरण के लिए झंडा हमारे देश की धारणाओं और मूल्यों के प्रतीक से बढ़कर कुछ नहीं है। हम लड़ाई में उसी झंडे के पीछे चलते हैं। इसका अर्थ है, झंडे में कोई शक्ति भी है। कभी किसी सैनिक के सीधे हाथ पर लगे अमेरिका के झंडे के चिह्न को देखा है? यह पीछे की तरफ़ मुड़ा हुआ है।

और ऐसा भूलवश नहीं है, इसका एक उद्देश्य है। लड़ाई में सेना के आगे की ओर बढ़ते समय दाहिनी ओर से देखने पर सैनिक के कंधे पर लगा झंडा पीछे की ओर जाता हुआ दिखाई देगा। अगर इसे दूसरे तरीक़े से दाहिने कंधे पर लगाया जाए तो ऐसा लगेगा कि सैनिक पीछे जा रहा है।

हमारा झंडा इतने सारे अर्थों को लिए हुए है कि किसी ने इसको इस तरह से अपवित्र बनाने पर रोक लगाने के लिए क़ानून का सहारा लेने की भी कोशिश की। ये देशभक्त उस कपड़े को बचाने की बात नहीं कर रहे हैं, जिसके द्वारा यह झंडा बनाया गया है। उनके द्वारा प्रस्तावित क़ानून का संपत्ति को हानि पहुँचाने से कोई संबंध नहीं है। उनका लक्ष्य है इस संकेत द्वारा प्रेषित किए जाने वाले वास्तविक अर्थ की सुरक्षा करना। नियम का जो मसौदा उन्होंने तैयार किया है, उसमें मूल्यों और लक्ष्यों के मूर्त संकेतों के द्वारा उनके वास्तविक अर्थों को संरक्षित करना ही मूल उद्देश्य है। हालाँकि इस नियम की अपील को उच्चतम न्यायालय ने ख़ारिज कर दिया है, मगर इन लोगों ने एक विवादास्पद और भावनात्मक बहस को आकार देने में सफलता प्राप्त की थी। वे हमारी अभिव्यक्ति की स्वतंत्रता की इच्छाओं को एक ऐसे प्रतीक की सुरक्षा की इच्छाओं से मिलाकर देखते हैं जो इस स्वतंत्रता को बचाए रखना चाहता हो।

रोनाल्ड रीगन जो एक महान वक्ता थे, वे भी इन प्रतीकों की ताक़त को अच्छी तरह से जानते थे। 1982 में वे ऐसे पहले राष्ट्रपति बने जिसने देश को संबोधित करने के अपने कार्यक्रम में अपने हाउस चेंबर की बालकनी में बैठने के लिए एक "हीरो" (अपने कामों से नायकत्व पाने वाले व्यक्ति) को आमंत्रित किया और यह परंपरा अब तक चलती आ रही है। रोनाल्ड रीगन ऐसे व्यक्ति थे जो बेहद आशावादी थे, जिन्होंने आशावादिता का प्रसार किया और उन्हें मालूम था कि अमेरिका के मूल्यों को केवल जबानी बोलने की बजाय प्रतीक के रूप में प्रस्तुत करना ज़्यादा अच्छा होता है। उनके पहले मेहमान, जिन्हें उनकी पत्नी यानी देश की प्रथम महिला के साथ बैठने का अवसर मिला वह थे लैनी स्काटनिक, जो एक सरकारी कर्मचारी थे और जिन्होंने एयर फ़्लोरिडा विमान दुर्घटना के बाद नदी में गिरे यात्रियों को बचाने की कोशिश कर रहे एक हेलीकॉप्टर से गिरी महिला को बचाने के लिए बर्फ़ से भरी नदी में छलांग लगा दी थी। रीगन ऐसा करके यह बताना चाह रहे थे कि बातें खोखली हुआ करती हैं, मगर काम और मूल्य गहरे होते हैं और

होने चाहिए। लोगों को स्काटनिक की कहानी सुनाने के बाद उन्होंने कहा, "किसी को कभी भी यह मत कहने दो कि अमेरिका के अच्छे दिन तो पीछे ही रह गए, अमेरिका की आत्मा ख़त्म हो गई है। अपने जीवन में हमने इस जीत को इतनी बार देखा है कि हम ऐसे किसी कथन पर विश्वास नहीं कर सकते।" स्काटनिक रीगन के साहस के प्रतीक बन गए थे।

अधिकतर कंपनियों के प्रतीक चिह्न हुआ करते हैं, मगर कुछ ही कंपनियाँ ऐसी होती हैं जो अपने प्रतीक चिह्नों यानी लोगो को अर्थपूर्ण प्रतीकों में बदल पाती हैं और चूँकि अधिकतर कंपनियाँ यह बताने में बिलकुल असफल रहती हैं कि वे किस बात में विश्वास रखती हैं, अतः अधिकतर लोगो या प्रतीक चिह्न भी कुछ भी बताने में असमर्थ रहते हैं। ज़्यादा से ज़्यादा ये लोगो उस कंपनी और उसके उत्पादों की पहचान बनाने का काम किया करते हैं। कोई भी लोगो तब तक गहरा अर्थ धारण नहीं कर सकता जब तक कि हमें यह नहीं पता हो कि इस कंपनी के अस्तित्व के पीछे का क्यों क्या है। क्यों की स्पष्टता के बिना कोई भी लोगो केवल लोगो ही बना रह जाता है।

यह कहने के लिए कि कोई लोगो गुणवत्ता, सेवा, नवाचार को प्रदर्शित करने के लिए होता है, यह बात और ऐसी और बातें इसके लोगो होने की ही पुष्टि करती हैं। ये सभी विशेषताएँ कंपनी की होती हैं, उसके लक्ष्य की नहीं। तानाशाहों को मत भूलिए। वे भी प्रतीकों की ताक़त को समझते हैं सिवाय उनके जो अक्सर उनके साथ हुआ करते हैं। इसी तरह से कुछ कंपनियाँ भी तानाशाहों की तरह काम किया करती हैं। उनके लोगो केवल उनके बारे में और उनके काम के बारे में हुआ करते हैं। वे हमें बताते हैं कि वे क्या करते हैं, वे हमें बताते हैं कि हमें किस चीज़ की आवश्यकता है, वे हमें बताते हैं कि उनके पास हमारे सारे प्रश्नों के उत्तर हैं फिर भी वे हमें प्रेरित नहीं कर पाते और हमारी वफ़ादारी के हक़दार नहीं बन पाते। इस उपमा को और आगे ले जाने के लिए किसी तानाशाह की तरह अपनी ताक़त को बनाए रखने के लिए डर फैलाने, इनाम देने और इसी तरह के और भी जोड़-तोड़ का इस्तेमाल किया जाता है। लोग तानाशाहों को इसलिए बर्दाश्त नहीं किया करते कि वे ऐसा करना चाहते हैं बल्कि इसलिए कि वे ऐसा करने के लिए बाध्य होते हैं। किसी कंपनी के लीडर को तानाशाह नहीं वरन महान लीडर बनने के लिए अपने सभी प्रतीक जिसमें लोगो भी

शामिल है, को किसी ऐसे लक्ष्य के अनुरूप बनाना चाहिए जिस पर हम सभी विश्वास कर सकें। कुछ ऐसा जिसका हम सब समर्थन कर सकें। इसके लिए स्पष्टता, अनुशासन और निरंतरता की ज़रूरत हुआ करती है। किसी लोगो को प्रतीक चिह्न बनने के लिए यह आवश्यक है कि लोग उस लोगो का प्रयोग अपने आपको दर्शाने के लिए करें, इसके लिए प्रेरित महसूस करें। विशेष डिज़ाइनर के कपड़े इसका बढ़िया उदाहरण हैं जिन्हें लोग अपने स्तर का प्रदर्शन करने के लिए पहनते हैं, मगर उनमें से कुछ ऐसे भी होते हैं जो इनके द्वारा प्रतीक रूप में व्यक्त किए हुए विचारों के साथ जाते हैं। इसका सबसे सशक्त उदाहरण हार्ले डेविडसन है।

ऐसे भी लोग हैं जो अपने शरीर पर हार्ले डेविडसन का टैटू बनवाकर बाहर निकलते हैं। ये निरा पागलपन है। उन्होंने एक कॉर्पोरेट कंपनी के लोगो को अपने शरीर पर गुदवा लिया है। इनमें से कुछ लोगों के पास वास्तव में हार्ले का उत्पाद तक नहीं होता है। तर्कशील लोग भला अपने शरीर पर किसी कंपनी का टैटू क्यों बनवाएँगे? इसका कारण एकदम सीधा है। सालों की अपनी मेहनत के बाद हार्ले अब अपनी धारणाओं, मूल्यों और विश्वासों के बारे में एकदम स्पष्ट है और वह किस पर विश्वास करती है, और वह जो कहती है उसे करके दिखाती है। यह भी उनके उपभोक्ताओं के सामने एकदम स्पष्ट है और इसी कारण हार्ले का लोगो आज एक प्रतीक चिह्न बन गया है। अब यह किसी कंपनी और इसके उत्पाद की सामान्य पहचान नहीं रह गया है। अब इसे एक धारणा, एक विश्वास के रूप में पहचाना जाता है।

सच्चाई यह भी है कि बहुत से लोग जो अपने शरीर पर हार्ले के टैटू बनवाया करते थे, उन्हें यह नहीं पता होता है कि हार्ले के स्टॉक्स की क़ीमत क्या है। सप्ताह भर पहले इसके प्रबंधन में क्या हेर-फेर हुआ है, वे यह नहीं जानते हैं यानी अब यह प्रतीक हार्ले तक सीमित नहीं रह गया है। अब यह प्रतीक उनके अपने मूल्यों को दर्शाने वाला संकेत बन गया है। रैंडी फ़ाउलर ने जो पहले अमेरिका की नौसेना में थे और अब कैलिफ़ोर्निया में हार्ले के वितरक हैं, अपने बाएँ हाथ पर हार्ले का बड़ा-सा टैटू बनवाया हुआ है और वे कहते हैं, "यह बताता है कि मैं कौन हूँ। अधिकतर तो यह बताता है कि मैं अमेरिकी हूँ।" यानी अब कंपनी और ग्राहकों में कोई फ़र्क़ नहीं रहा है। हार्ले डेविडसन के अर्थ का लोगों के जीवन में महत्त्व है, क्योंकि

हार्ले के क्यों में विश्वास रखना उन्हें अपने जीवन के अर्थ को परिभाषित करने में मदद करता है।

हार्ले की स्पष्टता, अनुशासन और सततता के कारण अधिकतर लोग यह जानेंगे कि प्रतीक का अर्थ क्या होता है, भले ही आप इसके ग्राहक नहीं बनें। यही कारण है कि जब कोई अपनी बाँह पर हार्ले का बड़ा-सा लोगो बनवाकर बार में घुसता है तो हम एक क़दम पीछे हट जाते हैं और उसे जगह देते हैं। वास्तव में यह प्रतीक ही इतना सशक्त और अर्थपूर्ण बन गया है कि हार्ले की कमाई का 12 प्रतिशत इसी क्रय-विक्रय से आता है। यह उल्लेखनीय है।

लोगो केवल लोगो नहीं होकर प्रतीक चिह्न की तरह से काम करते हैं। प्रतीक चिह्न मूल्यों और धारणाओं का स्पष्ट और मूर्त रूप दर्शाते हैं। किसी इराकी के लिए स्याही में भीगी अँगुली नई शुरुआत का प्रतीक है। लंदन की डबल डेकर बस या काउबॉय हैट दोनों ही राष्ट्रीय संस्कृति के प्रतीक हैं। मगर राष्ट्रीय प्रतीक आसान हुआ करते हैं, क्योंकि हरेक राष्ट्र के पास अपनी संस्कृति का स्पष्ट अहसास होता है जो पीढ़ी दर पीढ़ी मज़बूत होता जाता है, दोहराया जाता है। किसी कंपनी के प्रतीक का अर्थ अकेली कंपनी निर्धारित नहीं करती, वरन इसका निर्धारण मेगाफ़ोन के दायरे के बाहर का क्षेत्र यानी हलचल भरा बाज़ार निर्धारित करता है। जो कुछ सुना और कहा जाता है, उसके आधार पर कोई बाहरी व्यक्ति भी यह समझ सकता है कि कोई संस्था किस बात पर विश्वास करती है और केवल इसके बाद ही कोई प्रतीक इसके वास्तविक अर्थ को प्राप्त करता है। कंपनी का मेगाफ़ोन अपने लक्ष्य में कितना सफल रहा है, यह इस बात का सही परीक्षण है। ऐसा तभी होता है जब किसी संस्था के लक्ष्य, धारणाओं और उद्देश्यों की स्पष्टता ऊपरी स्तर से सबसे निचले स्तर तक आती है और लोगों के जीवन का हिस्सा बन जाती है।

अध्याय 9 की शुरुआत में दिए गए एपल के "1984" में आए विज्ञापन का स्मरण करें। जिन्होंने भी इसे देखा है क्या इसने आपको एपल कंपनी और इसके उत्पादों के बारे में सोचने पर मजबूर किया या आपको इसके पीछे छिपे भाव पसंद आए? या इसमें उल्लेखित पंक्ति – "अलग सोचिए" आपको पसंद आई, क्या ये आपके बारे में ही बात करती हुई लगी?

यदि आप मैक के ग्राहक हैं तो आपको यह विज्ञापन बहुत अच्छा लगा होगा। संभव है इसे देखते हुए आपके रोंगटे खड़े हो गए हों। यह इस बात का सीधा प्रमाण है कि कंपनी का क्यों आपके लिम्बिक स्तर से जुड़ पा रहा है। वास्तव में इस विज्ञापन को देखने के बाद जब आपको पता चला होगा कि यह विज्ञापन एपल का है तो आपका मैक ख़रीदने का विचार और प्रबल हो गया होगा, भले ही इसे आप पहली बार ख़रीद रहे हों या दसवीं बार। एपल के बाक़ी विज्ञापनों की ही तरह यह विज्ञापन भी एपल द्वारा कही गई बातों में से एक ही है और यह उसके दृष्टिकोण को, सोच को स्पष्ट करता है। इसके हर हिस्से में एपल की धारणा का प्रमाण हमें मिलता है। और यदि आप एपल के ग्राहक नहीं हैं, फिर भी यह विज्ञापन जो भी बात करता है उसके पीछे की सोच आपको प्रभावित करती है। इस विज्ञापन के द्वारा एपल अपनी कहानी कहता है। यह उनके क्यों के लिए एक क्या है। यह एक प्रतीक है। यही कारण होता है कि किसी विज्ञापन को देखकर हम कहते हैं कि "यह वास्तव में मुझसे सीधे बात करता है।" यह वास्तव में केवल आपसे बात नहीं करता, वरन यह इस विज्ञापन को देखने वाले लाखों लोगों से बात करता है। और कोई विज्ञापन "मुझसे बात करता है," ऐसा कहकर आप क्या कहना चाहते हैं, यह मैं इतने शोर, इतनी गड़बड़ी के बावजूद सुन पा रहा हूँ। मैं इसे सुन पा रहा हूँ और समझ भी रहा हूँ। मेगाफ़ोन से आने वाले किसी संदेश का अनुनादित होना, मेरे इस कथन का यही अर्थ है।

मेगाफ़ोन के आधार से जो भी बात आती है, वह संस्थाओं को अपनी धारणाओं को लोगों तक पहुँचाने का एक तरीक़ा होता है। कंपनी जो कहती और करती है, वह कंपनी की बात को लोगों तक पहुँचाने का माध्यम होता है। बहुत-सी कंपनियाँ अपने उत्पादों और उनकी बिक्री पर बहुत अधिक ध्यान देती हैं, क्योंकि इससे उन्हें धन की प्राप्ति होती है मगर सही मायने में मेगाफ़ोन के आधार पर और भी कई सारी चीज़ें हुआ करती हैं जो कि कंपनी की बात बाहरी दुनिया तक पहुँचाने में मदद करती हैं। उत्पाद बिक्री को तात्कालिक रूप से बढ़ा सकते हैं, मगर ये अकेले कंपनी के प्रति वफ़ादारी सुनिश्चित नहीं कर सकते। इसके विपरीत ऐसी कंपनी जिसकी बिक्री बहुत कम है, वह भी ग्राहकों की वफ़ादारी हासिल कर सकती है। एपल के उत्पाद ख़रीदने के पहले लंबे समय से मैं एपल का प्रशंसक रहा और मैं उस

कंप्यूटर कंपनी के विरोध में रहा जिसका उत्पाद मेरे पास था, जिसे मैं सालों से उपयोग में ला रहा था।

एपल की कंपनी नहीं वरन उसके द्वारा तैयार किया गया मेगाफ़ोन, जिसका आधार स्पष्टता, अनुशासन और सततता है, बेहद स्पष्ट और तेज़ है जिसके कारण उनमें लोगों की वफ़ादारी और विश्वास हासिल करने की योग्यता आती है। ये अपने अनुयायियों की संख्या के कारण एक सम्प्रदाय सा बना लेने के अपराधी हैं। कंपनी के अंदर के कर्मचारियों को अक्सर "स्टीव जॉब्स के पंथ" का अनुसरण करने के लिए अभियुक्त ठहराया जाता है। ये टिप्पणियाँ या तारीफ़ें इस बात का संकेत देती हैं कि अन्य व्यक्तियों ने इनके लक्ष्य को अपने जीवन का लक्ष्य बना लिया है। इन कंपनियों के उत्पादों को विशेषज्ञ "जीवन शैली" की तरह प्रचारित करते हैं और जो लोग एपल से प्रेम करते हैं और एपल के उत्पादों का इस्तेमाल करते हैं। वे एपल के उत्पादों यानी क्या को अपनी निजी पहचान के रूप में दर्शाते हैं। हम इसे "जीवन शैली की मार्केटिंग" कहते हैं, क्योंकि एपल ने अपने उत्पादों को लोगों की जीवन शैली का हिस्सा बना डाला है। एपल ने महान क्षमता के साथ एक मेगाफ़ोन बनाया है जो विसरण के नियम के साथ साम्य रखता है और इस सुसमाचार को प्रसारित करने के लिए बाक़ी लोगों को अपने साथ जुड़ने के लिए आमंत्रित किया है। और यह कंपनी के लिए नहीं वरन उनके लिए किया गया है।

हालाँकि उनके प्रचार-प्रसार और सहभागिता उनके विश्वास के मूर्त प्रमाण उपस्थित करते हैं। 2003 और 2004 में एपल ने पेप्सी के साथ मिलकर एक आईट्यून का प्रचार किया, जिसका मूल भाव था "भावी पीढ़ी की पसंद।" इससे स्पष्ट था कि एपल बाज़ार की यथास्थिति को बदलने के लिए पेप्सी कंपनी के साथ जो कि बाज़ार की स्थापित कंपनी कोकाकोला की तात्कालिक प्रतिस्पर्धी थी, सहभागिता करेगी। एपल जो भी करती है, जो भी कहती है वह उसके विश्वास का मूर्त प्रमाण होता है। इस पुस्तक में हरेक स्थान पर एपल का उदाहरण देने का कारण यही है कि काम कैसे किया जाएगा और क्या किया जाएगा के मामले में एपल में इतनी निरंतरता और अनुशासन है कि आप भले ही उससे प्रेम करें या नफ़रत करें, हम सभी को उसके क्या का अहसास हो जाता है। हम यह जानते हैं कि वे किसमें विश्वास करते हैं।

हममें से अधिकतर लोग उनके बारे में पुस्तकें नहीं पढ़ते, न हम स्टीव जॉब्स को व्यक्तिगत तौर पर जानते हैं। हमने एपल की संस्कृति को जानने के लिए उनके दफ़्तर में समय भी नहीं बिताया है। एपल का विश्वास क्या है, यह स्पष्टता हमें केवल एपल से ही मिलती है। लोग आपके उत्पाद को नहीं ख़रीदते वरन उसके पीछे की धारणा यानी आपके क्यों को ख़रीदते हैं और एपल वही कहती और करती है जिसमें उसका विश्वास है। यदि आप क्या करते हैं यानी आपका क्या आपकी धारणा को स्पष्ट नहीं करता तो किसी को भी यह पता नहीं चलेगा कि आपका क्या है क्या और इसके चलते आपको केवल क़ीमत, सेवा, गुणवत्ता, विशेषताओं और लाभों के मोर्चे पर ही यह लड़ाई लड़नी होगी। एपल का मेगाफ़ोन बहुत स्पष्ट और तेज़ है जो अपनी कहानी कहने में सिद्ध हुआ है।

सेलेरी टेस्ट

हमारे क्या और क्यों को परिष्कृत करने के लिए हम लगातार यह देखते रहते हैं कि बाक़ी लोग क्या कर रहे हैं। हम सभाओं में शामिल होते हैं, पुस्तकें पढ़ते हैं, मित्रों और सहकर्मियों से बात करते हैं और उनकी सलाह लेते हैं और कभी-कभी इन सलाहों का हमारे पास अंबार लग जाता है और हम भी सलाहकार बन जाते हैं। हम दूसरों की सर्वश्रेष्ठ प्रक्रियाओं को समझने की कोशिश में होते हैं जिनसे हमें मार्गदर्शन मिल सके, मगर यह भ्रामक धारणा है कि एक संस्था के लिए जो सही है। वह दूसरी संस्था के लिए भी सही होगा। यहाँ तक कि उद्योग, आकार और बाज़ार की स्थितियाँ एक जैसी होने के बावजूद भी "जो एक के लिए सही है वही दूसरे के लिए भी ठीक होगा" यह सच नहीं है।

मैं एक कंपनी को जानता हूँ जिसकी कार्य संस्कृति अद्भुत है। जब उस कंपनी के कर्मचारी से पूछा गया तो उन्होंने बताया कि कंपनी के सारे सभा कक्षों में पिंग पोंग की टेबलें लगी हुई हैं जो उन्हें बेहद पसंद हैं। क्या इसका यह मतलब है कि यदि हर कंपनी के सभा कक्षों में पिंग पोंग टेबलें लगी हुई हों तो आपकी कंपनी की संस्कृति विकसित मानी जाएगी? निश्चित ही ऐसा नहीं है, मगर यह "बेहतर प्रक्रियाओं" का एक उदाहरण है। बड़ी संस्थाओं में क्यों और क्या जिस तरह से काम करता है, वह आपके लिए भी उसी तरह से काम करे, यह सही नहीं है। फ़रारी और होंडा की तरह,

जो एक ही क्षेत्र में काम करती हैं, मगर ज़रूरी नहीं कि एक कंपनी के लिए जो सही है, वह दूसरी के लिए भी सही साबित हो। दूसरे शब्दों में श्रेष्ठ प्रक्रियाएँ हमेशा और हर मामले में श्रेष्ठ नहीं हो सकतीं।

आप क्या करते हैं और किस तरह से करते हैं उसके मायने नहीं हैं, आप अपने क्या और कैसे को अपने क्यों के साथ किस तरह से लगातार एकरूप रख पाते हैं, यह महत्त्वपूर्ण है। केवल इसके बाद ही आपकी प्रक्रियाएँ श्रेष्ठ कहलाती हैं। दूसरों को कुछ करते देखना और उनसे सीखने में कुछ भी ग़लत नहीं है, कि किस सलाह या प्रक्रिया का हमें अनुसरण करना है, इसका निर्णय लेना बड़ी चुनौती है। सौभाग्य से इसके लिए एक छोटा-सा परीक्षण है जिससे आप यह पता लगा सकते हैं कि आपके लिए कौन सा क्या और कैसे उपयोगी है। यह एक सामान्य सा रूपक है जिसे सेलरी टेस्ट कहते हैं।

कल्पना करें कि आप रात के खाने के लिए कहीं गए हों और कोई आपके पास आता है और कहता है, "क्या आपको पता है कि आपकी संस्था के लिए क्या आवश्यक है? एम ऐंड एम...यदि आप इस एम ऐंड एम का इस्तेमाल अपने व्यापार में नहीं करते हैं तो इसका अर्थ है आप मिले हुए धन को टेबल पर छोड़ जाते हैं।"

एक और व्यक्ति आपके पास आता है और कहता है, "आपको पता है आपको क्या चाहिए? चावल का दूध। आंकड़े बताते हैं कि आजकल सभी लोग चावल का दूध ख़रीद रहे हैं। आपको अब चावल का दूध बेचना चाहिए।"

जब आप पंच बाउल पर खड़े होते हैं तो एक और व्यक्ति आपके पास आकर सात्विक सलाह देता है, "ओरियो के बिस्कुट आपके लिए सही होंगे। हमने अपनी संस्था में इनके उपयोग से लाखों डॉलर कमाए हैं। आपको भी इसे आज़माना चाहिए।"

कोई और आकर कहता है, "अजवाइन, आपको अजवाइन का प्रयोग करना चाहिए।"

आपको सभी स्थापित लोगों से इस तरह की सलाहें मिलती रहेंगी। उनमें से कुछ आपके ही क्षेत्र के व्यापार में होंगे, कुछ आपसे अधिक सफल होंगे। कुछ ने सफलता के साथ अपनी सफलता के अनुरूप बाकियों को भी सलाहें दी होंगी। अब आप क्या करते हैं?

आप बाज़ार जाते हैं और अजवाइन, चावल का दूध, ओरियो बिस्कुट और एम ऐंड एम लेकर आते हैं। आप सुपरमार्केट के गलियारे में चहलक़दमी करने में काफ़ी समय बिताते हैं। आपको सब कुछ ख़रीदना है। अतः आप काफ़ी धन ख़र्च करते हैं, मगर ज़रूरी नहीं है कि आपको हर उत्पाद लाभ दे, हो सकता है इनमें से कुछ से आपको लाभ नहीं हो। और इससे भी बुरी स्थिति तब होगी जब आपके पास धन की कमी हो, उतना बजट नहीं हो और आपको इनमें से भी कुछ का चुनाव करना हो। तब आप किसे चुनेंगे?

हाँ, एक बात तय है - जब आप सुपर मार्केट की पंक्ति में इन सब वस्तुओं को लिए खड़े हैं तो कोई भी यह नहीं समझ सकता कि आप किसमें विश्वास रखते हैं। आप जो करते हैं वह आपके विश्वास का मूर्त प्रमाण होता है और आप तो सब कुछ ख़रीद लाते हैं।

पर क्या हो यदि सुपर मार्केट में जाने से पहले आपको अपने क्या की स्पष्टता हो? क्या हो यदि आपका क्या यह हो कि आप केवल वही काम करेंगे जो स्वास्थ्यपूर्ण हो? हमेशा वही करेंगे जो आपके शरीर के लिए अच्छा हो? आपको इन्हीं लोगों से बढ़िया सलाहें मिलेंगी, अंतर इतना होगा कि अगली बार सुपर मार्केट से आप केवल चावल का दूध और अजवाइन लेकर आएँगे। यही दो उत्पाद हैं जो आपके क्यों से मेल खाते हैं। ऐसा नहीं कि बाक़ी सलाहें ठीक नहीं हैं, बस ये आपके क्यों के लिए सही नहीं हैं।

अपने निर्णयों को क्या की छलनी से छान लेने के बाद सुपर मार्केट में आपका समय कम लगेगा, आपका धन कम ख़र्च होगा। अतः इसका यह लाभ भी है। साथ ही आपके द्वारा ले गए सभी उत्पादों से आपको निश्चित ही लाभ मिलने वाला है। जब आप अपने ख़रीदे गए उत्पादों के साथ सुपर मार्केट की पंक्ति में खड़े होते हैं तो आपको देखने वाले लोग यह जान सकेंगे कि आप किसमें विश्वास करते हैं। आपके हाथ में केवल चावल का दूध और अजवाइन देखकर लोग अनुमान लगाने लगेंगे कि आपका विश्वास क्या है। "मैं समझ सकता हूँ कि आप अपने स्वास्थ्य की ओर बहुत ध्यान दे रहे हैं।" वे आपसे भी कह सकते हैं, "हमें भी ऐसा ही महसूस होता है। हमें आपसे एक प्रश्न पूछना है।" बधाई हो, आपने एक उपभोक्ता, एक कर्मचारी या एक सहभागी को अपनी ओर आकर्षित कर लिया है। आप क्या करते हैं, इसका सीधा संबंध आपकी धारणाओं, विश्वास यानी आपके क्यों से जोड़ने से उन

लोगों का आपसे जुड़ना आसान हो जाता है। आपने अपने किए हुए काम के द्वारा अपना क्यों आसानी से प्रेषित कर दिया।

यह एक आदर्शवादी अवधारणा है और इस वास्तविक दुनिया में इस तरह का अनुशासन रख पाना हमेशा संभव नहीं होता। मैं समझता हूँ कि कभी-कभी हमें बिल जमा करने या कुछ तात्कालिक लाभ लेने के लिए तात्कालिक निर्णय लेने होते हैं। यह ठीक है। सेलेरी टेस्ट फिर भी काम करेगा। यदि आप चॉकलेट केक का एक टुकड़ा लेना चाहते हैं तो आप सीधे जा सकते हैं। अंतर यही है कि जब आप क्या के साथ शुरू करते हैं तो आप जानते हैं कि चॉकलेट केक लेना आपका तात्कालिक निर्णय है जो कि आपके क्यों में ठीक नहीं बैठता। आप किसी भी भ्रम में नहीं होते। आप जानते हैं कि आप इसे केवल मीठा खाने की तात्कालिक इच्छा के चलते कर रहे हैं और आपको इस इच्छा को अपने तंत्र से बाहर करने के लिए आपको थोड़ा श्रम करना पड़ेगा।

मैंने ऐसे कई उद्यम देखे हैं जो हरेक अवसर को इसी तरह से देखते हैं, जैसे वह उन्हें सफलता के शिखर पर पहुँचा देगा और वे एक साथ सभी को आज़माने में लग जाते हैं जबकि उन्हें थोड़ा इंतज़ार करते हुए समय आने पर ही आज़माना चाहिए। मगर ये हर अवसर को केवल चॉकलेट केक की तरह सामने देखते हैं और अपने आपको रोक नहीं पाते। क्यों से शुरू करने से न केवल आपको सही सलाह चुनने में मदद मिलती है वरन आप यह भी जान पाते हैं कि आपका कौन सा निर्णय जीवन का या व्यापार का संतुलन बिगाड़ सकता है। आप आवश्यकता होने पर वे निर्णय ले सकते हैं मगर ऐसे निर्णय लगातार लेते रहना आपके लिए सही नहीं होगा क्योंकि कोई भी यह नहीं जान पाएगा कि आप वास्तव में किसमें विश्वास रखते हैं।

मगर इसमें एक अच्छी बात भी है। जैसा कि मैंने आपको बताया कि क्या जानने से आपको यह पता रहेगा कि इतनी सारी वस्तुएँ ख़रीदने की सलाह में से आपको अपने क्या के अनुरूप केवल अजवाइन और चावल का दूध ख़रीदेंगे। यानी जैसे ही मैं आपको कोई छलनी देता हूँ, आपके क्या का छन्ना लगाता हूँ, मेरे बताने से पहले ही आपको यह पता चल जाता है कि आपको क्या निर्णय लेना है।

इसे स्केल या पैमाना कहते हैं।

जब किसी संस्था में क्यों की स्पष्टता होती है तो संस्था का कोई भी व्यक्ति स्पष्ट और सही निर्णय ले सकता है, जो संस्था के हित में हो और संस्था के क्या के अनुरूप हो। क्या संस्था का कोई भी निर्णय लेने के लिए सही छलनी प्रदान करता है। कोई भी निर्णय जैसे लोगों की नियुक्ति, सहभागिता, रणनीतियाँ आदि को सेलेरी टेस्ट उत्तीर्ण करना चाहिए।

जितना ज़्यादा सेलेरी टेस्ट आप करेंगे, उतना ही विश्वास आप अर्जित करेंगे

मार्क रुबिन एक अच्छा सहभागी है। वह अपनी दोनों बेटियों लूसी और सोफ़ी के साथ बहुत समय बिताया करता था। शनिवार की एक दोपहर उसकी पत्नी क्लॉडिन लूसी को एक दोस्त के पास खेलने के लिए ले गई और मार्क पाँच साल की सोफ़ी के साथ घर में अकेले रह गए। थकान महसूस होने के कारण मार्क बेटी के साथ नौवीं बार ट्री हाउस खेलने की बजाय थोड़ी देर सोफ़े के ऊपर सुस्ताना चाहता था। सोफ़ी को व्यस्त रखने के लिए उसने टीवी को चुना। उसके पास कार्टून की नई ख़रीदी हुई डीवीडी थीं। उनमें से उसने कोई भी देखी नहीं थी, न ही उनके बारे में अपने दोस्तों से जिनके छोटे बच्चे थे, कुछ पढ़ा या सुना था। मार्क स्वयं कार्टून नहीं देखना चाहता था। मार्क सोफ़ी को दूसरे कमरे में कार्टून देखने में लगाना चाहता था और खुद कुछ और देखना चाहता था। एक डीवीडी ऐसी कंपनी की थी, जिसके बारे में मार्क ने कुछ भी नहीं सुना था और दूसरी डीवीडी डिज़्नी की थी। आपको क्या लगता है, मार्क कौन-सी डीवीडी चलाएगा? आप उसकी जगह होते तो कौन-सी डीवीडी लगाते?

इस बेवकूफ़ाना सवाल का उत्तर एकदम स्पष्ट है मगर इस तथ्य पर मज़ाक़ के लिहाज से विचार करते हैं। दोनों डीवीडी कार्टून फ़िल्म की थीं। दोनों किसी बच्चे के लिए सही थीं, वयानुकूल थीं, दोनों के बारे में कुछ अच्छे रिव्यूज़ थे। केवल एक अंतर यह है कि हम डिज़्नी पर विश्वास करते हैं, हालाँकि डिज़्नी उत्तम कंपनी है ऐसा नहीं है। इस कंपनी में अक्सर प्रबंधन और नेतृत्व से संबंधित समस्याएँ आती रहती हैं। इसके स्टॉक की क़ीमतें भी उठती-गिरती रहती हैं, उस पर कई मुक़दमे भी चलते रहते हैं। कुछ लोग इसे वॉल स्ट्रीट की ख़राब कंपनियों में शामिल करते हैं। फिर हम इस पर विश्वास क्यों करते हैं?

डिज़्नी अपने क्यों की स्पष्टता के लिए काम करती है। वह अच्छी, पारिवारिक कार्टून फ़िल्में और अन्य सामग्री लोगों तक पहुँचाने के लिए ही इस क्षेत्र में आई है और वे जो भी कहते या करते हैं, दशकों से उसने डिज़्नी के क्यों को प्रमाणित किया है। हम डिज़्नी पर क्यों भरोसा करते हैं, इसका कारण सरल सा है – हमें मालूम है कि डिज़्नी किसमें विश्वास करती है। यानी इसने सेलेरी टेस्ट उत्तीर्ण कर लिया है। वे अपनी की गई हर बात में इतनी निरंतरता दिखाते आए हैं कि अभिभावक बिना देखे भी अपने बच्चों को डिज़्नी की सामग्री दिखाते हैं। इसका उत्पाद की गुणवत्ता से सीधा लेना-देना नहीं होता। इसमें तर्क का कोई स्थान नहीं होता। साउथवेस्ट एयरलाइन्स ने भी सेलेरी टेस्ट उत्तीर्ण कर लिया है। यह कंपनी भी अपने विश्वास की स्पष्टता में इतनी सतत रही है कि हम जान चुके हैं कि इनसे क्या अपेक्षा रखी जा सकती है। यह एयरलाइन्स अपनी उड़ान में बैठक व्यवस्था खुली रखती है। इस एक तरीक़े को अपनाने से यह समझ में आता है कि यह कंपनी स्वतंत्रता में विश्वास रखती है। यह एक ऐसी कंपनी है जिसने सामान्य व्यक्ति को अवसर दिए हैं और ऐसा करके समानता के मूल्य को बरकरार रखा है। यदि डेल्टा या यूनाइटेड या कॉन्टिनेन्टल ने ऐसा करने की कोशिश की होती तो उसके कोई मायने नहीं रहते क्योंकि खुली बैठक व्यवस्था उनके तरीक़ों में ठीक नहीं बैठती।

सेलेरी टेस्ट का उल्लंघन

बीरकेनस्टॉक सैंडल, टाई-डाई टी-शर्ट, डेज़ी चेन और एक वीडब्ल्यू वैन। ये सभी शांति, प्रेम और तमाम शाकाहारी चीज़ों के हिप्पी आदर्शों के प्रतीक हैं। अतः 2004 में जब फ़ॉक्सवेगन अपना नया मॉडल 70,000 डॉलर क़ीमत में बाज़ार में लेकर आई तब सब हैरान रह गए। इस कंपनी ने अपनी प्रतिस्पर्धी कंपनियों जैसे मर्सीडीज़ बेंज और बीएमडब्लू की 7 वीं श्रेणी की कारों के प्रत्युत्तर में अपनी नई कार बीटल फ़िटिन के डैशबोर्ड पर गुलदस्ता रखने की पहल की थी। यह कार वी-8 की कार 335 अश्वशक्ति की थी जिसमें उद्योग जगत सबसे उन्नत विशेषताएँ थीं। मसलन एयर कम्प्रेसर सस्पेंशन सिस्टम और ड्राफ़्ट लैस फ़ोर जोन क्लाइमेट कण्ट्रोल प्रणाली थी। इसमें सीट्स में विद्युत से चलने वाला मसाज सिस्टम भी लगा हुआ था। यह कार अपने आप में एक अद्भुत उपलब्धि थी। यह बहुत ही आरामदायक थी और रास्ते पर

किसी दैत्य की तरह दौड़ती थी और आरामदायक कारों की श्रेणी में सबसे स्थापित कार थी। आलोचक भी इसे पसंद करते थे मगर इसमें एक छोटी-सी समस्या थी। हरेक तथ्य और आंकड़ों के बावजूद, सभी विशेषताओं और लाभों के बावजूद और विश्वप्रसिद्ध जर्मन इंजीनियरिंग के बाद भी इसे कुछ ही लोगों ने ख़रीदा। इसका कंपनी के लिए कोई अर्थ नहीं निकला। फ़ॉक्सवेगन ने जो भी किया वह उनके विश्वास, उनकी धारणा के अनुकूल था।

फ़ॉक्सवेगन का अर्थ होता है "लोगों की कार!" इस कंपनी ने आप और हमारे लिए कारें बनने में पीढ़ियाँ गुज़ार दीं। हरेक व्यक्ति जानता था कि फ़ॉक्सवेगन लोगों को सशक्त बनाने के लिए कार्यरत है। इसने अपने उत्पादों के द्वारा अपने लक्ष्य को जीवन में उतारा, जिसमें ऐसे उत्पाद बनाए जिन्हें सामान्य लोग भी ख़रीद सकें। हरेक जानता था कि फ़ॉक्सवेगन सामान्य आदमी को सशक्त करने के लिए काम करती है। यह अपने लक्ष्य, अपनी धारणा को अपने उत्पादों के द्वारा जीवन में उतारती है और इसीलिए इनके उत्पाद इस तरह के होते हैं जिन्हें आम आदमी ख़रीद सके मगर अपने इस उत्पाद के कारण एक ही झटके में फ़ॉक्सवेगन असंतुलित हो गई। यह घटना ऐसी नहीं थी जैसे कि डेल किसी एमपी थ्री प्लेयर के साथ बाज़ार में आती है या यूनाइटेड एक सस्ती एयरलाइन्स टेड की शुरुआत करती है। इन मामलों में हमें यह पता ही नहीं था कि इन कंपनियों का 'क्या' है क्या। उनके क्या के बारे में ज्ञान नहीं होने से हम उन्हें केवल उनके उत्पादों के द्वारा ही जान पाते थे। अतः उनके उत्पाद ख़रीद लेते थे, मगर इस मामले में फ़ॉक्सवेगन का क्यों हमारे सामने स्पष्ट था, मगर वे जो बना रहे थे, वह उनके क्या से बिलकुल मेल नहीं खाता था। वे सेलेरी टेस्ट में असफल साबित हुए।

टोयोटा और होंडा इस मामले में फ़ॉक्सवेगन से बेहतर रहीं। जब उन्होंने अपने उत्पादों में नए ऐशो-आराम वाले मॉडल्स का समावेश करना चाहा तो उन्होंने लेक्सस और एक्यूरा नामक नए ब्रांड बनाए। टोयोटा सामान्य जनता के बीच दक्षता और सामर्थ्य का परिचायक बन गई है। इसने कम क़ीमत की कारों को बाज़ार में लाकर अपना व्यापार खड़ा किया है। उन्हें मालूम है कि इसी नाम से या इसी लोगो से निकाली गई लक्ज़री कार के लिए बाज़ार उन्हें अधिक क़ीमत नहीं देगा। लेक्सस भले ही लक्ज़री कार हो मगर यह टोयोटा के क्या के लिए क्यों है। यही बात टोयोटा ब्रांड की कारों के साथ अब तक लागू होती है और कंपनी के मूल्य, धारणाएँ अब

तक वैसी ही हैं। अंतर यही है कि वे अपने मूल्यों को अपने क्या के माध्यम से जीवन में लेकर आते हैं।

अच्छी ख़बर यह है कि फ़ॉक्सवेगन ने ऐसी ग़लती दोबारा नहीं की और उनका क्या हमेशा स्पष्ट बना रहा मगर यदि कोई भी कंपनी बार-बार बाज़ार के अवसरों को रोकना चाहती है, ख़त्म करना चाहती है और इस प्रक्रिया में धीरे-धीरे अपने क्या से दूर होती चली जाती है तो उस अवस्था में उनका क्या धुँधला होता जाता है और उनकी लोगों को प्रेरित करने और अपने साथ वफ़ादारी के लिए निर्देशित करने की क्षमता घटती जाती है।

कंपनियाँ जो कहती हैं और जो करती हैं। उससे बहुत फ़र्क़ पड़ता है। कंपनी का क्या किस स्तर पर जीवन में लाया जा रहा है, इससे फ़र्क़ पड़ता है। यह वह स्तर होता है, जहाँ से कंपनी बाहरी दुनिया से संवाद साधती है और इसी से हम समझ सकते हैं कि कंपनी का विश्वास क्या है, धारणा क्या है।

भाग V

सफलता सबसे बड़ी चुनौती है

11

जब क्यों धुंधला हो जाए

व्यापार में चुनौतियाँ

"आजकल बड़ी-बड़ी कंपनियों का क्यों मुझे दुखी करता है। इन कंपनियों के सीईओ शिखर पर बैठकर लूटपाट करते रहते हैं, वे किसी और को न देखते हुए केवल अपने बारे में सोचते रहते हैं। अमेरिका के व्यापार में यही एक बात बहुत ख़राब चल रही है।" हाल ही के इतिहास में सर्वाधिक तिरस्कृत कंपनियों में से एक के संस्थापक ने ये भावनाएँ जताई थीं।

वह अमेरिका के मध्य में स्थित एक खेत में पले-बढ़े। वह मंदी के दौर में बड़े हुए। इसी से मितव्ययिता के प्रति उनके झुकाव, उनकी मनोवृत्ति को समझा जा सकता है। वॉलमार्ट के संस्थापक सैम वॉल्टन, जिनकी ऊँचाई हाई स्कूल की पढ़ाई के दौरान पाँच फुट नौ इंच थी और वज़न केवल 130 पौंड था और वह फुटबाल खेला करते थे, उन्हें युवावस्था में ही परिश्रम की क़ीमत पता चल चुकी थी। वह समझ चुके थे कि मेहनत करने से विजय मिलती है। हाई स्कूल की फुटबाल टीम में रहते हुए उन्होंने कई मैच जीते। और तो और वह राज्य स्तरीय चैम्पियन बनने की ओर अग्रसर थे। यह परिश्रम था, भाग्य था या उनका आशावाद कहा नहीं जा सकता मगर वॉल्टन को हर समय जीतने की आदत हो गई थी कि वह यह सोच ही नहीं सकते थे कि हारने का अर्थ क्या होता है। वह इसकी कल्पना ही नहीं कर सकते थे।

वॉल्टन अक्सर दार्शनिक तरीक़े से इसे वर्णित करते हैं कि जीत उनके लिए स्वतः की गई भविष्यवाणी बन गई थी। मंदी के दौरान भी उनके पास ऐसा काम था जिससे उन्हें उस समय ख़ासा धन मिल जाता था। जब सैम वॉल्टन की मृत्यु हुई, तब तक उन्होंने वॉलमार्ट को बेंटनविले, अरकन्सास के एक छोटे से स्टोर से बढ़ाकर 44 अरब डॉलर की रिटेल कंपनी के रूप में ला खड़ा किया, जिसके स्टोर में प्रति सप्ताह 4 करोड़ लोग ख़रीदारी करते थे। एक ऐसी कंपनी को खड़ा करने के लिए जो दुनिया की तेईसवीं सबसे बड़ी अर्थव्यवस्था कहलाई, प्रतिस्पर्धात्मक स्वभाव से बढ़कर व्यवस्थित कार्य नीति और आशावादी रवैया अत्यंत आवश्यक था।

एक छोटी-सी कंपनी के जरिए बड़े-बड़े सपने देखने वाले वॉल्टन अकेले व्यक्ति नहीं थे। कई छोटे व्यापारी अपने व्यापार को आकाश तक पहुँचाने का स्वप्न देखते हैं। मैं कई उद्यमियों से मिलता हूँ और यह जानना अद्भुत होता है कि उनमें से हरेक कोई अपनी कंपनी को अरबों डॉलर की कंपनी बनाना चाहता है। हालाँकि उनके साथ भी दुविधाएँ, मुश्किलें शामिल होती हैं। अमेरिका में आज की तारीख़ में 27.7 मिलियन उद्यम पंजीकृत हैं और उनमें से केवल कुछ हज़ार उद्यम 1.5 बिलियन डॉलर वार्षिक आय को प्राप्त करते हुए फ़ॉर्चून 1000 कंपनियों की श्रेणी में आ पाते हैं। इसका अर्थ है कि सभी कंपनियों का केवल .004 अंश ही इस सूची का हिस्सा बनने का सौभाग्य प्राप्त कर पाता है। इस तरह की सफलता प्राप्त करने के लिए कुछ और भी चाहिए होता है।

सैम वॉल्टन ने कम क़ीमत का कोई नया ख़रीदारी प्रारूप विकसित नहीं किया था। पाँच-छह तरीक़े की विविधताओं के विकल्प से भरे स्टोर दशकों से चल रहे थे और वॉलमार्ट के बाज़ार में आने के दौर में ही केमार्ट और टार्गेट नामक कंपनियाँ बाज़ार में थीं। डिस्काउंटिंग पहले ही 2 अरब डॉलर कंपनी बनकर मौजूद थी। इसके अलावा भी बाज़ार में भयंकर प्रतिस्पर्धा थी। कुछ कंपनियाँ आर्थिक रूप से बहुत समृद्ध थीं, अच्छे स्थान पर स्थित थीं और वॉलमार्ट की तुलना में उनकी सफलता के अवसर अधिक प्रभावी दिखाई दे रहे थे। सैम वॉल्टन ने बाक़ी लोग जो कर रहे थे, उससे अत्यधिक बेहतर कोई तरीक़ा सोचा हो ऐसा भी नहीं था। उन्होंने यह स्वीकार किया कि उनके कई आइडिया 1901 के दशक में दक्षिण कैलिफ़ोर्निया के रिटेल डिस्काउंटर फ़ेड मार्ट के संस्थापक सोल प्राइस से "उधार" लिए हुए थे।

वॉलमार्ट अकेला ऐसा स्टोर नहीं था जो कम क़ीमतों में सामान बेचने में सक्षम था। जैसा कि हमने हमेशा देखा है, क़ीमतों को घटाना-बढ़ाना असरदार जोड़-तोड़ होता है मगर केवल ऐसा करने से लोगों को अपनी तरह आकर्षित नहीं किया जा सकता, उनकी वफ़ादारी हासिल नहीं की जा सकती, जिसके बल पर भारी मात्रा में टिपिंग पॉइंट बनाया जा सके। क़ीमतें कम करना कर्मचारियों को ख़ून-पसीना एक करके काम करने के लिए प्रेरित नहीं करता। वॉलमार्ट ने क़ीमतों पर ताला नहीं लगाया था और कम क़ीमतें उसके प्रिय और सफल होने का कारण नहीं थीं।

सैम वॉल्टन के लिए यह कुछ और ही था। उनके मन में इसका एक गहन उद्देश्य था, जो उन्हें इस काम में लेकर आया। किसी भी और बात से अधिक वॉल्टन लोगों में भरोसा रखते थे। उनका विश्वास था कि यदि वह लोगों का ख़याल रखेंगे तो लोग भी उनका ख़याल रखेंगे। वॉलमार्ट ने अपने कर्मचारियों, ग्राहकों और समुदाय को जितना दिया, कर्मचारियों, ग्राहकों और समुदाय ने उतना ही और उससे अधिक उसे वापस लौटाया। वॉल्टन कहते थे, "हम सब एक साथ काम करते हैं और यही सफलता का राज़ है।"

केवल लाभ पर ध्यान देने की बजाय ऐसा सोचना एक अलग अवधारणा थी। वॉलमार्ट वास्तव में वॉल्टन के क्यों के लिए उपयुक्त क्या था जो कर्मचारी, ग्राहक और समुदाय की सेवा के लिए बनाया गया था। इसमें सेवा बड़े लक्ष्य के रूप में निहित थी।

समस्या यह उठी कि वॉल्टन की मृत्यु के बाद इस सेवा के इस लक्ष्य पर ठीक से ध्यान नहीं दिया गया। सैम के बाद के समय में वॉलमार्ट का क्या भ्रमित होने लगा और यह सेवा से हटकर क़ीमतें कम करके अपना व्यापार बढ़ाने पर आकर टिक गया। और इसके लिए उन्होंने जोड़-तोड़ का सहारा लिया, जिससे लोगों को अपनी ओर आकर्षित किया जा सके। वे वॉल्टन का क्या भूल गए और इससे उनका प्रेरक घटक "सस्ते" जोड़-तोड़ पर आकर टिक गया। वॉलमार्ट जिस लक्ष्य के साथ शुरू हुआ था, अब लक्ष्य उसके एकदम विपरीत था जो कि केवल दक्षता और लाभ पर आकर सिमट गया था। वॉल्टन कहते थे, "एक कंप्यूटर आपको यह बता सकता है कि आपने क्या बेचा है, मगर वह यह नहीं बता सकता कि आप अपने आपको कितना बेच पाए हैं, लोगों को प्रभावित करने में कितना सफल रहे हैं।" बाज़ार का

नियम है कि आप बाज़ार से जो कमाते हैं उसकी क़ीमत चुकानी पड़ती है। वॉलमार्ट के मामले में यह क़ीमत केवल डॉलर या सेंट के रूप में नहीं थी। अपने संस्थापक के क्या को दरकिनार करने की भारी क़ीमत वॉलमार्ट को चुकानी पड़ी और यह मनुष्यों को खोने के रूप में थी।

जो कंपनी एक समय में अपने कर्मचारियों और ग्राहकों से बेहतर व्यवहार करने के लिए जानी जाती थी। वही लगभग एक दशक तक विभिन्न विवादों में घिरी रही और हरेक विवाद लगभग इसी बात पर था कि वह अपने ग्राहकों और कर्मचारियों के साथ कितनी बुरी तरह से पेश आती है। दिसम्बर 2008 में वॉलमार्ट के ख़िलाफ अदालत में तिहत्तर शिकायतें दर्ज थीं जो वेतन की दरों के उल्लंघन की थीं। इसके पहले भी वॉलमार्ट सैकड़ों अरब डॉलर की राशि पुरानी शिकायतों के निर्णय और समझौता प्रस्तावों के लिए दे चुकी थी। एक ऐसी कंपनी जो संस्था और समुदाय के बीच के सांकेतिक रिश्तों में विश्वास करती थी। अब इन्हीं में और अन्य सभी समुदायों में खाई बनाए बैठी थी। एक समय ऐसा था जब क़ानून निर्माता वॉलमार्ट के दूसरे समुदायों में प्रवेश के पक्ष में क़ानून बनाया करते थे, वही अब इस कंपनी को हर समुदाय से दूर रखने की मुहिम में जुटे हुए थे। देश भर में वॉलमार्ट के नए स्टोर खोलने को प्रतिबंधित करने के लिए संघर्ष चल रहा था। उदाहरण के लिए न्यू यॉर्क में ब्रुकलिन शहर के प्रतिनिधि ने वॉलमार्ट के कर्मचारियों के साथ ख़राब व्यवहार को देखते हुए इसके स्टोर को बंद करने के लिए श्रमिक संस्थानों द्वारा किए जा रहे विरोध का समर्थन किया।

वॉल्टन हमेशा कहते थे, "अपनी सफलता का जश्न मनाओ और अपनी असफलता में भी कोई हास्य खोज लो। अपने आपको इतनी गंभीरता से लेने की आवश्यकता नहीं है। खोते रहो और आपके आसपास के लोग भी खोने लगेंगे।" वॉल्टन के बाद का वॉलमार्ट अपने आप पर हँसने या अपनी ग़लतियों से सीख लेने में नाकामयाब रही, उसने कभी यह माना ही नहीं कि वह अब वैसा नहीं 'रही' जैसा पहले थी जो कि वॉल्टन के आधारभूत विश्वास का एक और उल्लंघन था।

वॉलमार्ट के संस्थापक के जाने के बाद वॉलमार्ट जिस तरह से सोचने, काम करने और अपनी बात को दूसरों तक पहुँचाने में लगी थी उसका कारण बाज़ार में बढ़ती प्रतिस्पर्धा का दबाव नहीं था। उनके बड़े प्रतिस्पर्धी केमार्ट ने 2002 में ही दिवालिया होने की अर्जी दे दी थी और तीन साल बाद सीर्स

के साथ विलय कर लिया था। 400 अरब डॉलर की वार्षिक बिक्री के साथ वॉलमार्ट अब भी अपने वार्षिक लक्ष्य से छह गुना अधिक कमा रही थी। बल्कि यदि डिस्काउंट रिटेलिंग में देखा जाए तो वॉलमार्ट दुनिया का सबसे बड़ा सुपर मार्केट था और अमेरिका की किसी भी कंपनी से ज़्यादा डीवीडी, खिलौने और साइकिल सब कुछ बेचता था। यानी कंपनी को बाहरी स्पर्धा ने नुक़सान नहीं पहुँचाया। आने वाले वर्षों में वॉलमार्ट को सबसे बड़ी चुनौती अपने आप से ही मिली जिसका वह सामना नहीं कर सका।

वॉलमार्ट के लिए वे क्या करते हैं और कैसे करते हैं, इसमें परिवर्तन नहीं हुआ है और इसका संबंध वॉलमार्ट के कॉरपोरेशन बनने से नहीं है। वे अपनी शुरुआत में इसी स्थिति में थे और उसके बाद उनकी गिरावट शुरू हुई। अंतर यह आया कि उनका 'क्या' धुंधला होता गया। और इसके बाद क्या हुआ हम जानते हैं।

एक समय में सबकी प्रिय कंपनी अब प्रिय नहीं रही। कंपनी के लिए नकारात्मक भावनाएँ वास्तविक हैं, मगर दिमाग़ का जो हिस्सा यह बताता है कि हम किसी के प्रति नकारात्मक भाव क्यों महसूस कर रहे हैं, उससे बदलाव क्या आया है इसे बताने में तकलीफ़ होती है। अतः हम इसे कुछ मूर्त बातों जैसे आकार में बढ़ोतरी, धन आदि के द्वारा बताने का प्रयास करते हैं। यदि बाहरी व्यक्ति होने के नाते हम वॉलमार्ट के क्या की स्पष्टता खो चुके हैं तो यह इस बात का संकेत है कि कंपनी के अंदर भी क्या धुंधला हो चला है। यदि यह बाहर स्पष्ट नहीं है तो अंदर स्पष्ट रह ही नहीं सकता। यानी यह स्पष्ट है कि वॉल्टन ने जो वॉलमार्ट खड़ा किया था, वह अब वैसा वॉलमार्ट नहीं रह गया है। तो क्या हुआ?

यह कहना बहुत आसान है कि वह केवल अपने ज़मीनी स्तर को ध्यान में रखती है। सभी कंपनियाँ धन कमाने के लिए काम करती हैं मगर इसमें सफल होना धारणाओं को पूरी तरह से बदल देने का कारण नहीं बनता। यह केवल एक लक्षण की ओर इशारा करता है। ऐसा क्यों हो रहा है। इसे समझे बिना यदि किसी निष्कर्ष पर पहुँचा गया तो यह पैटर्न हर बड़ी कंपनी, जो बड़ी बनना चाहती है के साथ दोहराया जाएगा। यह कोई विधि का विधान या रहस्यमयी चक्र नहीं है जो सफल कंपनियों को लक्ष्य से भ्रमित कर देता है। यह लोगों का काम होता है।

सफल होना और सफल महसूस करना

हर साल बोस्टन के बाहरी हिस्से में स्थित एमआईटी एंडीकोट हाउस में उच्च स्तरीय प्रदर्शन करने वाले उद्यमियों का जमावड़ा होता है। वे सभी अपने आप को टाइटन कहते हैं और टाइटन का यह जमावड़ा उद्यमियों की साधारण कॉन्फ्रेंस जैसा नहीं है। यह समय और धन ख़र्च करने वाली कोई गतिविधि नहीं हैं। इसमें न तो गोल्फ़ खेला जाता है, न स्पा होता है, न ही महँगा भोजन आदि परोसा जाता है। हर साल चालीस से पचास उद्यमी सुबह से लेकर शाम तक का समय दूसरों को सुनने में बिताते हैं। कुछ चुने हुए अतिथि वक्ता अपनी सोच और अपने विचारों को दूसरों के साथ बाँटने के लिए बुलाए जाते हैं और उसके बाद उन पर गहन चर्चा होती है।

कुछ साल पहले मुझे टाइटन के सम्मेलन में अतिथि वक्ता के रूप में जाने का मौक़ा मिला। मुझे लगा था कि मैं उद्यमियों के एक ऐसे समूह से मुखातिब होने जा रहा हूँ जो अपने लाभ को अधिकाधिक बढ़ाने और प्रक्रियाओं को उन्नत करने के लिए किसी तरह के विमर्श, चर्चाओं में व्यस्त रहेंगे और मुझे ऐसी ही चर्चाएँ सुनने को मिलेंगी, मगर जब मैंने उस सम्मेलन में भागीदारी की तो वहाँ सब कुछ मेरी सोच से एकदम अलग था। बल्कि एकदम विपरीत था।

पहले दिन किसी ने समूह से पूछा कि उनमें से कितने लोग अपने आर्थिक लक्ष्यों को प्राप्त कर पाएँ हैं। लगभग 80 प्रतिशत हाथ ऊपर उठ गए। मुझे यही बात बहुत प्रभावशाली लगी, मगर यह अगले प्रश्न का उत्तर था जो और भी गहन था, अभी उनके उतने ही हाथ ऊपर बने रहे कि अगला प्रश्न पूछा गया था, "आपमें से कितने लोग अपने आपको सफल मानते हैं?" और ऊपर उठे हुए 80 प्रतिशत हाथ नीचे आ गए थे।

इस कमरे में अमेरिका के प्रसिद्ध और सफल उद्यमी मौजूद थे। जिनमें से कई अरबपति थे, कई तो ऐसे थे जिन्हें यदि वे नहीं चाहें तो आगे और काम करने की ज़रूरत ही नहीं थी, इसके बाद भी उनमें से अधिकतर लोग अपने आपको सफल हुआ महसूस नहीं करते थे। उनमें से कितनों ने तो यह बताया कि जब से उन्होंने यह व्यापार शुरू किया है, उन्हें लगता है वे कुछ खो बैठे हैं। वे उन दिनों को याद करते थे, जब उनके पास धन नहीं था और वे अपनी स्थिति को बेहतर बनाने के लिए प्रयास कर रहे थे। वे उसी भावना को फिर से महसूस करना चाहते थे।

ये उत्कृष्ट उद्यमी अब अपने उद्यम के इस शिखर पर थे जहाँ उन्हें प्रतीत होने लगा था कि उनके उद्यम के मायने केवल उत्पादों को बेचकर धन कमाना नहीं वरन इससे बढ़कर कुछ और है। वे जो करते हैं उसे क्यों करते हैं, इसका संबंध अर्थात उनके क्यों का क्या से संबंध क्या है, उन्हें इस बात का अहसास हो रहा था। उद्यमियों का यह समूह क्या पर चर्चा के लिए ही यहाँ एकत्रित हुआ था और कई बार यह चर्चा बहुत ही गहन-गंभीर हुआ करती थी। ठेठ व्यक्तित्व वाले उद्यमियों के समान टाइटन समूह एक-दूसरे के सामने कुछ सिद्ध करने के लिए नहीं आए थे। इस समूह में कठोर स्पर्धा की बजाय गहन विश्वास का भाव विद्यमान था। उनमें से हरेक अपनी भेद्यता को सबके सामने बता रहा था जो आने वाले साल भर में वे शायद ही किसी के सामने व्यक्त कर पाएँ। बेशक उस कमरे में उपस्थित हरेक व्यक्ति इस सम्मेलन के दौरान एक या दो बार अवश्य रोया था।

मुझे यह लिखने में कोई रुचि नहीं है कि धन ख़ुशी नहीं ख़रीद सकता है या इस मामले में यह कि धन सफलता का अहसास पैदा नहीं कर सकता। यह विचार न तो नया विचार है, न ही इतना गंभीर है। मुझे जो बात रुचि की लगती है, वह इन उद्यमियों के द्वारा सोचा गया संक्रमण का विचार था। जैसे-जैसे उनकी कंपनियाँ बढ़ती गईं और वे अधिक से अधिक सफल होते गए, इसमें बदलाव कहाँ आया?

बीते सालों में उन्होंने क्या हासिल किया है यह जानना आसान है। हम धन को, दफ़्तर के आकार को, कर्मचारियों की संख्या को, उद्यमियों के घर के क्षेत्रफल को, बाज़ार के शेयर को और उनकी तारीफ़ में छपी अख़बार की कतरनों की गिनती कर सकते हैं, मगर इस यात्रा में उन्होंने क्या खोया है, इसकी पहचान करना कठिन है। उनकी मूर्त सफलता बढ़ने के साथ-साथ कुछ अदृश्य ऐसा होता है जो उनके जीवन से लुप्त होता जाता है। इनमें से हरेक उद्यमी यह जानता था कि वे क्या कर रहे हैं और कैसे कर रहे हैं पर यह सब वे क्यों कर रहे हैं, इस समझ का अभाव था। वे अपना क्यों नहीं जानते थे।

उपलब्धियाँ बनाम सफलता

कुछ लोगों के लिए सफल होना विडंबना होता है। बहुत से लोग सफलता हासिल करने पर भी उसे हमेशा महसूस नहीं कर पाते। कुछ लोग प्रसिद्धि हासिल करते हैं, मगर वे अपने अकेलेपन के बारे में बताते रहते हैं। ऐसा

इसलिए है कि सफलता और उपलब्धि एक ही नहीं होत, मगर हम अक्सर इन्हें एक दूसरे का पर्याय समझने की भूल करते हैं। उपलब्धि किसी लक्ष्य के समान है जिस तक आप पहुँचते हैं। यह मूर्त, वर्णित की जा सकने वाली और मापने योग्य होती है। इसके विपरीत सफलता एक अवस्था है जिसे महसूस किया जाता है। "वह सफल स्त्री है, वह सफल है..." ऐसा कहते हुए हम उस अवस्था को इंगित कर रहे होते हैं। हम किसी लक्ष्य तक पहुँचने के लिए रास्ता आसानी से बना सकते हैं मगर उस अमूर्त सफलता के अहसास तक जाने के लिए रास्ता खोजना अधिक मुश्किल है। मेरी समझ से उपलब्धियाँ तब मिलती हैं जब आप क्या चाहते हैं, उसे जानते हैं और उसे पा लेते हैं। सफलता तब मिलती है जब आप अपने क्यों के बारे में स्पष्टता रखते हैं। पहली बात कुछ मूर्त तथ्यों की सहायता से प्रेरणा पाती है जबकि अगली बात दिमाग़ की गहराई से आती है, जहाँ हम इन भावनाओं को व्यक्त करने के लिए शब्द भी नहीं खोज पाते।

सफलता तब मिलती है, जब हम हर दिन बिना चूके इस सोच के साथ उठते हैं कि हम क्या करते हैं और क्यों करते हैं। हमारी उपलब्धियाँ, हम क्या करते हैं, वह सब वे मील के पत्थर होते हैं। जो हमें यह बताते हैं कि हम सही रास्ते पर हैं। यह स्थिति यह या वह की स्थिति नहीं होती, हमें दोनों की आवश्यकता होती है। एक बुद्धिमान व्यक्ति ने एक बार कहा था, "धन से ख़ुशी नहीं ख़रीदी जा सकती मगर इससे ख़ुशी के किनारे तक पहुँची जाने वाली नाव ख़रीदी जा सकती है।" इस कथन में एक बड़ा सच छिपा हुआ है। नाव वास्तव में उपलब्धियों की सूचक है। इसे योजना के सही होने पर देखा जा सकता है, इसे पाना संभव है। किनारा अर्थात सफलता का वह भाव है जिसे देखना संभव नहीं। इसे पाना और महसूस करना दोनों ही कठिन हैं। ये दोनों पृथक-पृथक अवधारणाएँ हैं और कभी-कभी दोनों साथ-साथ चलती हैं, तो कभी अलग-अलग। यह भी जानना महत्त्वपूर्ण है कि कुछ लोग इसी सफलता को यानी जो उन्होंने प्राप्त किया होता है, उसी को अपना गंतव्य समझ लेते हैं, इसीलिए वे कभी भी संतुष्ट महसूस नहीं कर पाते चाहे उनकी नाव कितनी ही बड़ी क्यों नहीं हो, वे कितनी ही सफलता हासिल क्यों नहीं कर लें। एक ग़लत धारणा जो हमारे मन में व्याप्त है वह यह कि हम जितने अधिक सफल होते जाएँगे, सफल होने का अहसास हमारे अंदर गहराता जाएगा, यह मिथ्या धारणा है।

किसी व्यापार या पेशे को बढ़ाने के दौरान हम लोग अपने क्या के बारे में बहुत निश्चिंत हुआ करते हैं। हम इन कामों को कैसे किया जाना है, इसमें भी विशेषज्ञता हासिल कर लेते हैं। हरेक उपलब्धि के साथ-साथ सफलता के मूर्त मापक और प्रगति की भावना बढ़ती जाती है। जीवन बढ़िया होता जाता है, मगर प्रसिद्धि और प्रगति की इस यात्रा में हम अपना लक्ष्य अर्थात क्यों कहीं भूलते जाते हैं। इन सारी उपलब्धियों के चलते कुछ अपरिहार्य विभाजन होने आवश्यक होते जाते हैं। यह व्यक्ति और संस्था दोनों के लिए समान रूप से घटित होता है। एंडिकॉट उद्यमियों ने व्यक्ति होने के तौर पर जो अनुभव किया, वॉलमार्ट और अन्य बड़ी कंपनियाँ भी उसी तरह के अनुभव से गुज़रती हैं या गुज़र रही हैं। चूँकि वॉलमार्ट बहुत बड़े स्तर पर काम करती है, अतः उसके क्यों के धुंधले होने का असर दूर तक देखा और समझा जा सकता है। कर्मचारी, ग्राहक और समुदाय भी इसे महसूस करेंगे।

ऐसे लोग जिनके पास क्यों को हमेशा दृष्टि में बनाए रखने की क्षमता होती है, भले ही उनकी उपलब्धियाँ अधिक हों या कम, वे लोगों को प्रेरित करने का सामर्थ्य रखते हैं। ऐसे लोग जिनके पास क्यों को हमेशा दृष्टि में बनाए रखने की क्षमता होती है और जो ऐसे माइल स्टोन सेट करते जाते हैं, जो हरेक को सही दिशा में रखते हैं, वे महान लीडर होते हैं। महान लीडर्स का सुनहरा वृत्त एकदम संतुलन में होता है। वे अपने क्यों का पीछा करते रहते हैं, वे अपने आपको अपने क्यों के लिए उत्तरदायी मानते हैं और इसके लिए वे जो करते हैं, वही उनके विश्वास का ठोस प्रमाण बन जाता है। दुर्भाग्य से हम लोग ऐसे स्तर तक चले जाते हैं, जहाँ हमारे क्यों और क्या का संतुलन बिगड़ जाता है, एक ऐसा बिंदु आता है जहाँ क्या और क्यों एक सीध में नहीं होते। मूर्त और अमूर्त का यही अलगाव इस विभाजन को जन्म देता है।

12

विभाजन घटित होता है

वॉलमार्ट छोटे पैमाने पर शुरू हुई थी। एपल की भी शुरुआत ऐसे ही हुई थी। जनरल इलेक्ट्रॉनिक्स, फ़ोर्ड और लगभग सभी बड़ी कंपनियाँ छोटे स्तर से ही शुरू हुई थीं। ये कंपनियाँ अधिग्रहण या स्पिन ऑफ़ से शुरू नहीं हुई थीं, न ही रातों-रात इस ऊँचाई पर आई हैं। सामान्यतः हरेक कंपनी या संस्था एक ही तरीक़े से शुरू होती है - किसी विचार के साथ। वह संस्था आगे जाकर वॉलमार्ट जैसे अरबों डॉलर की कंपनी में विकसित होती है या शुरुआत में ही असफल हो जाती है, इससे फ़र्क़ नहीं पड़ता, मगर सभी की शुरुआत किसी एक व्यक्ति या समूह से होती है जिसके पास कोई नया विचार होता है। यहाँ तक कि संयुक्त राज्य अमेरिका भी इसी तरह से बना था।

प्रारंभ में विचार जूनून से ऊर्जा पाते हैं। जूनून जो सबसे सम्मोहक और बाध्यकारी भाव होता है, जो हमें कई अतार्किक बातें करने के लिए भी उकसाता है। ये जूनून कई लोगों को अपने लक्ष्य को अपने जीवन से बड़ा मानने और उसे जीवन में उतारने के लिए हर तरह का त्याग करवाते हैं। कुछ स्कूल त्याग देते हैं तो कुछ अकेले ही कुछ करने का जूनून मन में लिए अच्छी नौकरी, अच्छा वेतन सब कुछ त्याग देते हैं। कुछ लोग बिना किसी दूसरे विचार को मन में लाए लगातार काम में जुटे रहते हैं और इसके लिए कई बार उन्हें अपने रिश्तों के संतुलन, स्थिरता को भी दाँव पर लगा देते हैं, यहाँ तक कि अपने स्वास्थ्य को भी दाँव पर लगा देते हैं। यह जूनून इतना मदहोश कर देने वाला और उत्तेजक होता है कि यह दूसरों को भी अपने

प्रभाव में ले सकता है। किसी संस्था के संस्थापक के दृष्टिकोण से प्रेरित होकर कई कर्मचारी भी अर्लीएडप्टर जैसा व्यवहार करते है और इसी के चलते किसी संस्था के सबसे पहले नियुक्त कर्मचारी भी अपनी बढ़िया वाली नौकरी को छोड़ देते हैं और ऐसी एक संस्था के साथ काम करने लगते हैं जिसके असफल होने की संभावना 90 प्रतिशत तक होती है। मगर ये आंकड़े मायने नहीं रखते। इस मामले में जुनून और आशावादिता राज करते हैं और ऊर्जा का स्तर अधिकतम हुआ करता है। हर अर्लीएडप्टर की तरह जो लोग कंपनी में सबसे पहले नियुक्त होते हैं, वे कंपनी की संभावनाओं की बजाय अपनी संभावनाओं पर अधिक ध्यान देते हैं।

कई छोटे उद्योग असफल हो जाते हैं, इसका कारण यह होता है कि अकेले जुनून से सब कुछ कर पाना संभव नहीं होता। इस जुनून को बनाए रखने के लिए एक संरचना की आवश्यकता होती है। क्यों के बिना क्या के भी कोई मायने नहीं होते। किसी संरचना के बिना जुनून के असफल होने की बहुत संभावना बढ़ जाती है। डॉट कॉम बूम याद है न आपको? कितना जुनून था मगर उतनी स्थिर संरचना नहीं थी। एंडीकॉट हाउस में टाइटन को इस असफलता का सामना नहीं करना पड़ा। वे जानते थे कि किसी जुनून के लिए संरचना का निर्माण किस तरह से किया जाता है। वे जानते हैं कि अपनी कंपनी को आगे बढ़ाने के लिए और अपनी कंपनी को आगे बढ़ते देखने के लिए संरचना और प्रक्रियाओं को किस तरह से एकरूप किया जाता है। वे सांख्यिकीय रूप से उन 10 प्रतिशत कंपनियों में से एक हैं, जो छोटे स्तर से शुरू हुई और पहले तीन सालों में अपना अस्तित्व क़ायम रखने में सफल रही। बल्कि उनमें से कितनी ही कंपनियों ने बहुत अच्छा प्रदर्शन किया। उनके सामने की चुनौतियाँ अलग थीं। जुनून को जीवित रहने के लिए किसी व्यवस्थित संरचना की ज़रूरत होती है, मगर इस संरचना को आगे बढ़ाने के लिए जुनून की आवश्यकता होती है।

टाइटन के सम्मेलन में मैंने जो महसूस किया – मैं जब वहाँ गया तो उस कमरे में ढेर सारे ऐसे लोग थे जो अपने उद्यम को लेकर बेहद जुनूनी थे। जिन्हें इस बात का ज्ञान था कि अपनी कंपनी को शुरू करने और उसे शिखर पर ले जाने के लिए किस तरह की संरचनाओं और प्रक्रियाओं की आवश्यकता होती है, मगर एक दृष्टिकोण को जीवित उद्यम में परिवर्तित करने की प्रक्रिया में सालों लगाने के बाद उनमें से कई लोग संस्था क्या

करती है और कैसे करती है, पर ही स्थिर हो गए थे। यानी आसानी से मापे जाने वाले परिणाम जैसे वार्षिक आय आदि को लक्ष्य बनाना और उसे हासिल करने के लिए योजना बनाना, उनका काम यानी तक सिमटकर रह गया था। इस आपाधापी में वे यह भूल चले थे कि उन्होंने इस उद्यम की शुरुआत क्यों की थी।

वॉलमार्ट के साथ भी यही सब घटित हुआ था। ऐसे कंपनी जो लोगों की सेवा के भाव से शुरू की गई थी वह अब अपने मूर्त लक्ष्यों को हासिल करने के लिए ही जुटी पड़ी थी। एंडीकोट उद्यमी भी वॉलमार्ट की तरह ही सोचते, करते और संप्रेषित करते थे। सुनहरे वृत्त में अंदर से बाहर की तरफ़... यानी क्यों से क्या की तरफ़ मगर जैसे-जैसे वे सफल होते गए, यह प्रक्रिया उलटती गई। अब क्या पहले आने लगा है और उनके सभी तौर-तरीक़े, प्रक्रियाएँ इसके मूर्त लक्ष्यों को प्राप्त करने के लिए जुटने लगे। इस बदलाव के पीछे का कारण समझना आसान है – वे एक विभाजन का शिकार हो गए हैं और उनका क्यों धुंधला होता जा रहा है।

सभी संस्थाएँ एक बड़ी चुनौती का सामना करती हैं और वह है सफलता हासिल करना। जब कंपनी छोटी होती है तो इसके संस्थापक बड़े निर्णय लेने के लिए अपने मन की आवाज़ पर भरोसा किया करते हैं जिसमें मार्केटिंग से लेकर उत्पाद बनाने, रणनीति से लेकर स्पर्धा की नीति निर्धारित करने, नियुक्ति और नौकरी से निकालने आदि के सारे निर्णय शामिल हुआ करते हैं। संस्थापक वह निर्णय लेता है जो उसे सही लगता है, मगर जैसे-जैसे संस्था बड़ा आकार लेती जाती है, सफल होती जाती है, किसी एक व्यक्ति के लिए सभी बड़े निर्णय ले पाना भौतिक रूप से भी असंभव होता जाता है। इस स्थिति में बड़े निर्णय लेने के लिए न केवल अन्य लोगों पर विश्वास दिखाना पड़ता है, जिससे ये लोग नियुक्ति संबंधी निर्णय भी लेने लगते हैं और जैसे-जैसे मेगाफ़ोन का दायरा विस्तृत होता जाता है, क्यों धुंधला होता जाता है।

संस्था की शुरुआत में जहाँ मन की आवाज़ निर्णयों का आधार हुआ करती थी, अब वह निर्णय तर्क और मौजूदा आंकड़ों के भरोसे पर लिए जाने लगते हैं। हर वह संस्था जो इस विभाजन से गुज़रती है, वह लंबे समय तक किसी लक्ष्य के लिए प्रेरित नहीं रह पाती, वह केवल अपने लिए काम करने लगती है। वे काम पर आते हैं, काम का प्रबंधन करते हैं और

सफलता सबसे बड़ी चुनौती

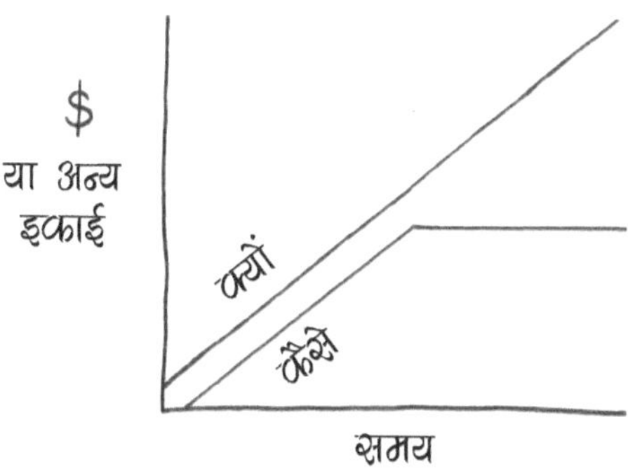

कुछ लक्ष्यों तक पहुँचने के लिए काम करते हैं। अब उनके मन में कोई चर्च बनाने की भावना नहीं होती। जुनून हवा हो चुका होता है और प्रेरणा का स्तर एकदम नीचे होता है। इस बिंदु पर लोग हर दिन जो भी किया करते हैं, वह वे अपनी नौकरी का हिस्सा मानकर ही किया करते हैं। अब यदि कंपनी के अंदर के लोगों की भावना ऐसी है तो कल्पना कीजिए बाहर के लोग क्या सोचते होंगे। अब इसमें कोई आश्चर्य नहीं होगा कि इस स्थिति में कंपनी की बिक्री बढ़ाने के लिए जोड़-तोड़ का सहारा लिया जाने लगता है और कर्मचारियों को अपने साथ बनाए रखना भी चुनौती जैसा हो जाता है। इस हुनर को अपने साथ इसके लिए बोनस, पदोन्नति, अन्य लाभों के प्रलोभन के साथ कई बार डर का सहारा भी लिया जाता है, मगर इन सबसे प्रेरणा तो शायद ही मिलती हो।

ऊपर दिए गए चित्र में संस्था के जीवन वृत्त को दिखाया गया है। सबसे ऊपर की पंक्ति संस्था के क्या की वृद्धि को दर्शाती है। किसी भी कंपनी के लिए सफलता का मापक मूलतः धन हुआ करता है, जो लाभ, आय, ईबीआईटीए, बाज़ार में शेयर की क़ीमतें बढ़ने के रूप में सामने आता है। मगर वास्तव में संस्था क्या करती है, इसके आधार पर सफलता के मापक और भी हो सकते हैं। उदाहरण के लिए यदि संस्था खोए हुए कुत्ते के पिल्लों को ढूँढ़ती है तो इस संस्था के लिए सफलता का मापन कितने बच्चे सफलता से तलाशे गए, इसके आधार पर होगा। किसी भी संस्था के लिए क्या का

मापन आसान होता है। क्या मूर्त होते हैं और आसानी से मापे जा सकते हैं।

दूसरी पंक्ति क्यों को दर्शाती है, जो कि संस्था की स्थापना के पीछे का मूल उद्देश्य होता है। लक्ष्य यह होता है कि क्या के बढ़ने पर क्यों की स्पष्टता और उससे एकरूपता बनी रहे। दूसरी तरह से कहा जाए तो जैसे-जैसे मेगाफ़ोन की आवाज़ तेज़ होती जाती है, इससे जाने वाला संदेश और स्पष्ट होता जाना चाहिए।

मेगाफ़ोन की आवाज़ क्या की वृद्धि से आती है। जैसे-जैसे यह अनुपात बढ़ता है, कोई भी कंपनी एक शिखर की कंपनी बन सकती है। मगर दूसरों को प्रेरित करने और क्यों की स्पष्टता को बनाए रखने की योग्यता कुछ ही लोगों और संस्थाओं में होती है जो उन्हें अग्रणी बनाती है। जिस क्षण क्यों धुंधलाने लगता है, उस क्षण संस्था की आवाज़ भले ही बहुत तेज़ हो मगर स्पष्टता में संदेह बना रहता है।

जब संस्था छोटी होती है, तो वे क्या कर रहे हैं और क्यों कर रहे हैं ये एक-दूसरे के समानांतर चलते हैं। ये संस्थापक के व्यक्तित्व के प्रभाव में हुआ करते हैं। अतः शुरुआती कर्मचारियों के लिए इसे समझ पाना आसान होता है। क्यों को ठीक से समझा जाता है, चूँकि जुनून का स्रोत निकट ही होता है, बल्कि वह रोज़ आपके साथ काम करने आता है। छोटी संस्थाओं में सभी कर्मचारी और संस्थापक एक कमरे में रहते हैं और एक-दूसरे से जुड़ाव रखते हैं। किसी जादुई शख़्सियत वाले संस्थापक के निकट बने रहना किसी ख़ास और बड़े उद्देश्य का हिस्सा बनने का अहसास देता है। हालाँकि कुछ क्षमताएँ हासिल करने के लिए सामने होती हैं, जिन्हें छोटे उद्यम के लिए हासिल कर पाना सरल होता है, बस उसके लिए क्या को सही तरह से समझना ज़रूरी होता है। किसी छोटी संस्था को स्कूल बस टेस्ट उत्तीर्ण करके अरबों डॉलर की कंपनी बनने तक अपने विभाजन को प्रबंधित करना आवश्यक होता है।

स्कूल बस परीक्षण एक सरल-सा रूपक है। यदि किसी संस्था का संस्थापक या प्रबंधक किसी स्कूल बस से चोटिल हो जाता है तो क्या संस्था उस व्यक्ति के बिना भी उसी गति से, उसी उत्साह से आगे अपना काम कर पाने में सफल रहेगी? कई संस्थाएँ ऐसी होती हैं, जो एक व्यक्ति के व्यक्तित्व पर इस तरह से टिकी हुई होती हैं कि उसके चले जाने से संस्था को बुरी तरह नुक़सान होता है। प्रश्न यह नहीं है कि यदि ऐसा होता है कि सभी

संस्थापक संस्था को छोड़ देते हैं या मर जाते हैं, प्रश्न यह है कि किसी संस्था को कब और कैसे इस तरह के अवश्यंभावी प्रस्थान हेतु तैयार किया जाना चाहिए। चुनौती यह नहीं है कि अपने संस्थापक को किस तरह से संस्था के साथ जोड़कर रखा जा सकता है, संस्था के लक्ष्य, दृष्टिकोण को कैसे हमेशा बनाए रखा जाए, चुनौती यह है।

किसी संस्था को स्कूल बस टेस्ट को उत्तीर्ण करने के लिए यानी लगातार संस्था के मूल लक्ष्य को बनाए रखने के लिए और संस्थापक के बाद भी लोगों को प्रेरित करते रहने के लिए संस्थापक के क्यों को समझ पाना और अपनी संस्था की संस्कृति में उसे शामिल कर लेना अधिक महत्त्वपूर्ण होता है। इसके साथ-साथ उत्तराधिकार की व्यवस्थित योजना बनाते हुए एक सशक्त नेतृत्व की खोज का लक्ष्य सामने होना चाहिए, एक ऐसा लीडर जो संस्था के क्यों से प्रेरित हो और इसे अगली पीढ़ी तक ले जाने में सक्षम हो। भावी लीडर्स और कर्मचारियों को केवल संस्थापक के व्यक्तित्व के प्रभाव में आने की बजाय, कंपनी के लाभ और शेयर की क़ीमतों से बढ़कर बड़े लक्ष्य से प्रेरित होने चाहिए।

माइक्रोसॉफ़्ट ने भी एक विभाजन का अनुभव किया है, मगर इस क़दर नहीं कि वह फिर से पटरी पर नहीं आ सके। यह अधिक समय पहले की बात नहीं है, जब माइक्रोसॉफ़्ट का हर कर्मचारी दुनिया को बदल डालने का ज़ज्बा लिए काम पर आया करते थे और उन्होंने ऐसा करके दिखाया। माइक्रोसॉफ़्ट ने हरेक टेबल पर निजी कंप्यूटर लगा दिए, और ऐसा करके हम जिस दुनिया में पहले जी रहे थे, उसे नाटकीय रूप से बदल डाला मगर इसके बाद उनका क्यों धुंधलाता गया। आज कंपनी में कुछ लोगों को ये निर्देश हैं कि वह लोगों को अधिक उत्पादक बनाने के लिए सब कुछ करें जो उन्हें ज़रूरी लगता है ताकि लोग अपना सर्वश्रेष्ठ प्रदर्शन कर सकें अर्थात माइक्रोसॉफ़्ट केवल एक सॉफ़्टवेयर कंपनी बनकर रह गई थी।

यदि आप रेडमोंड, वाशिंगटन में स्थित माइक्रोसॉफ़्ट के मुख्यालय में जाएँगे तो पाएँगे कि भले ही उनका क्यों धुंधला हो गया है, मगर यह पूरी तरह से ख़त्म नहीं हुआ है। दुनिया को बदलने के उस लक्ष्य की झलक अब भी वहाँ है, मगर उनका ध्यान विचलित हो गया है, केवल क्या और कैसे तक सीमित होकर रह गया है। माइक्रोसॉफ़्ट के पास अपने क्यों को स्पष्ट करने और अपनी प्रेरणा को फिर से हासिल करने का बढ़िया अवसर है।

यदि वे ऐसा नहीं करते तो वे केवल अपने क्या को पूरा करने और क्यों को नज़रअंदाज़ करने में लगे रहेंगे और ऐसा करके वे अमेरिका ऑनलाइन (एओएल) की श्रेणी में आ जाएँगे, एक ऐसी कंपनी जिसने बहुत पहले इस विभाजन का सामना किया और अब उसका क्यों खो चुका है। अब उसके वास्तविक क्यों का अंश तक शेष नहीं बचा है।

अमेरिका ऑनलाइन पहले प्रेरित करने का काम करती थी। आज के गूगल की तरह यह काम करने के लिए प्रतिष्ठित कंपनी मानी जाती थी। ऐसी चमत्कारी कंपनी जो दुनिया भर में व्यापार के नियम बदलने में लगी हुई थी, लोग वर्जीनिया जाकर इसमें काम करने के लिए बेहद उतावले हुए जाते थे। और यह सही है कि सभी प्रेरित कंपनियों के ही तरह एओएल भी बदलाव के ऐसे रास्ते पर थी जिससे सब कुछ पूरी तरह से बदल जाने वाला था। उन्होंने एक समूचे देश को ऑनलाइन हो जाने के लिए प्रेरणा दी। उनका लक्ष्य स्पष्ट था और उनके निर्णय उनके क्यों से निर्देशित हुआ करते थे। उनका लक्ष्य अधिकाधिक लोगों को ऑनलाइन लेकर आना था, भले ही उस लक्ष्य की प्राप्ति के लिए लिए गए निर्णय तात्कालिक रूप से गड़बड़ी क्यों नहीं फैला दे। एओएल ने इस स्पर्धा में आगे बढ़ते हुए इंटरनेट के घंटों की दर से लिए जाने वाले शुल्क को असीमित इंटरनेट की मासिक दर में बदल डाला। इससे इंटरनेट परिवहन अत्यधिक व्यस्त हो गया जिससे उनके सर्वर पर बहुत बोझ पड़ा और वे बंद हो गए। उस समय को देखते हुए यह निर्णय न तो तार्किक था, न ही व्यावहारिक मगर यह वह निर्णय था जो उनके क्यों को जीवन में उतारने में सीधे सहयोग करता था। उनके सर्वर का बंद हो जाना उनके लिए और कठोर श्रम करने की प्रेरणा देने वाला बन गया और वे यह सुनिश्चित करने में जुट गए कि अमेरिका भी ऑनलाइन हो सकता है।

उन दिनों में एओएल का मेल आईडी होना गौरव का विषय हुआ करता था। यह प्रतीक था आपके इंटरनेट क्रांति का हिस्सा होने का। आज एओएल का मेल आईडी होना दौड़ में कहीं पीछे छूट जाने का संकेत है। यह बात एकदम सरल है कि @aol.com नाटकीय रूप से बदला है जो इस बात का प्रमाण है कि कंपनी का लक्ष्य कब का जुदा हो चुका है। क्यों जाने के बाद भी एओएल के वृहद आकार ने उसे बनाए रखा हुआ है। यह कंपनी अब किसी को प्रेरित नहीं कर रही है, न बाहरी लोगों को, न ही उन लोगों को जो इसके साथ काम कर रहे हैं। हम उनके बारे में पहले की

तरह बात नहीं करते, न ही उनके बारे में पहले जैसा महसूस करते हैं। हम गूगल या फ़ेसबुक जैसी बदलाव लाने वाली कंपनियों से उनकी तुलना नहीं करते। इसकी अवस्था उस भारी-भरकम मालवाहक ट्रेन जैसी है, जिसमें ब्रेक लगा दिया गया है और जिसे अपने गंतव्य पर पहुँचने के लिए मीलों की यात्रा तय करनी है। यह भौतिकी की साधारण-सी बात है। एओएल की बड़ी संरचना उसे टिके रहने में मदद करेगी, मगर बिना किसी लक्ष्य और धारणा के यह केवल सामग्री संग्रहण का स्थान बनकर ही रह जाएगी। यह आख़िरकार केवल तकनीक या ग्राहकों द्वारा स्क्रैप के लिए बेची जाने वाली कंपनी बनकर रह जाएगी। एओएल जैसी प्रसिद्ध और प्रेरक कंपनी की यह वास्तविकता सचमुच दुखद है।

यह कोई संयोग नहीं है कि सफल उद्यमी पहले दिनों को याद करते हैं। यह भी दुर्घटना नहीं है कि बड़ी कंपनियाँ "अपनी जड़ों की ओर" लौटने की बात किया करती हैं। यह वे विभाजन के ठीक पहले की स्थिति में महसूस कर रहे होती हैं और वे सही हो भी सकती हैं। उन्हें सचमुच उस समय में लौटने की आवश्यकता है, जब वे जो भी किया करते थे, वह उनके क्यों के अनुरूप ही हुआ करता था। यदि वे लगातार अपने क्यों की क़ीमत पर क्या को बढ़ाने में लगे रहेंगे यानी क्या की अधिकता और क्यों की अस्पष्टता के साथ जुटे रहेंगे तो कुछ सालों में उनकी दुनिया को प्रेरित करने की क्षमता ख़त्म होती जाएगी। वॉलमार्ट, माइक्रोसॉफ़्ट, स्टारबक्स, द गैप, डेल और कई अन्य कंपनियाँ जो बहुत विशेष मानी जाती हैं, वे भी एक विभाजन से गुज़री हैं। यदि वे अपने क्यों को फिर से हासिल नहीं करते और अपनी संस्था के अंदर और बाहर के लोगों को फिर से प्रेरित नहीं करते तो उनमें से हरेक की स्थिति एओएल जैसी हो चुकी होती।

जो मापा जाता है, वही किया जाता है

कॉलेज के अपने पहले ही साल में क्रिस्टीना हार्ब्रिज को एक अंशकालीन नौकरी मिल गई। प्राचीन वस्तुओं के व्यापार के क्षेत्र में काम करने की संभावना को देखते हुए उसने सैक्रामेंटो के एक समाचार पत्र में एक "कलेक्टर" के लिए दफ़्तर का काम करने के लिए आए विज्ञापन के जवाब में अपना आवेदन भेज दिया। उसे जल्दी ही पता चल गया कि उसका काम एक कलेक्शन एजेंट के लिए काग़ज़-पत्र व्यवस्थित करने का ही था और

उसमें भी उसे यह पूरी तरह से पता नहीं था कि यह किस तरह का काम है।

कलेक्शन ऑफ़िस में एक बड़ा कमरा था जिसमें दर्जनों फ़ोन लगे हुए थे, जिसके पास बैठे हरेक व्यक्ति के पास उधारी का धन वापस लेने के लिए व्यापारियों और व्यापारिक संस्थानों की बड़ी सूची थी जिनसे वसूली की जानी थी। कमरे की व्यवस्था ऐसी थी जिसमें निजता या एकांत का विकल्प नहीं था। हरेक व्यक्ति दूसरे के फ़ोन पर की जा रही बातें सुन सकता था। हार्ब्रिज को फ़ोन करने वाले व्यक्तियों की बातचीत के तरीक़े से बहुत परेशानी हुई। जिन लोगों से उधारी वसूली की जानी थी, वे फ़ोन पर उन्हें धमकाते थे, उन पर चिल्लाते थे। उसने कहा, वे उनसे कोई भी सूचना प्राप्त करने के लिए कुछ भी कर सकते थे।

हार्ब्रिज को समझ में आया कि इस कंपनी का मालिक और वहाँ काम करने वाले लोग वैसे स्वभाव से बड़े सज्जन और दयालु थे। वे एक-दूसरे की बात सुनते थे, एक-दूसरे की परेशानियों के बारे में सुनते थे, मदद करते थे, यहाँ तक कि जिसके पास घर नहीं होता था, उसे छुट्टियों में धन इकट्ठा करके घर लेने में भी मदद करते थे, मगर जब वे फ़ोन पर होते थे, तो वे एकदम उग्रता को धारण कर लेते थे, कठोर और कई बार नीचता से बात करने वाले हो जाते थे। ऐसा नहीं था कि वे बुरे लोग थे। वे ऐसा व्यवहार इसलिए करते थे कि उन्हें ऐसा करने के लिए अतिरिक्त धन मिलता था।

ऐसे में दफ़्तर में उनका व्यवहार ठीक ही था। "जिसका आकलन होता है, वही व्यवहार में आता है।" जैसा कि सेल्स की दुनिया के कोच जैक डेली कहते हैं। और उधार वसूली की दुनिया में फ़ोन पर बात करने वालों को उनके द्वारा जितना धन वापस लाया गया है उसी के आधार पर उन्हें बोनस दिया जाता है। इसके चलते यह सारा क्षेत्र केवल धमकियाँ देने वाले, चीख़ने-चिल्लाने वाले और धौंस-डपट करने वाले लोगों से ही भर गया। हार्ब्रिज को भी इस माहौल में घुलने-मिलने में देर नहीं लगी। वह बताती है, "अब मैंने भी बाक़ी लोगों की ही तरह चीख़ना-चिल्लाना शुरू कर दिया था।"

वह जो कर रही थी वह उसके क्यों के अहसास से एकदम भिन्न था। उसने तय किया कि इसके लिए कोई दूसरा तरीक़ा भी हो सकता है। उसने कहा, मेरे दिमाग़ में यह बात आ गई कि मैं अपनी एजेंसी शुरू करूँगी, जहाँ उधार की वसूली अच्छी तरह से की जाएगी। लोगों को लगा कि हार्ब्रिज भले ही पागल नहीं हो पर अनुभवहीन तो निश्चत ही है। और शायद ऐसा था।

1993 में हार्ब्रिज सैन फ्रांसिस्को चली गई और उसने ब्रिजपोर्ट फ़ाइनेंशियल के नाम से अपनी कलेक्शन फ़र्म इस सोच के साथ शुरू की कि उसके कलेक्शन एजेंट्स लोगों के साथ इज़्ज़त से पेश आएँगे। हार्ब्रिज ने अपने क्यों के आधार पर कंपनी खड़ी की। उसका विश्वास था कि हरेक के जीवन की अपनी कहानी होती है और उसे सुना जाना चाहिए। उसका तरीक़ा यही था कि उसके एजेंट्स क़र्ज़दारों के साथ अच्छे संबंध स्थापित करें और उनसे ठीक से बात करें। इस बातचीत का लक्ष्य क़र्ज़दार के परिवेश के बारे में अधिकाधिक जानकारी जुटाना था – क्या उनके पास उधार चुकाने के लिए कोई तरीक़ा है? क्या उनके पास इसका कोई विकल्प या योजना है? क्या क़िस्त देने में असमर्थता किसी ख़ास वजह या परिस्थिति के चलते रही? वह बताती है, "हम लोगों से सच जानना चाहते थे। हमारे पास क़ानूनी विभाग भी था, मगर हम इसके उपयोग से बचने की कोशिश करते थे।" हार्ब्रिज जानती थी कि उसका मंतव्य ऐसा हो या नहीं हो, मगर यदि उसने भी अन्य एजेंसियों के तरीक़े को अपनाया तो उसकी फ़र्म में भी लोगों का और उसका व्यवहार उतना ही ख़राब होता जाएगा। अतः उसने लोगों को इन्सेंटिव देने का एकदम अलग तरीक़ा निकाला। उसने क्यों को मापने का तरीक़ा खोज निकाला।

ब्रिजपोर्ट फ़ाइनेंशियल में बोनस उधारी का कितनी राशि इकट्ठी हुई, इस आधार पर नहीं दिया जाता था। उन्हें बोनस इस आधार पर मिलता था कि उनके एजेंट्स ने कितने "धन्यवाद कार्ड" भेजे हैं। यह जितना लगता है, उससे ज़्यादा कठिन है। किसी व्यक्ति को सिर्फ़ इसलिए धन्यवाद कार्ड भेजना कि उसने एजेंट्स से फ़ोन पर बात करने का समय निकाला, इसके लिए कुछ बातें नितांत आवश्यक थीं। एक तो यह कि ऐसे लोगों को संस्था में नियुक्त करना जो हार्ब्रिज के विश्वास में विश्वास करते हों। उसे सबसे पहले अच्छे लोगों को अपनी संस्था में नियुक्त करना था। यदि उसके कर्मचारी इस बात में विश्वास नहीं करते कि हरेक की बात सुनी जानी चाहिए तो उसकी संस्था अपने क्यों के साथ काम नहीं कर पाती। उसके क्यों के साथ एकरूप होने वाले लोग ही टेलीफ़ोन पर सौम्यता से बात करते हुए वास्तव में धन्यवाद कार्ड भेज सकते थे, भले ही यह बातचीत क़र्ज़ वसूली के लिए की जा रही हो। हार्ब्रिज ने उसकी संस्था काम क्यों कर रही है, इसे मापन का आधार बनाया, न कि वह क्या कर रही है, इसके आधार पर और इसके

परिणामस्वरूप कंपनी में एक ऐसी कार्य संस्कृति निर्मित हुई जिसमें स्नेह और करुणा प्रमुख मूल्य के रूप में विद्यमान थे।

मगर बाक़ी परिणामों के बारे में क्या? इस संस्था के वित्तीय परिणाम, जो कि किसी व्यापार का प्रमुख उद्देश्य हुआ करता है उनका क्या? हार्ब्रिज ने कलेक्शन के इस उद्योग की औसतन कमाई (धन वापसी) के आंकड़े से 300 प्रतिशत अधिक धन वापस इकट्ठा किया। इसके आगे क्या हुआ? जो लोग और कंपनियाँ पहले पुरानी कंपनियों को क़र्ज़ वसूली के लिए नियुक्त करते थे, वे सभी अब हार्ब्रिज के साथ आने लगे। कलेक्शन एजेंसी के इतिहास में यह अभूतपूर्व था।

हार्ब्रिज को इस उद्यम में सफलता केवल इसलिए नहीं मिली कि उसे क्यों की स्पष्टता थी, वरन इसलिए मिली कि उसने क्यों को मापने का तरीक़ा खोज लिया था। कंपनी की वृद्धि ज़ोरदार थी और उसका लक्ष्य स्पष्ट था। उसने क्यों के साथ जाना शुरू किया और बाक़ी बातें होती गईं।

अधिकतर संस्थाएँ अपनी प्रगति और वृद्धि के मापन के लिए स्पष्ट मापक रखती हैं, जो सामान्यतः धन की आमदनी के मापन के रूप में होती है। दुर्भाग्य से क्यों की स्पष्टता है कि नहीं, इसके मापन में हम बहुत ही कमज़ोर हैं। ड्वेन होनोरे पिछले दस साल से बैटन रूज, लुसियाना में अपनी निर्माण कंपनी चलाते थे और यह व्यवसाय उन्होंने अपने पिता से सीखा था। वह एक बढ़िया लीडर थे जिन्हें अपने उद्देश्य की पूरी स्पष्टता थी और उन्होंने अपने क्यों को अपनी कंपनी की कार्य संस्कृति बनाने के लिए एक शानदार तरीक़ा निकाला। उन्होंने उस बात को मापने के लिए एक तरीक़ा खोज निकाला यानी काम के लिए समय और परिवार के लिए समय के मापन का जिसकी अधिकतर लोग केवल बात करते रहते हैं, होनोरे मानते थे कि लोगों को अपना सारा समय काम करते हुए नहीं बिताना चाहिए, वरन उन्हें काम इसलिए करना चाहिए ताकि वे अपने परिवार के साथ अच्छा समय बिता सकें।

कंपनी के हरेक कर्मचारी को घड़ी के मुताबिक़ तय घंटों के लिए ही काम करना होता था। बस यहाँ एक पेंच यह था कि उन्हें सुबह 8 से 8.30 के बीच कंपनी में आ जाना होता था और शाम 5 से 5.30 तक काम ख़त्म करके घर जाना होता था। ज़्यादा देर रुकने वालों का बोनस निरस्त कर दिया जाता था। जब कर्मचारियों को यह पता होता था कि उन्हें किसी भी हालत

में शाम 5.30 तक काम ख़त्म करना है तो समय की बर्बादी नहीं के बराबर हुआ करती थी। उत्पादकता अपने शिखर पर थी और वार्षिक उत्पादन कम था। सोचिए कि आप छुट्टी पर जाने से पहले कितना काम पूरा करके जाते हैं। अब कल्पना करें कि हरेक दिन ऐसा ही है। इसीलिए होनोरे ने इसे ठीक करने का तरीक़ा निकाला। चूँकि उन्हें जो मूल्य प्रिय थे, उन्हें अपनी जीवनचर्या में उतारने और मापने का तरीक़ा उन्होंने खोज निकाला था। और इससे भी महत्त्वपूर्ण यह है कि होनोरे के इस कार्य ने सेलेरी परीक्षण उत्तीर्ण कर लिया था। अतः बाक़ी लोग स्पष्टता से यह देख सकते थे कि होनोरे किस बात में विश्वास करते हैं।

धन निश्चित ही बेचे गए माल या उपलब्ध कराई गई सेवाओं के लिए सही और न्यायसंगत मापक है, मगर मूल्यों का इस तरह से मापन नहीं हो सकता। यदि किसी को बहुत धन की आवश्यकता है और वह उसे कमाता है तो ज़रूरी नहीं कि वह ढेर सारे मूल्यों को भी क़ायम रखता हो। इसी तरह से यदि कोई कम धन कमाता है तो इसका भी अर्थ यह नहीं है कि उसके काम में कम मूल्य शामिल हैं। मूल्य गणना का विषय नहीं होकर एक भावना होते हैं। ये एक धारणा होते हैं। कोई इस बात पर बहस कर सकता है कि एक उत्पाद जिसका प्रचार-प्रसार अधिक है और जो कम क़ीमत में बेचा जा रहा हो उसमें मूल्यों का समावेश अधिक होगा, मगर ये स्तर या मानक किस आधार पर बने होंगे?

मेरे चाचा टेनिस के रैकेट बनाते थे। उनके रैकेट उसी फ़ैक्ट्री में बनते थे, जिसमें एक और नामी कंपनी के रैकेट बना करते थे। वे एक ही मशीन से और एक ही तरह की सामग्री से बनते थे। एकमात्र अंतर यह था कि मेरे चाचाजी के रैकेट्स पर कंपनी के नाम का लोगो नहीं लगता था और ये बड़ी कंपनी के शो रूम के पास के स्टॉल पर कम क़ीमत में बेचे जाते थे। कुछ महीनों में कंपनी के रैकेट के चलते चाचाजी के रैकेट बाज़ार से बाहर होते चले गए, और ऐसा इसलिए हुआ कि लोग सोचते थे कि महँगे वाले रैकेट में कुछ अतिरिक्त होगा यानी कंपनी के मूल्य शामिल होंगे और इसके लिए उन्हें अधिक क़ीमत चुकाना भी स्वीकार्य था। यदि एकदम तार्किक स्तर पर बात करें तो स्थानीय स्तर पर बने रैकेट भी अच्छी गुणवत्ता दे सकते हैं मगर चूँकि गुणवत्ता और मूल्य एक धारणा है, कोई मापन या गणना नहीं है इसीलिए कंपनी अपने ब्रांड को नामी बनाने में खासा निवेश करती हैं, मगर

हरेक प्रतिष्ठित ब्रांड बाक़ी अन्य विशेषताओं के साथ-साथ अपने क्यों की स्पष्टता को साथ लेकर चलता है।

यदि आपके मेगाफ़ोन से बाहर जो भी लोग आपके क्यों में विश्वास रखते हैं और यदि आप अपने इस विश्वास को अपने काम यानी क्या के द्वारा उस हरेक व्यक्ति तक पहुँचाने में सफल हो जाते हैं तो इससे भरोसा जन्म लेता है कि आप जो भी कहते हैं और जो भी करते हैं, उसमें एकरूपता ही यानी आपकी कथनी और करनी एक जैसी है। और जब ऐसा होता है तो वफ़ादार ग्राहक हमेशा आपके साथ रहने की भावना को महसूस करने के लिए थोड़ा अधिक ख़र्च करेंगे, थोड़ी परेशानी भी सहन कर लेंगे। उनके लिए इस भावना को प्राप्त करने के लिए धन या समय किसी भी तरह का समझौता कर सकते हैं। वे इस बात का वर्णन करने की कोशिश करेंगे कि उनके मन में यह वफ़ादारी, अपनत्व की यह भावना आपकी गुणवत्ता या विशेषताओं के चलते पैदा हुई है जबकि ऐसा होता नहीं है। ये तो बाहरी कारक हुआ करते हैं और उनकी भावना एकदम मन की यानी आंतरिक है। जब लोग किसी कंपनी की ओर इशारा कर सकते हैं और यह स्पष्टता से बता सकते हैं कि कंपनी की धारणा और उसका विश्वास क्या है, तब उनके शब्द क़ीमत, गुणवत्ता, सेवाएँ और विशेषताओं पर टिके हुए नहीं होंगे। यही एक बड़ा प्रमाण है कि उस कंपनी ने सफलता से इस विभाजन को पार कर लिया है। जब लोग अपनी भावनाओं और मूल्यों को प्रेम में उत्साहित होकर प्रकट करते हैं तो यह क्यों की उपस्थिति का स्पष्ट संकेत हुआ करता है।

अच्छा उत्तराधिकार क्यों को
ज़िंदा रखता है

बिल गेट्स ने जब 2008 में अधिकारिक रूप से माइक्रोसॉफ़्ट छोड़ी तो उनके अलविदा कहने वाले भाषण में तीन शब्द नहीं थे और शायद उन्होंने उन्हें वहाँ शामिल करने की ज़रूरत भी नहीं समझी हो। वे शब्द थे – "मैं वापस आऊँगा।"

भले ही गेट्स ने वर्ष 2000 में ही माइक्रोसॉफ़्ट में अपना सीईओ का पद स्टीव बाल्मर को सौंप दिया था ताकि वह बिल और मिलिंडा फ़ाउंडेशन के काम को अधिक समय दे सकें, मगर इसके बाद भी उन्होंने माइक्रोसॉफ़्ट

के प्रमुख दफ़्तर यानी रेडमोंड (वाशिंगटन) में अपनी उपस्थिति बनाए रखी थी। उनकी योजना हमेशा से यही थी कि कंपनी को अन्य लोगों के संरक्षण में छोड़ दिया जाए मगर बाक़ी संस्थाओं के संस्थापकों की ही तरह बिल गेट्स भी वह एक बात करना भूल गए जो उनकी योजना को सफल बनाती। इस एक बात ने माइक्रोसॉफ़्ट पर बेहद प्रभाव डाला और अपने बनाए जहाज़ को सही तरीक़े से खेने के लिए गेट्स को फिर से कंपनी में आना पड़ा।

बिल गेट्स विशिष्ट व्यक्तित्व वाले हैं और ऐसा केवल उनके दिमाग़ या प्रबंधन के तरीक़े के कारण नहीं कहा जा रहा है। ये बातें महत्त्वपूर्ण हैं मगर केवल इनके बल पर मिट्टी से उठाकर 60 बिलियन डॉलर का साम्राज्य खड़ा करना संभव नहीं था। बाक़ी सभी महान लीडर्स की ही तरह बिल गेट्स भी विशेष हैं, क्योंकि वह जिसमें विश्वास करते हैं, उसी को जीया करते हैं। वे माइक्रोसॉफ़्ट के क्यों का जीवित स्वरूप हैं और इसी कारण वे कंपनी के हरेक व्यक्ति के लिए क्यों का भौतिक प्रतिरूप हैं जो उन्हें इस बात का स्मरण कराता है कि वे काम करने क्यों आए हैं।

जब 1975 में बिल गेट्स ने पॉल एलेन के साथ मिलकर माइक्रोसॉफ़्ट की स्थापना की थी तो उनके मन में एक विशिष्ट लक्ष्य था। यदि आप लोगों को सही उपकरण देते हैं और उन्हें अधिक उत्पादक बनाते हैं तो उनमें से हरेक व्यक्ति के पास अपने वास्तविक सामर्थ्य को हासिल करने का अवसर उपलब्ध हो जाता है। "हरेक घर और हर मेज़ पर एक पर्सनल कंप्यूटर..." यही सोचा था उन्होंने, और यह उत्कृष्ट विचार उस कंपनी से आया था जो कंप्यूटर नहीं बनाती थी। गेट्स ने पर्सनल कंप्यूटर को एक बड़े समानतावादी अवसर के रूप में देखा। माइक्रोसॉफ़्ट के सबसे सफलतम सॉफ़्टवेयर विंडोज ने हरेक व्यक्ति को इस सशक्त तकनीक से रूबरू होने का मौक़ा दिया। वर्ड, एक्सेल, पॉवरपॉइंट जैसे उपकरणों ने नई तकनीक के विस्तार को समझने में और उसके द्वारा अधिक सक्षम और उत्पादक बनने में मदद की। उदाहरण के लिए छोटे उद्योगों को अपने आप को बड़े उद्योगों की तरह से दिखाने का मौक़ा मिला। माइक्रोसॉफ़्ट के सॉफ़्टवेयर ने गेट्स को हरेक व्यक्ति को सशक्त बनाने के अपने लक्ष्य को पूरा करने में मदद की।

और यह कहना कोई भूल नहीं होगा कि माइक्रोसॉफ़्ट ने दुनिया को बदलने की दिशा में एपल से अधिक सफलता हासिल की। हम भले ही

एपल को उसके नवाचारों और व्यापार उद्योग के सामने चुनौती प्रस्तुत करने वाली कंपनी के रूप में जानते हैं, मगर पर्सनल कंप्यूटर के विकास के पीछे माइक्रोसॉफ़्ट का ही हाथ रहा है। गेट्स ने हरेक मेज़ पर पर्सनल कंप्यूटर लाने और उसके द्वारा दुनिया को बदलने में सफलता हासिल की। गेट्स जो कि कंपनी के क्यों का भौतिक प्रतिरूप बनकर कंपनी में उपस्थित थे, प्रेरणा के स्रोत बने रहते थे, उनके जाने के बाद कंपनी को क्या हुआ?

गेट्स स्वयं भी इस बात को मानते हैं कि उन्होंने माइक्रोसॉफ़्ट में अपनी भूमिका को "अनुपातिक रूप" से संतुलित नहीं रखा और ऐसा शायद उनकी अथाह संपत्ति के कारण हुआ। किसी भी प्रेरित लीडर की तरह बिल गेट्स ने भी यही सोचा कि उनका काम लक्ष्य को सामने लाना है, इस लक्ष्य को जीवन में उतारने का काम अन्य लोगों का है। मार्टिन लूथर किंग नागरिक अधिकार आंदोलन के पाँच लीडर्स के साथ अलबामा के सेलमा पुल पर चलते हुए कभी भी अमेरिका को बदल नहीं पाते। इस बदलाव को लाने के लिए उन्हें हज़ारों लोगों के बीच आना पड़ा, अपनी बात रखनी पड़ी। गेट्स ने लोगों द्वारा बदलाव लाने की आवश्यकता को तो पहचान लिया था मगर वे इस बात को अनदेखा कर गए कि किसी भी प्रभावी आंदोलन के लिए उसके लीडर का सामने खड़ा होना, लोगों को उनके लक्ष्य के दर्शाना और आगे बढ़ने को प्रेरित करना ज़रूरी होता है। किंग ने अपने आंदोलन में सेलमा से मोंटगोमरी के पुल को चलकर पार किया और पुल को पार करने का निहित आशय क्या है, यह लोगों को समझ में आया। इसी तरह से व्यापार में भले ही लाभ और साझेदारी का मूल्य एक आवश्यक लक्ष्य है, मगर इनसे लोगों को काम करने के लिए प्रेरित नहीं किया जा सकता।

हालाँकि माइक्रोसॉफ़्ट इस विभाजन से सालों पहले गुज़री थी, जिसमें दुनिया को बदलने वाली एक कंपनी का केवल सॉफ़्टवेयर बनाने वाली कंपनी में बदलना और गेट्स द्वारा हस्तक्षेप करने क्या के हल्के अहसास को बनाए रखने की कोशिश करना आदि घटनाएँ घट रही थीं। गेट्स के जाने के बाद माइक्रोसॉफ़्ट के पास अपने क्या को मापने और उसे बनाए रखने के व्यवस्थित तंत्र नहीं रहे। समय के साथ यह समस्या और भी जटिल होती गई।

गेट्स की ही तरह अन्य कंपनियों में से भी संस्थापक व्यक्ति का बाहर जाना परेशानी का सबब बना। स्टीव जॉब्स जो कि आक्रामक क्रांति लाने और

अपनी कंपनी के क्यों के भौतिक प्रतीक के रूप में सामने थे, ने जब एपल के अध्यक्ष जॉन स्कली और प्रबंधन के साथ शक्ति संघर्ष के चलते 1985 में एपल कंपनी छोड़ी, तो एपल पर इसका भारी असर पड़ा।

स्कली को वास्तव में 1983 में जॉब्स ने ही नौकरी पर रखा था और वह अच्छे ट्रैक रिकॉर्ड वाला सक्षम अधिकारी था। वह क्या और कैसे करना है, इसका जानकार था। वह उस समय के सबसे प्रभावी मार्केटिंग अधिकारी के रूप में विख्यात था, जिसने पेप्सीको कंपनी में तेज़ी से तरक्की की थी और पेप्सी के प्रसिद्ध वाइड चैलेंज टेस्ट को विज्ञापन के अभियान के तौर पर निकाला था। जिसके बाद पेप्सी ने कोकाकोला को पहली बार पीछे छोड़ दिया था, मगर समस्या यह थी कि स्कली एपल के लिए ठीक नहीं था। उसने अपनी कंपनी शुद्ध व्यापार और मुनाफ़े के लिए चलाई थी, किसी लक्ष्य को आगे बढ़ाना उसका ध्येय नहीं था।

यह भी जानना होगा कि स्कली जो एपल के लिए सही चयन नहीं था, उसे एपल में बड़े पद पर नियुक्ति किस तरह से मिली। जानना आसान है कि उसके साथ जोड़-तोड़ से काम लिया गया। स्कली जॉब्स के पास नौकरी माँगने नहीं गया था। जॉब्स को मालूम था कि एपल को और उसे मदद की आवश्यकता है। उन्होंने स्कली जैसे सशक्त बायोडाटा वाले व्यक्ति से संपर्क किया और कहा, "क्या तुम ज़िंदगी भर यही शक्कर का पानी बेचना चाहते हो या दुनिया को बदलना चाहते हो?" स्कली के अहं, आकांक्षा और डर को जगाकर जॉब्स ने उसके साथ बेहतरीन चाल चली, जोड़-तोड़ करने में सफलता हासिल की और इसके चलते कुछ ही सालों बाद जॉब्स अपनी ही कंपनी से बाहर जाने पर मजबूर हुए।

उद्योगों ने मैकिंतोश ख़रीदने शुरू किए और एपल स्टीव जॉब्स के अवशेषों के आधार पर कुछ समय तक और गतिमान रही, सॉफ़्टवेयर डवलपर नए सॉफ़्टवेयर बनाते गए, मगर इसके बाद कंपनी को नीचे जाते देर नहीं लगी। अब एपल वह एपल नहीं रही थी। यह विभाजन से गुज़र चुकी थी और उसने इसे अनदेखा कर दिया था। समय बीतने के साथ-साथ इसका क्यों लगातार धुंधला होता जा रहा था। आंतरिक प्रेरणा पूरी तरह से लुप्त हो चुकी थी।

स्कली जैसे योग्य अधिकारी को होने के बावजूद लक्ष्य की ओर ले जाने वाला कोई नहीं था। उस समय *फ़ॉर्च्यून* पत्रिका का कहना था, "एपल

के नए उत्पाद क्रांतिकारी कम, नवाचारी अधिक हैं। कुछ लोग इन्हें साधारण भी कह सकते हैं।" इस स्थिति से बाहर आने के लिए स्कली ने संस्था को लगातार "सही दिमाग़" लगाकर पुनर्गठित किया और हर बार उद्देश्य यही होता था कि एपल ने जो कुछ खोया था उसे दोबारा पाया जा सके। मदद के लिए नए अधिकारी भी लाए गए। मगर वे सब इसी कोशिश में लगे हुए थे कि कंपनी किस तरह से ठीक से काम कर पाए जबकि वास्तविकता यह थी कि कंपनी के क्या की ओर ध्यान देने की आवश्यकता थी। यह बताने की आवश्यकता नहीं है कि लक्ष्य खो चुका था। जॉब्स के 1997 में कंपनी में वापस लौटने के बाद कंपनी के अंदर और बाहर हरेक को यह याद दिलाया गया कि एपल की स्थापना क्यों की गई है, एपल का क्यों क्या है। स्पष्टता वापस आते ही कंपनी ने फिर अपने नवाचारों की, अलग से सोचने की और उद्योग को पुनर्व्याख्यायित करने की क्षमता को वापस हासिल कर लिया। जॉब्स के अधिकारी पद पर वापस आते ही कंपनी की संस्कृति (जिसमें बाज़ार की विद्यमान व्यवस्था को चुनौती देना, व्यक्ति को सशक्त बनाना शामिल था) फिर से क़ायम होने लगी। हरेक निर्णय क्यों की छलनी से छाना जाने लगा और ऐसा करना काम आया। अन्य प्रेरणादायक लीडर्स की ही तरह जॉब्स ने भी बाहरी सलाहों की तुलना में अपने मन पर अधिक विश्वास किया। बाज़ार से संबंधित बड़े निर्णय नहीं लेने, जैसे लोगों को मैक का प्रतिरूप बनाने की अनुमति नहीं देने, आदि को लेकर उनकी लगातार आलोचना होती रही, मगर वह अपनी बात पर क़ायम रहे, चूँकि इससे उनके विश्वास में विघ्न पड़ता था। ये निर्णय सेलेरी परीक्षण में अनुत्तीर्ण हुए थे।

जब किसी कंपनी से वह व्यक्ति जो उसके क्यों को भौतिक रूप से प्रदर्शित करता है, बाक़ी लोगों को बिना क्यों की स्पष्टता दिए चला जाता है तो वह अपने पीछे के व्यक्ति को, अपने उत्तराधिकारी को कंपनी के क्यों का कोई स्पष्ट संकेत नहीं देता। ऐसे में नया सीईओ कंपनी के क्या को बढ़ाने पर अधिक ध्यान देगा और क्यों की ओर उसका ध्यान कम रहेगा। इससे भी बुरा यह हो सकता है कि वह कंपनी के वास्तविक लक्ष्य को समझे और उसे कर्मचारियों के समक्ष प्रदर्शित करने की बजाय अपनी दृष्टि के मुताबिक़ काम करने का प्रयास करे। इस मामले में कंपनी का लीडर कंपनी की कार्य संस्कृति को बनाने की बजाय उसके विपरीत जाकर काम कर सकता है। इसका परिणाम नैतिकता का क्षय, कार्य क्षमता की कमी, बड़ी संख्या में लोगों का

कंपनी छोड़ना और कंपनी में धीरे-धीरे अविश्वास और स्वार्थ की संस्कृति के पैर पसारने के रूप में देखा जाता है।

डेल में ऐसा ही हुआ। माइकल डेल ने इस कंपनी को किसी उद्देश्य से शुरू किया था। शुरुआती दिनों में उन्होंने अधिकाधिक लोगों की पहुँच में कंप्यूटर आ जाने को कार्य क्षमता में वृद्धि के लक्ष्य की तरह से देखा। दुर्भाग्य से आगे इस लक्ष्य को वह भी भूलते गए, साथ ही जुलाई 2004 में डेल के सीईओ पद से बाहर आते समय वे अपने कर्मचारियों को इस लक्ष्य को स्पष्टता से बताने में भी चूक गए। इसके बाद जैसे ही कंपनी की जड़ें लड़खड़ाने लगीं, उन्हें तीन साल से भी कम की अवधि में कंपनी में वापस लौटना पड़ा। माइकल डेल को समझ में आ गया कि उनकी अनुपस्थिति में कंपनी अपने क्यों को भूल कर क्या पर ही अधिकाधिक केंद्रित होती जा रही है। डेल ने सितंबर 2007 में *न्यू यॉर्क टाइम्स* को बताया, "कंपनी लघुकालिक लक्ष्यों पर केंद्रित होकर रहने लगी थी, अब कंपनी की प्राथमिकताएँ छोटे-छोटे परिणाम देना हो गई थीं। यही कंपनी के पतन का कारण था।" वास्तव में कंपनी एक दौर में इतनी निष्क्रिय हो गई थी कि कुछ प्रबंधकों को बिक्री के लक्ष्यों को पूरा हुआ दिखाने के लिए 2003 से 2006 के बीच की बिक्री की फर्जी रिपोर्ट बनानी पड़ी। यह कॉर्पोरेट संस्कृति पर सवाल खड़ा करता है जहाँ बिक्री के लक्ष्य प्राप्त करने के लिए प्रबंधकों पर बेवजह का दबाव पैदा किया जाता है।

इसी बीच कंपनी ने उपभोक्ता बाज़ार में अपनी साख भी खो दी थी। साथ ही अपने सप्लायर के साथ भी जुड़ाव ख़त्म-सा हो गया था। और फिर 2006 में हेवलेट पकार्ड कंपनी डेल को पीछे धकेलकर दुनिया भर में पर्सनल कंप्यूटर की सबसे बड़ी विक्रेता कंपनी बन गई। डेल एक विभाजन से गुज़री थी और ऐसा क्यों हुआ, इसका कारण समझने में असफल रही थी।

स्टारबक्स इसका एक और बढ़िया उदाहरण है। वर्ष 2000 में हार्वर्ड शुल्ज़ ने स्टारबक्स के सीईओ पद से इस्तीफ़ा दे दिया। और इसके बाद इतिहास में पहली बार ऐसा हुआ कि प्रति सप्ताह 50 मिलियन ग्राहक होने के बावजूद किसी कंपनी की जड़ें हिलने लगीं।

यदि आप स्टारबक्स के इतिहास को देखें तो इसे केवल कॉफ़ी के लिए प्रसिद्धि नहीं मिली थी, वरन यह ग्राहकों को जो अनुभव प्रदान किया करती थी, उसने इसे मशहूर किया था। शुल्ज़ ने 1982 में कंपनी में आने के

बाद उसके क्यों को व्यवहार में लाया। जब वह कंपनी में आए थे तो इसके संस्थापक गॉर्डन बोकर, जैरी बाल्डविन और ज़ेव सिएगल सीएटल में दस साल पहले से कॉफ़ी बेच रहे थे। शुल्ज़ यह देखकर परेशान थे कि स्टारबक्स के संस्थापक कंपनी की कॉफ़ी के पीछे के बड़े दृश्य को क्यों नहीं देख पा रहे हैं? उन्होंने कंपनी को नए तरीक़े में ढाला, उस तरीक़े में जिसने स्टारबक्स को आज की मशहूर कंपनी में बदल दिया। शुल्ज़ इटली के एस्प्रेसो बार के मुरीद थे और उनका लक्ष्य कॉफ़ी शॉप में काम और घर के बीच सुकूनभरा वातावरण प्रदान करना था, जिसे वे थर्ड स्पेस कहा करते थे। इस लक्ष्य ने स्टारबक्स को अमेरिका भर में कॉफ़ी शॉप खोलने में सफलता दी, वे कॉफ़ी शॉप जो पहले केवल कॉलेज के परिसरों में ही हुआ करती थीं।

यह वह समय था जब स्टारबक्स किसी उद्देश्य के लिए खड़ी थी। इसने दुनिया के बारे में एक छिपी हुई धारणा को जाना था। उनका मानना था कि लोग ख़रीदे जाते हैं, कॉफ़ी नहीं और यह सोच प्रेरणा देने वाली थी, मगर बाक़ी अन्य कंपनियों की तरह ही स्टारबक्स को भी पूर्व निर्धारित विभाजन से गुज़रना पड़ा। वे भी अपनी कंपनी के क्यों को भूल गए और केवल उत्पाद और उनके परिणामों पर ध्यान केंद्रित करने लगे।

एक समय था जब स्टारबक्स चीनी-मिट्टी के प्यालों में कॉफ़ी परोसा करती थी और खाने का सामान भी चीनी-मिट्टी की तश्तरी में ही दिया जाता था। इन दोनों ही बातों ने स्टारबक्स को घर और दफ़्तर के बीच का एक आनंददायी स्थान बनाने में मदद की, मगर चीनी-मिट्टी के बर्तनों का रख-रखाव मुश्किल और महँगा था, जिससे पार पाने के लिए स्टारबक्स ने काग़ज़ के प्यालों का इस्तेमाल करना शुरू किया। इससे धन की बचत हुई, मगर इसकी भारी क़ीमत भी चुकानी पड़ी। और यह क़ीमत ग्राहकों का विश्वास टूटना थी। काग़ज़ के प्याले ग्राहकों से कहते थे, "हम आपसे प्यार करते हैं, पर अब बाहर निकलिए," ठीक काग़ज़ के प्यालों की तरह। अब यह स्थान लोगों के लिए थर्ड स्पेस नहीं रह गया था। अब यह केवल कॉफ़ी शॉप बन गया था। कंपनी का क्यों धुंधलाता जा रहा था। सौभाग्य से शुल्ज़ क्यों की भौतिक प्रतिलिपि के रूप में वहाँ मौजूद थे, जो लोगों को उनके लक्ष्य का स्मरण कराते थे, मगर वर्ष 2000 में उनके कंपनी छोड़ते ही स्थिति ख़राब होती गई। दस सालों में स्टारबक्स 1000 स्टोर्स से 13,000 स्टोर्स तक पहुँची थी। इस समय कंपनी बेतहाशा स्टोर्स बढ़ाती जा रही थी

और इसे मैकडोनल्ड, डंकिन डोनट्स और अन्य छोटी-मोटी कंपनियों से भी चुनौती मिल रही थी। स्कल्ट द्वारा वापसी से कुछ ही समय पहले अपने उत्तराधिकारी जिम डोनाल्ड को लिखे गए प्रसिद्ध स्मरण पत्र में वह कहते हैं, "स्टारबक्स की धरोहर, परंपरा और जूनून को वापस लाने के लिए हरेक आवश्यक बदलाव करो।" कंपनी के डगमगाने का कारण इसका बेतहाशा फैलाव नहीं था वरन शुल्ज़ ने संस्था के क्यों को ठीक से फैलाया नहीं था, जिससे उनके नहीं रहते भी संस्था अपने क्यों को ध्यान में रखकर काम कर सकती। 2008 की शुरुआत में शुल्ज़ ने डोनाल्ड को हटाकर एक ऐसे व्यक्ति को नियुक्त किया जो विभाजन को रोकते हुए कंपनी को सँभाल सके और वह व्यक्ति शुल्ज़ स्वयं थे।

इनमें से किसी भी अधिकारी को ईश्वर प्रदत्त नेतृत्व के गुण प्राप्त हैं, ऐसा नहीं माना जाता था। उदाहरण के लिए स्टीव जॉब्स का उन्माद और बिल गेट्स का सामाजिक संबंध बनाने में तकलीफ़ महसूस करना जगजाहिर है और इसके बारे में बहुत लिखा जा चुका है। उनकी कंपनियों में हज़ारों लोग काम करते हैं और वे अकेले हरेक को सही तरह से काम करवाने के लिए हज़ारों डोरियाँ नहीं खींच सकते। वे अपने मेगाफ़ोन का विस्तार करने के लिए अपनी टीम के लोगों के दिमाग़ और प्रबंधन कौशल पर विश्वास रखते हैं। वे उन लोगों पर विश्वास रखते हैं जिनके लक्ष्य उनसे मिलते हैं। इस तरह से देखा जाए तो वे बाक़ी अधिकारियों से अलग नहीं हैं, मगर कुछ बातें एक जैसी होने के बाद भी कुछ ऐसा है, जो हरेक सीईओ में नहीं होता और वह है उनके व्यक्तित्व में कंपनी के लक्ष्य का प्रतिलक्षित होना। इसी कारण उनकी भौतिक उपस्थिति कंपनी के हरेक अधिकारी और कर्मचारी को कंपनी के लक्ष्य का स्मरण दिलाती रहती है। सरल शब्दों में वे प्रेरित करते हैं - इसके बावजूद भी बिल गेट्स की तरह ये प्रेरित करने वाले लीडर्स अपने क्यों को ठीक तरह से स्पष्ट करने में असफल रहे जिसे उनकी अनुपस्थिति में भी बाक़ी लोग अपने जीवन में देख सकें, महसूस कर सकें। अपने आंदोलन को सही और ठोस शब्दों में बता पाने में उनकी असमर्थता ने उन्हें एकमेव लीडर बना दिया। जिनकी उपस्थिति और अगुवाई में ही कोई आंदोलन गतिमान रह सकता था। यदि डेल या शुल्ज़ को फिर कंपनी छोड़नी पड़े? यदि उनका काम किसी और के पास जाएगा तो क्या होगा?

कंपनी किसी भी आकार की क्यों न हो, सफलता उसके लिए बड़ी चुनौती बनी रहती है। जैसे-जैसे माइक्रोसॉफ़्ट प्रगति करती गई, गेट्स ने अपनी धारणा और उसके द्वारा वह दुनिया को बदलने के बारे में क्या सोचते हैं, इन सबके बारे में बात करना बंद कर दिया था। इसकी बजाय उन्होंने उनकी कंपनी क्या करती है, इस बारे में कहना शुरू कर दिया था। माइक्रोसॉफ़्ट बदलती गई। जिस कंपनी की स्थापना लोगों को अधिकाधिक उत्पादक बनाने के विश्वास पर हुई थी, ताकि वे अपनी उच्चतम क्षमता को प्रदर्शित कर सकें, अब वही कंपनी सॉफ़्टवेयर उत्पाद बनाने वाली कंपनी बनकर रह गई थी। इस तरह के सूक्ष्म बदलाव भी व्यवहार को प्रभावित करते हैं। इससे निर्णय बदलते हैं और इसका प्रभाव कोई कंपनी अपने आप को भविष्य के कहाँ और किस तरह देखना चाहती है, इस पर भी पड़ता है। माइक्रोसॉफ़्ट में बदलाव आया ज़रूर था मगर इसे नाटकीय बदलाव नहीं कहा जा सकता था, क्योंकि बिल गेट्स अभी कंपनी में ऐसे प्रेरक व्यक्ति के रूप में मौजूद थे, जो अपने अधिकारियों और कर्मचारियों को कंपनी की स्थापना के लक्ष्य की याद दिलाते रहते थे।

माइक्रोसॉफ़्ट केवल एक मूर्त रूप था जिसके द्वारा गेट्स ने अपने जीवन के उद्देश्य को वास्तविक रूप दिया। यह कंपनी उनके क्यों का एक क्या थी। और अब वह अपने क्यों को साकार करने के लिए कुछ और करने की चाह से कंपनी से बाहर आए हैं, गेट्स फ़ाउंडेशन के द्वारा लोगों की मदद करना चाहते हैं, दुनियाभर के लोगों के जीवन से अड़चनें दूर करके उन्हें अपना सर्वश्रेष्ठ प्रदर्शन करने में सहायता करना चाहते हैं। अंतर यही है कि अब वे यह काम सॉफ़्टवेयर की मदद से नहीं कर रहे हैं। स्टीव बाल्मर गेट्स के लक्ष्य को भौतिक रूप से साकार नहीं कर रहे हैं। उनकी छवि एक सशक्त अधिकारी की है, जो आंकड़ों से खेलता है, आंकड़े प्रतिस्पर्धा और बाज़ार पर विश्वास रखता है। वह क्या को बढ़िया प्रबंधित करने वाले व्यक्ति हैं, जो कि उपहार के समान है। एपल के जॉन स्कली, स्टारबक्स के जिम डोनाल्ड और डेल के केविन रोलिन्स इन सभी सीईओ में से, जिन्होंने कंपनी के संस्थापकों का स्थान ग्रहण किया है, बाल्मर किसी दूरदृष्टा व्यक्ति के साथ काम करने के लिए सबसे सही व्यक्ति हैं, मगर क्या वह किसी को प्रतिस्थापित करने, उसका स्थान ग्रहण करने के लिए भी सही व्यक्ति हैं?

वास्तव में इन सभी कंपनियों की समूची संस्कृति किसी एक व्यक्ति के लक्ष्य, एक व्यक्ति की दृष्टि के आधार पर बनी है। इनके लिए उत्तराधिकार की योजना तभी काम करेगी जब सीईओ के रूप में एक ऐसा व्यक्ति खोजा जाए जो इस लक्ष्य में विश्वास रखता हो और इस आंदोलन को आगे बढ़ाने के लिए उत्सुक हो, न कि अपने लक्ष्य और अपनी दृष्टि के अनुरूप कंपनी चलाने की इच्छा रखता हो। बाल्मर जानते हैं कि कंपनी को कैसे आगे बढ़ाया जाए पर क्या वे बाकियों को प्रेरित करने की क्षमता भी रखते हैं?

सही उत्तराधिकारी चुनना उत्कृष्ट कौशलों से सज्जित व्यक्ति की खोज करने से कहीं अधिक बड़ा काम है। इसके लिए एक ऐसा व्यक्ति चाहिए जो मूल लक्ष्य से इत्तेफ़ाक रखता हो, उससे जुड़कर चले और यह समझे कि कंपनी किस मूल लक्ष्य को लेकर स्थापित की गई थी। ऐसे सीईओ अपनी राय, लक्ष्य या दृष्टि को थोपने की कोशिश नहीं करते, वरन वे मूल लक्ष्य उठाते हैं और उसी के आधार पर कंपनी को आगे ले जाने का प्रयास करते हैं। इसीलिए हम इसे उत्तराधिकार कहते हैं, प्रतिस्थापन नहीं। उत्तराधिकार में लक्ष्य और दृष्टिकोण की निरंतरता रहती है।

साउथवेस्ट एयरलाइन अपने उत्तराधिकारियों को बनाने में सफल रही। इसका एक बड़ा कारण यह है कि उत्तराधिकार सौंपना और सही उत्तराधिकारी चुनना पूरी तरह से उनकी कार्य संस्कृति में रचा-बसा था और सीईओ जिन्होंने हर्ब केलेहर से कंपनी की बागडोर ली थी, ने भी इस धरोहर को क़ायम रखा, इस लक्ष्य को बनाए रखा। केलेहर के बाद हॉवर्ड पुतनम साउथवेस्ट के पहले अध्यक्ष थे। भले ही वह एयरलाइन के पेशे से ही आए थे, मगर उनके रिज़्यूमे में ऐसा कुछ विशेष नहीं था। जो उन्हें इस पद तक पहुँचाता, मगर वह इस कंपनी के लिए सचमुच सही व्यक्ति थे। पुतनम उस समय को याद करते हैं जब वह केलेहर के समक्ष साक्षात्कार के लिए उपस्थित हुए थे। पुतनम अपनी कुर्सी पर पीछे की ओर झुककर बैठे थे और उन्होंने देखा कि केलेहर ने अपने जूते टेबल के नीचे उतार रखे थे। उनके मोजे में एक छेद था। यही वह बिंदु था जब पुतनम को लगा कि वह इस नौकरी के लिए उपयुक्त व्यक्ति हैं। उन्हें यह देखकर अच्छा लगा कि केलेहर अन्य लोगों के ही समान हैं। उनके भी मोजे में छेद है।

भले ही पुतनम को लगा कि साउथवेस्ट उनके लिए सही चयन है मगर यह कैसे पता चले कि साउथवेस्ट के लिए भी पुतनम सही चयन होगा? मैंने

यह जानने के लिए पुतनम के साथ आधा दिन बिताया। दोपहर के समय मैंने पुतनम से कहा कि बातचीत करते हुए काफ़ी समय हो गया है, हम स्टारबक्स में जाकर कॉफ़ी पीते हैं। मेरा यह सुझाव उन्हें बिलकुल पसंद नहीं आया। वह बोले, "मैं एक कप कॉफ़ी के लिए पाँच डॉलर की रक़म हर्गिज़ नहीं ख़र्च करूँगा। और यूँ भी उस कॉफ़ी में ऐसा है क्या?" यही वह समय था जब मुझे समझ में आया कि पुतनम क्यों साउथवेस्ट के लिए सही व्यक्ति थे। वह एक बिलकुल सामान्य व्यक्ति थे – डंकिन डोनट जैसे व्यक्ति। वह केलेहर से कंपनी की बागडोर लेने और उसे आगे बढ़ाने के उद्देश्य से एकदम सही व्यक्ति थे। साउथवेस्ट ने उन्हें प्रेरित किया था। पुतनम के मामले में देखें तो केलेहर ने एक ऐसे व्यक्ति का चयन किया था जो कंपनी के लक्ष्य को आगे लेकर चल सके, न कि उसे पुनर्सरचित करे।

आज यह संस्कृति इसमें इतनी पैठ गई है कि यह लगभग स्वचालित-सी हो गई है। यही बात वर्ष 2001 में साउथवेस्ट के अध्यक्ष बनी कोलीन बैरेट के बारे में भी कही जा सकती है जिन्होंने सैन एंटोनियो फ़र्म में केलेहर की निजी सहायिका के रूप में काम करने के क़रीब 30 साल के बाद यह पद ग्रहण किया। 2001 तक कंपनी में क़रीब 30,000 कर्मचारी थे और 344 विमान थे। जब कोलीन ने पद सँभाला तो उनके मुताबिक़ कंपनी को चलाना एक समग्र सामूहिक प्रयास बन चुका था। केलेहर ने कंपनी में अपनी नित्य की संलग्नता कम कर दी थी, मगर एक सशक्त कॉर्पोरेट संस्कृति अपने पीछे निर्मित कर दी थी कि कंपनी में उनकी प्रत्यक्ष मौजूदगी की आवश्यकता ही नहीं रही थी। केलेहर की भौतिक उपस्थिति को उनकी कहानियों ने, उनके क़ायदों ने प्रतिस्थापित कर दिया था। इन्हीं कथाओं ने कंपनी के क्यों को जीवित रखा था। बैरेट स्पष्ट रूप से यह स्वीकार करती हैं कि वह कंपनी की सबसे होशियार कर्मचारी नहीं थीं। ऐसा कहकर वह अपना आकलन कर रही थीं, मगर कंपनी का नेतृत्व हाथ में लेने का अर्थ उनका सबसे होशियार होना था ही नहीं। उनका काम था कंपनी के लक्ष्य को आगे ले जाना, इसके मूल्यों को व्यक्तित्व में ढालना और लोगों को याद दिलाते रहना कि वे इस कंपनी में क्यों हैं।

अच्छी ख़बर यह है कि उत्तराधिकार की मशाल सही व्यक्ति के हाथ में थमाई गई है, यह जानना आसान है। सेलेरी परीक्षण को आज़माएँ और देखें कि कंपनी की कथनी और करनी में सार्थकता और समानता है या नहीं।

देखें कि वे जो कर रहे हैं, उससे उनका क्यों झलकता है या नहीं। यदि हम किसी कंपनी के उत्पादों, मार्केटिंग, प्रचार-प्रसार या कार्य को देखकर उसका क्यों पता नहीं लगा पाते तो उनका उत्तराधिकार सही हाथों में नहीं है। यदि सब ठीक चल रहा है तो समझना चाहिए कि कंपनी को सही उत्तराधिकारी मिला है।

जब क्यों चला जाता है तो आपके पास केवल क्या ही शेष रहता है

5 अप्रैल 1992 को सुबह के लगभग 8 बजे वॉलमार्ट ने अपना क्यों खो दिया। इस दिन वॉलमार्ट के प्रेरक प्रणेता सैम वॉल्टन का, जिन्होंने अपने लक्ष्य को अपने काम में ढालकर इतनी बड़ी खुदरा कंपनी खड़ी कर दी, अरकन्सास मेडिकल साइंस युनिवर्सिटी हॉस्पिटल में बोन मेरो कैन्सर से निधन हो गया। इसके तुरंत बाद वॉल्टन के बड़े बेटे एस. रोबेन्सन ने कंपनी के अध्यक्ष का पदभार सँभाला और उन्होंने एक बयान दिया, कंपनी में अब तक जैसा चलता आया है, वैसा ही चलता रहेगा। कॉर्पोरेट के कार्य की दिशा, नियंत्रण या किसी नीति में कोई बदलाव नहीं होगा मगर दुर्भाग्य से वॉलमार्ट के कर्मचारियों, हितग्राहियों और उपभोक्ताओं के लिए जो कहा गया वैसा हुआ नहीं। सैम वॉल्टन सामान्य व्यक्ति का ही प्रतिरूप थे। भले ही उन्हें *फ़ोर्स* पत्रिका ने वर्ष 1985 से उनकी मृत्यु तक अमेरिका के सबसे धनी व्यक्तियों की सूची में रखा, मगर सैम कभी यह नहीं समझ पाए कि लोग धन को इतनी अहमियत क्यों देते हैं।

निश्चित ही वॉलमार्ट इस स्पर्धा में एक प्रतिस्पर्धी थी। अतः धन सफलता को मापने का सही मापक थी, मगर केवल इस बात ने वॉलमार्ट से जुड़े लोगों को सफलता का अहसास नहीं कराया था, वरन यह तो वॉलमार्ट के साथ जुड़े लोग थे जो इसे सफल बना रहे थे। लोगों की देखभाल करो और लोग आपके विश्वास, आपके लक्ष्य की देखभाल करेंगे और इस बात को वॉल्टन और वॉलमार्ट ने सिद्ध करके दिखाया। उदाहरण के लिए वॉल्टन ने अपने स्टोर के कर्मचारियों को शनिवार को काम नहीं करके सप्ताहांत मनाने की छूट दी। वे कर्मचारियों के जन्मदिन और विवाह की वर्षगाँठ याद रखते थे और यह भी याद रखते थे कि किसी कैशियर की माँ के पित्ताशय की शल्य चिकित्सा हुई है। वह अपने अधिकारियों को महँगी कारें ख़रीदने

से मना किया करते थे और कई सालों तक स्वयं ने भी निजी विमान लेना टाला। इसके पीछे उनकी सोच यह थी कि यदि अमेरिका का सामान्य व्यक्ति इन सुविधाओं का उपभोग नहीं कर सकता है तो जो लोग उनके हिमायती होने का दावा करते हैं, उन्हें भी इनका उपभोग नहीं करना चाहिए।

वॉल्टन जब तक थे वॉलमार्ट को कभी भी विभाजन का सामना नहीं करना पड़ा, क्योंकि वॉल्टन यह कभी भी नहीं भूले कि वे कहाँ से आए हैं। उन्होंने हैरानी से कहा था, "मैं नाई की दुकान पर बाल कटवाने गया तो यह भी ख़बर बन गई। बाल कटवाने के लिए मैं और कहाँ जाता? मैं कोई मालवाहक ट्रक स्वयं चलाकर क्यों ले जाता हूँ? मुझे अपने कुत्ते को रॉल्स रॉयस कार में घुमाने क्यों ले जाना है?" अपने दस्तख़त वाली जैकेट और ट्रक चालक की टोपी लगाए हुए वे एक सामान्य अमेरिकी व्यक्ति की तरह घूमा करते थे – जिनके लिए वे काम कर रहे थे, वे स्वयं उनका प्रतिरूप बन गए थे।

जिस कंपनी को कर्मचारी, ग्राहक और समुदाय सभी बहुत पसंद करते थे, उसके प्रणेता वॉल्टन ने एक भयंकर भूल की। उन्होंने अपने लक्ष्य को स्पष्ट शब्दों में व्यक्त नहीं किया, जिससे उनकी मृत्यु के बाद आने वाले उत्तराधिकारी उनके लक्ष्य को समझकर आगे ले जा सकें। यह पूरी तरह से उनकी ग़लती भी नहीं थी। दिमाग़ का जो हिस्सा क्यों को नियंत्रित करता है, वह भाषा को नियंत्रित नहीं करता। अतः अन्य कई लोगों की ही तरह वॉल्टन ने अपने क्यों को अपनी जीवन शैली में बेहतरी से शामिल किया। उन्होंने अपनी वस्तुओं के दाम कम रखने के बारे में बात की ताकि सामान्य अमेरिकी व्यक्ति इन्हें ख़रीद सके। उन्होंने अमेरिका के गाँवों में अपने स्टोर्स खोलने के बारे में बात की ताकि अमेरिका की रीढ़ बनाने वाले लोगों को गाँव से शहर के केंद्रों तक का प्रवास नहीं करना पड़े। यह सब उनके क्यों के अनुकूल था, सार्थक था। उनके सभी निर्णय सेलेरी परीक्षण पर खरे उतरते हैं, मगर जिस क्यों के साथ कंपनी खड़ी की गई थी, उसे स्पष्ट रूप से लिखा या कहा नहीं गया।

वॉल्टन अपनी मृत्यु से पहले तक कंपनी के साथ संलग्न थे, उनकी बीमारी और फिर मृत्यु ने उन्हें आगे ऐसा करने से बाधित किया। हर संस्था की ही तरह, जहाँ संस्था के संस्थापक या प्रणेता का भौतिक रूप से उपस्थित होना संस्था के क्यों को जाग्रत रखता है, वॉल्टन के साथ भी ऐसा

ही था। वे अपने आसपास के हर व्यक्ति को प्रेरित किया करते थे। जिस तरह से स्टीव जॉब्स के चले जाने के बाद भी एपल विभाजन की अवस्था में आने से पहले उनकी गंध, ऊर्जा पर काफ़ी साल काम करती रही। इसी तरह वॉलमार्ट ने भी वॉल्टन के जाने के बाद उन्हें और उनके क्यों को थोड़े समय के लिए याद रखा मगर धीरे-धीरे क्यों धुंधला होने लगा और कंपनी ने अपनी दिशा बदलनी शुरू कर दी। उसके बाद कंपनी में एक नई चेतना जागी, वही जिसके प्रति वॉल्टन हमेशा से सावधान रहे - धन के पीछे भागने की चेतना।

1983 में क्यों टाइप के जिम सिनेगल और क्या टाइप के जैफ़री ब्रोटमैन ने कोस्तको कंपनी की शुरुआत की। जिम सिनेगल ने सोल प्राइस से डिस्काउंट रिटेलिंग के बारे में बहुत सीखा। सोल प्राइस वही व्यक्ति हैं जिनके लिए वॉल्टन स्वीकार किया करते थे कि उनके पास जो व्यापार के नवीनतम विचार हैं, वे उनसे ही "उधार" लिए हुए हैं। वॉल्टन की ही तरह जिम सिनेगल भी लोगों में विश्वास रखते थे और कहा करते थे कि "हम एक ऐसी कंपनी होंगे जिसका पहला नाम आम व्यक्ति से संबंधित होगा।" उन्होंने यह बात एबीसी समाचार पत्रिका के कार्यक्रम *20/20* में कही। बाक़ी प्रेरक लीडर्स के ही नक़्शे क़दम पर चलते हुए कोस्तको का भी विश्वास था कि सबसे पहले अपने कर्मचारियों की देखभाल करना ज़रूरी है। इतिहास साक्षी है कि उन्होंने अपने कर्मचारियों को वॉलमार्ट के वेअर हाउस सैम्स क्लब के कर्मचारियों से 40 प्रतिशत अधिक वेतन दिया। इसी कारण उनका सकल लाभ लगातार सैम्स क्लब से कम रहा।

जिस तरह से हर कंपनी किसी लक्ष्य को लेकर खड़ी की जाती है, कोस्तको ने भी अपनी प्रगति के लिए अपने मेगाफ़ोन पर विश्वास किया। उनके पास जनसंपर्क विभाग नहीं था और वे विज्ञापन में भी धन ख़र्च नहीं करते थे। कोस्तको विसरण के नियम के आधार पर ही दुनिया में अपनी पहचान बनाना चाहती थी। "कल्पना करें कि आपके पास 12,000 ऐसे वफ़ादार दूत हैं जो आपके बारे में लगातार अच्छी बातें कहते रहते हैं।" जिम सिनेगल अपने कर्मचारियों को भरोसा दिलाते हुए और विज्ञापन तथा जनसंपर्क की तुलना में विश्वास और वफ़ादारी की श्रेष्ठता को स्थापित करते हुए कहते हैं। सालों तक वॉल स्ट्रीट के विश्लेषकों ने कोस्तको की अपने कर्मचारियों पर अत्यधिक ख़र्च करने की इस रणनीति की आलोचना की।

वॉल स्ट्रीट उस कंपनी को प्रधानता देगी, जो अपने क्यों की क़ीमत पर क्या को स्थापित करती हो। ड्यूश बैंक के विश्लेषक ने *फ़ॉर्च्यून* पत्रिका को बताया कि "ड्यूश ऐसी कंपनी के रूप में काम करता रहेगा जो अपने शेयर होल्डर्स की तुलना में क्लब के सदस्यों और अपने कर्मचारियों को अधिक बेहतर सेवाएँ देता है।"

सौभाग्य से सिनेगल को वॉल स्ट्रीट के विश्लेषकों से अधिक अपने ऊपर विश्वास था। उन्होंने *20/20* को दिए हुए एक साक्षात्कार में कहा, "वॉल स्ट्रीट केवल आज से अगले मंगलवार के बीच कितना धन बटोरा जा सकता है, यही व्यापार करने में रुचि रखती है। हम लोग एक संस्था बनाने के उपक्रम में लगे हुए हैं, एक ऐसा संस्थान जो आज के पचास साल बाद भी यहाँ काम कर रहा होगा। ऐसे में लोगों को बढ़िया वेतन देना और उनका ख़याल रखना ही सही सौदा, सही व्यापार है।"

इस सबमें रुचिकर और आश्चर्यजनक बात केवल सिनेगल का प्रेरक होना नहीं है। वह जो भी कहते थे और करते थे, उस सबमें सैम वॉल्टन ध्वनित हुआ करते थे। वॉलमार्ट ने भी इसी तरह से क्या पर ध्यान लगाना शुरू किया और इस बात का ध्यान रखा कि वे जो कुछ करें उसमें उनका क्यों ध्वनित हो। उनके लिए धन लक्ष्य नहीं था, धन हमेशा परिणाम ही रहा मगर अप्रैल 1992 के उस दुर्भाग्यपूर्ण दिन से वॉलमार्ट ने क्यों में विश्वास रखना बंद कर दिया।

सैम वॉल्टन की मृत्यु के बाद वॉलमार्ट स्टेक होल्डर वैल्यू के नाम पर अपने कर्मचारियों और उपभोक्ताओं के साथ ख़राब व्यवहार करने के चलते विवादों में आई। उनका क्यों इतना धुंधला हो गया था कि भले ही वे काम बढ़िया तरीक़े से कर रहे थे, मगर लोग उसका श्रेय उन्हें देना नहीं चाहते थे। उदाहरण के लिए पर्यावरण की सुरक्षा हेतु अपशिष्ट पदार्थों को कम करना और वस्तुओं का पुनः उपयोग करने के लिए उठ खड़ी हुई यह पहली कंपनी थी। मगर इनके आलोचक इस तरह से यहाँ-वहाँ उठ आए थे कि उन्होंने वॉलमार्ट की इस पहल को यह कहते हुए ख़ारिज कर दिया कि ऐसा करके वह केवल बाज़ार में अपनी छवि सुधारने का प्रयास कर रही है। न्यू *यॉर्क टाइम्स* वेबसाइट में 28 अक्टूबर, 2008 को प्रकाशित एक स्तंभ में लिखा गया कि "वॉलमार्ट ने भले ही अपने सामान को बनाते समय सामाजिक और पर्यावरण को नुक़सान पहुँचाने वाले तत्वों का समावेश नहीं करने की

क़सम ली है मगर दूसरी ओर वह अब तक उपभोक्तावाद को बेच रही है।” दूसरी ओर कोस्तको ने भी वॉलमार्ट के बाद एक पर्यावरण नीति घोषित की जिसे अत्यधिक सराहना, प्रसिद्धि मिली। इसका कारण यही था कि लोगों को कोस्तको पर विश्वास था कि वह जो कहती है वह करती है। जब लोगों को यह समझ में आ जाता है कि आप जो कर रहे हैं, उसे क्यों कर रहे हैं, तो वे आपको उस हर बात का श्रेय देने के लिए तैयार हुआ करते हैं, जो आपके क्यों की पुष्टि करता है। इसके विपरीत जब वे आपके क्यों को लेकर स्पष्ट नहीं होते तो आपके क्या का कोई संदर्भ, कोई अर्थ नहीं रह जाता। भले ही आपके द्वारा किए जा रहे काम या लिए जा रहे निर्णय सही क्यों नहीं हों, क्यों की स्पष्ट समझ के बिना वे लोगों को समझ में नहीं आते, अर्थहीन लगा करते हैं।

और इसका परिणाम क्या होता है? सैम वॉल्टन की याद में चल रहे वॉलमार्ट की कार्य संस्कृति और दोनों स्टॉक की क़ीमतें वॉलमार्ट की मृत्यु के थोड़े समय बाद तक बरकरार रही। मगर उसके बाद वॉलमार्ट में विभाजन दिखाई देने लगा और कोस्तको ने जहाँ क्या की स्पष्टता को बनाए रखा, वॉलमार्ट के मूल्यों में नाटकीय रूप से परिवर्तन आया। जिस दिन सैम वॉल्टन मरे, उस दिन उनके शेयरों का मूल्य 300 प्रतिशत से बढ़ गया। उसी दिन कोस्तको ने भी जो निवेश किया उससे उनके शेयरों का मूल्य 800 प्रतिशत बढ़ गया।

कोस्तको की उपलब्धि का कारण यह था कि उनके काम में उनका क्यों स्पष्ट झलक रहा था, जिम सिनेगल अब तक वहीं हैं। वे जो बातें कहते थे और करते थे उन सबने उनकी कंपनी की पहचान बनाने वाली बातों को सुदृढ़ करने में मदद की। अपने क्यों के साथ सत्यता से खड़े रहते हुए सिनेगल 4,30,000 डॉलर का वेतन पाते थे जो कि कंपनी के आकार और सफलता की दृष्टि से बहुत छोटी रक़म है। जब वॉलमार्ट शिखर पर थी उस समय सैम वॉल्टन ने भी अपने क्या पर स्थिर बने रहते हुए प्रति वर्ष 3,50,000 डॉलर से अधिक का वेतन कभी नहीं लिया। डेविड ग्लास जिन्होंने सैम वॉल्टन के बाद सीईओ का पद ग्रहण किया और जिसने वॉल्टन के साथ खासा समय बिताया था, कहते हैं “आज की बड़ी-बड़ी कंपनियों में जो कुछ चल रहा है और उनके अत्यधिक वेतन पाने वाले सीईओ जो केवल शिखर पर बैठकर किसी और को नहीं वरन अपने आप को ही देखते रहते हैं,

उनका यह व्यवहार मुझे सचमुच व्यथित करता है। आज के अमेरिका के व्यापार के साथ यह एक बड़ी गड़बड़ी है।"

वॉल्टन द्वारा जलाई गई मशाल को तीन और सीईओ ने आगे बढ़ाने का काम किया था, मगर इस मशाल को आगे ले जाने वाले हरेक उत्तराधिकारी का लक्ष्य का अहसास और धारणा थोड़ी धूमिल होती जाती है। अभी माइकल टी. ड्यूक जिन्होंने 2009 में सीईओ का कार्यभार ग्रहण किया है, वे एक नई आशा बनकर उभरे हैं। ड्यूक का लक्ष्य वॉलमार्ट के क्या की चमक और स्पष्टता को पुनः प्राप्त करना है। और इसे करने के लिए उन्होंने अपने लिए 5.43 मिलियन डॉलर का वेतन निर्धारित किया है।

भाग VI

क्यों की खोज करें

13

क्यों की उत्पत्ति

इसकी शुरुआत वियतनाम युद्ध के समय के उत्तरी कैलिफ़ोर्निया में हुई थी, जहाँ सरकार के ख़िलाफ़ व्यक्तियों के लिए मन में सत्ता के बड़े केंद्रों के लिए तिरस्कार की लहर दौड़ रही थी। ऐसे में दो युवा व्यक्तियों को सरकार ने ताक़त और सहकारिता को दुश्मन की तरह देखा। इसलिए नहीं कि उनका आकार बड़ा था, बल्कि इसलिए कि उन्होंने व्यक्ति की भावनाओं का दमन किया था। उन्होंने एक ऐसे समय की कल्पना की थी, जहाँ हरेक व्यक्ति को बोलने का अधिकार हो। उन्होंने एक ऐसे समय की कल्पना की थी, जहाँ हरेक व्यक्ति अवलंबी सत्ता के ख़िलाफ़, पुरानी धारणाओं के ख़िलाफ़ और यथास्थिति के ख़िलाफ़ असहमति प्रदर्शित करने, आवाज़ उठाने के लिए और उन्हें चुनौती देने का अधिकार रखता हो। उन्हें पुनः निर्देशित करने का अधिकार रखता हो। वे उन हिप्पियों के साथ रहते थे, मज़े करते थे जिनकी धारणाएँ और विश्वास उनसे मिलते-जुलते थे, मगर वे दुनिया को बदलने के लिए विरोध प्रदर्शन या किसी तरह की गैरक़ानूनी गतिविधि को आवश्यक नहीं समझते थे।

स्टीव जॉब्स और स्टीव वोज़्निएक इसी समय धरती पर आए थे। उस समय उत्तरी कोरिया में न केवल बदलाव की, क्रांति की भावना ज़ोर पकड़े हुए थी, वरन यह कंप्यूटर क्रांति का भी समय था। और इस तकनीक में उन्हें अपनी क्रांति की शुरुआत करने का अवसर दिखाई दिया। "एपल ने एकल व्यक्ति को किसी कंपनी के समान काम करने की ताक़त दी।"

वोज़्निएक कहते है।" आज तक के इतिहास में पहली बार ऐसा हुआ कि एक व्यक्ति पूरी संस्था के समान काम करने की ताक़त जुटा पाया, क्योंकि उनके पास तकनीक को उपयोग में ला पाने की योग्यता थी। वोज़्निएक ने एपल 1 और 2 को इतनी सरल तकनीक वाला बनाया कि साधारण व्यक्ति भी तकनीक की शक्ति को समझ सके, उसका लाभ उठा सके। जॉब्स यह जानते थे कि इसे बेचना किस तरह से है। इस तरह से एपल कंप्यूटर का जन्म हुआ। एक ऐसी कंपनी का जो एक उद्देश्य के लिए काम कर रही थी, जो हर व्यक्ति को अपनी ताक़त के साथ उठ खड़ा होते देखना चाहती थी। वह कंपनी जो यथास्थिति को चुनौती देने का सपना देखने वाले स्वप्नदर्शियों और आदर्शवादियों को सशक्त करना चाहती थी मगर उनका लक्ष्य, उनका क्यों एपल के जन्म से बहुत पहले अस्तित्व में आ चुका था।

1971 में यूसी बेकरी में वोज़्निएक के रिहायशी कमरे में दोनों स्टीव्स ने कुछ बनाया जिसे उन्होंने ब्लू बॉक्स का नाम दिया। उनके इस छोटे से उपकरण ने फ़ोन प्रणाली को अपने क़ब्ज़े में कर डाला जिससे लोग अपने फ़ोन के बड़े-बड़े बिल चुकाने की बाध्यता को दरकिनार कर सकें। एपल कंप्यूटर अब प्रचलन में नहीं हैं, मगर जॉब्स और वोज़ अमेरिकी टेलीफ़ोन के क्षेत्र में एकाधिकार और वर्चस्व जमा चुकी मा बेल कंपनी को चुनौती दे रहे थे। वास्तव में ब्लू बॉक्स ने जो किया वह अवैध था और उसके पीछे उनका यह इरादा हर्गिज़ नहीं था कि नियमों का उल्लंघन करके सत्ता को चुनौती दी जाए। जॉब्स और वोज़ ने इस उपकरण का इस्तेमाल अपने लिए कभी नहीं किया, मगर उन्हें लोगों को वर्चस्व के ख़िलाफ़ खड़े होने की योग्यता देने का विचार बहुत अच्छा लगा, यह ऐसी थीम थी जो एपल के भविष्य में इससे कई अधिक बार इस्तेमाल होने वाली थी।

1 अप्रैल 1976 को उन्होंने इस प्रारूप को पुनः दोहराया। उन्होंने इस बार कंप्यूटर उद्योग के दैत्यों पर निशाना साधा, प्रमुखतः बिग ब्लू, आईबीएम पर। एपल से पहले कंप्यूटर पर काम करने का अर्थ किसी कंप्यूटर केंद्र में जाकर पंच कार्ड लेकर उसका इस्तेमाल एक दैत्याकार-सी मशीन को निर्देश देने के लिए करना था। आईबीएम ने केवल बड़ी संस्थाओं को अपना लक्ष्य बनाया, न कि एपल की तरह व्यक्ति को संस्था जैसी क्षमता देने को। लक्ष्य की स्पष्टता और आश्चर्यजनक अनुशासन के साथ एपल के कंप्यूटर की सफलता अपने आकार में ही विसरण के नियम को शामिल करने के चलते

तय थी। पहले साल में कंपनी ने 1 मिलियन डॉलर क़ीमत के कंप्यूटर उन लोगों को बेचे जो एपल के विश्वास में विश्वास रखते थे। दूसरे साल उनकी बिक्री 10 मिलियन डॉलर हो गई और तीसरे साल यही आंकड़ा 100 मिलियन डॉलर तक पहुँच गया और केवल छह साल में ही एपल को बिलियन डॉलर कंपनी का दर्जा मिल गया।

अब तक जाना-पहचाना नाम बन चुके एपल ने 1984 में मैकिंतोश को अपने प्रसिद्ध विज्ञापन "1984" के साथ बाज़ार में उतारा, जो कि ब्लेड रनर की ही भाँति कल्ट क्लासिक के जाने-माने निर्देशक रिडले स्कॉट के धारावाहिक सुपर बाउल के प्रसारण के बीच में प्रसारित हुआ करता था। इस विज्ञापन ने विज्ञापन की दुनिया की तासीर ही बदल डाली। पहले "सुपर बाउल कॉमर्शियल" ने बड़े बजट की सिनेमेटिक सुपर बाउल एडवर्टाइजिंग की वार्षिक परंपरा में अगुवाई की। मैकिंतोश के साथ एपल ने एक बार फिर से काम कैसे किया जाना चाहिए की पारंपरिक अवधारणा को बदल डाला। इन्होंने अधिकतर कंप्यूटर्स द्वारा उपयोग में लाई जाने वाली उस समय की प्रचलित ऑपरेटिंग प्रणाली माइक्रोसॉफ़्ट डॉस को चुनौती दी। मैकिंतोश पहला ग्राफ़िकल यूज़र इंटरफेज़ और माउस के साथ इस्तेमाल होने वाला पहला कंप्यूटर था, जो लोगों को इनपुट कोड डालने की बजाए केवल माउस पर "लक्ष्य साधकर क्लिक करने" की स्वतंत्रता देता था। विडंबना है कि एपल के कंटेंट अर्थात गेट्स के ग्राफ़िकल यूजर के इंटरफ़ेस को माइक्रोसॉफ़्ट विंडोज के माध्यम से लोगों के बड़े समूह तक लेकर गया। क्रांति को प्रज्ज्वलित करने की एपल की योग्यता और बड़े समूह तक किसी विचार को ले जाने की माइक्रोसॉफ़्ट की योग्यता ने दोनों ही कंपनियों और उनके संस्थापकों के क्या को बेहतरी से चित्रित किया। जॉब्स हमेशा चुनौती लेने और देने के पक्षधर रहे और गेट्स हमेशा अधिकाधिक लोगों को अपने साथ लेकर चलने के पक्षधर रहे।

एपल ने इसी रास्ते पर चलते हुए अपने अन्य उत्पादों के साथ यथास्थिति और बाज़ार को चुनौती देने का काम जारी रखा। इसके हालिया उदाहरण आईपॉड और उससे भी अधिक सटीक आईट्यून है। इन तकनीकों के साथ एपल ने संगीत उद्योग के क्षेत्र में बनी यथास्थिति और वर्चस्व को चुनौती दी। उस समय संगीत उद्योग विचलन का शिकार था और अपने प्रचलन से बाहर हो चुके व्यापार के मॉडल के साथ अपनी पुरानी संगीत रूपी

संपत्ति को पाइरेसी से बचाने की कोशिश में लगा हुआ था जबकि उस समय एपल ने ऑनलाइन संगीत उद्योग के बाज़ार की पुनर्व्याख्या की। यही प्रारूप पुनः दोहराया गया जब एपल आईट्यून को बाज़ार में लेकर आई। बाज़ार की ताक़तों ने यह निर्धारित किया कि फ़ोन बनाने वाले फ़ोन की विशेषताएँ और क्षमताएँ निर्धारित नहीं करेंगे, वरन यह ज़िम्मा सेवा प्रदाताओं का होगा। उदाहरण के लिए टी-मोबाइल, वेरिज़ोन वायरलेस और स्प्रिंट मोटोरोला, नोकिया और और एलजी को बताएँगे कि उन्हें क्या करना चाहिए। एपल ने आईफ़ोन के लांच के साथ यह सब बदल डाला। अब वे सेवा प्रदाता को यह बताते थे कि यह फ़ोन क्या-क्या करेगा। विरोधाभास यह है कि एपल ने दशकों पहले ब्लू बॉक्स बनाकर जिस कंपनी को चुनौती दी थी, उसने इस बार आश्चर्यजनक रूप से अर्लीएडप्टर जैसा व्यवहार किया। एटीऐंडटी अकेली ऐसी कंपनी थी जिसने एपल के इस मॉडल के साथ सहमति दर्शाई थी और इस तरह से एक और क्रांति की शुरुआत हुई।

एपल का नवाचार के लिए उत्सुक व्यवहार इसके क्यों से जन्मता और यदि 1985 और 1997 को छोड़ दें, जब जॉब्स नहीं थे, तो यह व्यवहार वर्षों तक ऐसा ही बना रहा। कंपनी के बनने से लेकर अब तक यह कभी भी नहीं बदला। जो उद्योग विरासत को आगे बढ़ा रहे थे, उनके लिए यह पहले से सचेत रहने का समय था कि इसके बाद आपका क्रम हो सकता है। यदि एपल अपने क्यों के साथ सच्चाई के साथ बना रहा तो पूरी संभावना थी कि टीवी और सिनेमा उद्योग इसके बाद इस क्रम में आने वाले थे।

एपल जो कर रहा था, वह करने की उसकी क्षमता का औद्योगिक क्षेत्र में विशेषज्ञता से कोई लेना-देना नहीं था। कंप्यूटर और तकनीक आधारित हरेक कंपनी के पास क्षमता और संसाधनों का भंडार था और ये लोग किसी भी तरह के उत्पाद बनाने में समर्थ थे, जो एपल बना रहा था। इसका संबंध वास्तव में उस लक्ष्य और उद्देश्य से था, जिसकी शुरुआत के साल पहले कैलिफ़ोर्निया के कपेर्तिनो में कुछ आदर्शवादियों के द्वारा हुई थी। "मैं इस ब्रह्मांड में एक झंकार उत्पन्न करना चाहता हूँ।" जैसा कि स्टीव जॉब्स कहते थे। और एपल ने अपनी प्रतिस्पर्धी कंपनियों के साथ बिलकुल ऐसा ही कुछ किया। एपल अपने संस्थापकों के क्या से जन्मी थी। एपल जो जॉब्स और वोज़ के क्यों के लिए क्या थी। जॉब्स और एपल के व्यक्तित्व में कोई अंतर नहीं था। एपल के कर्मचारी और एपल के ग्राहकों में कोई अंतर नहीं था।

एक व्यक्ति एपल के क्यों में विश्वास रखता है और इसके साथ काम करने का निर्णय लेता है। दूसरा आदमी एपल के क्या पर विश्वास करते हुए इसके उत्पाद ख़रीदने का निश्चय करता है। यह केवल व्यवहार का अंतर है। वफ़ादार शेयरहोल्डर्स कोई और नहीं होते। वे क्या ख़रीदते हैं यह भले ही भिन्न हो सकता है, मगर वे इसे क्यों ख़रीदते हैं और कंपनी के प्रति वफ़ादार क्यों बने रहते हैं, इसके पीछे का कारण समान ही होता है। उस कंपनी के उत्पाद उनकी जीवन के प्रतीक चिह्न, उनकी पहचान बन जाते हैं। कंपनी के भीतर और कंपनी के बाहर दोनों ही "स्टीव के पंथ" का हिस्सा कहे जाते हैं। उनके प्रतीक अलग होते हैं मगर लक्ष्य के प्रति समर्पण एक जैसा ही होता है। उसके बाद हम "पंथ" शब्द का इस्तेमाल करते हैं जिसका अर्थ है इस बात का प्रमाण मिलना कि जो लोग इससे जुड़े हुए हैं, उनके मन में कंपनी के विश्वास के प्रति गहरी और तर्कहीन आस्था हुआ करती है। और यह एकदम सही है। जॉब्स, उनकी कंपनी और उनके वफ़ादार कर्मचारी और उनके वफ़ादार उपभोक्ता ये सभी तय सीमाएँ तोड़ने की पहल करते हैं। ये सभी एक क्रांति को दर्शाते हैं।

एपल का क्यों एकदम स्पष्ट है। इसका मतलब यह नहीं कि हरेक व्यक्ति इसमें डूब ही गया हो, हरेक ने इसे ज्यों का त्यों ग्रहण कर लिया हो। कुछ लोग इसे पसंद करते हैं और कुछ इसे नापसंद भी करते हैं, मगर इस बात से इनकार नहीं किया जा सकता कि वे भी किसी बात को ही प्रदर्शित करते हैं। विसरण का नियम कहता है कि जनसंख्या का केवल 2.5 प्रतिशत ही किसी तरह के नवाचार की मानसिकता रखता है। यह लोगों का ऐसा समूह होता है जो अपने पूर्वाभासों पर विश्वास रखता है और बाक़ी लोगों की तुलना में अधिक जोखिम लेने पर विश्वास रखता है। संभवतः यह कोई संयोग नहीं है कि दुनियाभर के 96 प्रतिशत कंप्यूटर्स पर माइक्रोसॉफ़्ट विंडोज लगा हुआ है जबकि केवल 2.5 प्रतिशत के पास एपल है। अधिकांश लोग यथास्थिति को चुनौती नहीं देना चाहते।

हालाँकि एपल के कर्मचारी आपको बताएँगे कि कंपनी की सफलता इसके उत्पादों की गुणवत्ता में निहित है, मगर तथ्य यह भी है कि कई कंपनियाँ गुणवत्तापूर्ण उत्पाद बनाया करती हैं और भले ही एपल के कर्मचारी इस बात पर अटल रहें कि उनके उत्पाद श्रेष्ठ हैं। सफलता उन मानकों पर निर्भर करती है जिनके आधार पर उन उत्पादों का मूल्यांकन किया जा

रहा हो। एपल के उत्पाद उन लोगों के लिए निश्चित ही सर्वश्रेष्ठ हो सकते हैं जो एपल के क्यों में विश्वास रखते हैं। एपल जो है, जो विश्वास रखता है और जो कहता है वह उसके उत्पादों के द्वारा स्पष्ट होता है। वह इसमें इतने माहिर हैं कि वे अपने उत्पादों के नाम के पहले "i" लगाकर इसे पुष्ट किया करते है और यह "i" केवल एक अक्षर नहीं है, पूरा शब्द है यानी मैं। एपल एक ऐसी कंपनी है जो रचनात्मक प्रतिभा वाले व्यक्तियों के मामले में प्रणेता हैं और उनके उत्पाद, मार्केटिंग और सेवाएँ इसे सिद्ध करती हैं।

पीछे की ओर दृष्टि डालने से क्यों सामने आता है

परंपरावादी अनुमान लगाते हैं कि यह संख्या तीन के मुक़ाबले एक की थी। कुछ इतिहासकार कहते हैं कि अंग्रेज़ी सेना में छह पर एक सैनिक तक संख्या में कमी थी। आप विश्वास करने के लिए जो भी अनुमान चुनते हैं, इंग्लैंड के राजा हेनरी पंचम किंग के लिए संभावनाएँ कुछ अच्छी दिखाई नहीं दे रही थीं। 1415 के अक्टूबर की बात है जब अंग्रेज़ी सेना उत्तरी फ्रांस के अगिनकोर्ट में फ्रांस की विशालकाय सेना से लड़ने के लिए तैनात थी, मगर यहाँ हेनरी की समस्या केवल सैनिकों की संख्या कम होने की नहीं थी।

अंग्रेज़ी सेना 250 मील तक चलकर आई थी, जिसे पूरा करने में उन्हें तीन सप्ताह लग गए थे और उनमें से 40 प्रतिशत लोग बीमार पड़ गए थे। इसके एकदम विपरीत फ्रांस की सेना एकदम तरोताज़ा और पूरे उत्साह में थी। फ्रांस के बढ़िया तरीक़े से प्रशिक्षित और अनुभवी सैनिक अंग्रेज़ों से अपने पुराने अपमान का बदला लेने के लिए उत्सुक थे और इससे भी बढ़कर यह कि वे लड़ाई के बेहतरीन साजो-सामान से सुसज्जित थे। अंग्रेज़ सैनिकों के पास हल्के हथियार थे मगर उनके हथियार फ्रांस की सेना के आधुनिक साजो-सामान से बचाव करने में सक्षम नहीं थे। जो भी यूरोप के मध्ययुगीन इतिहास का जानकार हो, वह इस युद्ध के परिणामों का पहले ही से अनुमान लगा सकता था, मगर इतनी सारी कमियों के बावजूद अंग्रेज़ी सेना जीत गई।

अंग्रेज़ी सेना के पास एक तकनीक थी, जिसने फ्रांस की सेना को उलझा दिया और इसका परिणाम उनकी पराजय के रूप में सामने आया। अंग्रेज़ों के पास लांगबो नामक हथियार था, जिसकी मारक क्षमता उस समय के हथियारों में सबसे अधिक थी। युद्धक्षेत्र से दूर रहते हुए और फ्रांस के

भारी हथियारों से बचते हुए अंग्रेज़ी सेना घाटी में नीचे देखते हुए फ्रांस की सेना पर तीरों की बरसात कर सकती थी। मगर इन तीरों को केवल तकनीक और मारक क्षमता ने ही ताक़त नहीं दी थी। तीर अपने आप में ही लकड़ी की कमज़ोर छड़ी जैसा होता है जिसका अगला सिरा पंख लगा हुआ और नुकीला होता है। अकेला तीर तलवार की तरह नहीं हो सकता और जिरह-बख़्तर को नहीं छेद सकता। उसे चलाने के लिए किसी दूसरे आयुध की सहायता आवश्यक होती है। तीर की गति अनुभव, प्रशिक्षण, संख्या और उसके कवच पर निर्भर करती है। लकड़ी की वह कमज़ोर-सी छड़ी जब हवा में तेज़ी से जाती है तो वह एक ही दिशा में जाए, तभी अपने अंदर पूरी ताक़त संचित कर पाती है। मगर इस अगिनकोर्ट की इस लड़ाई का आपके क्या से क्या लेना-देना है?

कोई तीर सशक्त हो जाए या किसी तरह का प्रभाव डाल पाए, इसके लिए तीर को पहले पीछे की ओर यानी लक्ष्य से 180 डिग्री विपरीत खींचना पड़ता है। और यही वह स्थान है, जहाँ क्यों को ताक़त मिलती है। क्या केवल आगे देखने और आप क्या पाना चाहते हैं, उस लक्ष्य पर ध्यान केंद्रित करने और वहाँ तक पहुँचने के लिए सही रणनीति का निर्धारण करने मात्र से सशक्त नहीं होता है। यह बाज़ार के किसी शोध से जन्म नहीं लेता है। यह ग्राहकों के और यहाँ तक कि कर्मचारियों के सघन साक्षात्कारों से नहीं होता। यह आप जहाँ खड़े हुए हैं, उसके ठीक उलट दिशा में देखने से संभव होता है। क्यों को पहचान पाना एक खोज है, कोई आविष्कार नहीं।

जैसे एपल का क्यों 1960 और 1970 के क्रांतिकारी आंदोलनों के बाद जन्मा। इसी तरह से हरेक व्यक्ति या संस्था का क्यों अतीत के गर्भ से ही जन्म लेता है। यह किसी व्यक्ति या समूह के जीवन के अनुभवों से और उसके बड़े होने के दौरान घटित अतीत से ही जन्मता है। हरेक व्यक्ति का और इसी तरह से हरेक संस्था का अपना क्यों होता है। यह नहीं भूलना चाहिए कि कोई भी संस्था जो कुछ किया करती है, वह उनके संस्थापकों का क्यों ही होता है। जिसे वे क्रियान्वयन के रूप में सामने ला रहे होते हैं। हरेक कंपनी, संस्था या समूह जिसमें लोगों को प्रेरित करने की प्रेरणा होती है। वे अपने क़द से कुछ बड़ा ही शुरू करने की कोशिश किया करते हैं। विडंबना यह है कि क्यों की स्पष्टता होना कठिन नहीं है, मगर किसी के क्यों के प्रति विश्वास रखने, किसी के लक्ष्य, उद्देश्य और धारणा के प्रति सत्य बने रहने

का अनुशासन बनाए रखना कठिन हिस्सा होता है। कुछ लोग, जो मेगाफ़ोन विकसित करने में सफल हो जाते हैं और वह भी अपनी कंपनी का नहीं, वरन अपने लक्ष्य का मेगाफ़ोन, वे दूसरों को प्रेरणा देने की योग्यता हासिल कर लेते हैं। ऐसा करते समय वे लोगों को आगे बढ़ने की ताक़त देते हैं, जिसकी कुछ लोग केवल कल्पना ही कर सकते हैं। किसी कंपनी या संस्था के क्यों को जानना या किसी सामाजिक आंदोलन के क्यों को शुरू करना – यह एक ही व्यक्ति से होता ही और वह है – आप।

मैं असफल हूँ

सितंबर 2005 से लेकर दिसंबर 2005 के वे महीने मेरी स्मृति में बहुत बारीकी से दर्ज हैं। यह वह समय था, जब मैं धरातल पर आ गिरा था।

मैंने फ़रवरी 2002 में अपना व्यापार शुरू किया था और इसकी शुरुआत बहुत ही शानदार रही थी। "मैं अत्यधिक प्रसन्न था," जैसा कि मेरे दादाजी कहा करते थे। बचपन से ही मेरा सपना अपना व्यापार शुरू करने का रहा था। यह अमेरिका का स्वप्न था जिसे मैं जी रहा था। मेरे मन में अपनी अहमियत समझने वाली भावना आ रही थी, मुझे महसूस हो रहा था कि मुझे जो हासिल करना था, उसके लिए मैंने प्रयास किया और वह सब मुझे मिल गया। यह सब मुझे बहुत ही विस्मयकारी, शानदार लग रहा था। यदि कोई भी मुझसे कभी पूछे कि मैंने इसके लिए क्या किया तो मैं टीवी के पुराने धारावाहिक *सुपरमैन* के जॉर्ज रीव्स की तरह पोज देते हुए अपनी बात कहूँगा। मैं अपनी हाथ कमर पर रख लूँगा, सीना फुला लूँगा, एक ख़ास मुद्रा में खड़ा हो जाऊँगा और सिर तानकर कहूँगा, मैं एक उद्यमी हूँ। मैंने जो किया, वह मैंने अपने आपको वर्णित करने के लिए किया और यह बहुत ही अच्छ अनुभव था। मैं सुपरमैन जैसा नहीं था, मैं ही सुपरमैन था।

जो भी व्यापार शुरू करता है, उसे पता होता है कि यह एक शानदार दौड़ है। इसमें सांख्यिकी की एक तलवार आपके सिर पर सतत लटकी हुई है, जो कहती है कि नए शुरू होने वाले उद्यमों में से क़रीब 90 प्रतिशत उद्यम पहले तीन सालों में असफल हो जाते हैं। इनमें से किसी में भी यदि थोड़ी-सी भी प्रतिस्पर्धी प्रेरणा हो, विशेषतः जो अपने आप को किसी बड़े उद्यमी की तरह दर्शाते/दर्शाती हैं (कमर पर हाथ रखे, सीना फुलाए हुए) उनके लिए लगातार असफलताएँ भी निराश करने वाली नहीं होनी चाहिए।

वे तो इस आग में ईंधन डालते रहते हैं। यह सोच मूर्खतापूर्ण है कि आप भी उद्यमियों के उस छोटे समुदाय का हिस्सा रहें, जिसने तीन साल मेहनत की और उनके सामने असफलता ही आ खड़ी हुई। इसकी बजाय जूनून और तर्क से भरी यह सोच बेहतर है कि यही जीवट उद्यमियों को वहाँ तक लेकर आता है जहाँ वे आज हैं।

एक साल बाद हमने इस बात की ख़ुशी मनाई कि हम अब तक उद्यम के क्षेत्र में बने हुए थे। हम हर विपरीत परिस्थिति का सामना करते हुए चल रहे थे। हम अपने सपनों को जी रहे थे। दो साल बीत गए। उसके बाद तीन साल। हमने जो किया था उसके बारे में मैं अभी भी निश्चिंत नहीं था। हमने अब तक कभी भी किसी बढ़िया तंत्र और प्रणाली को नहीं अपनाया था, मगर हमने हर विपरीत परिस्थिति का सामना किया था। मैंने अपने लक्ष्य को हासिल किया था और यही मायने रखता था। मैं अब सांख्यिकीय प्रमाण सहित अमेरिका के उद्यमियों के उस छोटे समूह में शामिल हो गया था। जो गर्व से कह सकता था कि हाँ, मैं एक छोटे उद्यम का मालिक हूँ।

चौथा साल इससे बहुत अलग गुज़रा। उद्यमी होने की बात अब पुरानी पड़ गई थी। अब मैं जॉर्ज रीव्स की तरह खड़ा नहीं होता था। जब लोग मुझसे पूछते थे कि मैं क्या करता हूँ तो मैं उनसे कहता था कि मैं "पदस्थापना और रणनीति परामर्श" का काम करता हूँ। यह बहुत कम उत्साहपूर्ण था और ऐसा कहते हुए बिलकुल भी यह अनुभव नहीं होता था कि मैं किसी बड़ी दौड़ में शामिल हूँ। अब इसमें अपने जूनून का पीछा करने वाली बात नहीं रह गई थी, वरन अब यह केवल एक काम, व्यापार था और वास्तविकता यही है कि व्यापार कभी ख़ूबसूरत नहीं लगता।

हम कभी असाधारण सफलता के भागी नहीं बने। हम अपना ख़र्च निकाल पा रहे थे, मगर उससे अधिक कुछ नहीं हो पा रहा था। हमारे पास फ़ॉर्च्यून 500 ग्राहक थे और हम अच्छा काम कर रहे थे। हम जो कर रहे थे, उसके बारे में मैं एकदम स्पष्ट था और मैं आपको यह भी बता सकता हूँ कि वह सब करने में हम औरों से किस तरह से अलग थे। इस क्षेत्र में कार्यरत अन्य सभी की तरह मैं भी अपने प्रभावी ग्राहकों को यह कहकर सहमत कराने की कोशिश किया करता था कि हम इसे कैसे करते थे, हम कैसे औरों से बेहतर हैं, हमारे तरीक़े किस तरह से अनोखे थे आदि और यह काम सचमुच कठिन था। सच यह है कि मैं अपनी ऊर्जा और उत्साह

के चलते विपरीत स्थितियों से पार पा सका, न कि व्यापार के क्षेत्र में अपनी कुशाग्रता के चलते मगर इस ऊर्जा और रणनीति को जीवनपर्यंत बनाए रखना मेरे बस की बात नहीं थी। मुझे इस बात का अहसास था कि हमें यदि इस व्यापार को भविष्य में भी चलाते रहना है तो हमें बेहतर तंत्र और कार्यप्रणाली की आवश्यकता होगी।

मैं अत्यंत हतोत्साहित हो गया था। बौद्धिक रूप से मैं आपको बता सकता था कि मुझे क्या चाहिए था मगर इसे मैं वास्तव में कर नहीं सकता था। सितंबर 2005 तक मैं बेहद निराश होने की कगार पर आ चुका था। मेरी अपनी पूरी ज़िंदगी ख़ुशी-ख़ुशी ही बिताई थी। अतः नाख़ुश होना भी मेरे लिए बहुत बड़ी और कष्ट की बात थी, मगर अब स्थिति बहुत ख़राब हो चुकी थी।

इस अवसाद और निराशा ने मुझे पूरी तरह से पागल-सा कर दिया। मैं इस बात को मानने लगा था कि जल्दी ही मैं व्यापार के क्षेत्र में पूरी तरह से असफल होकर बाहर जाने वाला हूँ। मैं इस बात को मानने लगा था कि जल्दी ही मुझे मेरे घर से बाहर कर दिया जाएगा। मुझे यह भी लगने लगा था कि लोग मेरे साथ काम करते हैं, वे मुझे पसंद नहीं करते हैं और यह भी कि मेरे ग्राहकों को यह लगता है कि मैं धोखेबाज़ हूँ। मैं सोचता था कि मुझसे मिलने वाला हर व्यक्ति मुझसे अधिक होशियार है, मुझसे ज़्यादा अच्छा है। अब मेरे अंदर जो भी ऊर्जा बची थी उसका उपयोग मैं अपने आपको प्रोत्साहित करने और यह दर्शने में कर रहा था कि मैं अच्छे से काम कर पा रहा हूँ।

मुझे मालूम था कि यदि मुझे स्थिति को बदलना है, तो इससे पहले कि सब कुछ ढह जाए, मुझे अपने काम को और व्यवस्थित ढाँचे में बाँधना होगा। मैंने कई सभाओं में उपस्थिति दर्ज कराई, पुस्तकें पढ़ीं और अपने सफल मित्रों से उनकी सफलता की टिप्स भी माँगी। ये सभी सलाहें बहुत बढ़िया थीं, मगर मैं इन्हें सुन नहीं सका था। मुझे जो भी कुछ कहा गया हो, मुझे केवल यही समझ में आया कि मैं सब कुछ ग़लत ही कर रहा हूँ। इस समस्या को सुलझाने के प्रयास से मुझे अच्छा महसूस नहीं कराया, वरन इससे मेरी मनोदशा और बिगड़ गई। मुझे और भी असहाय-सा प्रतीत होने लगा। मुझे निराशाजनक विचार आने लगे, ऐसे विचार जो किसी उद्यमी के लिए आत्महत्या के विचार से कम नहीं हैं। मैं किसी नौकरी की खोज भी

करने लगा था। अमूनन हर दिन मुझे ऐसे ही विचार आते थे जो यह बताते हों कि मैं धरातल पर आने वाला हूँ।

उस साल थैंक्स गिविंग के अवसर पर मैं अपने होने वाले बहनोई के घर गया। मैं उनके अतिथि कक्ष में सोफ़े पर बैठा था, लोग मुझसे बात कर रहे थे, मगर मुझे कुछ भी सुनाई नहीं दे रहा था। यदि मुझसे कोई प्रश्न किया जाता तो मैं अनचाहे ही उनके उत्तर दे रहा था। मैं सचमुच नहीं चाहता था कि कोई मुझसे बात करे या मैं किसी के प्रश्नों का उत्तर दूँ। मुझे यह भी नहीं लग रहा था कि मेरे भीतर किसी के प्रश्नों के उत्तर देने या किसी से बात करने की योग्यता है। यहाँ आंकड़े मेरे साथ थे। मैं असफल हो चुका था।

कॉलेज में मानव विज्ञान के मापन में हिस्सा लेने वाले और मार्केटिंग और विज्ञापन की दुनिया में एक रणनीतिक व्यक्ति के रूप में जाना जाने वाला मैं हमेशा इस बात को लेकर उत्सुक रहता था कि लोग जो करते हैं उसे वे क्यों करते हैं। मेरे करियर की शुरुआत में मैंने इसी बात को लेकर वास्तविक दुनिया यानी कॉर्पोरेट मार्केटिंग के लिए भी जिज्ञासु होना शुरू किया था। बाज़ार में एक पुरानी कहावत है कि मार्केटिंग के क्षेत्र में किए गए प्रयास 50 प्रतिशत सफल होते हैं, मगर समस्या यह है कि कौनसा 50 प्रतिशत? मुझे हमेशा आश्चर्य होता था कि कैसे इतनी सारी कंपनियाँ इतनी अनिश्चतता के साथ काम करती हैं। क्यों कोई अपनी सफलता को किसी ऐसी बात पर कैसे छोड़ सकता है जिसके लिए उसे बहुत अधिक क़ीमत चुकानी पड़ती है और यह उतनी ही अनिश्चित होती है जितना कि हवा में उछाला हुआ सिक्का? मैं इस बात से सहमत था कि यदि किसी तरह की मार्केटिंग काम करती है तो इसे जानना आसान है कि ऐसा क्यों होता है?

समान संसाधनों वाली सभी कंपनियों की हरेक ऐसी एजेंसी तक, ऐसी प्रतिभाओं तक, समान मीडिया सभी तक पहुँच है। तो फिर कुछ मार्केटिंग काम करती है और कुछ काम नहीं करती ऐसा क्यों होता है? एक विज्ञापन एजेंसी में काम करते हुए मैंने यह सब देखा है। एक जैसी ही स्थितियों में एक टीम जो अभियान चलाती है, वह एक साल सफल होता है, मगर वही अभियान दूसरे साल असफल हो जाता है। किस बात ने काम नहीं किया। इसकी बजाय मैंने इस बात पर ध्यान देना शुरू किया कि सब कंपनियों में क्या चीज़ ऐसी है, जो सबके साथ काम करती है। अच्छी ख़बर यह थी कि मेरे लिए ज़्यादा पढ़ने लायक़ नहीं था।

एपल ने किस तरह से सालों-साल इस स्पर्धा में डटकर खड़ा रहने में सफलता पाई? हार्ले डेविडसन ऐसा क्या करती है जिसके चलते वह अपने लिए वफ़ादार लोगों की श्रृंखला तैयार कर पाई जिन्होंने अपने शरीर पर भी उनके नाम के टैटू गुदवा लिए? साउथवेस्ट एयरलाइन्स इतनी विशेष नहीं होने के बावजूद भी क्यों लोग उसे बेहद पसंद करते हैं? यह सब कैसे सफल हुए, इस गुत्थी को सुलझाने के लिए मैंने एक सरल-सी अवधारणा विकसित की जिसे मैंने सुनहरा वृत्त कहा। मगर मेरा यह सिद्धांत मेरी कंप्यूटर की फ़ाइल्स के भीतर दबता चला गया। यह वास्तव में एक ऐसा प्रकल्प बन गया था जो मुझे मज़ेदार लगा था, मगर वास्तव में जिसका कोई व्यावहारिक उपयोग नहीं हो सका था।

इसके कई महीनों बाद मैं एक समारोह में एक ऐसी महिला से मिला जिसने मार्केटिंग के मेरे दृष्टिकोण में रुचि दिखाई। विक्टोरिया डफ़ी हॉपर एक शिक्षित परिवार में बड़ी हुई थीं और मनुष्य के व्यवहार को समझने के प्रति उनका स्वाभाविक आकर्षण था। वह पहली व्यक्ति थी जिसने मुझे लिम्बिक ब्रेन और नियो कोर्टेक्स के बारे में बताया। वह जो भी बता रही थी, उससे मनुष्य की दिमाग़ी संरचना के प्रति मेरी उत्सुकता और भी बढ़ गई। मैंने दिमाग़ का संरचना विज्ञान पढ़ना शुरू कर दिया और इसके बाद ही मैंने वास्तव में खोज कर डाली।

मानव व्यवहार की जैविकी और सुनहरा वृत्त एक दूसरे के साथ ओवरलैप करते हैं, जब मैं मार्केटिंग के बारे में यह जानने की कोशिश में था कि कुछ बातें क्यों काम करती हैं और कुछ क्यों नहीं, उस दौरान मैं एक बहुत ही गहन बात पर आकर टिक गया। मैंने यह खोज निकाला कि लोग जो करते हैं, उसे क्यों करते हैं। इसके बाद मैंने यह भी जाना कि मेरे तनाव का असली कारण क्या है। समस्या यह नहीं थी कि क्या करना है या क्या नहीं, मैं यह नहीं जानता था। समस्या यह थी कि मैं अपना क्यों भूल गया था।

लोगों को ऐसे काम करने के लिए प्रेरित करना जो उन्हें प्रेरित करते हों

हैनरी फ़ोर्ड ने कहा था, "यदि आप सोचते हैं कि आप कर लेंगे तो आप कर लेंगे और यदि आप सोचते हैं कि आप नहीं कर पाएँगे तो आप नहीं कर पाएँगे। वह क्यों से जुड़ा रहने वाला मेधावी बंदा था, जिसने उद्योग के क्षेत्र

में काम करने के तरीक़े को ही बदल डाला। एक ऐसा व्यक्ति, जिसमें एक महान लीडर होने के सारे गुण मौजूद थे, वह व्यक्ति जिसे सही दृष्टिकोण का महत्त्व मालूम था। मैंने जब अपना उद्यम शुरू किया था, तब मैं एक बेवकूफ़ से बढ़कर कुछ नहीं था। मैं इससे एकदम विपरीत था। मैंने वास्तव में अपनी धारणा, अपना दृष्टिकोण, अपना क्यों खो बैठा था। अपनी आँखें बंद करके दिल लगाकर दौड़ने और अपनी आँखें खुली रखते हुए दिल लगाकर दौड़ने में फ़र्क़ होता है। तीन साल तक मेरा दिल तो काम में था मगर मेरी आँखें बंद थीं। मुझमें ऊर्जा और जूनून था, मगर मेरी दिशा भटक गई थी। मुझे उन सब बातों को वापस याद करना था, जिसने पहले मेरे जुनून को प्रेरित किया था।

मैं क्यों की अवधारणा का दीवाना हो गया था। मैं इस विचार को पूरी तरह से आत्मसात कर चुका था। यही वह सब था जिसके बारे में मैं बात करता आया था। अब जब मैं अपने बचपन की ओर मुड़कर देखता हूँ तो मुझे एक उल्लेखनीय विचार मिलता है। चाहे घर में हो, दफ़्तर में हो या स्कूल की बात हो, मैं हमेशा अत्यंत आशावादी रहा। मैं वह व्यक्ति था, जो इस बात में विश्वास करता था कि वे जो भी चाहे कर सकते हैं। यह मेरे क्यों का प्रारूप था जो मुझे प्रेरित करता था। मैं मार्केटिंग में काम करूँ या परामर्शदाता के रूप में, इससे फ़र्क़ नहीं पड़ता था। मैं कंपनी में काम करूँ या किसी उद्योग में लोगों को उन बातों को करने के लिए प्रेरित करने से जो उन्हें प्रेरित करती हैं, हम दुनिया को बदल सकते हैं। यही वह राह है जिस पर मेरा काम और मेरा समूचा जीवन समर्पित है। हैनरी फ़ोर्ड को मुझ पर गर्व होता। कई महीनों तक सोचते रहने के बाद भी जो मुझे समझ में नहीं आया था, अब मैं इसे जानता हूँ।

मैंने अपने आपको इस अवधारणा के लिए गिनी पिग (प्रयोग में इस्तेमाल होने वाला जानवर) बना दिया था। यदि मेरे पतन का कारण यह था कि मेरा सुनहरा वृत्त असंतुलित हो गया था तो अब मुझे उस संतुलन को फिर से पाना था। यदि इसके लिए क्यों से शुरू करना आवश्यक था तो मुझे अपने द्वारा की जाने वाली हर बात को क्यों से ही शुरू करना था। इस पुस्तक में ऐसी कोई भी अवधारणा नहीं है, जिस पर मैंने स्वयं काम नहीं किया हो। मैं अपने मेगाफ़ोन के मुहाने पर खड़े होकर उन सभी लोगों से क्यों के बारे में बात करता हूँ जो इसे सुनना चाहते हैं। अर्लीएडप्टर की

श्रेणी में आने वाले लोग जो मेरे लक्ष्य के बारे में सुनते हैं। मुझे अपने क्यों को पाने का एक सुलभ साधन, उपकरण समझते हैं और वे मुझे उन लोगों से भी मिलवाते हैं। जिनके बारे में उन्हें विश्वास होता है कि मैं उन्हें प्रेरित कर पाऊँगा। और इस तरह से विसरण का नियम अपना काम करने लगता है।

हालाँकि सुनहरा वृत्त और क्यों का सिद्धांत मेरे लिए काम कर रहा था, मैं इसे दूसरे लोगों तक भी पहुँचाना चाहता था। मुझे यह निर्णय लेना था कि क्या मैं अपने इस सिद्धांत को पेटेंट कराऊँ, इसे सुरक्षित रखूँ और इसे खूब धन कमाने के लिए इस्तेमाल करूँ... या फिर इसे ऐसे ही रहने दूँ? यह निर्णय मेरा पहला सेलेरी टेस्ट था। मेरा क्यों अब उन लोगों को वे बातें करने के लिए प्रेरित करना था जो उन्हें प्रेरित करती हों। और यदि मैं इस लक्ष्य को सही मानता हूँ तो मुझे अपने सिद्धांत को अपने से दूर करना होगा यानी लोगों के बीच ले जाना होगा, इसके बारे में उनसे बात करनी होगी, इसे सबसे साझा करना होगा। इसमें अब कोई भी गुप्त विधि शेष नहीं रह सकती, कोई भी बात छिपाकर नहीं रखी जा सकती। मेरा ध्येय यही है कि हरेक संस्था और हरेक व्यक्ति अपने क्यों को पहचाने और इसका उपयोग अपने लाभ के लिए करे। मैं यही सब कर रहा हूँ और इसे करने के लिए क्यों की अवधारणा पर पूरी तरह से विश्वास कर रहा हूँ, साथ ही सुनहरे वृत्त के प्राकृतिक प्रारूप की भी मदद ले रहा हूँ।

इस अनुभव ने काम करना शुरू कर दिया है। इस काम को शुरू करने के पहले मुझे केवल एक बार जनता के सामने भाषण देने के लिए बुलाया गया था और अब हर साल मुझे दुनिया भर से ऐसे तीस से चालीस निमंत्रण मिलते हैं, जहाँ मुझे हर तरह के दर्शकों के सामने सुनहरे वृत्त के बारे में बात करने का मौक़ा मिला। मैं उद्यमियों से बात करता हूँ, बड़ी संस्थाओं से बात करता हूँ, स्वयंसेवी संस्थाओं के लोगों से बात करता हूँ, सरकारी कर्मचारियों और राजनेताओं से भी बात करता हूँ। मैंने पेंटागन के प्रमुख से लेकर उनके कर्मचारियों से तथा वायुसेना के सचिव से बात की है। सुनहरे वृत्त के सिद्धांत से पहले मैं सेना में किसी को जानता तक नहीं था। क्या की अवधारणा को अपनाने से पहले मैं कभी टीवी के कार्यक्रम में नहीं आया था और क्या को अपनाने के दो ही साल में मुझे एमएसएनबीसी से लगातार निमंत्रण मिलने लगे। मैंने काँग्रेस के सदस्यों के साथ काम किया, जबकि इससे पहले मैंने कोई भी राजनीतिक या सरकारी काम नहीं किया था।

मैं वही व्यक्ति हूँ। मैं जानता हूँ मैंने पहले क्या काम किया है। एक बड़ा अंतर केवल यह आया है कि अब मैंने क्या से शुरू किया है। यह किस्सा कुछ कुछ गोर्डन बेथुन से मिलता-जुलता है जो कॉन्टिनेन्टल में उन्हीं लोगों और उन्हीं उपकरणों के साथ काम करने के लिए वापस आए थे। उन्हीं की तरह मैं भी जिन बातों को जानता था उनके द्वारा उन्हीं में बदलाव लाने में सफल रहा।

मैं बाक़ी लोगों की तुलना में अधिक जुदा हुआ हूँ, ऐसा नहीं है। मेरी कार्यनीति बाकियों से ज़्यादा अच्छी है, ऐसा भी नहीं है। मेरे पास उच्च कोटि की शिक्षा हो ऐसा भी नहीं है। कॉलेज में भी मेरे ग्रेड्स औसत ही हुआ करते थे। इसमें मज़ेदार बात यह है कि मुझे अब भी यह नहीं पता है कि किसी उद्यम को खड़ा कैसे किया जाता है। केवल एक बात मैं करता हूँ जो शायद अधिकतर लोग नहीं करते और वह यह है कि मैंने क्यों से शुरू करना सीख लिया है।

14

एक नई प्रतिस्पर्धा

यदि आप अपने क्यों का अनुसरण करते हैं तो लोग आपका अनुसरण करते हैं

"धॉंय!" बंदूक चली और स्पर्धा शुरू हो गई। धावक दौड़ के लिए निकल पड़े। एक दिन पहले ही बारिश हुई थी और मैदान अब तक नम था। वातावरण में ठंडक थी। यह दौड़ के लिए एकदम सही दिन था। धावकों की पंक्ति शीघ्र ही एक झुंड के रूप में जमा होने लगी थी, जैसे कि मछलियों का एक झुंड हो, जो एक साथ आ जुटा हो। वे एक साथ एक झुंड में आगे बढ़ती हैं। सारा झुंड अपनी ऊर्जा को उच्चतम करने के लिए एक समान गति से चलना शुरू करता है। जैसा कि हरेक दौड़ में होता है, सशक्त प्रतिभागी आगे निकलते गए और कमज़ोर प्रतिभागी एक एक करके नीचे गिरते गए, मगर बेन कोमेन के साथ ऐसा नहीं हुआ। बेन तो शुरुआती गोली दागने के साथ ही पीछे हो गया था। बेन टीम का सबसे तेज़ धावक नहीं था, बल्कि वह तो सबसे धीमे दौड़ने वाला धावक था। उसने स्कूल की क्रॉस कंट्री टीम का हिस्सा होने के बावजूद अब तक अब तक कोई भी दौड़ जीती नहीं थी। बेन को सेरिब्रल पाल्सी की बीमारी थी। यह बीमारी अक्सर जन्म के समय उत्पन्न हुई जटिलताओं के कारण होती है और इससे शरीर की हरकतों और संतुलन पर खासा असर पड़ता है। शारीरिक परेशानी जीवन भर चलती रहती है। असंतुलित रीढ़ शरीर की आकृति को बिगाड़ देती है। पेशियाँ अक्सर कमज़ोर हो जाती हैं

260

और मोटर रिफ़्लेक्स धीमा हो जाता है। पेशियों और जोड़ों में कड़ापन आ जाता है, जो संतुलन को प्रभावित करता है। सेरिब्रल पाल्सी से ग्रस्त लोगों की चाल अस्थिर होती है, उनके घुटने डगमगाते हैं और चलते समय पाँव घसीटे जाते हैं। कोई बाहर का व्यक्ति उन्हें अनाड़ी या फूहड़ समझ सकता है या शरीर में टूट-फूट युक्त व्यक्ति समझ सकता है।

वह झुंड आगे और आगे बढ़ता जाता है, जबकि बेन पीछे ही होता जाता है। वह गीली नर्म घास पर फिसलकर नर्म धरती पर गिर पड़ता है। वह धीरे से अपने आपको सँभालकर उठता है और आगे बढ़ता है। वह फिर से गिरता है। इस बार उसे चोट लगती है। फिर भी वह उठता है और दौड़ना जारी रखता है। बेन हार मानकर दौड़ से बाहर नहीं होता है। अब धावकों का समूह नज़रों से ओझल हो चुका है और बेन अकेला ही दौड़ रहा है। अब वहाँ शांति छा गई है। अब बेन अपनी तेज़-तेज़ साँसों को सुन सकता है। उसे अकेलापन महसूस होता है। वह फिर लड़खड़ाता है और नीचे गिर जाता है। उसकी मानसिक शक्ति जो भी हो, वह अपने दर्द और तनाव के भाव को चेहरे से छिपाने का प्रयास हर्गिज़ नहीं कर रहा था। जब वह अपनी सारी ऊर्जा को बटोरकर आगे बढ़ने का प्रयास करता था तो उसका मुँह विकृत हो जाता था। बेन के लिए यह उसकी नित्यचर्या का हिस्सा था। बाक़ी हरेक धावक ने उस दौड़ को पच्चीस मिनट में पूरा किया, जबकि बेन को इसे पूरा करने के लिए पैंतालीस मिनट लगे।

जब तक बेन दौड़ समाप्ति की रेखा तक पहुँचता है, वह भयंकर दर्द झेल रहा है और थका हुआ है। उसे हर क़दम चलने के लिए बहुत ताक़त इकट्ठी करनी पड़ी है। उसका शरीर चोटिल है, रक्त बह रहा है। वह मिट्टी में लथपथ है। बेन हमें प्रेरित करता है, मगर यह वह कहानी नहीं है, जो यह बताती हो कि जब चलना कठिन हो रहा हो तो उस कठिनाई को ही लक्ष्य बना लिया जाए। कहानी यह भी नहीं कहती कि जब आप गिर पड़ो तो फिर से उठकर लक्ष्य की ओर बढ़ जाओ। इसमें कोई शक नहीं कि ये सभी बातें सीखने के लिए अच्छी हैं, मगर हम बेन कोमेन से यह सब सीखना नहीं चाहते। ऐसे कई लोग हैं जिनसे यह सीख ली जा सकती है। उदाहरण के लिए ओलिंपिक का एक धावक जो दौड़ से कुछ ही महीने पहले चोटिल हो गया था, वह वापस दौड़ में शामिल हुआ और मैडल जीतकर लाया। बेन की सीख इससे गहरी है। पच्चीस मिनट के बाद कुछ अद्भुत घटता है। जब

सारे धावक अपनी दौड़ ख़त्म कर चुके थे, तो वे वापस बेन के साथ आकर दौड़ में शामिल हो गए। बेन अकेला ऐसा धावक था जो जब दौड़ते-दौड़ते गिर जाता था, तो कोई न कोई उसे उठाकर खड़ा कर देता था। बेन एक अकेला ऐसा धावक था, जो जब अंतिम रेखा तक पहुँचा तो उसके पीछे सैकड़ों लोग दौड़ रहे थे।

बेन हमें एक विशेष बात सिखाता है। जब आप किसी और से स्पर्धा करते हैं, तो कोई भी आपकी मदद नहीं करना चाहता, मगर जब आपकी स्पर्धा अपने आप से होती है, तो सभी आपकी मदद करना चाहते हैं। ओलिंपिक के धावक एक-दूसरे की मदद नहीं करते। वे प्रतिस्पर्धी हैं। बेन की हर दौड़ क्यों की यानी इस स्पष्टता के साथ शुरू होती है कि वह क्यों दौड़ रहा है। वह किसी और को शिकस्त देने के लिए नहीं दौड़ रहा था, वह अपने आप से स्पर्धा कर रहा था।

बेन ने कभी भी इस लक्ष्य को अपनी निगाहों से ओझल नहीं होने दिया। वह क्यों दौड़ रहा है, यह अहसास उसे आगे बढ़ते जाने में, गिरने के बावजूद उठकर खड़े हो जाने में मदद कर रहा था, एक बार असफल हो जाने के बाद भी बार-बार प्रयास करने के लिए प्रेरित कर रहा था। और हर दिन जब भी वह दौड़ता था, अपने आपको पराजित करने के लिए ही दौड़ता था।

अब जरा इस बारे में सोचें कि हम व्यापार किस तरह से करते हैं। हम हमेशा किसी और से स्पर्धा में लगे रहते हैं। हम हमेशा किसी और से बेहतर बनने की कोशिश में लगे रहते हैं। अच्छी गुणवत्ता, अधिक विशेषताएँ, बेहतर सेवाएँ आदि। हम हमेशा अपने आप की तुलना दूसरों से करते रहते हैं और इसीलिए कोई भी हमारी मदद नहीं करना चाहता। यदि हम हर दिन अपना काम इस तरह से करें, जिसमें हम अपने आपको पहले दिन से बेहतर बना सकें तो उससे अच्छा क्या होगा? क्या होगा यदि हमारा लक्ष्य इस सप्ताह पिछले सप्ताह से अधिक बेहतर काम करना हो? इस महीने को पिछले महीने से बेहतर बनाना हो? क्यों न लक्ष्य यह हो कि हम इसलिए काम करें कि उस काम से संस्था जिस स्थिति में थी, उससे बेहतर स्थिति में आ जाए?

सभी संस्थाएँ क्यों से शुरू होती हैं, मगर केवल महान संस्थाएँ ही साल दर साल अपने क्यों को क़ायम रख पाती हैं। जो अपना क्यों भूल जाती हैं वे हर दिन केवल दूसरों को दिखाने के लिए और दूसरों को पराजित करने

के लिए ही दौड़ती रहती हैं। ऐसे लोगों के लिए, जो अपना लक्ष्य भूल गए होते हैं, इस दौड़ का उद्देश्य किसी को पराजित करना या स्वयं विजेता घोषित होना ही होता है।

क्या होगा यदि अगली बार कोई आपसे पूछे, "आपकी स्पर्धा किससे है?" हम उत्तर देते हैं, "पता नहीं।" क्या होगा यदि अगली बार कोई आपसे पूछे कि "इस स्पर्धा में आपको आपकी क्या चीज़ आपके प्रतिस्पर्धियों से बेहतर बनाती है?" तो हमारा उत्तर होगा कि "हम हर मामले में अपने प्रतिस्पर्धियों से बेहतर नहीं हैं" और यदि कोई पूछे कि हमें आपके साथ व्यापार क्यों करना चाहिए? तो हमारा उत्तर आत्मविश्वास से भरा हुआ होगा, "क्योंकि हम अभी जो काम कर रहे हैं, वह काम हमारे छह महीने पहले के काम से बहुत बेहतर है। और ऐसा इसलिए है कि हम हर दिन अपने क्या के अहसास के साथ उठते हैं और काम पर आते हैं। हम लोगों को उन बातों को करने के लिए प्रेरित करने आते हैं जो उन्हें प्रेरित करती हैं। क्या हम अपने प्रतियोगियों से बेहतर हैं? यदि आपको लगता है कि आप हमारे विश्वास में विश्वास रखते हैं और आपको यह विश्वास है कि हम आपकी मदद कर सकते हैं तो निश्चित ही हम अच्छा काम कर रहे हैं। यदि आप हम जो कर रहे हैं, उसमें विश्वास नहीं रखते और आपको लगता है कि हम आपकी कोई मदद नहीं कर पाएँगे तो हम निश्चित ही अच्छा काम नहीं कर रहे हैं। हमारा लक्ष्य उन ग्राहकों को खोजना है जो हमारे विश्वास में विश्वास रखते हैं और हमारे साथ काम करते हैं, ताकि हम सभी सफल हो सकें। हम ऐसे लोगों की तलाश में हैं, जो हमारे साथ कंधे से कंधा मिलाकर खड़े हो सकें और एक समान लक्ष्य तक पहुँचने के लिए आगे बढ़ सकें। हम एक टेबल के इर्द-गिर्द बैठकर कोई सौदा नहीं करना चाहते। ये बातें हैं जो हम पहले ही करना चाहते हैं..." और उसके बाद कैसे और क्या का विवरण आएगा। मगर इस समय सबसे पहले शुरुआत क्यों से ही होगी।

कल्पना कीजिए कि हरेक संस्था की शुरुआत क्यों से ही होती है। तो निर्णय लेना बिलकुल आसान हो जाएगा? वफ़ादारी का प्रतिशत एकदम बढ़ जाएगा। विश्वास और भरोसा सामान्य हो जाएँगे? यदि हमारे लीडर्स क्यों से शुरुआत करने के लिए प्रतिबद्ध हैं, परिश्रम करते हैं तो आशावादिता बनी रहेगी और नवाचार लगातार पनपते रहेंगे। जैसा कि यह पुस्तक वर्णित करती है, संस्था का आकार कितना भी हो, संस्था कोई भी हो, यदि हम सभी क्यों

से शुरुआत करने की ज़िम्मेदारी उठाते हैं और दूसरों को भी ऐसा करने को प्रेरित करते हैं तो एक साथ मिलकर हम दुनिया को बदल सकते हैं।

और यह सचमुच बड़ा ही प्रेरणादायक है।

. . .

यदि यह पुस्तक आपको प्रेरित करती है तो उसे उस व्यक्ति तक अवश्य पहुँचाइए जिसे आप किसी तरह की प्रेरणा देना चाहते हैं।

उपसंहार

इस आंदोलन का हिस्सा बनें
अपना नज़रिया दुनिया से बाँटें

किसी भी व्यक्ति या संस्था को नेतृत्व का भार सँभालने से पहले हमें इस बात पर सहमति बनानी होगी कि नेतृत्व के मायने होते क्या हैं और एक लीडर होने का तात्पर्य क्या होता है। नेतृत्व का अर्थ सत्ता या अधिकार हासिल करना नहीं है। नेतृत्व में अधिक मानवीयता छिपी हुई है। इसके लिए केवल एक ही बात आवश्यक होती है और वह है : अनुयायी। अनुयायी वह व्यक्ति होता है जो आपके दिखाए गए रास्ते पर स्वेच्छा से चलता है। अनुयायी आपके रास्ते को किसी बाध्यता, किसी डर या किसी प्रलोभन के कारण नहीं चुनते वरन इसलिए चुनते हैं कि वे ऐसा करना चाहते हैं। अब प्रश्न यही है कि कोई आपका अनुसरण क्यों करे?

यदि किसी व्यक्ति या संस्था को नेतृत्व की ज़िम्मेदारी का अहसास है, ऐसी ज़िम्मेदारी जो दी गई है, जबरन ली नहीं गई है तो उन्हें इस तरह से सोचना, बोलना और काम करना चाहिए, जिससे वे लोगों को अपना अनुसरण करने के लिए प्रेरित कर सकें। नेतृत्व का सीधा संबंध लोगों से होता है। कोई भी व्यक्ति कंपनी का नेतृत्व नहीं करता। कंपनी एक क़ानूनी संरचना होती है। आप एक कंपनी को चला सकते हैं, आप किसी संस्था का प्रबंधन कर सकते हैं, मगर आप नेतृत्व केवल लोगों का ही कर सकते हैं और इसके लिए दो बातों की आवश्यकता होती है।

कल्पना करें कि आप बिलकुल अजनबी लोगों के साथ नाव पर जा रहे हैं और आपकी नाव एक वीरान से द्वीप पर जाकर फँस गई है। अब आप इस द्वीप से बाहर कैसे निकलेंगे? कुछ लोग बहुत तनाव में आ गए हैं, कुछ लोग उस द्वीप से बाहर आने के लिए छोटी-मोटी तरकीबें भिड़ा रहे हैं। फिर अचानक एक व्यक्ति खड़ा हो जाता है और कहता है, "मैं आपका नेतृत्व करूँगा।" हमें उसकी यह बात पसंद आती है। हम सभी सामाजिक प्राणी हैं और हमें लीडर्स के कहे मुताबिक़ काम करना पसंद होता है।

हमारा नया लीडर समूह के सामने जा खड़ा होता है और पूछता है, "हाँ तो बताइए, किसके पास क्या आइडिया है?"

एक आदमी हाथ उठाता है और सुझाता है कि हमें आग जलाकर बाक़ी नावों पर सवार लोगों का ध्यान अपनी ओर आकर्षित करना चाहिए।

"अच्छा विचार है।" लीडर कहता है।

दूसरा व्यक्ति उठता है और कहता है, "हमें यहाँ खाना भी ढूँढ़ना चाहिए ताकि यदि हम ज़्यादा समय तक यहाँ फँसे रहे तो भी हमारा काम चलता रहेगा।"

"यह भी बढ़िया विचार है।" लीडर कहता है।

"हमें यहाँ एक घर भी बना लेना चाहिए ताकि हम अन्य बातों से सुरक्षित रहें।"

"यह भी बहुत ही अच्छा विचार है। ठीक है। चलो सभी का मत ले लेते हैं... " हमारा लीडर कहता है।

तभी समूह से एक और व्यक्ति खड़ा हो जाता है और कहता है, "जब हम किनारे पर आ रहे थे तब मैंने द्वीप के दूसरी तरफ़ दूर से धुआँ उठता हुआ देखा था; मुझे लगता है कि निश्चित ही वहाँ मछुआरों का कोई गाँव होगा। यदि हम वहाँ तक पहुँच जाएँ तो हमें मदद अवश्य मिलेगी। वहाँ जाने के लिए हमें घने जंगल से होकर गुज़रना पड़ेगा और यह कठिन काम मैं अकेले नहीं कर सकता। मेरे साथ किसी न किसी को आना पड़ेगा। इसलिए यदि कोई मेरे साथ आ जाए तो मैं आभारी रहूँगा; यदि कोई नहीं भी चलना चाहते हैं तो भी चिंता नहीं करें। जैसे ही हमें मदद मिलेगी, हम आपके पास आ जाएँगे।"

अब प्रश्न यह है कि दोनों में से आप किसका अनुसरण करेंगे? आप पहले व्यक्ति का अनुसरण करना चाहेंगे या दूसरे का? दोनों ही आत्मविश्वासी हैं। दोनों को ही इस द्वीप से बाहर निकलने की चिंता है। उत्तर एकदम सीधा है कि यह प्रश्न ही मूर्खता भरा है। हम सभी दूसरे व्यक्ति का अनुसरण करना चाहेंगे।

ध्यान रखिए कि किसी और ने वह मछुआरों का गाँव नहीं देखा है। इस बारे में बताने वाला कोई चित्र या कोई शोध उपलब्ध नहीं है। हमें केवल इस एक व्यक्ति के विश्वास पर विश्वास रखना है जिसमें यह योग्यता है कि वह अपनी बात को इतनी स्पष्टता से कह पा रहा है कि हम उसकी स्पष्ट कल्पना कर पा रहे हैं।

सभी लीडर्स में दो बातें होनी ही चाहिए; उनके पास ऐसी दुनिया के प्रति एक दृष्टि होनी चाहिए जो वास्तव में विद्यमान नहीं है और दूसरा उनके पास अपनी बात को दूसरों तक ले जाने की योग्यता होनी चाहिए। यदि ऊपर की स्थिति में दूसरा लीडर यह कहते हुए उठकर खड़ा हो जाता कि "इससे काम नहीं बनेगा" और गाँव की तरफ़ चल देता तो उसे लीडर नहीं कहते क्योंकि भले ही वह दूरदृष्टा होता मगर जब तक अपनी बात दूसरों तक पहुँचाने की क़ाबिलियत नहीं हो, वह लीडर नहीं कहलाया जा सकता था। हम सभी ऐसे लोगों के साथ काम करते हैं। उनके पास हर प्रश्न का उत्तर होता है, मगर वे दूसरों को समझा नहीं पाते और फिर यह कहकर निराश और गुस्सा हो जाते हैं कि "कोई उनकी बात समझ नहीं रहा है" और चल देते हैं। जो वे देख रहे होते हैं, उसे कोई और नहीं देख पाता। वे दूरदृष्टा हैं, मगर लीडर्स नहीं हैं। ऐसे भी लोग होते हैं जिनमें अपनी बात को दूसरों तक ले जाने की अद्भुत प्रतिभा होती है मगर उनमें दृष्टि का अभाव होता है। वे भी केवल वक्ता होते हैं, लीडर नहीं।

इस कहानी में दूसरा लीडर भी उठकर खड़ा हो सकता था और ऐसे संकट के समय में एक साथ मिलकर काम करने को लेकर एक बढ़िया-सा भाषण दे सकता था। हमें उसे सुनकर बहुत अच्छा और उत्साहित महसूस होता, मगर इससे हमें उस वीरान द्वीप से बाहर जाने का रास्ता नहीं मिलता।

नेतृत्व के लिए दो बातें आवश्यक होती हैं - एक ऐसी दुनिया का स्वप्न पास होना, जो अभी विद्यमान नहीं है और अपने स्वप्न को लोगों तक पहुँचाने की योग्यता का होना।

प्रश्न यह है कि यह स्वप्न, यह दृष्टि आती कहाँ से है? और यही क्यों की शक्ति है जिसके चलते हम दुनिया के प्रति हमारी सोच, हमारे स्वप्न को अपनी दृष्टि के रूप में दृश्यमान करते हैं, और यदि हम अपना हरेक दिन क्यों के साथ ही बिताएँ तो हमारी दुनिया कैसी होगी इसे भी मूर्त रूप देते हैं।

लीडर्स के पास सारे महान विचार नहीं होते। वे उन लोगों को सहयोग प्रदान करने का काम किया करते हैं, जिनके पास बड़े विचार होते हैं और जो सहयोग करना चाहते हैं। लीडर अपने बल पर बहुत कम सफलता हासिल करते हैं, वे समूह की भलाई के लिए लोगों को एक साथ आने के लिए और मिलकर काम करने के लिए प्रेरित करते हैं। लीडर कभी भी क्या किया जाना चाहिए, इससे शुरू नहीं करते। वे हमेशा क्यों से यानी कोई काम करना है तो क्यों करना है इससे शुरू करते हैं। लीडर समूह के काम को प्रेरित करते हैं।

आभार

मेरे लिए इस दुनिया में सबसे ख़ुशी और आनंद का कारण यही है कि मैं हर दिन अपने मन में क्यों के स्पष्ट अहसास के साथ जागता हूँ और मेरा क्यों है दूसरों को उन बातों को करने के लिए प्रेरित करना, जो उन्हें प्रेरित करती हैं। यह तब और आसान हो जाता है, जब आप स्वयं को बहुत से ऐसे लोगों से घिरा हुआ पाते हैं जो आपको प्रेरणा देते रहते हैं।

ऐसे अनगिनत लोग मेरे जीवन में आए हैं, जिन्होंने इतने सालों में मुझ पर विश्वास रखा है और मेरी मदद की है। मैं उन सभी लोगों को धन्यवाद कहना चाहूँगा जिन्होंने इस पुस्तक के माध्यम से मेरा मेगाफ़ोन निर्मित करने में मेरी मदद की। एमी हट्र्ज़ वह पहली व्यक्ति थीं, जिसने मुझे बार-बार कहा कि मैं एक पुस्तक लिखकर अपने आपको अपने अद्भुत एजेंट रिचर्ड पाइन से परिचित करवाऊँ। रिचर्ड दुनिया में अच्छी बातें करने में विश्वास रखते हैं और उन्होंने अपना व्यापार बढ़ाने के दौरान उन लेखकों को स्थान दिया है, जो दुनिया के साथ एक सकारात्मक संदेश साझा करना चाहते हैं। उनका धैर्य और सुझाव मेरे लिए बेहद क़ीमती रहे। मेरा धन्यवाद रस एडेलमेन को जिसने मेरा परिचय संपादक जैफ़री क्रेम्स से कराया, जिन्होंने मुझ पर दाँव लगाया और मुझे उन्हें चीज़ों को अलग तरह से करने के लिए ज़ोर डालने की अनुमति दी। धन्यवाद है एड्रियन जाखेम, जिन्होंने अपनी इच्छा से परंपराओं को चुनौती देते हुए प्रकाशन उद्योग में एक नवजागरण की शुरुआत की।

धन्यवाद देना चाहता हूँ मार्क रुबिन को, जो वही देखते हैं जो मैं देखता हूँ और जिनके तलघर में मैंने लिखने की शुरुआत की, टॉम और एलिसिया रिप्मा को, जिनके घर में मेरा लेखन आगे बढ़ा, और डेल्टा एयरलाइन को

भी, जिन्होंने मुझे ज़मीन से 35,000 फ़ीट ऊपर जाकर लिखने में सहायता की। धन्यवाद जूलिया हर्ले को, जिन्होंने इस बात को सुनिश्चित किया कि सब कुछ बढ़िया हो। पोर्टफ़ोलियो की सारी टीम को भी धन्यवाद, जिन्होंने इस पुस्तक को साकार करने में खूब मेहनत की, साथ ही महत्त्वपूर्ण रूप से धन्यवाद लौरी फ़्लिन को, जिन्होंने बहुत निष्ठा के साथ मुझे इस कहानी को कहने में मदद की।

मुझे इस दौरान ऐसे प्रतिष्ठित लोगों से मिलने का मौक़ा मिला, जिन्होंने मुझे इस तरह से प्रेरणा दी जिसे शब्दों में बयां करना मुश्किल है। रोन ब्रूडर ने दुनिया को देखने का मेरा नज़रिया बदल डाला। ब्रिगेडियर जनरल लोरी रॉबिन्सन ने मुझे महान लीडर की मानवता के दर्शन कराए। किम हैरिसन जो अपने क्यों के साथ जीती हैं, अपने आसपास की हर अच्छी बात की प्रशंसा करती हैं और अच्छे लोग और अच्छे विचार सबके सामने आए, इसके लिए अथक परिश्रम करती हैं। उन्होंने मुझे सिखाया कि सच्ची सहभागिता क्या होती है, यह कैसी दिखती है, कैसे महसूस कराती है। और वे सभी लोग जिन्होंने क्यों को जीवन में उतारने के बारे में अपने अनुभवों को मेरे साथ साझा किया, कोलीन बैरेट, गॉर्डन बेथून, बेन कोमेन, रैंडी फ़ाउलर, क्रिस्टीना हार्ब्रिज, ड्वेन होनोरे, हॉवर्ड जेरुचिमोवित्ज़, गाइ कावासाकी, हॉवर्ड पुतनम, जेम्स टोबिन, अकेशा सलाती, जेफ़ सम्पटर, कर्नल क्रूजर, विल्सबैक और स्टीव वोज़्निएक। मैं उन सबके प्रति दिल से आभार व्यक्त करता हूँ।

इस पुस्तक को लिखने का विचार आने से काफ़ी पहले के सारे ऐसे लोग और अर्लीएडप्टर थे, जो क्यों के बारे में जानना चाहते थे और अपनी संस्थाओं के पुनर्निर्माण हेतु सुनहरे वृत्त का उपयोग करना चाहते थे। दूर की सोच रखने वाला यह समूह नए विचारों को अपनाने के लिए तैयार था और ऐसा करके मुझे इस अवधारणा के सूक्ष्म और स्थूल विवरण दर्ज करने में मदद कर रहा था। इसके लिए जेफ़्री डेज़िकोस्की, जेन पोडमोर, पॉल गाइ, कल शाह, विक्टर डिओलिवेरिया, बेन रोजनर, क्रिस्टोफ़र बेट्स, विक्टर चैन, केन टैबचनिक, रिचर्ड बाल्टीमोर, रिक ज़िम्मरमैन, रस नाटोसे, मिस्सी शोरे, मॉरिस स्टैम्प, गेब सोलोमन, एडी एसेस और एलिजाबेथ हेयर सभी को धन्यवाद जिन्होंने जीवन की सबसे महत्त्वपूर्ण संस्था अर्थात अपने परिवार में भी क्या को अपनाने के महत्त्व को समझाया; फ्रान बाइडर मेन ग्रॉस को भी धन्यवाद जो न केवल अर्लीएडप्टर रहे, वरन उन्होंने क्यों को अपनाने के

लिए अपनी सीमाओं से बाहर जाकर प्रयास किया और दूसरों को भी उनके क्यों के बारे में जानने को प्रेरित किया। काँग्रेस की महिला सदस्य स्टेफ़नी हर्सेथ सैंडलिन, एलिसन श्वार्ट्ज़ और काँग्रेस के पुरुष सदस्य होड्स को भी धन्यवाद, जिन्होंने अपने जूनून के साथ मेरा साथ दिया।

इन सालों में ऐसे भी लोग रहे हैं। जिन्होंने मुझे एक अवकाश दिया और मेरे लक्ष्य को पूरा करने में मदद की। निर्देशक त्रुदी बाल्डविन, जो कोलंबिया में सामरिक संचार में विश्वविद्यालय स्नातक कार्यक्रम (एक अद्भुत कार्यक्रम) के निर्देशक हैं, को धन्यवाद, जिम बेरियन, का भी धन्यवाद जिन्होंने मुझ पर भरोसा किया। कभी नहीं थकने वाले, सतत ऊर्जावान रहने वाले जैक डेली ने जो मुझे सिखाया, उनका भी धन्यवाद। पियर्स फ़ॉक्स, डेनिस ग्लेनोन, जिन्होंने मुझे आगे बढ़ाया, केविन गोएत्ज़; टोनी गोम्स; पॉल गंबिनर, जिन्होंने मुझे चमचमाता करियर दिया, केनेथ हेन, पीटर इंटरमेग्जियो, जिसने मुझे आत्मनिर्भरता सिखाई, पामेला मोफ़त और रिक सैपियो, जो मेरे लिए अच्छी चीज़ें करते रहते हैं। अलाना विंटर और मैट वीस, जो मुझे अपने विचार श्रोताओं से साझा करने का अवसर देते रहते हैं और डिएड्रिक वेर्डमोल्डर, जिन्होंने मुझ पर शुरुआत में ही दाँव लगाया, इन सभी का दिल से आभार।

मैं उन सभी प्रतिभाशाली मस्तिष्कों का भी आभारी हूँ जिनसे मैं अमेरिका की वायुसेना में मिला, जो कुछ अलग करने की चाह में सतत लगे रहते हैं। वे अमेरिका की वायुसेना में क्यों को ढालने में और इसके द्वारा बड़े काम करने के सही और बेहतर तरीक़े खोजते रहते हैं। मैं अत्यंत आभारी हूँ मेजर जनरल इरविन लेसेल का (जिन्होंने संस्था से सबसे पहले मेरा परिचय कराया), मेजर जनरल विलियम चेम्बर्स, ब्रिगेडियर जनरल वॉल्टर गिवान, ब्रिगेडियर जनरल डैश जैमीसन (जिन्होंने कभी मुझ पर विश्वास करना बंद नहीं किया) मेजर जनरल डेरेन मैकडयू, ब्रिगेडियर जनरल (सेल) मार्टिन न्यूबॉउर (जो जितना कुछ मैं जानता हूँ उससे कहीं अधिक जानते हैं), क्रिस्टी नोल्टा, ब्रिगेडियर जनरल जेनेट थेरियनोस और लेफ़्टिनेंट कर्नल डेडे हाफ़हिल (डेडे मैं आपका ऋणी हूँ) सभी का धन्यवाद।

मैं इन सभी प्रतिभाशाली लोगों का दिल से शुक्रिया अदा करता हूँ। जिनके साथ चर्चा ने सुनहरे वृत्त और उसके हिस्सों के बारे में कई विचारों को पुष्ट किया। केंडरा कोप्पी को हार्दिक धन्यवाद जिन्होंने मुझे 2005 के उत्तरार्ध में अंधकार से बाहर आने में मदद की। मार्क लेवी को भी धन्यवाद

जिन्होंने मुझे सही राह दिखाई। पीटर वायब्रो को भी धन्यवाद जिन्होंने अमेरिका की समस्या को समझा और उस पर विचार किया, साथ ही मुझे इस सबके तंत्रिका विज्ञान को समझने में मदद की। किर्ट गन को भी धन्यवाद जिन्होंने मुझे विभाजन या स्प्लिट को समझने में सहायता की। ब्रायन कोलिन के साथ हुआ हरेक वार्तालाप किसी न किसी नए प्रकाश को उज्ज्वल करता रहा। जोरेल लास्को का भी धन्यवाद, जिन्होंने मुझे उन चीज़ों तक पहुँचना सिखाया जिन पर मैं विश्वास रखता था। धन्यवाद देता हूँ विलियम उरी को जिन्होंने मुझे अनुसरण करने के लिए एक राह दिखाई, साथ ही लेफ़्टिनेंट जनरल डेविड देपतुला को भी धन्यवाद, जो संभवतः मेरे लिए सबसे होशियार व्यक्ति हैं और जिन्होंने मुझे अत्यंत जटिल समस्याओं को सुलझाने का भी नया दृष्टिकोण दिया।

क्यों की मेरी समझ निक अस्केव, रिचर्ड बाल्टिमोर, क्रिस्टोफ़र बेनेट, क्रिस्टीन बेट्स, एरियन डे बोनविसिन, स्कॉट बोर्नस्टीन, टोनी कॉन्ज़ा, विमल दुग्गल, डगलस फ़र्स्टीन, नाथन फ्रेंकल, जिनान ग्लासगो, कैमरन हेरोल्ड, जॉन हितलर, मौरिस कैस्पी, केविन लैंगली, पीटर लाफ़्टर, निकी लेमन, सेठ लॉयड, ब्रूस लोव, कोरी लुकर, कार्ल और एगी मल्लोरी, पीटर मार्टिन्स, ब्रैड मेल्टज़र, नेल मेरलिनो, एली मिलर, जेफ़ मॉर्गन, एलन रेमर, पामेला और निक रोडी, एलेन रोहर, लांस प्लाट, जेफ़ रोथस्टीन, ब्रायन स्कडामोर, एंडी सिएगेल, जॉन स्टेपटन, रूडी विडाल, 2007 और 2008 के टाइटन के सम्मेलन के साथी इन्हीं के द्वारा पुष्ट हुई। इन सबका आभार।

इस सबसे बढ़कर आभार मेरे दादाजी इमरे क्लबेर का, जिन्होंने मुझे सिखाया कि पूरी तरह से सामान्य होकर जीने की बजाय विचित्र, विलक्षण होकर जीने में अधिक मज़ा है। मेरे माता-पिता स्टीव और सूज़न सिनेक का भी धन्यवाद, जिन्होंने हमेशा मुझे अपने दिल की बात सुनने और उसके मुताबिक़ काम करने के लिए प्रोत्साहित किया। आभार मेरी अद्भुत बहन सारा को, जिसने हमेशा इस बात पर ज़ोर दिया कि भले ही मैं आसमान क्यों नहीं छू लूँ, मेरे क़दम ज़मीन पर बने रहने चाहिए।

ऐसी कुछ पुस्तकें और लेखक भी हैं, जिन्होंने मुझे बीते सालों में बहुत प्रेरित किया, नए विचार दिए और नई दृष्टि का विकास किया। केन ब्लैंचर्ड का काम, टॉम फ्रेडमेन और सेथ गोडिन का काम, ओरियन ब्राफ़मैन और रॉड बेकस्ट्रोम की *द स्टार फ़िश ऐंड द स्पाइडर*, मार्कस बकिंघम की *ब्रेक*

आल द रूल्स, जिम कॉलिन्स की *गुड टु ग्रेट*, स्टीफ़न कवी की *7 हैबिट्स ऑफ़ हाइली इफ़ेक्टिव पीपल*, टिम फ़ेरिस द्वारा लिखित *4-ऑवर वर्कवीक*, कीथ फ़राज़ी की *नेवर ईट अलोन*, माइकल गेबर की *ई-मिथ*, मैल्कम ग्लैडवेल की *द टिपिंग पॉइंट* और *आउटलायर्स*, जेम्स गेलिक द्वारा लिखित *कैओस*, डैनियल गॉलेमैन की *इमोशनल इंटेलिजेंस*, चिप और डैन हीथ द्वारा लिखित *मेड टु स्टिक*, स्पेन्सर जॉनसन एम.डी. द्वारा लिखी हू *मूव्ड माय चीज़*, द रैंडी कोमिसर द्वारा लिखी *द मोंक ऐंड द रिडल*, पैट्रिक लेन्कोनी की *द फ़ाइव डिसफंक्शंस ऑफ़ अ टीम*, स्टीवन डी. लेविट और स्टीफ़न जे. डबनेर द्वारा लिखी *फ़्रीकॉनॉमिक्स* तथा स्टीफ़न लुंदिन, हैरी पॉल, जॉन द्वारा क्रिस्टेन्सन और केन ब्लैंचर्ड द्वारा लिखी *फ़िश!*, रिचर्ड मार्टिन की *द नेकेड ब्रेन*, मार्टिन सैलीगमैन द्वारा लिखी *ऑथेंटिक हैप्पीनेस*, जेम्स सुरोवेकी की *विज़डम ऑफ़ क्राउड*, निकोलस तालेब की *द ब्लैक स्वान*, पीटर इब्रो एम.डी., द्वारा लिखी *अमेरिकन मानिया* और इसके अलावा विक्टर फ्रैंकल द्वारा लिखी हुई पुस्तक *मैन्स सर्च फ़ॉर मीनिंग* जो एक ऐसी पुस्तक है, जिसे कम से कम सभी को पढ़ना चाहिए और जो हमें सिखाती है कि हम अपने आसपास की परिस्थिति को नियंत्रित नहीं कर सकते, हम केवल अपने व्यवहार को नियंत्रित कर सकते हैं।

मैं आपके द्वारा भेजे गए ई-मेल और नोट्स के लिए भी आभारी हूँ। मैंने उन्हें यह सोचकर बहुत सँभालकर रखा हुआ है कि वे मुझे याद दिलाते रहेंगे कि दुनिया पर बड़ा प्रभाव उत्पन्न करने के लिए मेरे साथ कई सारे लोग कंधे से कंधा मिलाए खड़े हुए हैं।

और अंत में आभार उन सभी का जो यह पुस्तक पढ़ रहे हैं और स्वयं पढ़ने के बाद दूसरों से भी इस पुस्तक को पढ़ने की अनुशंसा कर रहे हैं, ताकि यह पुस्तक उन्हें भी प्रेरित कर सके। मुझे विश्वास है कि यदि अधिकाधिक लोग क्यों के बारे में समझ जाएँगे और अपने हर काम को क्यों के साथ शुरू करने के लिए हर संभव प्रयास करेंगे तो हम दुनिया बदल सकते हैं और हम दुनिया बदलेंगे।